Uit de knoop

Rationeel-emotieve therapie en andere cognitieve gedragstherapieën bij kinderen en adolescenten

Uit de knoop

Rationeel-emotieve therapie en andere cognitieve gedragstherapieën bij kinderen en adolescenten

Gidia Jacobs
Nicole Muller
Esther ten Brink

Bohn Stafleu Van Loghum

Houten/Diegem 2001

ISBN 90 313 3697 1
NUGI 713
D/2001/3407/149

Ontwerp omslag: totdrukwerk
Tekening omslag: Frank van Tussenbroek

Bohn Stafleu Van Loghum
Het Spoor 2
3994 AK Houten

Motstraat 30
2800 Mechelen

www.bsl.nl

Inhoud

Ter introductie

Meerdere malen heb ik het genoegen gehad in Nederland te kunnen werken, door het geven van workshops over Rational Emotive Behavior Therapy[1] aan Nederlandse therapeuten. Mijn ervaringen waren buitengewoon positief. Ik maakte kennis met hartelijke, gastvrije mensen die zich heel open en ontvankelijk toonden voor de ideeën die ik wilde overbrengen. Ik werd in Nederland geïntroduceerd door Theo IJzermans, voor een gastdocentschap in het Nederlandse gezondheidszorgonderwijs. Later nodigde Gidia Jacobs mij uit om aan het Instituut voor Rationeel-Emotieve Training workshops te verzorgen voor therapeuten die kinderen, adolescenten en hun ouders behandelen. Het werken in Nederland gaf mij meer inzicht in verschillen en overeenkomsten tussen mijn land en andere landen, in allerlei kwesties. Ik raakte onder de indruk van de bewonderenswaardige manier waarop de Nederlandse therapeuten omgingen met de kinderen die zij behandelden en hoezeer zij bereid waren om te leren en samen te werken. Ik genoot in alle opzichten van het beroepsmatig bij hen betrokken zijn.

Ik zie het als een grote eer dat mijn goede vriendin en collega drs. Gidia Jacobs mij heeft gevraagd de inleiding voor dit boek te schrijven. Zowel in Nederland als in de Verenigde Staten is waardevolle literatuur over Rationeel-Emotieve Therapie en andere cognitieve therapieën speciaal voor kinderen en adolescenten schaars. Dit boek belooft een schat aan wetenswaardigheden te bieden aan ieder die kinderen en adolescenten behandelt.

Wie het leest zal constateren dat het een bijzonder veelomvattend boek is. Deel 1 biedt een uitgebreide uitleg van de verschillende cognitieve modellen en een nauwkeurige beschrijving van cognitief-gedragsmatige methoden. Er wordt ook veel aandacht aan besteed hoe belangrijk het is om een goede therapeutische relatie te ontwikkelen met de jongere; diverse praktische suggesties hoe dit te bereiken zijn niet vergeten.

Deel 2 handelt over *assessment* van problemen en geeft uitleg in het bijzonder van emoties, gedragingen en irrationele overtuigingen. De uitvoerige, gedetailleerde gevalsbeschrijvingen, verspreid over de hoofdstukken, vormen een sprekende illustratie van het proces en zullen de therapeut in de praktijk zeker een helpende hand bieden.

Alle behandelaars zijn benieuwd naar interventiemogelijkheden. Deze staan centraal in de rest van het boek. In deel 3 komen cognitieve, emotieve en gedragsmatige interventies aan bod die zijn afgestemd op het stadium van ontwikkeling waarin de jongere zich bevindt. De nadruk ligt op cognitieve interventies. Immers, veel behandelaars hebben wel een gedegen training in de gedragsmatige aspecten van het werken met jongeren en hun gezinnen achter de rug, maar hebben zich nog weinig beziggehouden met de cognitieve kanten.

---

1 In de Verenigde Staten is het gebruikelijk te spreken over Rational-Emotive Behavior Therapy, afgekort tot REBT. In Nederland is besloten om niet van REGT maar van RET te blijven spreken.

Deel 4 geeft een beschrijving van de systeembenadering, met diverse dialogen die de toepassing van de daarbij genoemde begrippen laten zien. Er worden ook uiteenlopende protocollen beschreven: voor de behandeling van kinderen met angstproblemen, met ADHD, en ook voor een groepsbehandeling van depressieve kinderen en jongeren die leren hun woede te beheersen. Een bijna letterlijk weergegeven gevalsbeschrijving waarin de principes van het werken met jongeren tot uiting komen is hieraan toegevoegd.
Dit boek omvat de basis en veel meer dan dat van de Rationeel-Emotieve Therapie en andere cognitieve therapieën voor kinderen en adolescenten. De waardevolle informatie in ieder hoofdstuk biedt de lezer specifieke toepassingen en interventiemogelijkheden die een enorme uitbreiding van hun kennis en vaardigheid in het behandelen van jongeren zullen betekenen. Het lijdt geen twijfel: dit boek levert een onschatbare bijdrage aan de tot nu bestaande literatuur.

Ann Vernon, PhD
Professor and Coordinator of Counseling,
Department of Educational Administration and Counseling,
University of Northern Iowa, USA,
Director of the Midwest Center for REBT

Woord vooraf

Dit boek is een praktische gids voor kindertherapeuten, psychologen, pedagogen, psychiaters en andere hulpverleners die in de GGZ werken met kinderen in de leeftijd van 7 tot en met 18 jaar.
Hoewel er de laatste jaren steeds meer boeken zijn verschenen over de cognitieve gedragsbenaderingen, is de literatuur wat kinderen betreft toch vooral beperkt gebleven tot het Engelstalige gebied. We hebben daarom een Nederlandstalig boek willen presenteren, dat tevens een surplus vormt bij reeds bestaand werk. Dit boek geeft vooral veel praktijkvoorbeelden, waarin de gespreksvoering zoals die met kinderen en adolescenten verloopt werkelijkheidsgetrouw voor het voetlicht gebracht worden. Het gevolg is dat de theorie voornamelijk aan de hand van voorbeelden getoond wordt.

We hebben getwijfeld of we er bij het schrijven van het boek van uit moesten gaan dat het boek voor beginnende kindertherapeuten bedoeld was of voor therapeuten die al jaren ervaring hadden in het werken met kinderen. We zijn er uiteindelijk in geslaagd om aan beide groepen tegemoet te komen. Het is mogelijk om dit boek te lezen zonder dat er sprake is van voorkennis van de rationeel-emotieve therapie (RET), maar we denken dat degenen die goed op de hoogte zijn van de basisprincipes meer profijt zullen hebben van dit boek. In het boek worden geregeld principes uit de RET gebruikt zoals 'tweede-niveauproblematiek' of 'egoangst en LFT' die voor therapie met volwassenen elders uitgebreid beschreven staan (Jacobs, 1998). Het is dan ook aan te bevelen om naar de genoemde verwijzing terug te grijpen wanneer bepaalde principes onvoldoende bekend voorkomen.

Het boek is tot stand gekomen naar aanleiding van een samenwerkingsverband tussen de auteurs. Toen we enkele jaren geleden voor het post-academisch onderwijs (PAO) een cursus Cognitieve gedragstherapie voor kinderen en jeugdigen gingen verzorgen, vonden we voldoende inspirerende artikelen om een reader voor de cursus samen te stellen, maar het materiaal was eenvoudigweg niet beschikbaar in de vorm die we het liefst zagen. De combinatie van onze drie werkvelden maakte dat er voldoende variatie kon ontstaan: Esther ten Brink werkt voornamelijk met jongere kinderen bij de RIAGG en is gespecialiseerd in ADHD; Nicole Muller heeft binnen de klinische jeugdpsychiatrie met jongeren en hun ouders gewerkt en is speciaal voor het tot stand komen van dit boek ook met jonge kinderen aan de slag gegaan; Gidia Jacobs werkt voornamelijk met de populatie pubers en ouders die men zoal in een eigen praktijk tegenkomt. Deze waaier aan ervaringen ontvouwt zich in de zeer diverse voorbeelden.

De RET vormt de basis voor het boek. Dit blijkt bijvoorbeeld uit de omvang van het hoofdstuk over cognitieve interventies. Cognities worden (of werden?) wel eens gelijk gesteld met bewuste, rationele en vooral verbale processen. De mythe dat daarin geen plaats is voor het ervaren van emoties omdat er vooral gesproken zou worden over emoties, is inmiddels wel ontzenuwd (zie ook Korrelboom,

2000). Dit boek toont hoe emoties, gedrag en cognities als drie kanten van dezelfde medaille aangesproken worden in de therapie.

In dit boek gebruiken we de woorden therapeut en therapeute door elkaar. Er zijn meer vrouwelijke dan mannelijke therapeuten in de kinder-GGZ en daar de voorbeelden die we beschrijven allemaal uit onze eigen dagelijkse praktijk stammen, was het prettig om ook in de vrouwelijke vorm te kunnen schrijven.
De namen van de cliënten die in het boek gebruikt worden zijn uiteraard gefingeerd en waar we dachten dat het nodig was om meer zorg te besteden aan de privacy van de cliënt hebben we relevante persoonsgegevens veranderd.
Wanneer eenmaal een naam is gebruikt, blijft dezelfde cliënt deze naam houden in het boek. Dus Lieke of Mees komen op verschillende plaatsen in het boek op het toneel. Het kan dan om verschillende delen uit één sessie gaan of om verschillende sessies. Vaak verwijzen we daarbij naar de paragrafen waarin de bewuste cliënt eerder ter sprake is gekomen.

Tot slot willen we een woord van dank uitspreken. Aan alle opleiders en collega's die bijgedragen hebben aan onze vorming tot RET/CGT-therapeut. Aan alle ouders en kinderen met wie we de afgelopen jaren hebben mogen werken en van wie we veel hebben geleerd. We zijn speciale dank verschuldigd aan degenen die hun toestemming hebben gegeven om hun materiaal in audio-, beeld- of geschreven vorm te gebruiken voor nascholingstrajecten of voor dit boek.
Ten slotte noemen we in het bijzonder collega Hilda van der Steen, die de aanzienlijke moeite heeft genomen om alle laatste versies van de hoofdstukken te becommentariëren. De zorgvuldigheid waarmee ze dat gedaan heeft, getuigt van een grote betrokkenheid bij het vakgebied.

Gidia Jacobs
Nicole Muller
Esther ten Brink

Voorschoten, zomer 2001

Deel 1

Inleiding, methoden, relatie

1 Inleiding

1.1 Geschiedenis

Albert Ellis, de grondlegger van de rationeel-emotieve therapie (RET), wordt gezien als de grootvader van de cognitieve gedragstherapie (CGT) (*American Psychologist*, 1986). Ellis zag meteen bij de ontwikkeling van zijn theorie in de jaren vijftig toepassingsmogelijkheden bij kinderen en ouders, en binnen de schoolsituatie. Hij maakte bijvoorbeeld audiobanden van gesprekken met een achtjarig meisje die onder collega's circuleerden. In de jaren zestig verschijnen er mondjesmaat meer publicaties op het gebied van kind en jeugd van mensen om Ellis heen. Zijn enthousiasme om de cognitieve theorie zo breed mogelijk toepasbaar te maken, kreeg onder meer een vervolg in de oprichting van een kleine particuliere school in 1970, waar de RET-principes door leerkrachten in het lesprogramma werden gebracht. Een decennium later werd er al ruimschoots gepubliceerd over kinderen, jeugdigen en hun ouders (zie voor een overzicht Ellis & Bernard, 1983). Uit de ervaringen binnen het schoolwezen ontstaat bijvoorbeeld het boekje *Rational Emotive Education, a manual for elementary schoolteachers* van William Knaus (1974), dat later in Nederland zou verschijnen en dat veel bekendheid heeft gekregen (Diekstra, Knaus & Ruys, 1982).
Philip Kendall kan gezien worden als degene die vanuit de CGT de aandacht gericht heeft op toepassingen voor kinderen, adolescenten en hun ouders (bijv. Kendall, 1991; Kendall, Panichelli-Mindel & Gerow, 1995).
Er heeft een ruime spanne tijds tussen de ontwikkeling van cognitieve therapeutische methoden en de acceptatie ervan gezeten (Spence, 1994). DiGiuseppe (1989) meent dat de cognitieve therapieën later bij kindertherapeuten aansloegen omdat kinderen lang gezien werden als product van hun omgeving en daarmee niet verantwoordelijk gesteld konden worden voor hun emotioneel en gedragsmatig functioneren (zie ook par. 1.2).
Kendall (persoonlijke mededeling) vermoedt dat de vertraging samenhangt met het feit dat de cognitieve therapie (CT) van Aaron Beck aanvankelijk ontwikkeld werd voor depressies en dat depressie toen nog vooral gezien werd als een stoornis voor volwassenen. Bij kinderen werd meer nadruk gelegd op gedragsproblemen.

Spence (1994) noemt een aantal ontwikkelingen die ertoe hebben geleid dat de cognitieve richting geworden is tot wat die nu is. Met name de *social learning theory* van Albert Bandura leverde een belangrijke bijdrage aan de aandacht voor cognitieve processen bij leren. Ook de Sovjet-psychologen (Luria, Vygotsky) richtten de aandacht op de invloed van de innerlijke taal van kinderen op het denken. De komst van zelfcontroletherapieën, technieken voor de ontwikkeling van probleemoplossingsvaardigheden, maar ook trainingen in zelfinstructie (zie hoofdstuk 2) maakte dat de cognitieve benaderingen meer geaccepteerd raakten.
Hoewel in de Verenigde Staten de cognitieve therapie een aparte stroming werd

naast de psychoanalyse en gedragsleer, is ze in Nederland een cognitieve tak aan de boom van de Vereniging voor Gedragstherapie geworden en gebleven.
De eerste Nederlandse publicatie voor ouders werd geschreven door Van Londen e.a. (1979). Deze laat zien hoe ouders met behulp van het ABC-model van de RET (zie par. 1.2.2 en hoofdstuk 11) gebruik kunnen maken van het sturen van hun eigen emoties in het contact met hun kind. Daarna volgt de eerder genoemde vertaling van het programma van Knaus, en dan is het lange tijd stil op het Nederlandstalige publicatiegebied.
Aan het eind van de jaren zeventig komen we de eerste doctoraalscripties tegen over cognitieve aspecten van sociale angst (zie bijv. de literatuurlijst in Ringrose & Nijenhuis, 1986/1996). In de sociaalvaardigheidstrainingen nemen cognitieve onderdelen in eerste instantie een beperkte plaats in, maar later verandert dit (Reenders & Spijker, 1996).
Vanaf het midden van de jaren tachtig signaleren we doctoraalscripties over de toepassing van CGT-programma's bij impulsieve kinderen (zie bijv. de literatuurlijst bij Van der Vlugt e.a., 1995). De 'stop-denk-doe'-programma's voor de ADHD-problematiek (*Attention Deficit/Hyperactivity Disorder*) (bijv. Eenhoorn, 1998) verschijnen tien jaar later.
Ook wordt er gebruik gemaakt van RET-methoden binnen (semi-)residentiële settingen (bijv. Cladder & De Waart, 1997 en De Lange & Klomp, 1997). Recente publicaties als het hoofdstuk 'Zelf-controletechnieken en cognitieve gedragstherapie' van Van Broeck en Braet (1998) en in meerdere mate nog het hoofdstuk 'Niet-operante technieken' in Cladder, Nijhoff-Huysse en Mulder (1998), onderstrepen bovenstaande bewering dat de CGT in Nederland is ingekaderd in het gedragstherapeutische veld.

1.2 Theorie

1.2.1 *Een holistische benadering*

Hedendaagse RET- en CGT-therapeuten benadrukken de samenhang in gedrag, gevoel en gedachten en zien deze steeds in verhouding tot de context en de doelen van de cliënt (zie ook figuur 2 in Jacobs, 1998). Men gaat er niet van uit dat er een causaal verband is tussen de cognitieve factoren en de etiologie van alle emotionele en gedragsproblemen (Reinecke, Dattilio & Freeman, 1996). Doorgaans is er sprake van een samenspel van factoren (biologisch, genetisch, interpersoonlijk, omgeving) die een probleem van een kind of gezin maken tot wat het is. Of de oorsprong van het disfunctioneren van het kind in cognitieve verstoringen ligt, doet weinig ter zake (behalve in geval van neurologische problematiek zoals bij een hersenbeschadiging). Ook is het van minder groot belang hoe het verstoorde patroon zich precies heeft ontwikkeld. Belangrijker is te achterhalen hoe het gevoel, het gedrag en de gedachten zich verhouden tot de huidige situatie waarin het kind verkeert en welke factoren het patroon in stand houden. Dat kunnen factoren zijn bij het kind zelf, bijvoorbeeld het idee 'ik kan het toch niet'; of factoren bij de omgeving. Ouders die geld geven aan hun depressieve dochter om uit te gaan, teneinde haar depressie te verzachten, houden daarmee onbedoeld haar problematiek (inactiviteit, verkeerd leefpatroon, afhankelijkheid) in stand.

Vooral bij kinderen is de context waarbinnen ze functioneren van belang. Juist omdat ze kind zijn, is hun beïnvloedbaarheid groot en moet het gedrag in relatie tot de context bestudeerd worden. Ook heeft het kind eigen doelen, wensen en verlangens die een rol spelen bij het ontstaan of in stand houden van het disfunctioneren.

In de RET en CGT wordt ervan uitgegaan dat bij kinderen vergelijkbare cognitieve en gedragsmatige processen plaatsvinden als bij volwassenen; het kind vormt al vroeg zijn eigen gedrags- en denkpatronen. Op basis van een mengeling van aanleg, ervaring en eigen inbreng ontstaan cognitieve schema's over zichzelf, anderen en de wereld, die gepaard gaan met bepaalde gedragspatronen.
De cognitieve theorie gaat ervan uit dat kinderen (net als volwassenen) zelf een bijdrage leveren aan het totstandkomen of het instandhouden van hun emotionele reacties. Het kind is niet voornamelijk een product van zijn omgeving of van zijn genetisch materiaal; noch kan het kind zichzelf volledig sturen met behulp van zijn cognitieve mogelijkheden.
Spence (1994) geeft in haar artikel aan hoe verschillend de rol van de cognities in het functioneren van een kind kan zijn. Wanneer een kind niet goed functioneert, kan het zo zijn dat een cognitieve verstoring vooraf is gegaan aan het disfunctioneren, er als het ware de 'oorzaak' van is. Bijvoorbeeld: de ouders van Jaap (10 jaar) gaan scheiden. Jaap gaat denken dat zijn vader niet meer van hem houdt. Jaap wordt somber en doet alles om zijn vader aan zich te binden en zo ontwikkelt Jaap slaapproblemen.
De eerste cognitief therapeuten legden de nadruk op deze rol van gedachten(patronen) bij het disfunctioneren van individuen. In de RET is de nadruk op deze rol gebleven, getuige het volgende citaat:

> From a RET-perspective, the belief system and the logical reasoning processes determine the extent to which children adapt to particular bad events they encounter (Bernard & Joyce, 1993).

Het gaat erom in therapie de onlogische, niet-empirisch gefundeerde en irrationele cognities te achterhalen en om te zetten in een meer bij de werkelijkheid en logica passende denkwijze. Bijvoorbeeld 'iedereen pest me en dat is afschuwelijk' wordt veranderd in 'er zijn vier kinderen in mijn klas die soms mij en soms een aantal andere kinderen pesten; dat is niet leuk maar ik kan daar wel tegen en ik ga verschillende manieren uitproberen om daarmee om te gaan'.
Spence stelt echter dat een cognitieve verstoring zich ook als gevolg van een min of meer toevallig proces van bekrachtiging kan ontwikkelen. De oorspronkelijke cognities en daaraan gekoppelde zelfcontrolevaardigheden van het kind kunnen net zo goed zijn geweest als van een ander kind, maar zijn misschien door de omstandigheden verloren gegaan en moeten hervonden worden. Marlies van 11 jaar is min of meer per ongeluk een keer zeer heftig boos geworden toen zij haar zin niet kreeg. In het gezin kan men over het algemeen goed omgaan met boosheid van de verschillende gezinsleden, maar zo boos als Marlies dit keer werd, had men nog nooit meegemaakt. Iedereen (inclusief Marlies zelf) was ervan geschrokken en het gebeuren was achteraf niet besproken. Van schrik hadden de ouders bij dit voorval Marlies haar zin gegeven. Bij Marlies was de koppeling 'als

ik heftig boos word, krijg ik mijn zin' ontstaan en ze ging dit vaker doen. Hoewel de ouders Marlies later niet meer haar zin gaven, bleef de boosheid nog bestaan en verminderde pas toen Marlies' idee 'als ik heftig boos word, krijg ik mijn zin' gecorrigeerd werd en vervangen werd door 'als ik heftig boos word, vinden mensen dat niet leuk en krijg ik juist niet gauw mijn zin'.
Het kan ook zo zijn dat het kind in omstandigheden leeft waar het meer realistisch inzicht nodig heeft dan voor zijn leeftijd gebruikelijk is en waarin het over bovengemiddelde zelfcontrolestrategieën moet beschikken om de negatieve invloeden vanuit de omgeving te kunnen weerstaan. Denk bijvoorbeeld aan een meisje dat na seksueel misbruik door de moeder en een tijdelijke uithuisplaatsing weer wordt teruggeplaatst in het gezin van herkomst, op voorwaarde dat de moeder een behandelingstraject aangaat.
Wat ook theoretisch gezien de precieze rol van de cognities bij het functioneren van mensen moge zijn, in de praktijk wordt steeds per casus bekeken welke cognities een rol spelen in de huidige problematiek van de cliënt of het cliëntsysteem.

Omdat we uitgaan van een samenhang in gedrag, gevoel en gedachten in relatie tot de context en de doelen van de cliënt, leidt beïnvloeding op één van de gebieden als het goed is tot beweging in het ontstane patroon. Voor de therapie heeft dat tot gevolg dat het niet altijd veel uitmaakt of men bijvoorbeeld een gedragsmatige of cognitieve aanpak kiest om verandering bij het kind in gang te zetten.
Een voorbeeld illustreert dit principe. Maaike van 16 jaar heeft last van eetproblemen, depressieve verschijnselen en vertoont schoolfobische trekken. Onderzoek in de *context* wijst uit dat de school op zich geen bedreiging vormt (geen pesterijen bijv.). De thuissituatie kenmerkt zich door een verschil in benadering van vader en moeder ten opzichte van emotionele problemen. Vader heeft de neiging die te bagatelliseren en moeder de neiging ze overmatig serieus te nemen.
Onderzoek naar de *doelen* van het meisje wijst uit dat zij niet op kamers wil wonen en dicht in de buurt van haar ouders wil blijven als zij school verlaat.
Onderzoek naar *gedrag, gevoel en gedachten* wijst uit dat ze angstig is voor afwijzing, subassertief gedrag vertoont, en vindt dat ze niet mag afwijken van de norm. Afhankelijk van een aantal factoren (waarop in dit boek gaandeweg meer zicht zal ontstaan) kan gekozen worden voor interventies gericht op de opstelling van de ouders, op de doelen van Maaike; of er kan gewerkt worden aan haar idee dat ze niet mag afwijken; er kan een assertiviteitstraining opgezet worden of een vorm van angstreductie door ademhalingstechnieken te leren toepassen. In dit voorbeeld is het duidelijk dat de schoolcontext geen aanleiding geeft om interventies te plegen. Theoretisch gezien zou beïnvloeding van alleen de ouders een effect kunnen laten zien op het gedragspatroon van het meisje (mediatietherapie), maar in de praktijk blijkt dat men er goed aan doet om aan meerdere touwtjes tegelijk te trekken om verandering te entameren.
Deze holistische benadering van de problematiek kan gezien worden als een belangrijk kenmerk van hedendaagse cognitief-gedragstherapeuten.

1.2.2 Modellen

Er zijn diverse modellen in omloop waarmee de basisprincipes van de cognitieve gedragstherapie aan cliënten duidelijk gemaakt wordt. Bij de RET wordt het

ABC-schema gebruikt. Dit schema is door en voor diverse groepen bewerkt. De CGT-groep gebruikt dezelfde principes maar past ze anders toe. Een belangrijk verschil schuilt in de aandacht voor de inhoud van de negatieve gedachten en het uitdagen ervan (zie ook 2.1 en 2.2). In Nederland is ooit het 'G-schema' geïntroduceerd.[1] Deze drie modellen behandelen we hierna.

Het ABC-model van de RET

Het ABC-gedeelte kan gezien worden als het diagnostische gedeelte. Het DEG-gedeelte is meer interventiegericht. De diagnostiekfase en de interventiefase kunnen gescheiden plaatsvinden, maar in de praktijk van de RET blijken deze door elkaar heen te lopen.

A = aanleiding, situatie of gebeurtenis, 'wat er gebeurt'
De A wordt gebruikt om aan te geven wat er gebeurde; wat was de 'trigger' voor de emoties. Enkele voorbeelden van A's:
- Ik (Jos) zie school niet zitten.
- Moeder zit mij (Mae) achter de broek wat betreft huishoudelijke taken thuis.
- Ik (Tiny) ben blijven zitten.
- Ik (Joost) heb al drie keer gezegd dat Fred moet ophouden met stangen en hij doet het weer.
- Jaap pest mij (Jan).

Deze voorbeelden werken we hierna in dezelfde volgorde puntsgewijs uit.

B = beschouwingen, gedachten, beelden, 'wat je denkt'
Het gaat bij de B erom hoe het kind tegen de situatie aankijkt (specifieke opvattingen), of wat zijn mening of oordeel in algemene zin is (algemenere opvattingen); bijvoorbeeld:
- ik vind school een waardeloze boel, ik zou daar niet aan mee moeten doen.
- mijn moeder zeurt aan mijn kop en dat moet ze niet doen.
- het kan me allemaal geen moer schelen.
- wie niet horen wil, die moet maar voelen.
- ze mogen niet denken dat ik een watje ben.

C = gevoelens (emotioneel en fysiek) en gedragingen, 'wat je voelt en doet'
De gevoelens en gedragingen die samenhangen met de denkpatronen worden geregistreerd. Gevoel en gedrag gaan doorgaans samen. Voorbeelden:
- Jos voelt zich neerslachtig en trekt zich terug uit sociale contacten op school.
- Mae is kwaad en scheldt op moeder.
- Tiny doet onverschillig en heeft moeite zich te handhaven bij leeftijdgenoten.
- Joost is opvliegend en timmert er nogal snel op los.
- Jan is onzeker en doet ontzettend zijn best om erbij te horen.

---

1 Wij zijn er helaas niet in geslaagd te achterhalen wie of welke instantie het eerst met die specifieke letteraanduiding is begonnen. Mocht u daar informatie over hebben, dan vernemen wij dat graag.

D = uitdagen van irrationele gedachten, 'klopt het allemaal wel wat ik denk?'
Het uitdagen van de gedachten kan op allerlei verschillende manieren gebeuren en is bedoeld om denkfouten die samenhangen met inadequaat gevoel en gedrag te corrigeren. Het uitdagen neemt een belangrijke plaats in bij de RET. Bijvoorbeeld:

- Is school totaal waardeloos? Deugt er niks? En de pauzes dan? Hoezo zou jij daar niet aan mee moeten doen? Zijn de andere kinderen wel dom genoeg om aan school mee te doen en ben jij iedereen te slim af door de zaak te verpesten?
- Kan je moeder niks anders dan zeuren? Zeurt ze ook wel eens niet? Waarom mag ze niet zeuren?
- Is het echt waar dat het je niks interesseert wat anderen van je vinden? Dus als ik zeg 'ik vind je de stomste trut op twee benen, maar ik kan wel gewoon met je werken', dan blijf jij hier gewoon komen en vind je dat niet erg?
- Denk je dat straffen altijd helpt?
- Waarom mogen ze niet denken dat jij een watje bent?

E = effectieve nieuwe gedachten, 'wat je beter kunt denken'
E vloeit logisch voort uit D. Voor kinderen ook wel 'handiger gedachten' genoemd. Dit zijn de gedachten die een correctie vormen op de gedachten die bij B geregistreerd werden. Het zijn niet per se positieve gedachten, maar het gaat om een realistische kijk op de zaak. De tegenhangers van de gedachten onder B zouden bijvoorbeeld kunnen zijn:

- School is niet leuk, maar ieder kind moet erheen en ik kan er beter het beste van maken.
- Mijn moeder zeurt te veel naar mijn zin, maar dat doen moeders nu eenmaal.
- Mensen hoeven niet goed te keuren wat ik doe, maar ik kan best leren om rekening te houden met anderen.
- Het is niet altijd handig om het recht in eigen hand te nemen; wie niet horen wil, zal vroeg of laat wel ergens tegen de lamp lopen.
- Het is niet leuk als ze mij als een watje zien, maar ik kan er wel tegen als ze dat denken.

G = nieuw gedrag, 'wat je beter kunt doen'
G vloeit logisch voort uit E. Nieuw gedrag is in overeenstemming met langetermijndoelen. Voorbeelden:

- Jos moet zich meer bemoeien met wat er op school gebeurt.
- Mae leert om zonder schelden met moeder te spreken en leert te zwijgen.
- Tiny gaat onderzoeken wat anderen echt van haar vinden; wie haar wel en niet mag en waarom.
- Joost leert tot tien te tellen en leert gebruik te maken van beloningen om gedaan te krijgen wat hij hebben wil.
- Jan gaat ophouden met het vertonen van aanklampend gedrag en zegt bij de gymnastiekles als er iets 'sterks' gedaan moet worden: 'ik ben een watje, kies mij maar niet'.

De CGT-variaties

In de groep van Kendall wordt het gebruik van het model afhankelijk gemaakt van het type emotionele problematiek. In *Keeping your cool: the anger management workbook* (Nelson & Finch, 1996a en b) wordt er net als in de RET gesproken van een ABC maar de letters ABC hebben daar voor een deel een andere betekenis gekregen. In dit programma is duidelijk onderscheid te maken tussen een diagnostisch en een interventiegericht gedeelte, maar in de programma's voor angst en depressie (zie hierna) is dat veel minder duidelijk het geval.

In het programma voor woedeproblematiek onderscheidt men als volgt:

A = de aanleiding die een reactie (B) bij je oproept

B = de reactie, die uiteenvalt in de drie componenten:
gedachten → gevoelens → gedrag

C = consequenties van je reactie, voor jezelf en voor je omgeving

Bijvoorbeeld:

A = de scheidsrechter geeft de tegenpartij een strafschop
B = ik denk 'die scheids is partijdig' → woest → schelden tegen de scheids
C = van het veld afgestuurd worden; niet kunnen voetballen en geen goede naam bij de omgeving

De toevoeging van consequenties bij de diagnostiek is zeer bruikbaar, zo niet onmisbaar in geval van woedeproblematiek. Een belangrijk deel van de motivatie voor verandering van gedrag zal voortkomen uit het beter kunnen overzien van de langetermijngevolgen van agressief gedrag.

Voor het interventiegedeelte wordt overgestapt op 'Spel 1 tot en met 5' waarbinnen, bijvoorbeeld bij Spel 1 en 3 weer met beginletteraanduidingen gewerkt wordt.

Spel 1: Onderscheid leren maken tussen gedachten die de woede opwekken en gedachten die woede reduceren.
Spel 2: Ontspanningsoefeningen en het leren nemen van time-outs.
Spel 3: Probleemoplossingsmethode aanleren:
- Stop: wat is het probleem?
- Denk: wat kan ik doen (brainstormen)?
- Evalueer: wat is de beste oplossing?
- Doe: probeer het uit.
- Besluit: werkte het?

Spel 4: Assertiviteitstraining.
Spel 5: Gebruik van Humor.

Zoals gezegd wordt het model op verschillende manieren gebruikt. Bij de *Coping Cat* (programma voor angstproblematiek, Kendall e.a., 1992) werkt men met Situatie, Gevoel, Gedachten (als diagnosticum) en Acties (als interventies). Bij de Acties vraagt het kind zich af: wat kan ik doen om deze situatie minder angstig te maken en checkt het kind wat het effect van de diverse oplossingen zal zijn op het gevoel om zichzelf daarna te leren belonen. Daarna is het vooral veel oefenen met deze principes. Ontspanningsoefeningen zitten helemaal vooraan in het programma (zie 12.2).
Het depressieprogramma (Stark, Kendall & McCarthy, 1996) is niet voor niks *Taking Action* genoemd. De nadruk ligt aanvankelijk op *doen*; het zoeken van activiteiten waardoor het kind zich beter gaat voelen. Daarna is er veel van de probleemoplossingsmethode (zie par. 2.5) terug te vinden. Later in het programma zit het denken van bemoedigende gedachten. Dit wordt geleerd vóór het uitdagen van de negatieve gedachten. Het uitdagen speelt, anders dan in de RET, een beperkte rol. Daarna wordt er veel geoefend met opsporen van gevoelens, gedachten, 'betere' dingen denken en doelen stellen.

Het G-schema

Het G-schema kan gezien worden als de Nederlandse vertaling van het ABC-model. Toevalligerwijs zijn de Engelse letteraanduidingen (A komt van Activating Event) allemaal naar G's vertaalbaar in het Nederlands: de letters voor Gebeurtenis, Gevoel, Gedrag en Gedachten. Volwassenen kunnen daardoor soms gemakkelijker de betekenis van letters van het model onthouden en voor kinderen kan het een speels karakter geven aan het werken met het model. Het model kan op allerlei manieren voor kinderen uitgebreid en aangepast worden, afhankelijk van de verschillende cognitieve methoden die men wil gebruiken (zie hoofdstuk 2), of het accent dat de therapeut tijdens een therapie wil leggen. Hierna geven we een voorbeeld van een willekeurige uitbreiding.

G = Gebeurtenis
G = Gevoel
G = Gedrag
G = Gevolgen (consequenties)
G = Geef oplossingen
G = Gedachten die niet helpen
G = Grijp die gedachten!
G = Gebruik je gedachten
G = Ga aan de slag
G = Ga door met oefenen

Diverse aanduidingen voor dezelfde principes zijn mogelijk. Tanghe, Braet en Decaluwé (2000) gebruiken bijvoorbeeld het DRANG-schema bij obese jongeren met eetbuien: De situatie, Rotte gevoelens, Akelige gedachten, Nuttige gedachten, Goede resultaten en nu de beloning.

1.3 Praktische en emotionele problemen

Een belangrijk onderscheid voor iedereen die met kinderen werkt, is het onderscheid tussen praktische en emotionele problemen. In de praktijk zien we deze twee vaak samengaan: Pieter speelt niet met vriendjes na schooltijd. Hij wordt niet gevraagd en weet zelf niet hoe hij ze moet vragen. Dit is een praktisch probleem. Hij voelt zich er somber en verdrietig door. Hij denkt dat hij de enige is wie dit overkomt en dat andere kinderen dat weten en hem daarom stom vinden. Dit is het emotionele probleem. Pieter kan ofwel geholpen worden bij het maken van afspraken (vaardigheid), of er kan een realistischer kijk bij hem ontwikkeld worden: 'meer kinderen hebben dit, andere kinderen weten hier misschien niks van en hoe weet ik zo zeker dat ze me stom vinden'. Zo wordt aan de emotionele kant gewerkt. Ook een combinatie van beide is mogelijk.
Het onderscheid tussen praktische en emotionele problemen is van belang voor de keuze van de interventies en voor het uiteenzetten van een korte- en langetermijnstrategie.
Bernard en Joyce (1984) geven aan dat men bij jonge kinderen beter eerst praktische oplossingen kan zoeken om een emotioneel probleem te verhelpen. DiGiuseppe (1989) wijst erop dat een praktische oplossing wel op korte termijn effect kan sorteren, maar het kind nog geen copingvaardigheden voor toekomstige situaties aanreikt. Een voorbeeld:

Lieke (13 jaar) heeft geen vriendinnetjes in haar klas; ze vindt haar klasgenoten stom en kinderachtig. Als ze de klas 's ochtends binnenkomt voelt ze zich een beetje in het nauw en als ze aan het einde van de dag het klaslokaal verlaat, voelt ze zich opgelucht. Een praktische oplossing zou zijn om Lieke in een andere klas te plaatsen of om haar te helpen vriendinnetjes buiten haar klas te zoeken. Een emotionele oplossing zou zijn om Lieke te helpen zich oké te voelen in de klas waarin ze zit, in plaats van zich benauwd te voelen en zich afstandelijk op te stellen.

Afhankelijk van de situatie, de doelen van het kind en de klinische inschatting van de therapeut kan voor een van beide oplossingen of voor een combinatie van beide gekozen worden. Wij zijn er in het algemeen voorstander van om voor een combinatie van beide te kiezen, vanwege langetermijneffecten.
In het geval van Lieke: zij werd vriendinnetje met enkele meisjes uit andere klassen en leerde in haar klas meer zichzelf te zijn.
In paragraaf 4.7.1 wordt nader uitgelegd hoe het onderscheid tussen praktische en emotionele problemen bij de diagnostiek gebruikt wordt.

1.4 Hier-en-nu-aanpak

In de RET en CGT wordt gewerkt vanuit de problemen die zich dagelijks voordoen. De ontstaansgeschiedenis en ontwikkeling van het probleem zijn niet onbelangrijk, maar vormen niet het eerste aandachtspunt. We gaan er in eerste instantie van uit dat in het analyseren van de dingen die zich in het hier en nu voordoen een goed beeld verkregen kan worden van de aard van het probleem en de weg waarlangs oplossingen gezocht moeten worden.

De aard, duur, frequentie en intensiteit van de klachten vormen eveneens een belangrijke bron van informatie voor de te volgen route. Een hier-en-nu-aanpak betekent immers niet dat er kortzichtig te werk gegaan wordt, net zo min als een holistische aanpak betekent dat alles wat niet goed zit in een gezin of bij een kind verbeterd moet worden.
In het voorbeeld van Lieke:

Lieke is op de basisschool veranderd van klas omdat ze gepest werd. Ze is enig kind en haar vader heeft zich gesuïcideerd toen ze een kleuter was. Deze gegevens worden bij de intake ter kennisgeving aangenomen; op de aard en inhoud van de pesterijen wordt niet per se ingegaan. Liekes doel voor de therapie is erachter te komen of het feit dat ze geen vriendinnen in de klas heeft met *haar* te maken heeft ('is er iets mis met mij?'). Ze kan niet vrijblijvend plagen en geplaagd worden en ze is nogal serieus. Het onderzoek naar Liekes sociale competenties gebeurt op basis van experimenten binnen en buiten de klassituatie. Haar afstandelijke houding in de klas blijkt samen te hangen met de cognitie 'ik moet niet weer pesterijen uitlokken, want als het eenmaal begint, wordt het alleen maar erger'. Er wordt ingegaan op het hier en nu door bijvoorbeeld te stellen: 'hoe weet je zo zeker dat als je minder afstandelijk wordt, je weer gepest zal worden, en is het waar dat een pesterij betekent dat het alsmaar door zal gaan?'.
De connectie met haar eerdere negatieve ervaringen, haar gevoelens van onzekerheid omtrent haar sociale capaciteiten en haar huidige beleving van de situatie wordt op deze manier duidelijk. Ook eventuele zaken die met de dood en afwezigheid van haar vader te maken hebben, kunnen op deze manier naar voren komen, maar vormen niet per se een belangrijk aandachtspunt.

Het werken in het hier en nu geeft kinderen en jongeren de mogelijkheid om concreet te maken wat soms voor hen ongrijpbaar is en kan hun een gevoel van controle over de therapeutische situatie geven omdat zij zelf dingen kunnen onderzoeken en uitproberen in hun eigen omgeving. Voor jonge kinderen is het concretiseren van problemen zelfs voorwaarde voor het slagen van een therapie, omdat hun stadium van cognitieve ontwikkeling dit vereist. Uiteraard kan het in sommige gevallen wel degelijk relevant zijn meer dan gebruikelijk aandacht te besteden aan specifieke gebeurtenissen uit het verleden. Het betrekken van de ontstaansgeschiedenis van de problematiek kan bijvoorbeeld ook een ontschuldigende werking hebben, zonder dat het een kind of volwassene ontslaat van zijn verantwoordelijkheid ten aanzien van zijn functioneren in het heden. Het bij de therapie betrekken van andere theoretische invalshoeken kan hierbij dienst doen (zie par. 1.5.2).

1.5 Specifieke aspecten van de praktijk

De RET en CGT voor kinderen zijn een afgeleide van de RET en CGT voor volwassenen. De principes zijn hetzelfde, maar worden toegespitst op het denk- en belevingsniveau van het kind. Hierbij wordt rekening gehouden met specifieke ontwikkelingspsychologische aspecten.

1.5.1 *Algemeen*

We vinden het moeilijk om kwesties te beschrijven die uitsluitend voor kinderen gelden en waarin kinderen door de therapeut echt anders benaderd moeten worden dan volwassenen. Als therapeuten die zowel met kinderen als met volwassenen werken, vragen we ons wel eens af of kinderen en volwassenen wel zoveel verschillen in de manier waarop ze benaderd moeten worden. Soms hebben jonge kinderen een opmerkelijk vermogen tot het relativeren van moeilijke zaken; sommige volwassenen kunnen daarentegen nauwelijks abstract denken of denken opvallend traag, en sommige adolescenten zijn opvallend filosofisch en argumentatief ingesteld. Desalniettemin geven we hier een aantal zaken weer waar bij kinderen in het bijzonder aandacht aan besteed moet worden.

- Voor kinderen is het niet vanzelfsprekend dat er in de therapie iets van hen verwacht wordt. Het probleem is nog niet per se duidelijk voor henzelf en moet wel eerst duidelijk gemaakt worden, zodat het kind weet wat er van hem verwacht wordt.
- Hoe jonger het kind, hoe minder het zich bewust is van de cognitieve schema's en gedragspatronen die het heeft ontwikkeld. De verbale mogelijkheden zijn beperkt en het risico op interpretatiefouten van de kant van de therapeut is groter, omdat de terugkoppelingsmogelijkheden naar het kind kleiner zijn.
- Omdat een kind nog niet altijd goed onderzoek kan doen in de context, zal de therapeut meer onderzoek moeten doen naar de omstandigheden en naar contextuele factoren, bijvoorbeeld door het raadplegen van derden.
- Kinderen hebben vaak niet door dat hun gedrag een negatief effect heeft op hun leven en zijn er zich niet van bewust dat er andere manieren zijn om zich te gedragen of dat ze zich anders zou kunnen voelen (DiGiuseppe, 1989). Het gevolg is dat er in de eerste sessies veel aandacht besteed moet worden aan de consequenties en het effect van hun gedrag. Kinderen geloven vaak dat hun emotionele reactie een noodzakelijke reactie is op een gebeurtenis. Ze hebben ideeën over hoe ze zich zouden moeten voelen in bepaalde situaties en gedragen zich daarnaar. Bijvoorbeeld: Johan van 16 jaar is door zijn eerste liefde in de steek gelaten. Hij denkt dat hij nu dagenlang niet meer moet eten en in en in triest moet zijn, omdat dit gedrag bewijst dat hij echt veel van zijn meisje heeft gehouden.
- Kinderen hebben moeite met abstract of generaliserend denken en daarom is het van belang om zeer situatiespecifiek te blijven werken.
- Bij kinderen moet doorgaans meer rekening gehouden worden met hun behoefte aan een veilige omgeving en ze hebben wat meer tijd nodig om zichzelf open te stellen in de therapeutische setting. Er moet meer aandacht zijn voor de opbouw van de relatie.
- Er moet gemakkelijk te begrijpen taal worden gebruikt en de therapie moet vooral bij jonge kinderen speels worden aangepakt; ook letterlijk in de zin van een spel tussendoor of kennismakingsspelletjes.
- De therapeut moet voldoende geduld hebben; de eerste vragen leveren niet meteen de gewenste informatie op. Het kind moet voldoende tijd krijgen om zijn eigen gedachten te zoeken en te formuleren. Te snel inspringen met een helpende hand kan bij het kind gevoelens van insufficiëntie oproepen, te traag inzoomen kan het kind een gevoel van 'ze laat me maar aanmodderen' oproepen. *Timing* van interventies is bij kinderen van groot belang.

1.5.2 *Ontwikkelingstheoretische kaders*

De RET- en CGT-therapeut gaat methodisch te werk. De methode is gebaseerd op een theorie, maar het is niet zo dat een CGT- of RET-therapeut in de praktijk uitsluitend gebruikmaakt van zijn eigen theorie.
In de eerste plaats is het behulpzaam wanneer de therapeut een goede inschatting kan maken van het cognitieve ontwikkelingsstadium volgens de fasetheorie van Piaget (Siegler, 1991). Bij cognitief georiënteerde therapieën worden cognitieve vaardigheden aangevuld, versterkt en getraind wanneer er sprake is van een verondersteld tekort aan deze vaardigheden en/of een verstoring van cognitieve (informatie)processen. Net als bij motorische vaardigheden moet ook bij cognitieve vaardigheden aan een aantal cognitieve ontwikkelingsvoorwaarden zijn voldaan, wil het kind over deze vaardigheden kunnen beschikken; van een baby verwacht men niet dat die 'handstand' kan doen, van een tienjarige niet dat die op filosofisch niveau met identiteitsvragen bezig is. Anders gezegd: een bepaald tekort kan alleen worden aangevuld wanneer het kind er in cognitief opzicht rijp voor is. De ontwikkelingsstadia van Piaget geven informatie over dit rijpingsproces. De manier waarop men informatie over het zelfbeeld opvraagt bij een kind van zeven verschilt van de manier waarop men dat doet met een jongere van zestien, omdat het kind nog niet vanzelfsprekend conceptueel kan denken.
Bepaalde vormen van cognitieve gedragstherapie (zie hoofdstuk 2) zullen dus stadiumafhankelijk worden toegepast en daarom is kennis over de formele vermogens van een kind van belang. Ook vanuit diagnostisch oogpunt is het noodzakelijk om over deze kennis te beschikken. Bepaalde angsten of een gebrek aan zelfcontrole zijn inherent aan bepaalde ontwikkelingsfasen. Een kleuter kan abstracte begrippen zoals de dood nog onvoldoende bevatten, waardoor allerlei fantasieën de lacunes in kennis opvullen en angstige reacties kunnen oproepen. Wanneer deze reacties niet als 'behorend bij de ontwikkelingsfase' maar als tekort of verstoring gediagnosticeerd worden, maakt men een professionele fout. Pas wanneer het kind in vergelijking met leeftijdgenoten niet over bepaalde vaardigheden beschikt of juist een teveel heeft (denk bijvoorbeeld aan hoogbegaafde kinderen) kunnen er emotionele of interactionele problemen ontstaan.

Voor een goed begrip van de situatie helpt het de therapeut om verklaringen voor de problematiek vanuit verschillende theorieën naast elkaar te leggen, zonder dat hij deze noodzakelijkerwijs deelt met de cliënt. We denken bijvoorbeeld aan de gehechtheidstheorie van Bowlby en zijn opvolgers waarin beschreven wordt hoe de hechting tussen kind en opvoeder leidt tot de vorming van een intern werkmodel. Er wordt van uitgegaan dat het kind al vroeg interne werkmodellen van relaties opbouwt op basis van zijn affectieve ervaringen met de opvoeders (Bowlby, 1973; Ainsworth e.a., 1978; Main, Kaplan & Cassidy, 1985, Cassidy & Shaver, 1999). Deze werkmodellen hebben aanvankelijk de functie van informatieverwerkingssystemen. Wanneer de betekenis van de informatie consistent blijkt, gaat het werkmodel functioneren als een cognitief schema. Deze schema's werken vervolgens als een filter, waardoor waarneming selectief gaat plaatsvinden en informatie volgens vastgelegde patronen geïnterpreteerd wordt. De kernstructuur van de werkmodellen wordt opgeslagen in het niet-verbale, procedurele geheugen. De werkmodellen bevatten informatie over de gehechtheidsfiguren en complementair hieraan over het ‘zelf’; als een kind ervaart dat zijn behoeften doorgaans worden gehonoreerd, creëert het een beeld van de opvoeder als beschikbaar en een beeld van zichzelf als ‘de moeite waard’. Men gaat ervan uit dat de beeldvorming van anderen en van zichzelf een belangrijke bijdrage levert aan de interactionele (gedrags)strategieën die een kind heeft en aan het emotiereguleringssysteem. Immers, de ervaringen zijn opgedaan in de *affectieve* relatie. De aard van de gehechtheidsrelatie, bijvoorbeeld het antwoord op de vraag ‘is het kind angstig-vermijdend of ambivalent gehecht’, kan de therapeut helpen bij de manier waarop hij op de emoties van een kind focust of bij de manier waarop hij ouders erbij betrekt. Ook aspecten van intergenerationele overdracht kunnen vanuit de gehechtheidstheorie of vanuit contextuele benaderingen in een cognitief-gedragstherapeutisch jasje gestoken worden.

Erikson schetst in zijn ontwikkelingspsychologische model de thema’s die zich afspelen tussen een kind en zijn verzorgers/naasten (Shaffer, 1989). Deze thema’s (bijv. vertrouwen, autonomie, identiteitsvorming) staan centraal in de gewone ontwikkeling van een kind en normaliter volgt de ene fase de andere op, voortbouwend op wat reeds is bereikt. Een kind met veel verschillende problemen in het hier-en-nu, waar de therapeut nauwelijks contact mee kan krijgen, heeft mogelijk op zeer jonge leeftijd denkbeelden over anderen en zichzelf gevormd, waardoor het nu op vele terreinen vastloopt. De thema’s kunnen een richting aangeven waarin de therapeut kan zoeken om adequate diagnostiek te plegen, bijvoorbeeld door samen met het kind vanuit de thema’s te zoeken naar herkenning van gevoelens en disfunctionele gedachten: Guusje, een meisje van vijftien jaar, is zo lang als zij zich kan herinneren erg angstig om aan anderen zichzelf (haar gevoelens en gedachten) te laten zien. In de therapie is vrij snel op praktisch niveau winst geboekt (het meisje meldt zich aan bij een koor en gaat weer naar school), maar zij blijft erg gespannen en afgesloten in het contact. Bij navraag bij haar voogd blijkt dat het meisje haar eerste levensjaren veelvuldig heeft gewisseld van verblijfplaats en van verzorgers. Als Guusje tijdens de therapie uitleg krijgt (psycho-educatie) over de themagerichte fasen en ontwikkelingstaken die een kind daarin heeft, kan zij openlijker gaan nadenken over hoe ze geworden is tot wat zij nu is. Niet de chronologische volgorde van gebeurtenissen en de feiten op zich staan bij dit ontdekken centraal, maar wel de gevoelens en cognities zoals die zich fasegewijs onder invloed van de omstandigheden ontwikkelen.

1.6 Toepassingsmogelijkheden

1.6.1 *Indicaties*

Vanuit de RET en CGT zijn inmiddels op diverse terreinen van de kinder- en jeugdzorg toepassingsmogelijkheden ontwikkeld. In 1.1 noemden we al het gebruik van CGT-principes in de sociaalvaardigheidstrainingen en de stop-denk-doe-programma’s bij ADHD. Toepassingsmogelijkheden zijn er bij internaliserende en externaliserende problematiek, of zo men wil bij emotionele en/of gedragsproblemen in brede zin. Therapie kan plaatsvinden op individuele basis en groepsgewijs. Therapie kan gegeven worden op basis van een uniek samengesteld pakket of aan de hand van een meer protocollaire behandeling (zie hoofdstuk 12).

De therapie kan toegepast worden bij meer en minder complexe problematieken. Een zestienjarige gymnasiaste die sinds een maand last heeft van huilbuien en probeert niet naar school te gaan, kan veel baat hebben bij een cognitief-gedragsoriënterende therapie. De kans dat deze scholier van een paar sessies profijt heeft, is groot omdat de klacht nog niet lang bestaat; snel onderkend en serieus genomen wordt door de ouders; ze gemotiveerd is zelfonderzoek te doen en dergelijke. Een veertienjarig meisje van LBO-niveau dat langere tijd seksueel misbruikt is, kan eveneens profiteren van RET of een andere cognitieve methode. Er kan bijvoorbeeld belangrijk werk verricht worden op het gebied van haar zelfbeeld, wanneer dat beschadigd is geraakt. Het tempo en de mate waarin zij kan profiteren hangt onder meer af van de medewerking en ondersteuning van de ouders en haar eigen potentieel aan herstelmogelijkheden.

Is de RET of CGT dé oplossing voor alle problemen van en met kinderen? Nee. Sommige klachten kunnen verholpen worden, andere klachten kunnen hanteerbaar gemaakt worden.

We kunnen noch op basis van de literatuur, noch op basis van onze klinische ervaring aangeven welke problematieken, klachten, of zo men wil diagnoses op voorhand in aanmerking komen voor uitsluiting. Tegelijkertijd stuiten we in de praktijk op tekortkomingen van de theorie en technieken. Iedere casus verdient aandacht in intervisie of supervisie, wanneer de vooruitgang stagneert of de technieken onvoldoende blijken aan te slaan bij de cliënt of het cliëntsysteem. Het loont de moeite om casussen te bespreken waar een cognitieve gedragsaanpak onvoldoende werkte om te achterhalen wat daarvoor de redenen waren: werkte de methode niet, of was er iets mis met de manier waarop het geleerde in de praktijk toegepast werd? (Neenan & Dryden, 2001).

1.6.2 *Leeftijd*

Over het algemeen wordt aangenomen dat kinderen vanaf vijf jaar profijt kunnen hebben van CGT-technieken. Uiteraard geldt: hoe jonger het kind, des te beperkter in zijn verbale vermogens om duidelijk te maken wat er in het hoofd omgaat, wat het voelt en hoe het zich gedraagt. En tevens geldt: hoe jonger het kind des te belangrijker de rol van de opvoeders voor het bijsturen van gedrag.

In dit boek hanteren we drie leeftijdscategorieën. We spreken van

- jonge kinderen: 6-12 jaar;
- pubers: 12-15 jaar;
- adolescenten: 16-18 jaar.

In een preventief kader zijn groepstoepassingen ontwikkeld die binnen de schoolsetting gebruikt kunnen worden. Deze curricula worden rationeel-emotieve-educatie (REE) genoemd. De programma's die hiervoor ontwikkeld zijn (zie onder meer de appendix in Bernard & Joyce, 1984, alsmede Vernon, 1989 en 1999) zijn goed overdraagbaar naar een meer therapeutische setting waar dezelfde opbouw en structuur van bijeenkomsten gevolgd kan worden, maar de inhoud toegespitst kan zijn op de specifieke problematiek van de groep (bijv. omgaan met boosheid voor externaliserende kinderen).

Andere programma's (zie ook hoofdstuk 12) maken gebruik van andere leeftijdsindelingen. Een groepsbehandeling bij depressieve kinderen gaat bijvoorbeeld uit van de leeftijdsgroep 9-13 jaar (Stark & Kendall, 1996) en een individuele protocollaire behandeling voor agressieve kinderen is beschreven voor de brede range van 10-17 jaar (Nelson & Finch, 1996 b).

1.6.3 *Wie wordt behandeld?*

Iedereen die met het kind te maken heeft kan deel uitmaken van de therapie. Er zijn geen vaste regels over wie wel of niet betrokken kan of mag worden. We schatten de effectiviteit van betrokkenheid van anderen dan het kind in, en houden tevens rekening met hetgeen praktisch haalbaar is.
Het meest gangbaar zijn de volgende interventie-eenheden (mede gebaseerd op Bernard & Joyce, 1993):

1 *Therapeut-kind*: de therapeut werkt direct met het kind en de opvoeder speelt geen rol bij de therapie. De ouder kan wel betrokken worden om bijgepraat te worden over wat er in de therapie gebeurt of waar hij rekening mee moet houden, zonder dat er direct een beroep gedaan wordt op zijn opvoedersfunctie.
De achtjarige Ibrahim heeft bij een brand zijn beide ouders verloren. Hij raakt gauw in paniek, maar vooral en hevig bij het zien van vuur en het horen van een sirene. Zijn pleegouders hebben wel een belangrijke rol gespeeld bij de diagnostiek maar in de therapie worden zij niet betrokken. Als een therapeutische sessie heftig is geweest, kan de therapeut of het kind dit aan de pleegouder vertellen, vanwege mogelijke na-effecten zoals aanhankelijker gedrag in de thuissituatie.

2 *Therapeut-kind-opvoeder*: de therapeut werkt direct met het kind maar heeft ook de opvoeders (ouders, pleegouders, groepsleiding, voogd) nodig om de behandeling te doen slagen. Het gedrag van het kind staat centraal omdat het kind zelf degene is die de meeste last heeft, bijvoorbeeld bij depressie of angst. Van de opvoeders wordt een bepaalde verandering van aanpak verwacht, erop gericht het kind te helpen beter te functioneren. Bijvoorbeeld: een schoolfobisch kind niet toestaan thuis te blijven, of een 'aanklampend kind' in een tehuis niet vermijden of ontlopen. De gesprekken worden voor een deel gezamenlijk en voor een deel afzonderlijk gevoerd.

3 *Therapeut-opvoeder(s)*: de therapeut werkt uitsluitend met de ouders en niet met het kind. Dit komt voor bij jonge kinderen waarbij duidelijk via bekrachtiging door de ouders gewerkt kan worden aan verandering van de problematiek en het kind niet per se nodig is voor het slagen van de behandeling. Bijvoorbeeld: een kind van 5 jaar dat nog bij de ouders in bed slaapt.
Bij adolescenten komt het voor dat zij noch door de ouders, noch door de therapeut gemotiveerd kunnen worden voor therapie en simpelweg niet op de afspraak komen. In dergelijke (in principe niet wenselijke) situaties kan men besluiten de ouders te leren omgaan met het vaak ongrijpbare gedrag van hun kind. Hun eigen emoties over het gedrag van het kind kunnen effectief opvoedend handelen in de weg staan.

4 *Therapeut-gezinssysteem*: vaak wordt er één kind aangemeld als probleemkind. Het kan echter zijn dat meerdere gezinsleden een bijdrage leveren aan het

instandhouden van de problematiek en er dus een attitudeverandering bij meerdere gezinsleden moet plaatsvinden om het aangemelde kind te ontlasten. Het gezin hoeft niet altijd voltallig te zijn.
De pleegmoeder van Jolanda ervaart moeilijkheden in de opvoeding. Jolanda is veertien jaar en de op een na jongste in het gezin, waar ze op elfjarige leeftijd inkwam. Jolanda voelt zich een assepoester en wordt door het jongere zusje ook als zodanig behandeld. De twee oudere broers en de vader gaan doorgaans hun eigen gang, met zo nu en dan een flinke uitbarsting van de vader ten opzichte van Jolanda. De diverse gezinsleden werden op verschillende momenten bij de behandeling betrokken en daarnaast werd gekozen voor een langdurige individuele behandeling van Jolanda.

5 *Therapeut-gezinssysteem-derden*: dit doet zich weinig voor en doorgaans in meer ontwrichte situaties waarin een kind steun heeft gezocht bij een oom of tante of ouders van een vriendje, of uit huis is geplaatst in crisisopvang of gezinsvervangend tehuis. De derden kunnen een betekenisvolle en ontlastende functie voor de problematiek en het gezin hebben, maar kunnen ook de bestaande problematiek mee in stand houden. Een kind dat door een tante er steeds in bevestigd wordt dat de ouders te restrictief zijn en dat het bij haar volledig de eigen gang kan gaan, zal weinig gemotiveerd zijn om in de thuissituatie het probleem op te lossen.
6 *Leerkrachten* kunnen een rol spelen bij diagnostiek en behandeling. Observatiescreeningslijsten voor bijvoorbeeld ADHD worden steeds meer ook door leerkrachten ingevuld. Leerkrachten uit het speciaal onderwijs zoeken regelmatig samenwerking met hulpverleners vanwege door hen gesignaleerde problemen in de omgang met andere kinderen bijvoorbeeld. Ook voor de behandeling kan het van groot belang zijn contact te hebben met leerkrachten. Bij ADHD-problematiek generaliseert hetgeen het kind leert in een stop-denk-doe-programma zich moeilijk. De leerkrachten van Niels (10 jaar) blijken hem vaak te beschermen wanneer hij problemen ervaart in de omgang met andere kinderen en lossen het probleem vaak voor hem op. Hun wordt geleerd dat Niels vanwege zijn handicap blijvend reacties zal oproepen op zijn gedrag. Ze kunnen hem beter helpen door hem te wijzen op een aantal elementen uit het STOP-DENK-DOE-programma dat Niels volgt.

Wanneer kies je voor welke interventie-eenheid? Er is geen duidelijk omlijnd antwoord te geven, maar wel een aantal wetenswaardigheden of richtlijnen.
Wat betreft de diagnostiek is het over het algemeen aan te raden om bij kinderen tot 13 jaar sowieso de opvoeders te betrekken. Adolescenten kunnen in principe voor zichzelf spreken en kunnen als eerste aanspreekpunt gelden voor de diagnostiek en behandeling. Met de ouders moet overigens wel contact zijn over de aard, omvang, kosten en te verwachten effecten van de behandeling.
Doorgaans is het raadzaam bij de ouders na te vragen hoe zij omgaan met het probleem (gedragsaspecten) van het kind en wat het gedrag van het kind voor hen betekent (emotionele en cognitieve aspecten). Ook het feit dat zij niet zonder externe hulp in staat zijn het probleem op te lossen kan van betekenis zijn. Hierop komen we in hoofdstuk 11 terug.

1.7 Langetermijneffecten

Uit effectstudies wordt niet altijd duidelijk welke componenten van een therapie bij welke problematiek het meest werkzaam zijn. Verschillende effectstudies wijzen erop dat gedragsmatige ingrediënten een belangrijke bijdrage aan het behaalde resultaat leveren; belangrijker dan bijvoorbeeld uitsluitend cognitieve interventies. De opvattingen van hedendaagse RET- en CGT-therapeuten is dat behandelingen wellicht het beste cognitieve, emotieve én gedragsmatige elementen kunnen bevatten (zie ook Braet & Schöling, 1999).

Door diverse auteurs en onderzoekers wordt erop gewezen dat er vaak wel effect is op korte termijn, maar dat langetermijneffecten van verschillende methodieken vaak onvoldoende zijn of onvoldoende onderzocht zijn.

Doelgericht en specifiek werken en daarbij gebruikmaken van verschillende werkvormen verhoogt de kansen op generalisatie van de effecten. Tevens wordt er – met name vanuit de RET – vaak op gewezen dat op de lange termijn gezond en prettig functioneren betekent dat men regulier onderhoud moet plegen. Om motorische vaardigheden te ontwikkelen en een goede fysieke conditie op te bouwen, doen ouders hun kinderen op sportclubs. Om muzikaliteit te ontwikkelen wordt op school muziekles gegeven en laten ouders hun kinderen daarnaast naar de muziekschool gaan. Ouders zeggen tegen de kinderen dat ze door moeten zetten als ze geen zin hebben om te gaan en houden hun topvoetballers of popsterren voor als modellen.

Loopt er iets fout in de opvoeding of in de sociaal-emotionele ontwikkeling, dan wordt er vaak 'therapeutisch' gedacht. Er is iets niet goed en dat moet – liefst door een eenmalige en kortdurende behandeling – rechtgetrokken worden. Een gezond leefklimaat in een gezin, een verantwoorde opvoeding en een gezonde sociaal-emotionele ontwikkeling kunnen op dezelfde manier bereikt worden als 'goed worden in voetbal' of 'scoren met een popgroep': door er veel aandacht aan te besteden als het is misgelopen en er voldoende aandacht aan te blijven besteden om te zorgen dat de emotionele conditie op peil blijft.

Juist ook bij kinderen kan het van belang zijn om zelfonderzoek en emotionele en gedragstrainingen terug te laten keren in de diverse fasen van het ontwikkelingsproces, omdat in elke fase een beroep wordt gedaan op andere sociale en emotionele capaciteiten. In onze cultuur is onderhoud op dit terrein echter niet zo vanzelfsprekend. We gaan er dan ook van uit dat een en ander voor kinderen pas echt generaliseert, wanneer kinderen hierin steeds opnieuw geactiveerd worden.

2 Cognitief-gedragstherapeutische methoden

2.1 Inleiding

Net als Ellis en Bernard (1983) hebben we ons erover verbaasd dat de RET en andere cognitieve gedragstherapieën in hun toepassingen voor jongere populaties zich relatief afzonderlijk hebben ontwikkeld. De verschillen zijn immers niet zo groot dat afzonderlijke stromingen zich daaruit laten verklaren.
Albert Ellis (persoonlijke mededeling) vermoedt dat een en ander te maken heeft met het gegeven dat een individu zichzelf graag ziet als degene die iets nieuws bedacht heeft en daarom soms onvoldoende aansluit bij reeds bestaande ontwikkelingen. Philip Kendall (persoonlijke mededeling) vermoedt dat de afzonderlijke ontwikkeling te maken heeft met het feit dat de cognitieve gedragstherapie (CT) vanaf het begin meer dan de RET bezig is geweest een empirische fundering voor de theorie te bewerkstelligen. Het gevolg kan zijn geweest dat er verschillende groepen ontstonden: een meer op onderzoek gerichte en een meer klinisch gerichte groep.
Vanuit de theorie zou een afzonderlijke ontwikkeling in wezen niet nodig zijn geweest. De verschillen tussen de RET en de CT waren betrekkelijk klein. Hagaa en Davison (1991) signaleren een natuurlijk proces van wederzijdse bevruchting, dat de oorspronkelijk toch al niet zulke grote verschillen nog verkleind heeft. Tevens geven zij aan dat het zinvol kan zijn om de verschillen scherp onderscheiden te houden, omdat men daardoor beter kan uitvinden welke specifieke technieken voor welke specifieke cliënten en problematiek het meest geschikt is.
Bij het schrijven van dit hoofdstuk realiseerden wij ons ook het spanningsveld dat Hagaa en Davison beschrijven. Als we ons zouden richten op de gemeenschappelijkheid van de diverse methoden, hadden we het gevoel te zeer te convergeren. Bij het beschrijven van de afzonderlijke methoden hadden we soms het gevoel overlappend bezig te zijn. We hebben overigens voor divergentie gekozen.
Het eerste onderscheid dat gemaakt kan worden is het onderscheid tussen cognitieve en gedragstechnieken. *Cognitieve technieken* richten zich rechtstreeks op veranderingen in cognitieve processen met als veronderstelling dat veranderingen in gedrag en gevoel daarna zullen volgen. Voorbeelden hiervan zijn het observeren, en registreren van cognities, verandering van zelfspraak, het bedenken van alternatieve verklaringen, het bedenken van oplossingen, het corrigeren van specifieke denkfouten en het uitdagen van irrationele gedachten.
Gedragstechnieken richten zich rechtsreeks op veranderingen in uiterlijk gedrag, met weinig nadruk op veranderingen in cognitieve processen. Voorbeelden hiervan zijn het observeren en registreren van gedrag, het uitvoeren van gedragsinstructies, ontspanningsoefeningen, modeling, imaginaire confrontatie en desensitisatie.
In de praktijk wordt doorgaans gebruikgemaakt van een combinatie van de verschillende cognitieve en gedragsmatige methoden, waarvoor dan de term 'cognitieve gedragstherapie' wordt gebruikt. Daarin gebruikte technieken zijn onder

andere: zelfcontroletraining, zelfinstructietraining, (interpersoonlijke) probleemoplossingsvaardighedentraining, stressinoculatietraining, attributiehertraining, cognitieve herstructurering, rationeel-emotieve therapie en cognitieve sociaalvaardigheidstraining. Aanvullende onderdelen zijn affectieve educatie en socialeperceptievaardigheidstraining (Spence, 1994).

In dit hoofdstuk brengen we een aantal van deze methoden voor het voetlicht. Allereerst worden de RET en CT behandeld (in par. 2.2). Deze zien we als de basis voor de overige en gezien het bovenstaande leek het ons legitiem ze in één paragraaf te behandelen. Vervolgens behandelen we de zelfcontroletraining, zelfinstructietraining, (interpersoonlijke) probleemoplossingsvaardighedentraining, stressinoculatietraining en attributiehertraining, omdat deze in onze visie herkenbare eigen elementen bevatten.
We laten de behandeling van zuiver gedragsmatige methoden achterwege omdat we vinden dat daar voldoende Nederlandstalige literatuur over beschikbaar is (Prins, 1993; Prins & Bosch,1998; Cladder, Nijhoff-Huysse & Mulder, 1998). De cognitieve sociaalvaardigheidstraining laten we hier achterwege om dezelfde reden (zie hiervoor Reenders & Spijker, 1996; Van Manen, Prins & Emmelkamp, 1999).
Affectieve educatie en de sociale-perceptievaardigheidstraining richten zich op het decoderen van informatie verkregen door het observeren van non-verbale 'cues' zoals gezichtsuitdrukking, houding, gebaren en intonatie en de evaluaties en interpretaties die daarover gemaakt worden. Deze worden hier niet afzonderlijk behandeld, omdat dat in hoofdstuk 5 gebeurt.

2.2 Cognitieve therapie en rationeel-emotieve therapie

Inleiding

CT en RET gaan ervan uit dat bewuste en onbewuste opvattingen die iemand heeft over zichzelf en de wereld om hem heen bepalend zijn voor de wijze waarop hij of zij informatie waarneemt, interpreteert en evalueert. Deze opvattingen vormen een netwerk en worden cognitieve schema's genoemd. Emotionele en gedragsproblemen hangen samen met specifieke denkfouten en daarop richt de behandeling zich.
In de CT wordt meer gefocust op de zogenoemde automatische gedachten die op *perceptieniveau* een rol spelen, zoals selectief abstraheren (alleen bepaalde informatie in ogenschouw nemen). Maar ook denkfouten op *interpretatieniveau* zoals 'zij kijkt naar me, dus ik zal het wel niet goed doen'.
In de RET wordt meer gefocust op de zogenoemde irrationele gedachten die altijd een dwangmatig 'moeten' bevatten en vaak samengaan met een negatieve evaluatieve gedachte, bijvoorbeeld 'het is afschuwelijk, ik kan er niet tegen' (*evaluatieniveau*).

Toepassing

RET richtte zich vanaf het begin op een veelheid aan probleemgebieden bij kinderen, zowel internaliserende als externaliserende problematiek zoals woede- en agressieproblemen, depressie, faalangst, schoolfobie, onder- of overpresteren, sociale angst, spijbelen, dwang, eetproblemen (Ellis & Bernard, 1983; Bernard &

Joyce, 1984, Wilde, 1996). Ook bij specifieke groepen kinderen, zoals kinderen met PDD-NOS, wordt de RET toegepast (Van der Gaag & Mulder, 1994). Naast curatieve toepassingen zijn er ook preventieve toepassingen, rationeel-emotieve educatie genoemd (Diekstra, Knaus & Ruys, 1982; Vernon, 1989). De CT is oorspronkelijk vooral toegepast bij depressieproblematiek. Vanuit de CT wordt vaker protocollair gewerkt dan vanuit de RET. Protocollen zijn ontwikkeld voor diverse emotionele problematieken (zie hoofdstuk 12 voor literatuurverwijzingen).

De therapie

Het doel van de therapie is: verandering brengen in gevoel en gedrag door middel van het corrigeren van de automatische en irrationele gedachten. De CT-therapeut maakt het kind attent op denkfouten (catastroferen, overgeneraliseren, personifiëren, enz.) en bedenkt vervolgens samen met het kind alternatieve, helpende gedachten. Het kind oefent met het gebruiken van deze helpende gedachten in de moeilijke situaties, gekoppeld aan gewenst gedrag.

Wilco (9 jaar) is voor veel dingen bang, bijvoorbeeld bang om te gaan slapen en bang voor honden. Wilco leert te onderzoeken wat hij tegen zichzelf zegt over het slapen of over de honden. Zijn gedachten worden op perceptie- en interpretatieniveau onderzocht: klopt wat Wilco denkt met de werkelijkheid? Wilco leert bijvoorbeeld op aanvullende informatie te letten. In plaats van uitsluitend op de grote tanden, leert hij te letten op: is er een baas bij, lopen er nog meer kinderen dichtbij dan ik, gaat de hond wel ergens op af, let hij wel op mij want hij speelt met een bal, enzovoort. De interpretatie 'hij zal mij wel moeten hebben, ik ben altijd de pineut' wordt vervangen door 'er is geen reden om te denken dat hij speciaal mij moet hebben, honden bijten niet zomaar, ik ben eigenlijk nog nooit gebeten'.

In de RET gaat men ervan uit dat verstoorde perceptie en interpretatie van de werkelijkheid kunnen leiden tot emotionele problemen, maar dat hoeft niet per se zo te zijn. In de behandeling wordt vooral ook gelet op de 'moetens' en de verstoorde evaluaties, die leiden tot emotionele over- of onderreacties. In de therapie wordt het kind uitgedaagd om enerzijds hypotheses omtrent zijn waarneming en interpretaties van een situatie te toetsen, vergelijkbaar aan het corrigeren van de automatische gedachten in de CT ('empirisch uitdagen'); anderzijds worden evaluaties uitgedaagd op irrationaliteit ('filosofisch uitdagen').

In een RET-traject zou met Wilco naast bovenstaande zaken bekeken kunnen worden hoe groot de kans nu echt is dat hij door een hond gebeten wordt. Als dit empirische gedeelte onvoldoende houvast biedt om het emotionele probleem te verhelpen, wordt daarna een beeld gemaakt van wat er gebeurt als, hoe klein de kans ook is, hij toch echt gebeten zou worden. Wat is dan het scenario, hoe loopt het af, waar kan Wilco tijdens het bedenken en beschrijven van zo'n ongunstig scenario toch een gevoel van veiligheid of acceptatie aan ontlenen? Uit dit uitdagingsproces vloeien meestal rationele gedachten voort, waarmee geoefend gaat worden in nieuwe situaties met honden, zoals: 'de kans is heel erg klein dat ik gebeten word en bijna nul dat ik er dood aan ga; als ik toch gebeten word, kan de dokter zorgen dat het weer goed komt met de beet'.

2.3 Zelfcontroletraining

Inleiding
Zelfcontroletherapieën vonden hun oorsprong bij Kanfer (1975), die een model van zelfcontrole schetste dat bestond uit:
1 zelf observeren
2 zelf registreren
3 zelf evalueren
4 zelf belonen.

Toepassing
Zelfcontroletraining wordt toegepast als er een tekort verondersteld wordt in de motivatie en/of het vermogen om eigen gedrag, gevoelens en/of gedachten te reguleren. Voorbeelden van probleemgebieden zijn: snel afgeleid zijn bij taken, dwanghandelingen, gebrek aan doorzettingsvermogen, uitstellen van moeilijke klussen, slecht met tegenslagen om kunnen gaan en moeite hebben met het uitstellen van een beloning.
Zelfcontroletraining wordt toegepast als onderdeel van de behandeling van depressie (Stark, 1990), angst (Kendall, 1992a), agressie, antisociaal gedrag (Kazdin e.a. 1987; Kazdin, Siegel & Bass, 1992), hyperactiviteit en impulsiviteit (Eenhoorn, 1998; Kendall, 1992b, vertaald door Naudts e.a., 1997), en wordt meestal gecombineerd met de overige in dit hoofdstuk beschreven methoden.

De training
Het kind leert tijdens de zelfcontroletraining eerst zijn eigen gedrag te *observeren en registreren*. Het gedrag moet concreet en eenduidig worden omschreven. Ook moet duidelijk zijn wanneer, in welke situatie en voor hoe lang bepaald gedrag geobserveerd moet worden. Bij registratie kan bijvoorbeeld gebruik worden gemaakt van specifieke scoringslijsten, waarbij bepaald gedrag, gevoel of een gedachte worden geturfd.

Joop (9 jaar) een drukke, beweeglijke, impulsieve jongen, registreert bijvoorbeeld als onderdeel van de behandeling hoe vaak hij thuis opstaat tijdens de maaltijden en op school hoe vaak hij opstaat tijdens het zelfstandig sommen maken.

Pieter (10 jaar) loopt regelmatig van school weg als hij heel erg boos is. Hij leert zijn snel oplopende woede tijdens de schooluren op een thermometer van 1 tot 10 te registreren. Hij schrijft daarnaast de gedachten die leiden tot deze hoogoplopende emoties.

Vervolgens leert het kind de observaties zelf te *evalueren* en te vergelijken met tevoren vastgestelde criteria. Deze criteria op basis waarvan gedrag (gevoelens of gedachten) wordt beoordeeld moeten helder en zinvol zijn. Het is voor een kind niet eenvoudig het eigen gedrag te beoordelen. Als tussenstap kunnen therapeut en kind het gedrag tijdens de therapie afzonderlijk evalueren en daarna het resultaat met elkaar vergelijken. Het kind wordt beloond als zijn eigen beoordeling weinig afwijkt van de beoordeling van de therapeut.
Bij de evaluatie wordt rekening gehouden met de aard van de problematiek. Immers, bij agressieve kinderen ontbreekt de zelfevaluatie doorgaans en daarom

zijn het evalueren van het eigen gedrag en het opstellen van gepaste gedragsnormen van essentieel belang. Depressieve kinderen evalueren het eigen gedrag vaak te kritisch. Deze kinderen wordt geleerd ook op gedrag van anderen te focussen, realistische standaarden aan te leggen en positieve elementen in te brengen in hun evaluaties.

Bij Joop stellen we het maximale aantal keren dat hij op mag staan op twee per tien minuten. Ligt de score op twee of lager dan heeft hij het goed gedaan, ligt de score hoger dan was het onvoldoende gelukt.

Met Pieter wordt afgesproken dat hij bij een score van minder dan vijf in de klas op een speciale stoel mag gaan zitten (time-out in het klaslokaal); bij een score tussen vijf en tien verlaat hij maximaal tien minuten de klas maar niet het schoolgebouw (time-out buiten het klaslokaal).

Bij Pieter stellen we het maximale aantal keren dat hij de klas uit mag op één keer per week. Hij beoordeelt zijn gedachten aan de hand van de mate waarin ze zijn woede verhogen of juist hanteerbaar maken. Gedachten als 'ze doen het expres' en ze 'lachen me uit' zetten zijn gevoel van woede in gang, en resulteren in een score boven de vijf. Wanneer hij denkt: 'het ging waarschijnlijk per ongeluk' en 'ze lachen omdat ze iets grappig vinden en niet om mij' blijft zijn score beneden vijf.

Om gedrag uit te kunnen stellen en gewenst gedrag vol te houden leert het kind zichzelf tijdens en aan het einde van een taak te belonen. De doelen moeten daarbij haalbaar zijn, en in moeilijkheid toenemen. De therapeut geeft uitleg over de inhoud van zelfbelonend gedrag, het doel van het *zichzelf belonen* en de manier waarop en wanneer het kind dit moet gebruiken.

Joop leert zichzelf complimenten geven voor succesvol en gewenst gedrag: 'goed zo, ga zo door, je houdt het goed vol'. Hij leert ook beloningen in het vooruitzicht te stellen: 'als ik nu nog vijf minuten blijf zitten en doorga met die saaie sommen, dan zijn ze af en hoef ik ze thuis niet af te maken; bovendien mag ik dan straks de post rondbrengen van de meester en als ik niet meer dan twee keer opsta dan mag ik voetballen in de pauze'.

Pieter leert zichzelf toe te spreken met: 'als ik nu niet wegloop dan kan ik het straks uitpraten samen met juf en dan ben ik er vanaf, anders voel ik me de rest van de dag nog rot'; of met 'als ik mezelf de hele dag niet zo boos maak doordat ik denk dat iedereen het alsmaar expres doet of me uitlacht, en ik dus niet de klas uit moet gaan om rustig te worden, dan mag ik morgen als eerste op de computer'.

De motivatie om bepaald gedrag af te leren, onder controle te krijgen of nieuw gedrag aan te leren is bij aanvang van een zelfcontroletraining niet altijd al aanwezig. Soms heeft het kind zelf weinig last van zijn eigen gedrag, maar de omgeving des te meer, zoals bij een kind met ADHD. Externe beloningen en aanmoediging van anderen, zoals ouders, een leerkracht of de therapeut, kunnen dan dienst doen om het kind door de eerste fase van de training heen te loodsen. Succeservaringen naar aanleiding van de therapie (minder ruzie, minder vaak straf, betere prestaties) kunnen dan alsnog zorgen voor een meer intrinsieke motivatie.

2.4 Zelfinstructietraining

Inleiding

Zelfinstructietrainingen, voor het eerst uitgewerkt door Meichenbaum en Goodman (1971) vinden hun oorsprong bij de Russische ontwikkelingspsychologen Luria en Vygotsky. Meichenbaum en Goodman gaan ervan uit dat veel van ons gedrag wordt gestuurd door interne spraak. Inadequate zelfspraak kan vervangen worden en het kind kan leren door andere zelfspraak zijn gedrag bewust te sturen. De volgende stappen kenmerken deze werkwijze:

1 de therapeut onderzoekt met het kind de huidige zelfspraak;
2 er worden zelfinstructies opgezet, die gekoppeld worden aan gedrag;
3 een model voert de handelingen uit waarbij hij zichzelf hardop toespreekt;
4 het kind voert dezelfde handelingen uit terwijl het model de instructies hardop voor het kind verwoordt;
5 het kind voert dezelfde handelingen uit en spreekt zichzelf daarbij hardop toe;
6 het kind fluistert de instructies, waarmee zijn handelingen gestuurd worden;
7 het kind voert de handelingen uit, waarbij het zichzelf in stilte toespreekt.

Toepassing

Zelfinstructies vormen een integraal deel van een veelheid aan behandelingen ten aanzien van problemen zoals impulsiviteit (Eenhoorn, 1998; Kendall, 1992b; Jouwe, Freriks & Elzer, 1997), geringe frustratietolerantie, depressie, angst en agressie.

De training

De therapeut vraagt aan het kind wat het denkt, terwijl het een activiteit uitvoert. Het kind wordt gevraagd hardop te denken tijdens het uitvoeren van een opdracht of in een angstige situatie. Ook kan de therapeut het kind achteraf zijn gedachten laten invullen, bijvoorbeeld in een strip door middel van gedachteballonnetjes of door middel van een vragenlijst. De aanwezige inadequate of negatieve zelfspraak wordt vervangen door adequate en positieve zelfspraak en verwerkt tot een set van zelfinstructies, die gekoppeld wordt aan een set van gedragingen. De instructies kunnen meer of minder specifiek zijn en toepasbaar zijn bij één bepaalde taak of in meerdere situaties.

Joop blijkt zijn gedrag op het schoolplein op geen enkele manier bewust te sturen. De set van zelfinstructies die wordt opgesteld, luidt: 'Als ik het plein opkom, kijk ik om me heen, ik kies een groepje kinderen uit met wie ik wil spelen, ik loop erheen en vraag of ik mee mag doen. Mag dat, dan kijk ik eerst goed naar wat ze doen en vraag naar de regels als dat nodig is. Mag ik niet meedoen, dan draai ik me om en kijk opnieuw om me heen en zoek een ander groepje. Kan ik nergens meedoen dan ga ik naar de rekstok en wacht op mijn beurt.

Meer algemene instructies kunnen er als volgt uitzien: Mijn eerste stap is dat ik moet uitzoeken wat ik moet doen (probleemdefinitie). Ik moet naar alle mogelijkheden kijken (plan opstellen); ik moet me nu alleen even hiermee bezighouden (aandacht richten); ik moet checken of ik het goed gedaan heb. Zo ja dan moet ik mezelf belonen (zelfbeloning), zo nee, dan moet ik mijn plan wijzigen; als ik een

fout maak dan moet ik mezelf positief toespreken (*coping statement*). Een voorbeeld van een coping statement is: 'ik kan het volgende keer zorgvuldiger doen en dan lukt het vast beter' of 'ik moet kalm blijven, ik kom er heus wel uit, eerst weer even rustig kijken hoe verder'. Deze stappen leren wat oudere kinderen toepassen wanneer ze bijvoorbeeld ongestructureerde taken zelfstandig moeten doen, zoals een stukje schrijven in een documentatieschrift.
De specifieke zelfinstructies kunnen door de therapeut worden opgesteld maar ook vervangen worden door eigen zinnetjes van het kind. Ze kunnen op kaartjes worden gezet.
Wanneer de set van instructies is opgezet, volgen de bovengenoemde stappen 3 tot en met 5.

De therapeut laat Joop in een rollenspel zien hoe hij het plein oploopt en hardop tegen zichzelf zegt: 'kijk om je heen' en doet dat vervolgens. Daarna zegt hij: 'kies een groepje kinderen', en hij loopt op een denkbeeldig groepje kinderen af. Hij zegt dan hardop: 'ik vraag eerst of ik mee mag doen' en stelt vervolgens deze vraag aan de kinderen. Het groepje zegt in deze oefening 'nee, we hebben al partijen gekozen'. Vervolgens zegt de therapeut hardop: 'als ik niet mee mag doen, draai ik me om en kijk opnieuw om me heen', en doet dat voor. Daarna speelt Joop hetzelfde rollenspel, waarbij de therapeut hardop de set van zelfinstructies herhaalt en zo stap voor stap het gedrag van Joop stuurt. Dan doen ze het rollenspel opnieuw, waarbij Joop zelf de instructies hardop zegt, vervolgens fluistert en als laatste stap ze in zichzelf herhaalt. Als Joop deze specifieke set van instructies voldoende lijkt te beheersen gaat hij ze toepassen in de schoolsituatie zelf en rapporteert hierover aan de therapeut.

2.5 Interpersoonlijke probleemoplossingsvaardighedentraining

Inleiding

Eveneens aan het begin van de jaren zeventig ontstond er belangstelling voor meer op de probleemoplossingskant gerichte modellen van gedragsregulatie (d'Zurilla & Goldfried, 1971). Spivack en Shure (1974) hebben deze probleemoplossingsbenadering verder uitgewerkt ten aanzien van interpersoonlijke problemen bij kinderen. Bij hun onderzoek naar interpersoonlijke cognitieve probleemoplossingen identificeerden zij een aantal cognitieve vaardigheden of denkwijzen, die nodig zijn om problemen tussen personen effectief op te lossen (Bernard & Joyce, 1984). Deze vaardigheden zijn:

1. perspectief nemen: zich bewust zijn van interactieproblemen en van het feit dat verschillende kinderen verschillende dingen kunnen denken of voelen;
2. alternatieve oplossingen kunnen bedenken;
3. middel-doeldenken: kunnen bedenken hoe een bepaald doel te bereiken;
4. consequenties kunnen overzien: het kunnen overdenken van de gevolgen van bepaalde alternatieve gedragingen;
5. oorzaak-gevolgdenken: kunnen bedenken welke gebeurtenis welk effect heeft of heeft gehad.

Toepassing
Interpersoonlijke probleemoplossingstherapieën worden zowel toegepast bij internaliserende als bij externaliserende problematiek. Probleemoplossingsvaardigheden vormen ook een belangrijk onderdeel van verschillende stop-denk-doe-programma' s die gebruikt worden bij de behandeling van kinderen met ADHD (Eenhoorn, 1998; Kendall, 1992b, vertaald door Naudts e.a., 1997), bij de behandeling van kinderen met antisociaal gedrag (Kazdin e.a., 1992), kinderen met agressieproblematiek (Lochman, White & Wayland, 1991; Colijn & Muller, 2000) en programma's voor de behandeling van angstige kinderen (Kendall, 1992a; Van Hoecke & Braet, 2000) en depressieve kinderen (Stark,1990).

De training
Voorafgaand aan de training wordt door middel van interviewtechnieken en vragenlijsten in kaart gebracht welke van de vijf genoemde vaardigheden het kind wel, niet of onvoldoende beheerst, in vergelijking met zijn leeftijdgenoten, zodat er in de training meer of minder aandacht kan worden besteed aan het onder de knie krijgen van een bepaald onderdeel.

De training bestaat uit een aantal stappen. Afhankelijk van de problematiek vergt het onder de knie krijgen van een bepaalde stap meer of minder training. De stappen die het kind leert zien er als volgt uit.
Het kind leert:
1 zich een beeld te vormen van het probleem (wat is het probleem?);
2 verschillende oplossingen te bedenken voor het probleem (wat kan ik eraan doen?);
3 zich een beeld te vormen van de gevolgen van de verschillende oplossingen (wat gebeurt er als ik dat doe?);
4 de beste oplossing te kiezen (kies de beste);
5 deze oplossing toe te passen (probeer hem uit);
6 naderhand te beoordelen hoe goed de oplossing heeft gewerkt (hoe goed heeft het gewerkt?).

Johannes leert hoe hij anders kan reageren op pestgedrag van zijn oudere zusje. De therapeut vraagt na hoe Johannes reageert in verschillende situaties waarin zijn zus hem pest of treitert. Het is vooral moeilijk voor Johannes om meerdere oplossingen te bedenken. Hij neigt ertoe zonder nadenken steeds te kiezen voor dezelfde oplossing, namelijk zijn zus te slaan als ze pest of treitert. Hij kan de consequenties van zijn gedrag wel goed overzien.

1 Het probleem ziet er volgens Johannes zo uit: mijn zusje zegt allerlei dingen die ik vervelend vind, ik word dan boos en sla haar, waarna ik naar mijn kamer moet.
2 Vervolgens bedenkt hij (met enige hulp) verschillende oplossingen voor dit probleem: als zij mij idioot of dombo noemt dan kan ik haar slaan, terugschelden, weglopen, negeren, het tegen mama zeggen, gaan fluiten of gaan zingen.
3 Dan bedenkt hij bij iedere genoemde oplossing wat er vervolgens zal gebeuren. Als hij haar slaat, wordt zijn moeder boos en moet hij naar zijn kamer; als hij terugscheldt, dan weet zijn zus altijd nog iets gemeners terug te zeggen, waarna hij toch weer gaat slaan; er niet op reageren zonder iets anders te doen gaat hem niet lukken; en als hij het tegen mama zegt dan roept die altijd dat hij het alleen moet oplossen.

4 Als beste oplossing kiest hij: 'als ze iets vervelends zegt, dan ga ik me voorstellen dat ik in een glazen huis zit, waarin ik niets kan horen, en dan fluit ik daar een deuntje bij'.
5 Hij oefent dat eerst in de therapiesessie en daarna thuis.
6 Het lukt hem aardig, hij kan zo voorkómen dat hij gaat slaan. Ook het effect op zijn zusje wordt in de beschouwing meegenomen.

De stappen kunnen eventueel eerst toegepast worden in eenvoudige, niet-sociale situaties zoals het oplossen van een rekensom en daarna in steeds complexere interpersoonlijke situaties, bijvoorbeeld: een kind speelt steeds met iets waar jij mee wilt spelen. De denkstappen van de interpersoonlijke probleemoplossingsvaardighedentraining worden bij jonge kinderen op kaartjes gezet, ondersteund door tekeningen. Het maken van deze kaartjes kan een onderdeel van de training zijn. Als het kind dat op zijn eigen manier kan doen is de kans groter dat het werkt en dat het kind de stappen gaat internaliseren. Bij oudere kinderen wordt deze visuele ondersteuning steeds minder noodzakelijk.

2.6 Stressinoculatietraining

Inleiding
Stressinoculatietraining is ontwikkeld door Meichenbaum en Cameron (zie hiervoor Bernard & Joyce, 1984) en wordt gebruikt om kinderen te leren omgaan met angst, woede en pijn. In tegenstelling tot bijvoorbeeld de interpersoonlijke probleemoplossingstherapie, die zich richt op interacties tussen personen, richt de stressinoculatietraining zich op de *intrapersoonlijke* emotionele reacties.
De training bestaat uit:
1 een educatieve fase, waarin uitleg wordt gegeven over de fysiologische en mentale aspecten van emotionele reacties;
2 een fase waarin copingvaardigheden worden aangeleerd;
3 een fase waarin de geleerde vaardigheden worden toegepast.

Toepassingen
Stressinoculatietraining wordt toegepast bij emotionele problemen (spanning en stress) zoals fobische reacties of woede-uitbarstingen (bijvoorbeeld als reactie op kritiek) en bij de behandeling van lichamelijke klachten waarbij stress een rol speelt zoals hyperventilatie en chronische pijn (Van Broeck & Braet, 1998; Van Broeck, 1993).

De training
In de eerste fase, de educatiefase, worden specifieke emotionele reactiepatronen geregistreerd in een dagboekje. Er wordt gefocust op de frequentie, intensiteit, duur, wijze van uitdrukken van de emotie, en de effecten van de emotie op het gedrag worden vastgesteld. Ook leert het kind het verband zien tussen bepaalde onaangepaste gedachtepatronen en specifieke emotionele overreacties. Vervolgens stellen therapeut en kind samen een werkplan op.

Wilma, een perfectionistisch meisje van elf, leert het verband te leggen tussen 'ik moet een tien halen', 'ik mag geen fouten maken' en haar woede en wanhoop met bijbehorende fysieke kenmerken zoals rood aanlopen, trillen of hevig huilen en weglopen.

In de tweede fase leert het kind de reacties waar ze zich in de educatieve fase van bewust is geworden te gebruiken als een signaal. Bij dat signaal worden copingvaardigheden gezocht. Deze kunnen zich richten op (positieve) zelfspraak, herlabelen van de gevoelens, of gedragsinstructies.

Wilma leert zich voor te bereiden op de stressor: 'als de meester straks zegt dat ik iets fout heb gedaan dan kan ik ertegen; ik weet wat ik moet doen als ik boos word; een fout maken is niet het eind van de wereld'. Ze leert de confrontatie aan te gaan met de stressvolle situatie en deze te hanteren: 'blijf rustig, denk aan wat je wel goed hebt gedaan, het is dom om zo boos te worden over zoiets kleins, van correcties kun je leren'. Ze leert om te gaan met het gevoel door de emoties overspoeld te worden: 'ik ga sneller ademen, let op, adem rustig in en uit, tel tot twintig, ga weg uit de situatie, probeer niet uit je dak te gaan'. Ze leert zichzelf te evalueren en zichzelf complimenten te geven als de emotionele overreactie is uitgebleven: 'ik heb mezelf in de hand gehouden, goed gedaan, daardoor kon ik beter luisteren naar wat de meester zei en heb ik er wat van geleerd'.

In de derde fase leert het kind de aangeleerde vaardigheden toepassen in rollenspellen met de therapeut of in milde stressvolle situaties die in de therapie gecreëerd worden, bijvoorbeeld een taak geven die te moeilijk is voor Wilma, waardoor de kans op stress in de sessie ontstaat. In de therapie worden de resultaten besproken en eventueel worden de minder effectieve zelfinstructies vervangen.

2.7 Attributiehertraining

Inleiding

Vanuit verschillende invalshoeken (persoonlijkheidstheorie, sociaal-lerentheorie, en cognitieve theorieën) is er al vanaf eind jaren zestig belangstelling voor de attributietheorie, die zich bezighoudt met de ideeën die iemand heeft over de oorzaken van de dingen die hem overkomen (attributies). De theorie gaat ervan uit dat attributies mede bepalend zijn voor de manier waarop situationele informatie verwerkt wordt, vooral als er meerdere verklaringen mogelijk zijn voor de dingen die iemand meemaakt. Zowel de emotionele problematiek als de manier waarop iemand interacteert met de omgeving wordt door de attributies beïnvloed.

Voorbeelden van attributie*stijlen*:

- internaliseren versus externaliseren: het toeschrijven van gebeurtenissen aan factoren die met de persoon zelf te maken hebben, zoals capaciteit/gebrek aan capaciteit, of aan externe factoren, zoals geluk/ongeluk, te gemakkelijk/te moeilijk, medicatie/geen medicatie;
- gebeurtenissen in algemene globale termen beschrijven of in specifieke termen;
- stabiel in de tijd zijn (onveranderbaar) of instabiel (veranderbaar).

Toepassing
Attributiehertraining gaat soms vooraf aan andere cognitieve en gedragstherapeutische behandelingselementen, bijvoorbeeld wanneer de motivatie in het geding is. Zolang een kind met ADHD zijn succes en falen uitsluitend toeschrijft aan het wel of niet innemen van zijn medicijnen, zal hij weinig gemotiveerd zijn en weinig verwachten van een stop-denk-doe-training (Meichenbaum, 1981).
Veelal zal het wijzigen van de attributiestijl echter een geïntegreerd onderdeel vormen van de totale behandeling. Dit is bijvoorbeeld het geval bij de behandeling van kinderen met een depressie (Stark, 1990; Cladder, Nijhoff-Huysse & Mulder, 1998) en bij de behandeling van psychosomatische klachten. Ook bij de behandeling van kinderen met antisociaal of agressief gedrag speelt attributiehertraining een rol (Van Manen, 1998).

De training
Eerst worden de verkeerde attributiestijlen in kaart gebracht. Daarna worden taken uitgevoerd of situaties nagespeeld en naar aanleiding daarvan wordt feedback gegeven over de oorzaak van de gebeurtenis. Aansluitend worden de verkeerde attributies vervangen worden door adequate attributies.

Hans (11 jaar), een drukke impulsieve jongen, die deelneemt aan de stop-denk-doe-groep en gewenst gedrag (rustig zijn, beter luisteren, enz.) alleen toeschrijft aan het werken van de medicijnen, leert gewenst gedrag te koppelen aan zijn eigen inzet. Tijdens de uitvoering van taakjes is eerst de gedachte actief: 'het maakt niet uit of ik mijn best doe of niet, zodra mijn pil is uitgewerkt gaat het toch altijd mis'. Deze gedachte leert hij te vervangen door: 'als ik mijn best doe en goed nadenk bij wat ik doe, dan gaat het beter, ook als mijn pil is uitgewerkt'.

Inge, een meisje dat graag dingen organiseert, kan moeilijk met kritiek omgaan als dingen niet soepel verlopen; haar voornaamste attributiestijl is internaliseren. Ze leert tijdens de training er genuanceerder naar te kijken. Ze leert onderscheid te maken tussen dingen waarop je je wel en niet kunt voorbereiden en vervolgens leert ze onderscheid te maken tussen problemen die voortkomen uit factoren die met haarzelf als organisator te maken hebben en factoren die niet met haarzelf te maken hebben. In de training wordt ernaartoe gewerkt dat Linda zich bij moeilijkheden de volgende gedachtegang eigen maakt: 'Had ik deze situatie kunnen voorzien of niet? Zo ja, dan kan ik ervan leren; zo nee, dan is de kritiek niet terecht en hoef ik me er dus ook niet druk om te maken'.

Bij kinderen met psychosomatische klachten is het van groot belang dat verkeerde attributies van de ouders en het kind aangepakt worden. Het doel van de herattributie is dan dat ouders en kind de klacht gaan zien als (deels) situatiegebonden in plaats van altijd optredend, als (deels) veranderbaar in plaats van stabiel en als (deels) controleerbaar in plaats van oncontroleerbaar (Van Broeck, 1993).

2.8 Hoe te kiezen?

In de praktijk wordt vaak een mengeling van bovengenoemde methoden gebruikt. Het is duidelijk dat de verschillende methoden elkaar aanvullen en overlappen. De keuze voor een of meerdere van deze methoden wordt bepaald door meerdere factoren. De leeftijd van het kind en zijn cognitieve ontwikkelingsniveau spelen een rol. Zelfinstructiemethoden kunnen bij kinderen vanaf 5 jaar worden gebruikt, maar sommige vormen van filosofisch disputeren uit de RET kunnen pas vanaf 12 jaar gebruikt worden. De aard van het veronderstelde probleem weegt mee: ligt de nadruk op ervaren stress of op verkeerde attributies? Is er voornamelijk sprake van een verstoorde perceptie of van dwangmatig eisen of van evaluatiefouten? Moet er een emotioneel probleem (woede of angst) of een praktisch probleem (geen vriendjes hebben) worden opgelost? Deze afwegingen zijn in de praktijk belangrijk om een interventiefase goed vorm te geven. Een goede diagnostische fase, zoals beschreven in de hoofdstukken 4 tot en met 7, is een belangrijk hulpmiddel bij dit afwegingsproces. Als globale richtlijn suggereren we het volgende. Wanneer de emotionele respons zo sterk is dat het daardoor niet lukt om een functionele houding aan te nemen, kan het beste begonnen worden met RET, CT, attributiehertraining of stressinoculatietraining. Wanneer er al meer gericht kan worden op praktische oplossingen via een methode die gedachten en gedrag bij elkaar neemt, komen zelfcontrole, interpersoonlijke, zelfinstructie en cognitieve sociaalvaardigheidstraining als eerste in aanmerking.

3 Het fundament van de relatie: bouwstenen en toepassingen

3.1 Inleiding

Het is bekend dat de kwaliteit van de therapeutische relatie een belangrijke rol speelt bij het welslagen van de therapie. Dit geldt voor iedere therapie en zeker ook voor therapie met kinderen. Kinderen weten minder goed wat hun te wachten staat, zijn afhankelijker van derden en hebben er vaak niet zelf voor gekozen om een therapeut te bezoeken.

Doorgaans worden empathie, respect, warmte, echtheid, concreetheid en confrontatie genoemd als belangrijke ingrediënten van de therapeutische relatie. Daarnaast is er een aantal kenmerken aan de therapeutische relatie die in de RET extra benadrukt worden: een actief-directieve stijl van werken, humor en zelfonthulling. Dit zijn ingrediënten die overigens ook gebruikt worden bij het uitdagen van irrationele cognities en die niet uitsluitend een rol spelen bij het opbouwen van de relatie. In de RET wordt benadrukt dat hoewel het opbouwen van een goede werkrelatie nooit doel op zichzelf is, dit bij kinderen en jongeren meer aandacht verdient dan bij volwassenen en vooral bij jonge kinderen.

Bernard en Joyce (1984) beschrijven drie factoren die van belang zijn voor het opbouwen van de werkrelatie met een kind:

- een volledige en onvoorwaardelijke acceptatie van het kind en een respectvolle bejegening, alsof het kind een kleine volwassene is met rechten en plichten;
- een congruente en echte houding, waarbij eerlijkheid centraal staat en de therapeut zich bewust moet zijn van de eigen gevoelens ten opzichte van het kind;
- empathie, wat hier betekent zich kunnen verplaatsen in het perspectief van de jongere, bijvoorbeeld door voor het kind te bedenken wat zijn disfunctionele cognities zouden kunnen zijn.

DiGiuseppe (1989) geeft aan dat de therapeut zeker in het begin algemene gesprekjes of een spel moet gebruiken om de therapiesituatie minder bedreigend te maken.

Kendall (1991) noemt drie centrale kenmerken van de kinder- en jeugdtherapeut. Hij ziet de therapeut als:

- een consulent, die vragen stelt en zo samen met de cliënt tot antwoorden komt, en niet doet alsof hij alle antwoorden kent;
- een diagnosticus, die poogt alles wat gezegd wordt te integreren met dat wat ongezegd blijft; en die toetst aan kennis om gefundeerde beslissingen te kunnen nemen.
- een coach en leermeester, die actief en betrokken is omdat er in therapie veel te leren en te ontdekken valt.

Dit hoofdstuk beschrijft hoe deze verschillende attitudeaspecten van de therapeut vorm gegeven worden in het contact met het kind.

3.2 Bouwstenen

3.2.1 *De therapeut als coach*

De therapeut wil niet primair een vertrouwensfiguur zijn voor het kind. Het is wel de bedoeling dat het kind de therapeut ervaart als een figuur aan wie hij kan laten zien hoe hij zich voelt en wat er in hem omgaat, maar het is niet zo dat de therapeut de zaken die verteld worden met rust zal laten. Het kind komt niet voor troost of ondersteuning (functies van een vertrouwensfiguur). Het kind komt voor hulp; voor een verandering van bepaalde aspecten van zijn gevoel en gedrag.
De therapeut stelt zich op als een coach, die graag wil samenwerken met het kind en de ouders om de problemen die er zijn op te lossen. De therapeut weet op kennisgebied meer over het probleem dan het kind inbrengt. Bij jonge kinderen is het vaak een hulpmiddel om dit ook zo te benoemen; bij adolescenten is gelijkwaardigheid in de relatie juist van groot belang (zie ook par. 3.3). Uiteraard is er geen sprake van autoritair gedrag. Vooral kinderen zijn daar erg gevoelig voor en autoritair gedrag zal de relatie en de therapie niet ten goede komen.

T(herapeut): Sommige kinderen denken dat zij de enige zijn die bang zijn voor van alles en nog wat, denk jij dat ook?

C(liënt): Nee, andere kinderen hebben dat ook wel, maar ik heb het voor alles, ook voor allerlei dingen waar ik niet bang voor zou hoeven zijn.

T: Nu heb ik al met veel kinderen zoals jij gewerkt. Soms waren dat kinderen die nóg banger waren dan jij en soms kinderen die voor minder dingen bang waren dan jij. Kun je je dat voorstellen?

C: Ja.

T: Wij hebben een boel geleerd over hoe bang kinderen kunnen zijn en wat we kunnen doen om dat te veranderen. Wij gaan samen kijken of ik ook jou kan helpen met wat ik daarvan weet.

C: Ja maar, wat is er dan precies met me aan de hand en hoe ga je dat dan doen?

T: Doe je aan sport?

C: Ik zit op voetbal.

T: En hoe noem je jullie leider?

C: Meneer Van den Berg, maar we mogen ook Jan zeggen als we willen.

T: En wat zeg jij?

C: Meestal zeg ik gewoon Jan, tenminste als we aan het spelen zijn of een wedstrijd hebben.

T: En als Jan jullie langs de lijn toeroept bij een wedstrijd bijvoorbeeld, hoe noem je hem dan: de baas of de meester of...

C: Nee, nee, de meester dat is voor op school; Jan is gewoon onze trainer.

T: Dus ook als het een wedstrijd is, noem je hem gewoon de trainer.

C: Ja, zo is het.

T: En heeft de trainer meer verstand van voetbal dan jij?

C: Ja natuurlijk.

T: En weet hij hoe je samen zo'n spel goed moet opzetten?

C: Ja, ja.

T: Nou, zoiets is het ook wat wij hier gaan doen, maar nou (grappend) ben jij ongeveer alle spelers van het voetbalveld in je eentje. En ik ga net als de trainer de bal op de man spelen of je in de goal zetten of ... vertel nog eens wat je zoal van de trainer leert ...

C: Nou, koppen of hoekschoppen nemen.

T: En het gaat hier over andere dingen dan voetbal, dat snap jij ook wel. We gaan het hebben over ...

In het voorbeeld wordt duidelijk wat we bedoelen met de eerste zin van deze paragraaf: de therapeut wil niet *primair* een vertrouwensfiguur zijn voor het kind. Dit in tegenstelling tot bijvoorbeeld de speltherapie, waar de rol van de therapeut vooral verbonden wordt aan begrip en vertrouwen en de therapeut als een speciaal soort vriend wordt afgeschilderd (zie onder meer Nemiroff & Annunziata, 1993; in het bijzonder de afbeelding waarmee het boek eindigt).

3.2.2 *Het kind als aanspreekpunt*

Het kind krijgt een eigen deel van de verantwoordelijkheid voor zijn functioneren en wordt daar ook op aangesproken. Dat klinkt wat zwaarder dan het in werkelijkheid is, zeker omdat het er in de therapie doorgaans speels en gemoedelijk aan toe gaat. Het gaat erom dat er een duidelijk onderscheid gemaakt wordt tussen datgene wat de ouders graag willen dat het kind leert en datgene wat het kind zelf zou willen leren. Elke therapeut die werkt met kinderen, weet dat de doelen van de ouder en die van het kind aanmerkelijk kunnen verschillen. De ouders willen bijvoorbeeld graag dat het kind minder vaak en snel agressief wordt, maar het kind heeft nog niet zo door op welke manier zijn boze gedrag tegen hem werkt. De agressie kan immers ook voordelen opleveren: het kind krijgt zijn zin, kan later naar bed, wordt met rust gelaten, enzovoort.
Voordat er effectief met het kind gewerkt kan worden, moet het voor het kind ook duidelijk zijn waarááan gewerkt gaat worden en het kind moet het ermee eens zijn dat dit in zijn belang is. Het motiveren tot het nemen van die verantwoordelijkheid kan in verschillende fasen van de therapie een rol spelen en kan op verschillende manieren gebeuren.
Het effect op de relatie is doorgaans dat het kind zich serieus genomen voelt in zijn belangen: immers, zijn inbreng wordt net zo belangrijk geacht als de inbreng van de ouders. En er is een neutrale persoon die niet per se vóór of tegen hem is, maar die net iets verder kan kijken dan zijn eigen neus lang is.
Als pubers of adolescenten met ouders komen heeft het zelfs de voorkeur (als de ouder dit toestaat en de jongere niet te bang is) om allereerst de jongere de ruimte te geven om te vertellen wat er aan de hand is en waarom hij gekomen is. Dit brengt over het algemeen een zekere mate van spanning teweeg, die goed gebruikt kan worden bij de relatievorming. Immers, enerzijds wil de adolescent niet dat er over zijn hoofd heen dingen bedisseld worden; hij wil autonomie! Daar spreekt de therapeut hem dan ook op aan. De jongere wordt in de positie gebracht dat hij het voor het zeggen heeft en dat voelt goed. Anderzijds voelt de jongere zich vaak ook nog onzeker of onhandig in die rol omdat hij die verantwoordelijkheid nog niet altijd alleen kan dragen. De therapeut wil bewerkstelligen dat de jongere hem gaat zien als iemand die mee kan helpen de eigen verantwoordelijkheid op een constructieve manier te leren dragen. Het is van cruciaal belang dat de jongere zelf een reden heeft om in therapie te zijn. Heeft hij dat niet dan is de kans op afhaken groot.

Lieke, 13 jaar, is in groep 8 gepest. Dit heeft tot plaatsing op een andere school geleid. Nu ze in de eerste klas van de middelbare school zit, dreigt deze situatie zich te herhalen. Moeder vindt het tijd om Lieke aan te melden voor therapie. Moeder (M) en Lieke (C) komen samen voor het eerste gesprek. Beiden noemen afwisselend voorbeelden en voorvallen van wat er niet goed gaat.

M: Ik denk dat Lieke gewoon wat weerbaarder moet worden. Ze heeft iets in haar gedrag waardoor ze afstand schept, en dat roept bij anderen wrevel op. Ik help haar wel thuis te oefenen hoe ze dan haar mond open kan doen.
T: Denk jij ook dat het zo in elkaar zit?
C: Ja, als ik van me af kan bijten, dan zullen ze me niet zo gauw pakken. Maar dan moet ik net zo kinderachtig gaan doen als zij zeker: ook agenda's afpakken en elkaar uitschelden zeker. Ik heb helemaal geen zin in dat pubergedrag!
T: Dus het lijkt erop dat je nog aarzelt of je wel 'weerbaarder' wilt worden, zoals je moeder dat noemt.
C: Nee, ik denk wel dat ze gelijk heeft, dat dat beter voor me zou zijn.
T: Ik vertaal het nu zo: je zou het liefst willen dat ze uit zichzelf niet meer je agenda af zouden pakken, maar als ze dat wel doen, weet jij nog niet precies hoe je daarop wilt reageren. Misschien wil je 'weerbaar' zijn, maar misschien weet je ook nog niet precies wat je daarmee wilt, en dat kunnen we eerst samen uitzoeken. Begrijp ik dat zo goed?
C: Ja, zoiets.
T: Zijn er nog meer dingen die jij hier zou willen leren of die belangrijk voor je zijn?
C: Ja, ik zou eigenlijk wel willen weten wat er dan precies mis is met mij. Het is al een keer gebeurd en nu gebeurt het weer zo'n beetje. Ja, niet zo erg, maar ja, ligt het dan aan mij of zo?
T: Nou, dat lijkt me een hartstikke goed idee om dat samen te gaan uitzoeken. We kunnen allerlei proefjes opzetten om erachter te komen of het aan jou ligt.

In dit voorbeeld is er slechts een subtiel verschil tussen wat de moeder aangeeft en wat Lieke aangeeft. De moeder lijkt echter wat harder te lopen dan haar dochter en Lieke neemt aan dat moeder het wel beter zal weten. De therapeute doet echter een stapje terug, door Lieke de ruimte te geven in haar termen te formuleren wat zij wil. De therapeute maakt daarom niet meteen een duidelijk omschreven gedragsdoel.

Een wat scherper voorbeeld van het kind als aanspreekpunt is het volgende.

Tiemen (C), 17 jaar, wordt aangemeld door zijn moeder (M) met depressieve klachten. De therapeute laat beiden binnen en de moeder neemt als vanzelfsprekend het woord; haar toon is vooral beschuldigend. Na korte tijd onderbreekt de therapeute haar:
T: Ik kan me voorstellen dat u van alles voor en van uw zoon wilt. U hebt me daar ook al wat aan de telefoon over verteld. Ik wil graag eerst eens van uw zoon horen hoe hij erover denkt. Zeg, Tiemen, jullie zijn bij die psychiater geweest. Hoe was dat voor jou?
C: Dat vond ik niet zo tof. Die man zei niks en trouwens ik wil ook helemaal geen medicijnen.
T: Heb je al enig idee wat je wel wil?

C: Het zou het beste zijn als ik uit huis ging, maar dat kan ik op dit moment niet aan en bovendien kan ik er niet tegen om op een klein kamertje te zitten, want daar kom je dan terecht.

T: (grappend) Dus je wil me niet inzetten om mee te zoeken naar woonruimte elders? Hoe zou jij wel van mijn diensten gebruik willen maken?

M: Hij doet de hele dag niks, er moet eerst eens wat structuur in zijn dag komen en hij moet op tijd naar bed want als hij tot midden in de nacht opblijft, dan ... (gaat nog even door en kan slechts met moeite ruimte laten voor Tiemen).

T: Ik wil graag even alleen met Tiemen verder praten. Vindt u het goed om in de wachtruimte te wachten, dan halen we u aan het einde van ons gesprek erbij om u te informeren hoe ver we zijn gekomen.

Aan het einde van het uur wordt moeder er weer bijgehaald.

T: Wil jij je moeder informeren, Tiemen, of doe ik dat?

C: (met weerzin informeert Tiemen zijn moeder en de therapeute vult aan.)

T: Het komt er dus op neer dat we samen gaan kijken hoe Tiemen denkt uit deze impasse te komen. Hij weet nog niet precies wat hij wil en waar hij zich het eerste op wil richten, welke dingen wel en niet goed voor hem zijn. We spreken maximaal drie keer af, om te kijken of we tot een zinvol plan kunnen komen. Na die drie keer willen we het plan aan u voorleggen.

M: (lijkt lichtelijk in paniek te raken) Ja maar, moet ik hem dan bijvoorbeeld wel geld geven om 's avonds uit te gaan, als hij de hele dag depressief thuis heeft gezeten? En moet ik nu met de huisarts regelen dat die medicijnen gaat voorschrijven?

T: Als u wilt kunnen we daar een apart gesprek aan besteden. U en ik samen, zonder Tiemen. Maar het kan ook zijn dat Tiemen en ik samen over deze dingen tot een beleid komen, en dan informeren we u wat het beleid is.

C: (Valt venijnig uit tegen zijn moeder) Je moet mij natuurlijk geen geld geven. Jij redt mij er zogenaamd altijd uit als er iets is. Dat is natuurlijk ook het probleem. Je moet me gewoon laten zitten.

T: Nou, dat lijkt me dan meteen een duidelijk beleid. Ik kan me daar helemaal in vinden. Kunt u zich als moeder daar ook in vinden?

M: Ja, dat is goed, maar (eveneens met venijn) hij mag mij dan niet meer om geld vragen. Hij manipuleert me!

T: Misschien kunt u leren bestand te worden tegen zijn manipulaties en daar kunnen we eventueel een afzonderlijk gesprek aan wijden. Met Tiemen kan ik verder bespreken of hij ook denkt dat het in zijn belang is dat hij u niet meer om geld vraagt en leert daarmee op te houden.

Het is de therapeute in dit voorbeeld nog niet duidelijk of en in hoeverre de moeder bij de gesprekken betrokken moet zijn en in hoeverre met Tiemen gewerkt kan worden, zonder zijn moeders inbreng. Wel is het duidelijk dat de moeder in een afzonderlijk contact ruimte moet krijgen om haar vragen te stellen en eventueel contraproductieve emoties en gedrag moet leren sturen.

3.2.3 Niets menselijks is vreemd

De ouders of het kind kunnen het zo gek niet vertellen, of het mag! De therapeut creëert met verbale en non-verbale communicatie een sfeer waarin niets gek gevonden wordt en waarin de jongere en de ouders de ergste, raarste, bijzonderste dingen kunnen laten zien.

De therapeut wil in eerste instantie weten hoe het probleem in elkaar zit. Hoe opener mensen kunnen zijn over de inhoud van hun probleem, hoe groter de kans dat hun adequate hulp geboden kan worden. Schaamte over de aard of inhoud van het probleem speelt vaak een rol in de relatie, waardoor een deel van het probleem onduidelijk kan blijven. Cliënten, of het nou kinderen zijn of volwassenen, zien hun probleem nogal eens als iets vreselijks of afschuwelijks; iets wat te erg is voor woorden. Het lijkt alsof zij denken: 'Als hij dit weet, dan weet ook hij hoe slecht ik ben en dat ik niet beter verdien dan ...'. Door ieder probleem als menselijk te benaderen en als iets waaraan gewerkt kan worden, gaat de schaamte eraf en wordt het probleem hanteerbaarder.

De ouders (V, M) van een multi-probleem-gezin komen in het kader van een justitiële maatregel (ondertoezichtstelling van de kinderen) in behandeling. Het oudste meisje, 16 jaar, loopt herhaaldelijk weg van huis; er is een broertje van 10 en een van 5 jaar.

T: Nou, daar zit je dan als ouders bij zo'n muts zoals ik, met wie jullie iets moeten. Ik heb natuurlijk wel de stukken gelezen die over jullie geschreven zijn, die je zelf ook gelezen hebt, maar ik wil van jullie zelf graag horen waar jullie mee gebaat denken te zijn. Eerst maar even over de oudste dochter, want dat is geen makkie, begrijp ik.

V: Nee, dat kan je wel zeggen. Maar dat is eigenlijk al van kleinst af aan. Wat die in d'r kop heb, heb ze niet in d'r kont ... (enkele voorbeelden van het gedrag van de dochter volgen desgevraagd).

T: En wat doen jullie dan als zij een van jullie uitscheldt, want dat doet ze dus ...
Of trouwens, vertel me eerst eens, wat is zo ongeveer het ergste wat ze jullie voor de voeten werpt?

M: Wat wil je horen? Ben je er klaar voor? Kankerlijer, hoer, kutwijf ... ja als ze het tegen mij heb natuurlijk.

T: En kun jij daar dan rustig bij blijven als ze zoiets roept?

M: Nou, dat hangt ervan af. Als ik net een leuk programma zit te kijken op de televisie dan doe ik gewoon of ik het niet hoor. Eerlijk gezegd hoor ik het dan ook niet. Je krijgt er wel genoeg van, van dat getier. Maar kijk, als ik net zelf effe ergens mee bezig ben en ze loopt me voor de voeten, ja dan wil ik ook wel eens uitvallen.

T: Nou kom op, zeg eens, wat is het ergste wat je zoal gedaan hebt met haar of tegen haar?

M: Ik? Ik heb haar een keer bij kop en kont gepakt en door een glazen ruit gemieterd. Dat heb ze geweten. Ze moet niet denken dat zij de baas is!

Een minder drastisch voorbeeld:

Anouk, 13 jaar (C), komt met vader (V). Hij maakt zich zorgen om Anouk die sinds de echtscheiding ($1^1/_2$ jaar geleden) bij hem woont.

V: Ze rookt, drinkt en ze gaat om met jongens die veel ouder zijn dan zij en die seks willen.

C: Ach pap, wat een onzin! Ik rook, maar dat is al een jaar zo, en jij bent de laatste die daar wat van mag zeggen want je rookt zelf ook. Ik ben één keer dronken geweest en die ene jongen is nu een vriendje.

V: Maar die berichten die jullie elkaar via het internet hebben toegestuurd, werkelijk ...

C: (met schaamrood op de kaken) Nee pap, dat ga je niet zeggen. Dat is te erg (giechelt).
T: Misschien Anouk, wil je het nu nog niet vertellen, of wil je niet dat je vader het vertelt. Je kent me ook nog niet. Ik weet ook nog niet hoe belangrijk het is dat ik dat weet met het oog op de dingen die we samen moeten gaan doen. Het enige wat ik je wil zeggen is dat er weinig dingen zijn waar ik van sta te kijken. Ik zie heel veel kinderen en ouders en je kunt je voorstellen dat er nogal wat mensen zijn die rare dingen doen of meemaken. Dingen die soms veel raarder zijn dan waar je vader nu op doelt.

De houding van de therapeute bestaat uit een respectvolle, open benadering, waarbij alle 'ins en outs' van het probleem voor het voetlicht mogen (let wel: níet 'moeten') komen.
Een moraliserende houding past daar niet in. Voor therapeuten die met kinderen werken is het speciaal van belang om dit in de gaten te houden, omdat bepaalde opvoedkundige aangelegenheden zo tegen de eigen moraal in kunnen gaan, dat het soms moeilijk is om daar gevoelsmatig buiten te blijven. Moraliseren kan de relatie echter danig verstoren en onnodige blokkades of strijd in de therapie opwerpen. Moraliseren hangt vaak samen met de eigen irrationele opvattingen van de therapeut, zoals 'zoiets mag niet gebeuren' of 'dit zijn echt slechte ouders; dit mag je een kind niet aandoen'. Dit betekent niet dat de therapeut geen professionele grenzen heeft of stelt. Die heeft of stelt hij wel degelijk. In hoofdstuk 4 komt dit aan de orde.
Conform de filosofie van de RET, onderscheidt de therapeut de cliënt naar wie hij is en wat hij doet. Over de zinvolheid, juistheid en geschiktheid van zijn *gedrag* valt te twisten. Over de *persoon* van de cliënt niet. Die is wat hij is.

3.2.4 Betrokkenheid en confrontatie

Betrokkenheid bij een kind of bij een ouder kan de therapeut op vele verschillende manieren laten blijken. Bij sommige therapieën betekent het begrip empathie vooral zich inleven in de gevoelens van het kind en het kind van daar uit volgen. Bij de cognitieve gedragstherapieën speelt het inlevingsvermogen zich vooral af via probleemgericht werken. De betrokkenheid blijkt uit het constructief werken aan het probleem en niet per se uit het geven van persoonlijke ondersteuning bij het ervaren van moeilijke gevoelens.

Angela van 10 is door haar moeder aangemeld met angstklachten. Een gesprek met de moeder heeft reeds plaatsgevonden.

T: Ik hoorde van je moeder dat je voor heel veel dingen bang bent. Kun jij zo eens wat dingen noemen waarvoor je bang bent ...
C: Bijvoorbeeld als ik boven ben met mijn zusje en zij gaat opeens naar beneden dan kan ik heel bang worden ... (er volgt een opsomming van voorbeelden) ... of ik ben bang dat er vies aan mijn handen zit en dan was ik steeds mijn handen.
T: En zit er dan ook vies aan je handen?
C: Soms wel, maar soms weet ik het niet zeker.
T: Wat voor vies kan dat dan zijn?

C: Nou, bijvoorbeeld als ik het konijn heb geaaid buiten.

T: Wat voor vies zit er dan aan je handen?

C: Ja, een soort gif of zo denk ik.

(Er volgt een gesprek over wat voor gif en hoe dat eraan gekomen is.)

T: Het lijkt wel of veel van die voorbeelden die je noemt iets te maken hebben met doodgaan, merk je dat?

C: Ja.

T: Heb je wel eens iets meegemaakt van dood?

C: (begint opeens flink te huilen en vertelt tegelijkertijd) Mijn vorige konijn is doodgegaan.

T: Zomaar plotseling of was hij ziek?

C: (huilt door) Zomaar plotseling. Het was 's nachts, zei mama, toen ik al sliep.

T: En heb je hem nog gezien toen hij dood was?

C: Nee, mama had hem toen in de tuin begraven.

T: Je vindt het nog moeilijk, hè.

C: (knikt en huilt door.)

T: Wat vind je het verdrietigst, weet je dat?

C: (denkt na en komt een beetje tot rust) ...dat het zomaar ineens was, maar hij was ook al oud, zei mama.

T: En ben je nu soms bang dat zoiets nog eens kan gebeuren?

Het huilen wordt door de therapeute benaderd als een gezonde reactie, waar niet ingewikkeld over gedaan hoeft te worden en dat ook niet veel extra aandacht of ondersteuning behoeft. De therapeute laat het kind het verdriet verder verkennen door op de inhoud door te vragen, maar zij weet: de relatie met de angst moet duidelijk worden. Waarschijnlijk is niet het verdriet het probleem, maar de angst.
In het voorbeeld wordt tevens duidelijk dat zich inleven niet uitsluitend gaat om gevoelens, maar dat de therapeute ook direct doorvraagt naar de gedachten van het kind. Het zich kunnen verplaatsen in de gevoels- en denkwereld van het kind zijn twee kanten van dezelfde medaille.

In de RET/CGT kan een kind geconfronteerd worden met de moeilijkheden zoals ze zich feitelijk voordoen of met de gedachten zoals die in het hoofd verborgen liggen. Onlangs lieten we in een cursus bovenstaande dialoog op video zien. Een van de cursisten vroeg: 'En als het meisje nu echt bang is om zelf dood te gaan?' Het antwoord daarop van onze kant is: 'Dan wil je dat weten'. Misschien weet het kind zelf niet dat dat in haar gedachtewereld verstopt zit, en als ze dat denkt, verklaart het veel van haar angst. Hoe je dergelijke gedachten opspoort komt in latere hoofdstukken aan de orde. Hier gaat het erom dat een confronterende opstelling van de therapeut behulpzaam kan zijn in de relatie. Helaas wordt nog te vaak gevreesd dat een confrontatie de relatie op het spel zal zetten.

Peter, 18 jaar, heeft sinds zijn veertiende last van depressieve verschijnselen. Hij is indertijd kort bij een psychiater geweest die een medicamenteuze behandeling adviseerde, welk advies door de huisarts werd opgevolgd. De contacten liepen sindsdien via de huisarts. Nu zoekt Peter opnieuw hulp voor zijn depressie. Na een verkenning van de aard van de problematiek (frequentie, duur, omvang van de klachten) stelt de therapeute het volgende:

T: Peter, ik zal je zeggen wat mijn idee hierbij is. Jij weet inmiddels dat er meer depressieve klachten in je familie voorkomen en de psychiater is er vermoedelijk indertijd van uitgegaan dat het iets is wat in jullie erfelijk materiaal voorkomt. Wat we op dit moment weten van depressies, is het volgende: als je op jongere leeftijd al veel last hebt gehad van depressieve verschijnselen, bestaat er een kans dat ze zich blijven herhalen. Dat houdt in dat we in eerste instantie moeten kijken of er een deel is waar jij zelf invloed op kunt uitoefenen. Als blijkt dat jij totaal geen invloed kunt uitoefenen, gaan we een ander plan maken dan wanneer blijkt dat er wel een deel is waar jij wat mee kunt. Het is vaker het geval dat iemand wel een deel kan beïnvloeden dan dat iemand helemaal niks kan beïnvloeden. Als dat bij jou ook zo is, moeten we in tweede instantie een manier zien te vinden om beter om te gaan met die depressieve perioden. Dat kan bijvoorbeeld inhouden dat je toch bepaalde dingen doet ook al voel je je depressief, in plaats van wat je nu doet, namelijk je helemaal afsluiten van de wereld. Over het algemeen is het zo dat zo'n totale afsluiting van de ene kant wel veilig voelt, want niemand kan je raken; maar van de andere kant voelt het vaak ook wel geïsoleerd en onprettig. Geldt dit ook voor jou?

Wat is het effect van zo'n confronterende, probleemgerichte aanpak op de relatie, en is dit niet al te weinig ondersteunend? Het effect is over het algemeen dat de adolescent duidelijkheid krijgt wat hij kan verwachten van de therapeut. Die is geen tovenaar die hem beter kan maken. In deze opstelling verkoopt de therapeute geen knollen voor citroenen, biedt niet meer dan zij waar kan maken en neemt ook geen hoop op verbetering weg. Het samenwerken wordt benadrukt en de therapeute geeft geen voeding aan het eventuele idee van Peter dat de depressieve klachten totaal verholpen moeten kunnen worden, noch aan het eventuele idee dat er niks aan te doen is. Het 'inleven' komt impliciet aan de orde: de therapeute laat merken dat ze de gevoelens waar Peter voor staat kent door in de laatste zin daar op te focussen. Tegelijkertijd wordt er niet ingewikkeld gedaan over het hebben van depressieve gevoelens. De impliciete boodschap is: 'naar maar waar'.

Het is overigens niet zo dat er *per se* zuinig omgesprongen moet worden met het tonen van inlevingsvermogen. Zelfonthulling kan bijvoorbeeld een goede manier zijn om inleving te tonen:

T: Misschien, Peter, denk je: 'goh wat praat ze daar gemakkelijk over en ik zit hier met die rotgevoelens'. Maar ik ga ervan uit dat ik je niet veel help door maar met je mee te praten hoe rot het is. Ik weet wel waarover ik praat. Ik ben vanaf mijn zestiende flink depressief geweest en ben daarvoor op mijn eenentwintigste in therapie gegaan.

3.2.5 *Ik stuur, maar jij bent de baas*

Directief kunnen zijn is een essentiële vaardigheid voor de cognitief gedragstherapeut – directief in de betekenis van sturend en richtinggevend zonder voorbij te gaan aan de intenties van de cliënt. Het gaat erom zeer precies aan te sluiten bij wat er gezegd of juist niet gezegd wordt, in een poging de betekenis van de woorden duidelijk te krijgen. De enige die precies weet wat de betekenis is, is de cliënt zelf. De therapeut kan wel suggesties doen wat het zou kunnen zijn wat het kind voelt of denkt, maar het kind is degene die het weet. De therapeut kan invullen, gokken, een 'multiple choice' voorhouden; maar hij weet niet zeker of de richting die hij uitzet klopt. Hij zet echter liever een richting uit, omdat dit houvast betekent voor het kind, dan dat hij geen richting uitzet en het kind laat ronddobberen. Een jongere die als een spraakwaterval zijn verhaal kwijt moet, wordt daarin onderbroken. De therapeut concretiseert het verhaal en koerst af op een specifieke situatie om gevoel en gedachten helder te maken. Therapeuten die niet gewend zijn om directief op te treden, voelen zich aanvankelijk asociaal. De boodschap van de sturende therapeut is echter juist erg sociaal, namelijk: 'ik wil je begrijpen, en daarom grijp ik in'. In de praktijk blijkt deze houding doorgaans vertrouwen te wekken.

C: (16 jaar, zonder adempauze sprekend) Nou hij is gewoon een matennaaier, je gaat toch niet naar de baas om te lullen over iemand anders. Dat begrijp je toch wel of niet soms. Dat doe je gewoon niet. Je moet elkaar gewoon niet verlinken en dat heb ik hem ook goed duidelijk gemaakt. Ik heb...
T: Wacht even hoor, want je zegt eigenlijk zo vreselijk veel tegelijk. Volgens mij ben je nog woest. Zullen we eens proberen wat preciezer te kijken naar wat er nou eigenlijk allemaal door je kop gaat als je hoort dat je collega naar de baas is gestapt? Je vindt bijvoorbeeld dat een collega niet naar de baas mag toestappen om iets over je te zeggen. Waarom mag hij dat precies niet doen?

Het is voor de cliënt duidelijk dat de therapeut er niet op uit is om hem zomaar in de rede te vallen, of om zelf zo nodig aan het woord te zijn. Dat zou de relatie immers ondermijnen (zie ook Arntz, 1991). De therapeut houdt in de gaten of de cliënt het doel van de sturing begrijpt en onderschrijft en brengt het eventueel expliciet ter sprake als hij denkt dat dit niet het geval is.

Maarten, een zwijgzame jongen van 9 jaar (C), en zijn moeder (M).
T: Je moeder vertelde me eerder al dat je voor een aantal dingen bang bent. Bijvoorbeeld als je alleen naar boven gaat als het donker is. Wat denk je dan, weet je dat?
C: Nee.
T: Ik ben zelf wel eens bang in het donker, bijvoorbeeld als het winter is – dan is het vroeg donker en dan moet ik mijn fiets nog in de schuur zetten. Dan denk ik, bah, dadelijk komt er een enge man ... Misschien is je moeder ook wel eens bang in het donker?
M: Ja hoor.
T: En wat denkt u dan?
M: Nou, als ik 's avonds van de gym terugkom, dan denk ik wel eens dat er iemand achter me aan fietst.
T: Heb jij nu ook al een idee, Maarten, waar je aan denkt in het donker? Ook enge mannen?
C: (schudt nee.)
T: Monsters misschien of reuzen?
C: (schudt weer nee) ... spinnen en inbrekers
T: Wat goed dat je weet waar je dan bang voor bent. Vind je het vervelend Maarten, als ik zoveel vraag?
C: (schudt nee.)

T: (voorzichtig lachend) Vind je het wel gemakkelijk?
C: (voorzichtig lachend knikt hij ja.)
T: Ik wil steeds met je meedenken en probeer te kijken of ik dat goed doe. Ik vind het niet erg om vragen te stellen als jij het zo goed vindt.

Een ander voorbeeld betreft Joke, 16 jaar. Zij vertelt over haar dramatische relatie met haar ouders. Zij geeft aan wel in therapie te willen, maar ze wil niet dat haar ouders dit te weten komen of dat ze bij de therapie betrokken worden.
De therapeute stelt als voorwaarde dat Joke wel aan haar ouders vertelt dat ze hulp heeft gezocht, maar zegt toe dat de ouders wat haar betreft nu niet direct bij de behandeling betrokken hoeven te worden.

3.2.6 *Uitgaan van de kracht van een kind*

Kinderen zijn vaak sterker dan de hulpverlener denkt. Sommige kinderen hebben al veel meegemaakt en hebben zich staande gehouden in moeilijke situaties. Ze zijn daardoor het toonbeeld geworden van volhouders en doorzetters, ook al is dit dan soms op een zelfondermijnende manier. Wanneer de therapeut het kind eerlijk en rechtstreeks benadert, spreekt hij het kind aan op zijn kracht; iets wat in het dagelijks leven niet altijd gebeurt. Het kind kan daar verschillende reacties op hebben. Van de ene kant ervaart het kind zo'n houding vaak als hoopgevend: 'ik ben dus wel in staat om ...' of 'ik kan er nog wat van maken'. Van de andere kant kan het ook spannend zijn: 'Het hangt dus ook van mij af, help! Ben ik wel zo krachtig als de therapeut denkt of als ik me voordoe?'

T: Dus Marjolijn, jij flipt als je vader kwaad wordt. Maar hoe zou het zijn als jij *niet* uit je dak zou gaan als je vader kwaad wordt over iets onbenulligs? Als je bijvoorbeeld tegen jezelf zou zeggen 'ik kan ertegen als hij flipt', in plaats van 'ik kan er niet tegen als pa flipt' want dat zeg je nu.

Een ander voorbeeld.

Tom (13 jaar, eerste brugklas) en zijn moeder komen voor een eerste gesprek. Tom heeft een orthopedagogisch onderzoek gehad naar aanleiding van een vermoeden van dyslexie. Er bleek geen sprake van dyslexie. Wel werd therapeutische ondersteuning voor Tom en voor zijn ouders geadviseerd vanwege communicatieproblemen in het gezin.

T: Ik heb het rapport van mijn collega gelezen. Mijn dank dat u het wilde opsturen. Tom, heb jij het ook gelezen?
C: (kijkt moeder hoegenaamd niet begrijpend aan) Nee.
M: Nee, ik wist niet dat dat de bedoeling was.
T: Nou, het geeft niet, want ik heb het u ook niet speciaal gevraagd, maar het rapport heeft u al enige tijd, en het gaat over Tom, dus ik dacht dat u het misschien besproken had.
M: We hebben wel globaal verteld wat erin staat.
T: En wat was uw overweging om het niet te laten lezen?
M: Dat weet ik niet precies... (denkt na) we dachten dat het te moeilijk zou zijn. Moeilijke woorden misschien.

T: Kunt u die moeilijke woorden zelf begrijpen?

M: Nou ja, globaal, ook niet alles precies.

T: Dus dat is niet per se een beletsel. Ik wil graag dat Tom het leest. Er staan nogal wat dingen over hem in en ik wil weten waar hij het mee eens is en waarmee niet. Als u dat goed vindt tenminste. Ik denk dat hij het prima kan lezen en de dingen die niet duidelijk zijn kunnen we bespreken.

Hetgeen vervolgens geschiedt.

Dit voorbeeld wordt in een ander verband vervolgd in paragraaf 10.3.

3.3 Jonge kinderen

De hierboven beschreven bouwstenen van de relatie gelden voor zowel jongere kinderen als adolescenten. Afhankelijk van de leeftijd en de aard van het kind ligt het accent meer op het een of meer op het ander. In deze en de volgende paragraaf geven we aan welke accentverschillen er voor jongere en oudere kinderen bestaan.

Jongere kinderen zijn doorgaans wat meer gewend aan sturing door volwassenen. Immers, thuis en op school is het vanzelfsprekend wie er de baas is. De therapeut kan daardoor wat gemakkelijker de leiding nemen. Het jonge kind is gewend dat veel dingen voorgedaan worden en dat ze door herhaling (denk maar aan het opzeggen van de tafels op school) geleerd worden, en de therapeut kan in de CGT-benaderingswijze daarbij aansluiten. Het is voor het kind niet vreemd als de therapeut een oplossing aanreikt, een alternatieve gedachte voorzegt en het kind vraagt om dit te herhalen. Tegelijkertijd moet er rekening mee gehouden worden dat de afstand tussen therapeut, volwassene, en kind groot is. Het kind zou bijvoorbeeld iets kunnen doen omdat de volwassene het zegt, waardoor het te weinig met zelfsturing zou kunnen experimenteren. Dat kan niet de bedoeling van een therapie zijn. Het kind leert weliswaar nieuwe principes aan, maar hoe meer dit op een zelfontdekkende manier kan gebeuren, hoe groter de kans is op integratie.

Het jonge kind kan – anders dan de puber – iets minder als *eerste* aanspreekpunt gelden. De therapeut is meer op de ouder aangewezen voor informatie en jonge kinderen hebben in de beginfase van de therapie de ouder nogal eens als veiligheidbiedende figuur nodig. Als het kind kan ervaren dat de therapeut het vertrouwen geniet van de ouder, kan het kind zich eerder openstellen voor deze vreemde meneer of mevrouw.

Jonge kinderen hebben per definitie weinig tot geen voorstelling van de therapeutische situatie, simpelweg omdat ze geen eerdere therapie-ervaring hebben en nog nooit van anderen daarover gehoord hebben. Een uitzondering geldt wanneer een jonger kind een ouder broertje of zusje heeft, dat therapie heeft (gehad) en waar het kind wat van afweet. Dan is het van belang om de voorstelling die het kind zich heeft gemaakt te bespreken.

3.4 Adolescenten

Bij adolescenten ligt er een grote nadruk op samenwerking en actieve deelname. Veel ruimte voor eigen inbreng sluit aan bij de autonomiefase waar ze in zitten. We laten adolescenten bijvoorbeeld zo snel mogelijk de regie nemen in de beslissing hoe vaak ze willen komen of welke huiswerkopdrachten ze gaan doen. Door keuzes aan te bieden hebben ze het gevoel zelf richting te kunnen geven.
Adolescenten zijn vaak erg bezig met zichzelf, waardoor ze minder oog hebben voor de perspectieven van de ander. Aansluiten bij hun egocentrisme versterkt de samenwerking. Dit kan door bijvoorbeeld te vragen naar hun visie op de problemen, hun zelfbeeld, hun wereldbeeld, hun doelen, dromen, fantasieën, of hoe zij relaties met anderen ervaren.
Adolescenten zijn vaak wars van gezagsfiguren. Strijd aangaan is doorgaans af te raden. Samen denken en onderzoeken geeft een gelijkwaardig contact.
Meer dan bij jonge kinderen spelen 'contact-issues' een rol in de therapie van adolescenten. Deze kwesties kunnen benoemd worden en gekoppeld worden aan de problematiek in het dagelijks leven van de cliënt (voorbeeld Saskia). Het kan ook zinvol zijn om uitgebreider stil te staan bij de verwachtingen die de adolescent van de therapeut heeft (voorbeeld Joke).

Saskia (17 jaar) is haar afspraak vergeten en belt de volgende dag op. Ze trekt een muur van woorden op, waarin ze zich in allerlei bochten wringt. Bij de volgende afspraak vraagt ze bij binnenkomst uitgebreid hoe het met de therapeute gaat. Deze stelt haar plotselinge persoonlijke belangstelling ter discussie. Bij doorvragen blijkt dat Saskia het vreselijk zou vinden wanneer de therapeute boos zou zijn op haar vanwege het vergeten van de vorige afspraak. Deze angst is gerelateerd aan haar relatie met haar vader die onvoorspelbaar boos kon reageren. Haar angst voor boosheid bij (kleine) fouten kan nu verder aangepakt worden zonder dat de relatie met de therapeute uitgediept wordt. Wat zich afspeelt in de relatie tussen therapeute en cliënte dient slechts als opstapje voor de verdere aanpak van het probleem.

Joke (16 jaar) kan in de therapiesessies erg moeilijk verwoorden wat ze gedacht en vooral wat ze gevoeld heeft in moeilijke situaties. Ze vraagt de therapeute of ze dagelijks een stukje zal schrijven voor de therapeute zodat deze het kan nalezen en er misschien meer van kan begrijpen. De therapeute legt uit dat het niet zozeer voor de therapeute, maar juist voor Joke zelf bedoeld is. Tevens legt de therapeute uit dat het een valkuil zou zijn voor Joke te afhankelijk te worden van de visie van de therapeute, omdat Joke al zo negatief over haar eigen capaciteiten denkt. Hierop bespreken ze Jokes verwachtingen van de therapeute.

3.5 Vertrouwelijkheid

Omdat de therapeut bij jongere kinderen ook altijd contact heeft met de ouders, bespreken we standaard met het kind welke informatie uit de therapiebijeenkomsten wel en niet met de ouders besproken gaat worden. In een deel van de gevallen is vertrouwelijkheid geen belangrijk issue. Zeker niet wanneer, zoals bij jongere kinderen vaak het geval is, de ouder aan het begin en eind van de bijeenkomst er even bij is om het proces mee vorm te geven.

Bij de jongsten kan men aan het einde van een sessie, voordat de ouder binnenkomt, vragen: 'Hebben we zojuist dingen gezegd of gedaan waarvan je niet wilt dat papa of mama die weet?'
Bij iets oudere kinderen (vanaf acht jaar) kan men er iets uitgebreider bij stilstaan wat er wel of niet aan informatie naar de ouders gaat als dat nodig is. Zeker wanneer het kind weet dat de ouders ook afzonderlijke gesprekken met de therapeut hebben. Het is belangrijk dat het kind – als het dat wil – ook door de therapeut of door de ouders geïnformeerd wordt over de dingen die daar besproken worden; bijvoorbeeld hoe papa en mama hem kunnen helpen en wat ze wel of niet gaan doen.
Bij adolescenten is vertrouwelijkheid van groot belang. Er zijn dingen waarvan zij absoluut niet willen dat die naar hun ouders gaan. De therapeut mag die regels van de autonomie niet schenden. Wel kan de therapeut er soms veel energie in steken om te kijken of het zinvol en in het belang van de cliënt is als die informatie zo afgeschermd blijft. Ook kan de therapeut inschatten of het in het belang van het (gezins)functioneren is dat bepaalde informatie wel besproken wordt. In het geval van Astrid (15) bijvoorbeeld, die vertelt seksueel misbruikt te zijn door haar vader. Zij wil in eerste instantie niet dat dit besproken wordt in het gezin. De therapeute zet een lijn uit waarbij zij enerzijds aangeeft niets te doen achter de rug van Astrid om, en anderzijds duidelijk maakt dat en waarom er een plan bedacht moet worden hoe dit geheim op een verantwoorde manier te bespreken in het gezin.

We hebben een heel hoofdstuk besteed aan relatieaspecten in de RET en CGT met kinderen en jeugdigen. We menen daarmee recht te doen aan de therapeutische realiteit van de RET en CGT. Immers, een jong kind dat te weinig sturing ervaart boekt misschien om die reden weinig vordering. Een puber die zich niet gelijkwaardig behandeld voelt door de therapeut, zal zich zeker tegendraads opstellen.
In dit hoofdstuk is feitelijk al een aantal ideeën gegeven voor het starten van een eerste sessie. Het volgende hoofdstuk is daar volledig aan gewijd.

Deel 2

Diagnostiek met behulp van het ABC-model

4 De start: een goed begin is het halve werk

4.1 Inleiding

In de RET-traditie spreekt men van verschillende fasen in de therapie met kinderen: een relatie opbouwen, diagnostiek, vaardigheden aanleren (cognitief, gedragsmatig en emotief), oefenen en toepassen (Bernard & Joyce, 1984, 1993; DiGiuseppe, 1989). Hoewel zij spreken van verschillende fasen in de therapie, is het opvallend dat zij na het rustig vormgeven van een goede werksfeer direct aan het werk gaan en dat de diagnostiek en behandeling hand in hand gaan. Tijdens het eerste gesprek wordt er informatie verzameld, maar wordt ook al begonnen met een stukje behandeling. Er wordt gewerkt vanuit de aanname dat het kind de therapeut leert kennen door de manier waarop die werkt.
De RET georiënteerde therapeuten denken en werken niet zozeer op basis van specifieke stoornissen, maar maken als dat nuttig is wel gebruik van diagnostische labels. Ieder probleem wordt in principe aangepakt door uitwerking van het ABC-model, dat op een creatieve wijze bij kinderen met diverse problemen gebruikt wordt. De nadruk in de RET ligt op het denken en op de denkprocessen. Emoties en gedragingen worden gebruikt om:

- bestaande denkwijzen te ontdekken;
- bestaande denkwijzen op houdbaarheid te toetsen;
- met nieuwe denkwijzen te experimenteren;
- nieuwe, zelfgekozen denkwijzen te consolideren.

In de cognitief-gedragstherapeutische benadering (Kendall, 1991; Braet & Scholing, 1999) worden diagnostiek en behandeling wel als aparte fasen gezien. De diagnostiek behelst doorgaans een uitgebreid onderzoek van kind, ouders of andere betrokkenen, met als eindresultaat een functieanalyse. Ook wordt veelvuldig gebruikgemaakt van diverse tests voor aanvullende diagnostiek. Er wordt gewerkt op basis van een specifieke diagnose, bijvoorbeeld angststoornis of ADHD. In de behandeling wordt een diversiteit aan technieken beschreven: er wordt zowel gebruikgemaakt van cognitieve als van allerlei gedragstechnieken.

4.2 Omgevingsfactoren

Bij jonge kinderen is het van belang de therapie aan te passen aan de leeftijd van het kind. De therapie moet plaatsvinden in een voor het kind prettige omgeving. Vaak is dat een kamer met wat groot en klein spelmateriaal en vrolijke kleuren. De kamer moet er gezellig uitzien maar tegelijkertijd voor veel kinderen niet te rijk aan prikkels zijn.
Bij pubers en adolescenten gelden minder regels voor de ruimte. Wat er niet mag ontbreken is een 'whiteboard' en/of een flap-over omdat er veel wordt uitgelegd en opgeschreven. Ook staat er een cassetterecorder op tafel, omdat de gesprekken

worden opgenomen zodat de jongere thuis het gesprek nog eens kan naluisteren. Papier, potloden en stiften zijn ook handig als gewerkt wordt met minder verbaal gerichte jongeren, of juist zeer verbaal gerichte jongeren die met symbolen in een tekening iets kunnen uitdrukken. Een prikbord of kast met posters of korte strips, of plaatjes van mensen of dieren met irrationele ideeën of saillante uitspraken kunnen soms ook nieuwe invalshoeken bieden voor een gesprek.

4.3 Verwachtingen

Veel jongeren hebben bij binnenkomst geen idee wat een psycholoog of psychotherapeut is en doet.
Uitleg geven over wie je bent en wat de bedoeling is, is dan ook een standaardbegin in het eerste contact. Bijvoorbeeld met een cliënt van 13 jaar:

T: Weet jij wat een psychotherapeut is en doet?
C: Nee.
T: Als je een gebroken been hebt ga je naar de dokter om het te laten zetten en er gips omheen te laten doen. Als je kiespijn hebt ga je naar de tandarts. Als je bijvoorbeeld bang bent ga je naar een psychotherapeut, want die kan je leren wat je kunt doen of denken om minder bang te zijn. Bij een psychotherapeut komen kinderen met allerlei soorten problemen, zoals geen vrienden hebben, somber zijn of heel boos. Een groot verschil met de tandarts of dokter is dat je hier leert zelf een oplossing te vinden voor je probleem samen met mij en soms ook samen met je ouders, in plaats van dat ik je beter kan maken. Begrijp je wat ik bedoel?

Een ander voorbeeld, van een gesprekje met een jonger kind:

T: Ik heb je verteld dat een psycholoog ouders en kinderen helpt bij het oplossen van problemen zoals 'snel boos zijn', 'geen vriendjes hebben', 'bang zijn in het donker'. Maar weet je ook hoe een psycholoog dat doet?
C: Eh, nou die zegt gewoon hoe je anders moet doen of zo en eh, dan eh, ben je klaar.
T: Dus jij vertelt me: 'ik ben bang in het donker' en dan ga jij even spelen en ik denk heel hard na en zeg dan: 'je moet alle treden van de trap tellen als je naar boven gaat en dan ben je niet meer bang'. En dan zijn we klaar en ga je naar huis? Zoiets?
C: Eh, ik weet het niet.
T: Zijn alle kinderen die bang zijn hetzelfde?
C: Nee.
T: Zou dus bij ieder bang kind dezelfde oplossing helpen?
C: Nee.
T: Nee, dat klopt. Ieder kind is weer anders en ieder kind is weer bang om een andere reden. Om je te helpen zullen we dus samen moeten uitzoeken hoe het komt dat jij bang bent als je 's avonds in bed ligt, waardoor je pas heel laat inslaapt.
Ik moet daarbij zorgen voor de juiste vragen, en jou heb ik nodig voor de antwoorden. En als we samen begrijpen wat nou maakt dat jij bang bent, dan help ik je om daar oplossingen voor te bedenken. Jij zult dan wel heel hard moeten oefenen om ze onder de knie te krijgen. Kun je je daar iets bij voorstellen?

Uitzoeken of en met welke verwachtingen de cliënt binnenkomt, is een volgende stap. Verwachtingen van de therapie kunnen zowel het proces bevorderen als remmen. De therapeut wil weten wat het kind denkt over het feit dat hij hier zit en over de taak (en in mindere mate de persoon) van de therapeut.
Vragen die dienst kunnen doen om in gesprek te raken over de verwachtingen die het kind heeft zijn bijvoorbeeld:

- Wiens idee was het om hulp te gaan zoeken?
- Hoe is het voor jou dat je moeder heeft voorgesteld om hulp te gaan vragen?
- Je vader heeft deze afspraak voor je gemaakt. Hoe vind jij dat zelf?
- Waarom denk jíj dat je vader je naar mij toe heeft gestuurd?
- Je hebt al eens eerder met een psycholoog te maken gehad; hoe was dat?
- Ken jij iemand die psycholoog of pedagoog is? Wat vind je van hem? (of haar)
- Vond je het een goed idee om *nu* hulp te zoeken, of vond jij het nog niet zo nodig, of vind je het misschien erg laat en had je gewild dat al eerder iemand was bijgesprongen?

Dergelijke vragen zijn doorgaans voor cliënten niet al te bedreigend om mee van start te gaan. De antwoorden kunnen gevoelens als schaamte, hopeloosheid, verzet en angst in de eerste vijf minuten bespreekbaar maken. Soms is het relevant om bijpassende gedachtepatronen meteen te corrigeren. Soms is de informatie wel relevant, maar wordt die nog niet onmiddellijk gebruikt.
Wij adviseren een verschil in aanpak voor het geval er nog geen informatie bekend is en voor het geval er wél informatie bekend is.

Een voorbeeld van de eerste situatie. De cliënt is 16 jaar oud.

T: Waarom kom je juist nu om hulp?
C: Het lukte niet meer mijn eigen problemen op te lossen en ik wilde dat eerst niet zien, maar het is wel zo.
T: Vond je het moeilijk om de stap te nemen om hulp te gaan vragen?
C: Ja, ik moet niets hebben van hulpverleners.
T: Waarom niet?
C: Nou gewoon.
T: Wat had je dan verwacht?
C: Nou, een of andere softie die medelijden met je gaat zitten hebben en je zakdoekjes aangeeft.
T: En aan medelijden heb je niets?
C: Nee, ik wil dat iemand me helpt om mijn problemen op te lossen.
T: Oké, laten we eens kijken of we daar een begin mee kunnen maken.

Als er al informatie bekend is (uit de aanmeldingsbrief van de huisarts, een telefonische aanmelding of een vragenlijst die van tevoren is ingevuld) vertelt de therapeut wat hij al weet. Bovenstaande vragen worden dan niet in eerste instantie gesteld, maar kunnen gaandeweg wel een plaats krijgen. Door naar aanleiding van wat de therapeut vertelt te vragen of het klopt of dat de situatie veranderd is krijgt het kind de boodschap dat niet de therapeut maar hij de expert is die kan vertellen hoe de situatie in elkaar zit. Van deze aanpak gaan openheid en eerlijkheid uit en de therapeut probeert daarmee een meer gelijkwaardige positie te verwerven. Als dat lukt is de kans op samenwerking en succes groter.

Nu een voorbeeld van de tweede situatie.

T: (maakt op basis van de non-verbale houding van de cliënt op dat hij erg wantrouwend en negatief het eerste gesprek ingaat)
Jeffrey, ik heb van de gezinsvoogd allerlei papieren gekregen en gelezen dat jij al met een aantal psychologen en zo te maken hebt gehad. Jij zit hier dus niet blanco. Misschien is je blik over mij gekleurd door je eerdere ervaringen. Als je daar iets over wil zeggen, kan dat. Ik wil over mezelf niet veel zeggen, wat jij van mij vindt moet je zelf gaan beoordelen. Maar ik wil dat je dít weet: ik ben maar een gewoon mens. Ik doe vandaag zoals ik altijd doe, en ik ga jou aan het einde van het gesprek vragen wat je daarvan vindt. Ik zal aan het einde ook eerlijk zeggen wat mij opviel aan jouw manier van doen. Wil je iets vertellen over je eerdere ervaringen met hulpverleners of hoe jij ons noemt?
C: Uh, hum, sommige zijn wel oké en andere zijn lullen met brilletjes op.
T: (grapt) Ik blij dat ik contactlenzen in heb!

Een beknopt antwoord als dit geeft evenwel voldoende ruimte om te reageren. De therapeut kan ervoor kiezen om langer stil te staan bij wanneer hulpverleners 'oké' zijn en wat ze moeten doen om in de categorie 'lullen met brilletjes op' te vallen. Er kan ook gekozen worden om vervolgens enkele kwesties uit het dossier te noemen en door te vragen wat Jeffrey daarvan vindt. Hoe kijkt *hij* tegen genoemde zaken aan? Daarmee krijgt het gesprek een meer inhoudelijke wending.

4.4 Grenzen

Bij jonge kinderen is het van belang om expliciet een aantal regels die tijdens de therapie gelden aan de orde te laten komen. Deze variëren van 'je mag geen speelgoed stuk maken of mee naar huis nemen' tot 'als je boos bent of heel verdrietig en je wilt even stoppen dan mag je niet weglopen uit de kamer maar kun je op die stoel zitten'. Deze regels bieden structuur en houvast en daarmee veiligheid.

Soms zijn er gegevens bekend waardoor het noodzakelijk is direct over grenzen en omgangsvormen in de therapie te spreken. Aan een jongen van 15 jaar, waarvan bekend was dat hij regelmatig impulsdoorbraken had en dan mensen aanvloog of het meubilair sloopte, vroeg de therapeute in de eerste vijf minuten:

T: Ik heb begrepen dat je soms ineens heel erg boos kunt worden. Hoe groot is de kans dat je in dit gesprek op je stoel kan blijven zitten?
C: (verbaasd) Oh, dat weet ik niet.
T: Het kan namelijk zijn dat je mij ook vreselijk irritant gaat vinden omdat ik vragen stel over onderwerpen waar jij het helemaal niet over wilt hebben.
C: Nou, dan zeg ik gewoon niks.
T: Maar gaat het van binnen dan toch niet borrelen?
C: Oh, best mogelijk.
T: Om ervoor te zorgen dat het hier voor jou en mij veilig blijft, wil ik je een aantal van mijn spelregels vertellen. In mijn kamer wordt er niet gevochten en blijft mijn meubi-

lair heel. Dat betekent dat als je toch heel kwaad wordt, je even een time-out kunt nemen, uit de kamer weg kunt lopen en bijvoorbeeld even naar de wc gaan of naar buiten lopen. Het zou dan het mooiste zijn als je daarna weer terug komt, zodat we kunnen bespreken wat er gebeurde. Ik wil namelijk juist voorkomen dat er hier hetzelfde gebeurt als met een aantal andere mensen, namelijk dat je ruzie krijgt, dat je je uitgekotst voelt en daardoor steeds meer alleen komt te staan en er geen uitweg meer lijkt te zijn. Wat denk je ervan?

C: Best.

T: Ken je het principe van een time-out? Doe je dat soms al?

C: Ja, soms werkt dat wel.

T: Oké, heel goed, dat betekent dat je er af en toe wel controle op hebt hoe je reageert. Denk je dat het je zal lukken om na een time-out weer terug te komen?

C: Dat weet ik niet.

T: Wil je het wel proberen?

C: Ja, dat wel.

In bovenstaand voorbeeld is de therapeute directief en geeft haar grenzen aan, zonder dit in overleg te willen doen. De therapeute geeft aan niet bang te zijn voor de emoties, maar erover in contact te willen blijven. Tevens bevestigt ze impliciet hoe lastig die boosheid voor de cliënt kan zijn, waarbij ze ‘en passant’ zijn eigen verantwoordelijkheid voor de gang van zaken meeneemt.

Nog een voorbeeld.

Linda, een meisje van 15 jaar, is verkracht door de vriend van haar vriendin. Meer informatie is tevoren niet bekend.

T: (heeft de aanmeldingsreden reeds benoemd) Ik zal in dit gesprek degene zijn die vaak vragen aan je zal stellen en het kan best zijn dat je daar nog helemaal geen antwoord op wilt geven. Dat mag natuurlijk ook, want je kent mij nog helemaal niet. Denk je dat het je zal lukken om dit tegen me te zeggen, zo van ‘ho stop’ of ‘dat wil ik nu nog niet bespreken’.

C: Dat weet ik niet.

T: Hoe kan ik anders aan je merken dat je bijvoorbeeld nog geen antwoord wil of kan geven?

C: Ik word dan stiller.

T: Oké. Zou het jou helpen als ik je dan bijvoorbeeld vraag of ik tegen een grens aanzit?

C: Ja, dat denk ik wel.

T: Oké, je mag het dus uit jezelf aangeven en anders zal ik ernaar vragen.

In dit voorbeeld speelt de therapeute impliciet in op cognities die doorgaans geactiveerd worden naar aanleiding van een verkrachting, bijvoorbeeld ‘mensen zijn niet te vertrouwen’, ‘ik kan geen grenzen aangeven’ of ‘ik moet het onder controle hebben, anders loopt het uit de hand’. Ook wordt gecommuniceerd dat de cliënte zelf in staat zal zijn om mede de grenzen te bewaken en dat hiernaar geluisterd zal worden.

4.5 Motivatieproblemen

Kinderen en jongeren komen doorgaans niet vrijwillig in behandeling; de meerderheid is gestuurd. Jongere kinderen zijn eraan gewend dat de ouders bepalen wat ze moeten doen; bij pubers en adolescenten roept gestuurd worden vaak verzet en wantrouwen op. Het feit dat de ouders menen dat het goed is voor het kind om een therapie aan te gaan, wil nog niet zeggen dat het kind dat ook vindt. De therapeut wil weten wat het kind vindt en wil.

Bij Martin, 9 jaar, is de diagnose ADHD gesteld en de ouders volgden een oudercursus om beter te leren omgaan met impulsieve kinderen.

T: Ha, Martin. Ik heb vorige week een gesprek gehad met je papa en mama. Ze zaten bij mij in de klas met andere ouders omdat ze wilden leren hoe ze beter konden omgaan met drukke kinderen, zoals jij. Ze wilden minder ruzie thuis en leren om beter afspraken met elkaar te maken. Ze vertelden me dat je veel dingen al beter kunt, zoals zelf opstaan en aankleden. Maar ze vinden ook dat je snel boos wordt, bijvoorbeeld als ze je vragen om iets op te ruimen of als je met andere kinderen speelt of als iets je niet lukt.
Nou kan dat alleen een probleem van bijvoorbeeld mama zijn. Misschien vraagt ze wel stomme dingen aan je. Maar het kan ook aan je vriendjes liggen. Misschien plagen ze je of zeggen ze rare dingen. Er zijn veel kinderen die hier voor het eerst komen en dan denken 'wat moet ik hier? Zij hebben een probleem, ik niet.' Maar er zijn ook kinderen die het boos worden zelf ook niet zo handig vinden. Die willen het zelf eigenlijk ook liever anders. En nou denk ik, hoe zit dat bij jou? Ik heb mama gevraagd om vandaag samen met jou te komen, omdat ik van jou wil weten: wat vind jij ervan dat je snel boos wordt?

De moeder van Nico (15 jaar) loopt al jaren in de hulpverlening en moet af en toe worden opgenomen vanwege een suïcidepoging. Degene die haar behandelt verwijst Nico. Hij komt samen met zijn moeder en zit er afwerend bij.

T: Had je geen zin om te komen?

C: Nee! (boos) Ze (moeder) doet het toch allemaal zelf.

T: Jeetje wat geweldig dat jij meteen zo eerlijk zegt wat je denkt. Met sommige jongeren heb ik wel drie gesprekken nodig voordat ze hun gevoelens op tafel leggen, en jij doet dat meteen al. Als je een moeder hebt die het zo vaak zo moeilijk heeft is het nogal eens extra lastig om eerlijk te zijn over wat dat met jou, haar zoon, doet, omdat er vaak gedacht wordt dat je moeder in dit geval het niet aan zal kunnen. Blijkbaar denk jij dat niet?

C: Mijn moeder weet toch wel dat ik het helemaal gehad heb met haar. En ondanks alles zeggen we elkaar alles.

T: Dat is wel bijzonder hoor. Dat maak ik niet vaak mee. Zullen we proberen dit gesprek te gebruiken om met elkaar te bespreken wat jou zo boos maakt en wat daarvan het gevolg is voor jullie relatie? Voor een deel is dat voor jullie gesneden koek, maar voor een deel misschien niet. Dat kunnen we straks pas zeggen. Oké Nico, wat maakt jou nou zo vreselijk boos?

C: (zit er wat verbaasd, maar meer betrokken bij, begint te vertellen over hoe hij zijn moeder aantrof na de laatste suïcidepoging.)

Door zich niet te laten imponeren door de afwerende houding van Nico, laat de therapeut de motivatiekwestie links liggen. De inhoud van wat Nico gaat vertellen zal mogelijk meer zicht geven op zijn motivatie dit gesprek toch aan te gaan.

Als bij aanmelding duidelijk is dat een jongere gestuurd is, kan het doel van een eerste gesprek zijn om de beginattitude van het kind, namelijk 'waar maakt iedereen zich druk om: ik heb geen probleem' om te buigen in enige mate van bereidheid om na te denken over het probleem en het eigen aandeel. Als de houding kan veranderen in: 'nou ja, het is soms ook wel vervelend, maar ik heb er niet echt last van', is dat al heel wat.

Maartje, 14 jaar, is aangemeld door de huisarts in verband met een ongedifferentieerde somatisatiestoornis. Na twee minuten wordt duidelijk dat zij het niet eens is met het gesprek.

C: Ik vind niet dat ik een probleem heb. Ik heb gewoon heel veel hoofdpijn en buikpijn en verder niet.

T: En toch zit je hier. Hoe is dat zo gekomen?

C: Nou, mijn moeder vond dat het moest. Maar ik heb zelf de laatste tijd al mijn problemen verder wel zo'n beetje opgelost. Ik weet nu ook dat mijn klachten voortkwamen uit een koemelkallergie dus het is allemaal al niet meer nodig.

T: Wat voor problemen had je dan, behalve heel veel hoofdpijn en buikpijn?

C: Ik was depri en had het niet meer naar mijn zin op school, maar ik ben gewoon positief gaan denken en nu gaat het goed.

T: Wat geweldig joh! Ik doe er weken over om mensen dat te leren en jij leert dat jezelf ineens zomaar aan. Hoe is je dat gelukt?

C: Gewoon.

T: Zou je het zinvol vinden om in dit gesprek samen preciezer te bekijken wat je al bereikt hebt en hoe je dat is gelukt? Ik denk namelijk dat, als het toch ineens weer minder goed zou gaan, het al heel veel kan schelen als je weet wat je er zelf aan kunt doen – als je een soort draaiboekje hebt voor moeilijke tijden. Lijkt je dat wat?

C: Dat is goed.

T: Dan bekijken we aan het eind van het gesprek wel of je nog hulp van mij kunt gebruiken of niet.

Maartje houdt alle contact aanvankelijk af. Door haar de regie te geven en het krediet voor het werk dat al verzet is, ontstaat er contact en wil zij toch meegaan in nader onderzoek.

Mees, 16 jaar, is gestuurd door zijn voogd. Hij heeft een indrukwekkende voorgeschiedenis van schoolwisselingen, jeugdgevangenis en dergelijke. Er zijn stapels dossiers over hem.

T: Mees, ik ben onder de indruk van de enorme hoeveelheid die er over jou geschreven is. Ik heb al heel wat meegemaakt in mijn carrière, maar jij spant de kroon. Gefeliciteerd! Als ik dat allemaal moet lezen kan ik wel een week vrij nemen, dus dat doe ik niet. Ik heb er niets van gelezen. Ik weet alleen dat je regelmatig in aanraking bent geweest met de politie en dat je thuis veel ruzie hebt. Verder ben ik eigenlijk vooral benieuwd naar jouw verhaal.

C: Ik heb niets te vertellen.

T: Oh, waarom niet?
C: Ik zit hier niet vrijwillig.
T: Nee, dat was een idee van je voogd geloof ik, hè? Kun je het daar een beetje mee vinden?
C: Nee!
T: Hoezo niet?
C: Daarom niet!
T: Omdat het een volwassene is die een mening over je heeft en van wie je van alles moet zeker?
C: Ja, zo ongeveer.
T: (lachend) En nou heb je weer zo'n muts tegenover je, die waarschijnlijk niet te vertrouwen is en die van alles van je wil weten.
C: (lachend) Precies ja.
T: Maar ja, je bent er nu eenmaal, wat ik trouwens echt heel goed van je vind, want volgens mij heb ik niet gezien dat je hier bent binnengesleept en ben je hier dus vrijwillig naar binnen gestapt. Of hebben ze je op een andere manier gedwongen?
C: Nee, ik laat me niet dwingen.
T: Zo zie je er ook niet uit. Wil je hier gewoon thee komen drinken tot de tijd om is of zullen we toch proberen een begin te maken met kijken wat er allemaal aan de hand is?
C: Maakt mij niet uit.
T: Oké, dan zou ik eens aan je willen vragen wat er thuis gebeurt, waardoor er zo veel ruzie is. Met wie woon je thuis?
C: Met mijn moeder en zus.
T: Met wie heb je het meeste ruzie?
C: Met mijn zus, takkewijf.
T: Wat doet je zus of wat zegt ze waardoor jij kwaad wordt?
C: (haalt schouders op) Dat doet er niet toe.
T: Bij ruzie zijn er altijd twee of meer partijen. Jij bent duidelijk niet het lieverdje van het gezin, maar je zus zal ook haar aandeel hebben. Wat gebeurt er nou?

Schouders ophalen en onverschilligheid zijn geen redenen voor de therapeute om af te haken. De therapeute verwacht niet dat deze cliënt staat te popelen om aan de slag te gaan en zet laag in. De houding die zij kiest is: 'jij bent oké, ondanks het dikke dossier'. Erkenning geven voor het feit dat hij ook in een lastige situatie zit en niet de enige is die de problemen heeft veroorzaakt (wat ook vrijwel altijd echt zo is!) kan een opening geven voor samenwerking. Dergelijke jongeren zijn het niet gewend dat hun gedrag of gedachten positief gelabeld worden of dat ze complimenten krijgen. Sommigen zijn hierdoor verrast en worden opener, anderen worden juist wantrouwend. Rechtstreeks vragen wat iemand van jou of van je intenties denkt, kan een gesprek spannend en confronterend maken, maar daardoor ook leiden tot motivatie en contact.

4.6 Introductie van het ABC-schema

Er wordt doorgaans al snel uitleg gegeven over het gebruik van het ABC-schema of over de belangrijkste aannames die daaraan ten grondslag liggen, zoals de samenhang tussen denken, doen en voelen.
Kinderen blijken al relatief jong (ongeveer vanaf 10 jaar) in staat om het schema te snappen en ermee te werken. Zowel oudere als jongere kinderen ervaren het werken met het schema over het algemeen als plezierig, omdat het overzicht schept en hun problemen in hanteerbare stukken indeelt. Kinderen en ouders zijn tegenwoordig mondiger, en als men de cliënt een gelijkwaardig aandeel in het therapeutisch proces wil geven, helpt inzicht in de manier van werken daarbij.
In een enkel geval wordt uitleg van het ABC-schema uitgesteld. Bijvoorbeeld als een kind zo afwachtend is, dat een actief-directieve houding van de therapeut een goed contact in de weg kan staan. Een andere reden om het ABC-schema niet onmiddellijk te introduceren is wanneer het kind denkt alles meteen te moeten kunnen en daardoor angstig wordt en geblokkeerd raakt. Het heeft dan de voorkeur om later in de therapie het schema uit te leggen. Wanneer het kind bijvoorbeeld succeservaringen met gedragsoefeningen heeft opgedaan, zal het mogelijk meer ontspannen zijn bij de uitleg van het model, omdat het dan geherinterpreteerd wordt tot 'een huiswerkopdracht, die me gaat helpen en waar ik al meer succeservaringen mee heb opgedaan'.

Na een korte kennismaking met Margreet (10 jaar) weet de therapeute dat zij overvallen kan worden door sombere gedachten en gevoelens. Bij de kennismaking heeft Margreet verteld dat zij gek is op paarden. Dit gebruikt de therapeute om het ABC-model aan haar uit te leggen:

T: Stel je voor dat je gevoel een paard is. Wat er in je hoofd omgaat, dat zijn de teugels van het paard. Als jij leuke gedachten hebt of denkt 'ik kan het', dan danst het paard in de bak of galoppeert het lekker. Maar als jij vervelende dingen denkt zoals 'het heeft allemaal toch geen zin', wordt het paard bang of kan het zelfs op hol slaan. Wat wij gaan uitzoeken is door welke dingen (A) jouw teugels in de knoop raken (B) en wat er moet gaan veranderen (D) zodat jij de leidsels kunt besturen om je paard (C) die richting te geven, die jij wilt (E). Snap je wat ik bedoel?

4.7 Diagnostische middelen

Er zijn belangrijke hulpmiddelen die dienst kunnen doen bij de diagnostiek. Uiteraard zijn alle reguliere gedragsvragenlijsten zoals de CBCL (*Child Behavior Check List*) inzetbaar. Ook wezen we er in paragraaf 1.5.2 al op dat het belangrijk is om vanuit diverse invalshoeken het ontwikkelingsniveau van het kind in te schatten. In deze paragraaf besteden we aandacht aan de diagnostische hulpmiddelen die vanuit een specifiek cognitief-gedragstherapeutisch denkkader ingezet kunnen worden.
In de eerste plaats wordt voor de diagnostiek het hierboven genoemde ABC-model gebruikt. De therapeut deelt het probleem op in situatie, gevoel, gedrag en gedachten. In de hoofdstukken 5, 6 en 7 wordt beschreven hoe deze verschillende entiteiten onderzocht kunnen worden. In deze paragraaf noemen we een aantal dimensies die tegelijkertijd met het invullen van het ABC-model gescreend worden.

4.7.1 *De aard van de klacht*

Een belangrijke vraag die in de beginfase onderzocht wordt, is of het probleem wel psychotherapeutische hulp vereist. In paragraaf 1.3 maakten we reeds onderscheid tussen praktische en emotionele problemen. We staan er hier iets uitgebreider bij stil.

In principe is psychotherapie bedoeld voor de aanpak van emotionele en gedragsproblemen. We kunnen er echter niet op voorhand van uitgaan dat de aanmeldingen die we binnen krijgen ook in die categorie vallen. Als de therapeut duidelijk voor ogen heeft welk deel het praktische en welk deel het emotionele deel van het probleem is, kan hij dat ook aan de cliënt duidelijk maken. Er is soms wel een samenhang tussen het praktische en het emotionele en het helpt als de cliënt die samenhang ook kan zien. Vooral voor ouders kan het erg verhelderend zijn om dit onderscheid te maken als hun uitgelegd wordt welke stappen er in het therapieproces genomen gaan worden. Pedagogische interventies bevinden zich vaak op het grensvlak van het praktische en het emotionele. Daarom kan dit onderscheid vooral ook bij opvoedkundige kwesties van dienst zijn.

Magda is een academisch geschoolde vrouw, afkomstig uit een Oost-Europees land. Ze spreekt perfect Nederlands. Haar man komt uit een Zuid-Europees land en is eveneens academisch opgeleid. André, hun zoontje van vijf, geeft thuis problemen en het zou gemakkelijk zijn om aan te nemen dat hij klem zit tussen drie culturen: de gedisciplineerdheid van zijn moeder, de 'laissez faire'-attitude van zijn vader en de intrede in een voor beide ouders niet-natuurlijke Nederlandse cultuur. We gaan daar echter niet zonder meer van uit. De vader wil niet meewerken aan de diagnostiek en het daaruit voortvloeiende behandelingsadvies.

In dit geval krijgt André een uitgebreid individueel psychodiagnostisch onderzoek om te achterhalen of en in hoeverre er sprake is van emotionele en gedragsproblemen. Uit het onderzoek komt naar voren dat er bij het jongetje veel boosheid is ten opzichte van zijn moeder en dat hij zich sterk identificeert met zijn vader. Verder zijn er wel kanttekeningen te zetten bij zijn gedrag (enige mate van onaangepastheid), maar niet van dien aard dat voor het kind therapie aan te bevelen is.

De intaker van het gezin (niet de diagnosticus van het kind) besluit om samen met de moeder te onderzoeken hoe de boosheid van André in elkaar steekt. Onderzocht worden de volgende zaken:

1 Op wat voor manier vormt de boosheid van het kind voor moeder een praktisch probleem?

2 Vormt de boosheid van André voor de moeder een emotioneel probleem?

3 Op wat voor manier vormt Andrés boosheid een praktisch probleem voor hemzelf?

4 Vormt Andrés boosheid een emotioneel probleem voor hemzelf?

Ad 1

Er worden voorbeelden verzameld waaruit blijkt dat André boos wordt wanneer hij zijn tanden moet poetsen, of wanneer hij mee moet naar een feestje en niet mee wil. Dit stelt de moeder voor een praktisch probleem en een pedagogisch probleem. Immers, hoe laat je een kind zijn tanden poetsen wanneer het dat niet wil en hoe behoudt of win je gezag wanneer je als ouder je wil oplegt aan een kind? Bij deze moeder is er een aantal van dergelijke, uitsluitend praktische problemen. Vooral wanneer ze het verzet van haar zoon kan begrijpen, is zij in staat om het probleem op praktisch niveau te houden.

Ad 2

De voorbeelden die bij 1 genoemd werden kunnen uitsluitend een praktisch probleem vormen, waarvoor een praktisch-pedagogisch advies (bijv. de bekende zonnetjes, stickertjes en beloningen bij 'goed' gedrag) voldoende is. Er zijn echter ook voldoende situaties waarin de moeder niet in staat blijkt haar eigen emoties te beteugelen over het verzet of de boosheid van haar zoon, bijvoorbeeld wanneer André zijn boosheid erover uit dat grootvader van moederszijde zo lang bij hen logeert en opa weg wil sturen. Moeder wordt dan ineffectief boos omdat André zich zo uit, wat Andrés verzet verder aanwakkert. Dit kan een aanleiding zijn om moeder zelf therapie (RET) aan te bieden voor haar disfunctionele emoties.

Ad 3

Andrés boosheid lijkt voor hemzelf nog geen praktisch probleem te vormen. Bestraffende maatregelen die moeder hem oplegt zoals geen computerspelletjes de volgende dag wanneer hij gescholden heeft tegen zijn moeder of derden, maakt vader ongedaan tijdens moeders afwezigheid. Boosheid ten opzichte van derden heeft er nog niet toe geleid dat hij bij vriendjes niet meer welkom is.
Het lijkt er eerder op dat André profijt heeft van zijn boosheid. Een aantal lastige zaken blijft hem bespaard en hij krijgt vaker zijn zin dan opvoedkundig gezien juist is. Ook weet hij met zijn boosheid zijn vader sterk aan zich te binden. Gezien het feit dat vader niet bij de behandeling betrokken wil worden, leert moeder bijvoorbeeld om de boosheid van André soms te negeren en alternatief gedrag meer positief te bekrachtigen.

Ad 4

Bij jongere kinderen is dit een lastig te beantwoorden vraag. Op basis van het individuele psychodiagnostische onderzoek zou men strikt gezien 'nee' kunnen antwoorden. Bij combinatie van het onderzoek met de voorbeelden die via de moeder verzameld werden, leek het aannemelijk te veronderstellen dat er dagen waren waarop André zo vaak boos was dat het voor hemzelf niet prettig was. Daarnaast was er mogelijk een risico voor sociaal-emotionele problematiek op de langere termijn. Dit zou een aanleiding kunnen zijn om André na verloop van tijd nog eens te zien en eventuele veranderingen bij het kind te registreren.

Een dergelijke ontrafeling van het probleem geeft de moeder houvast en de therapeut informatie over wat er op korte en op lange termijn moet gebeuren. Er kunnen snel handvatten worden geboden voor de praktische zaken. Tegelijkertijd besteedt de therapeut terecht aandacht aan de emotionele kant van de zaak door daar alvast op te focussen en verbanden te leggen tussen het gedrag en de gevolgen van het gedrag van de verschillende gezinsleden.

We laten nog enkele voorbeelden zien van hoe er bij een kind navraag gedaan kan worden naar het onderscheid tussen emotionele en praktische problemen.

Bij een meisje van 6 jaar:

C: Toen kwam ik voor de klas en toen wist ik niet meer wat ik wilde zeggen.
T: En wat vind je ervan dat je niet meer wist wat je wilde zeggen?
C: Nou, rottig wel.
T: Wat was er precies zo rottig aan?
C: Ik werd helemaal rood en de juffrouw zag het ook dat ik het niet meer wist, en de kinderen waren allemaal stil ...
T: En was dat rottig dat je juffrouw het ook zag?
C: Nee, dat was wel fijn, want ze zei 'het geeft niet als je het niet meer weet'.
T: Dus dat gaf echt niet?
C: Nee.
T: Je kon er niet een punt voor krijgen of zo. *(Er is geen praktisch probleem)*
C: Nee hoor, het was zomaar.
T: En wat gaf dan wel?
C: Dat je daar staat en rood bent en dan krijg je zo'n raar gevoel in je buik. *(emotioneel probleem)*

Bij een jongen van 17 jaar:

T: Hoe zit dat nou Hennie, met dat eetpatroon van jou?
C: Ik heb gewoon een zwakke maag. Mijn moeder heeft dat ook. Ik eet altijd kleine beetjes en over de dag verspreid.
T: Is dat een bepaalde ziekte of ...?
C: Nee, dat niet, dat hebben we gewoon. Er zijn ook heel veel dingen die ik niet lust en zo, en weer andere dingen dan mijn moeder. Dus we zorgen meestal ieder voor ons eigen eten.
T: Dat lijkt me vooral een praktisch probleem.
C: (bevestigt dit.)
T: Maar, waar ik nu met je naar wil kijken is of er aan dat eetpatroon ook emotionele kanten zitten. Ik wil twee dingen onderzoeken. Het ene is: zijn er situaties waarvoor je gespannen bent, raken je maag of darmen dan extra van slag? Het andere is: zijn er situaties waarin je je schaamt over je eetpatroon waardoor je bijvoorbeeld niet buiten de deur durft te eten of het vermijdt om een vriend mee naar huis te nemen?

4.7.2 *Manipulatief of non-manipulatief*

Een tweede goed bruikbaar screeningsmiddel bij de diagnostiek is de inschatting van het gedrag van het kind als manipulatief of non-manipulatief of een combinatie van beide (Hauck, 1983). Hauck beschrijft manipulatief gedrag als gedrag dat bedoeld is om te imponeren, om controle uit te oefenen, of om een ander te beïnvloeden om iets gedaan te krijgen; het gedrag lijkt doelgericht. Het gedrag kan, maar hoeft niet per se in eerste instantie sterk intentioneel zijn geweest. Het gedrag kan na verloop van tijd dit karakter krijgen wanneer het kind merkt dat er bekrachtiging volgt. Non-manipulatief gedrag daarentegen is gedrag dat uitsluitend voortkomt uit de eigen irrationele ideeën van het kind en daardoor vooral in zijn eigen nadeel werkt. Het gedrag is niet bedoeld om iets bij een ander voor elkaar te krijgen.

We zetten enkele voorbeelden van manipulatief en non-manipulatief gedrag naast elkaar.

- Non-manipulatief: het kind dat op school geblokkeerd raakt door faalangst en daardoor lagere cijfers haalt dan nodig is. Manipulatief: het kind met faalangst dat ziekteverschijnselen ontwikkelt en daarmee school probeert te vermijden.
- Non-manipulatief: een kind met dyslexie, dat zich daarvoor schaamt, maar thuis goed in staat is om zijn ouders te vragen om hulp bij leeswerk. Manipulatief: dyslectisch kind laat de ouders meer voor hem doen dan op basis van de klacht verwacht mag worden en informeert de ouder niet tijdig over naderende proefwerken.
- Non-manipulatief: een kind heeft depressieve klachten ontwikkeld na een scheiding. Manipulatief: een depressief kind van gescheiden ouders wil na het weekeinde niet weg bij de vader.
- Non-manipulatief: een kind is bang om 's avonds alleen boven te zijn. Manipulatief: door zijn angst maakt hij elke avond zulke drama's dat de ouders hem uiteindelijk toestaan op te blijven.
- Non-manipulatief: een kind met ADHD wordt snel en heftig boos. Manipulatief: het kind dreigt met boos worden om zijn zin te krijgen, waardoor de ouders in veel situaties op voorhand capituleren.

Het onderscheid tussen *manipulatief* en *non-manipulatief* is nodig om een juiste ingang te kiezen voor interventies en om te beslissen wie er op welke wijze bij de therapie betrokken moet worden. Non-manipulatief gedrag vraagt in principe niet direct om betrokkenheid van de ouders. Het kind heeft een intrinsiek probleem, dat mogelijk onbedoeld in de interactie met anderen doorwerkt. De rol van de ouders bij de individuele therapie van het kind kan bescheiden zijn. Hauck adviseert echter de ouders de rol van co-therapeut te geven en hen daarmee een grotere rol te laten spelen. Voor beide opties is wat te zeggen.
Bij manipulatief gedrag van het kind kan men in de behandeling niet zonder de ouders, omdat het gedrag van het kind in de eerste plaats in stand blijft door de reactie van de ouders. De ouders moeten leren zich niet te laten manipuleren, zowel in hun eigen belang als in het belang van het kind. Ouders gaan zich doorgaans incompetent voelen wanneer ze ervaren dat ze de macht over hun kind en over de opvoedingssituatie verliezen. Kinderen leren geen verantwoordelijkheid nemen voor hun eigen emotieregulering wanneer de ouders het disfunctionele gedrag blijven bekrachtigen. Uiteraard is er bij manipulatief gedrag ook sprake van irrationaliteit bij het kind zelf.

4.7.3 *Internaliseren of externaliseren*

In de RET- en CGT-literatuur wordt gesproken over twee basis-persoonlijkheidspatronen met ieder eigen karakteristieken: de 'internalisers' of zelfondermijners en de 'externalisers' of grootheidsfantasten (Bernard & Joyce, 1984; Flannery-Schroeder, Henin & Kendall, 1996). De onderliggende denkpatronen van de internalisers en externalisers vertonen vaak overeenkomsten, maar hun gedragspatronen zijn verschillend en de aanpak van beide problemen is daardoor in de behandeling ook verschillend.

Internaliserende kinderen richten zich naar binnen en schrijven alles wat misgaat in hun leven toe aan zichzelf. Wat goed gaat is geluk of toeval (verkeerde attributies). Zij voelen zich minderwaardig en zijn bestraffend voor zichzelf. Zij voelen zich meestal letterlijk waarde-loos en zijn vaak angstig, wat zich uit in verlegen en geremd gedrag met een risico op sociale isolatie.

Kern-irrationele gedachten van internalisers:

1 Ik moet geliefd en bevestigd worden om mezelf de moeite waard te vinden.
2 Ik moet erg mijn best doen en zorgen dat mensen niks op me kunnen aanmerken.
3 Ik ben niet oké en ik zal nooit wat worden.

Bernard en Joyce beschrijven de vicieuze cirkel die karakteristiek is voor het emotionele en gedragspatroon waar veel internaliserende kinderen in terechtkomen. Ze worden angstig door de gedachte aan mogelijke negatieve consequenties van sociale of prestatie-mislukkingen. Om angst te vermijden trekken zij zich terug uit allerlei competitieachtige bezigheden, worden onverschillig en zonderen zich af. Door hun inactiviteit ontwikkelen ze niet de vaardigheden die nodig zijn om hun gewenste resultaten te bereiken. Hun vaardighedentekort verhoogt hun angstgevoel, wat hun vermijdingsgedrag weer versterkt. Een oorspronkelijk laag zelfbeeld wordt weggerationaliseerd met 'arrogante gedachten' om dit systeem maar niet te hoeven doorbreken. Bijvoorbeeld: 'ik ben goed genoeg zoals ik ben, ik hoef mezelf helemaal niet te bewijzen'; 'als ze me zo niet willen, dan maar niet'.

Externaliserende kinderen richten zich als zij gefrustreerd worden naar buiten en schrijven alles wat er misgaat toe aan anderen. Zij gedragen zich vaak bazig, agressief, vijandig of luidruchtig ten opzichte van anderen en zijn eisend tegenover hun omgeving. Anderen moeten doen wat zij willen, want anders kunnen zij er niet tegen. Zij hebben vaak een lage frustratietolerantie en eisen dat dingen gebeuren zoals zij het willen, wat hun de naam grootheidsfantast oplevert. Het meerderwaardige gedrag is manifest aanwezig. Latent kan een minderwaardig zelfbeeld aanwezig zijn.

Kern-irrationele gedachten van externalisers:

1 Anderen moeten doen wat ik wil.
2 Ik moet niet te veel moeite hoeven doen om te krijgen wat ik hebben wil.
3 Ik mag niet benadeeld worden.
4 Ik ben fantastisch.

Ook bij externalisers is er sprake van een zichzelf versterkend patroon: op jonge leeftijd zijn zij vaak al baziger en luidruchtiger dan andere kinderen. Anderen gaan zich daardoor naar hen voegen, waardoor zij hun zin krijgen en gaan aannemen dat hun visie op zichzelf en anderen klopt. Hierdoor blijven zij erg op zichzelf gericht, en is er minder noodzaak zich te leren verplaatsen in anderen. Zij zijn gericht op onmiddellijke behoeftebevrediging en kunnen slecht wachten of uitstellen. Hierdoor denken zij minder na over alternatieven of over gevolgen op langere termijn en raken zij snel gefrustreerd als zij hun zin niet (direct) krijgen. Zij zijn niet vaardig in luisteren, onderhandelen en conflicten oplossen. Op wat langere termijn krijgen zij vaak ook negatieve reacties op hun gedrag, zoals een sociaal isolement, straf of andere negatieve aandacht. Dit kan leiden tot negatieve emoties en een negatief zelfbeeld, die overschreeuwd worden door boos of agressief gedrag. Dit leidt dan tot een algehele overprikkeldheid, waardoor zij sneller in een situatie komen waar zij met agressie op reageren.

4.7.4 *Het belang van de DSM-classificatie*

Doordat veel disciplines hun eigen taal hebben ontwikkeld om problemen te definiëren is het goed dat er een gezamenlijke classificering is ontwikkeld waarmee iedereen weet wat bedoeld wordt. Algemene kritiek op de DSM-IV-classificatie (*Diagnostic and statistical manual of mental disorders*, vierde editie, American Psychiatric Association, 1994) van kinderen is dat deze grotendeels gebaseerd is op de stoornissen van volwassenen en daardoor te weinig specifiek voor kinderen (De Haan, 2000). Wel wordt steeds meer (vergelijk de derde, herziene editie, DSM-IIIR, en DSM-IV maar eens) verwezen naar observeerbare gedrags- en/of verifieerbare denkpatronen.
RET-therapeuten denken niet in eerste instantie in DSM-IV-classificaties. Zij hebben een eigen functionele wijze van diagnostiek bedrijven, zoals in dit boek uiteen wordt gezet. Door de manier waarop er in de RET diagnostiek wordt bedreven, komt er een duidelijk beeld van gedachte-, gedrags- en emotionele patronen naar voren, waarmee een diagnose aan de hand van de DSM-IV-classificatie doorgaans goed te stellen is. Bernard en Joyce (1984) ontraden het om persoonlijkheidstrekken of persoonlijkheidsstoornissen te diagnosticeren op basis van emotionele en gedragsproblemen. Juist bij kinderen kunnen situatiegebonden aspecten zeer bepalend zijn; kinderen kunnen zich in verschillende situaties heel anders gedragen.

Het is niet altijd noodzakelijk om volgens de DSM(-IV) te kijken naar kinderen. Wanneer de waarneming van een kind zo verstoord lijkt dat het verhaal van het kind niet meer te volgen is, of als de inhoud van een verhaal of houding van een kind iets bizars of vervreemdends heeft (oninvoelbaar voor de therapeut), is een DSM-bril wel weer van belang. Ook zeer opmerkelijke feiten die ouders of leerkrachten aandragen, kunnen in samenhang met de eigen waarneming van de therapeut aanleiding vormen tot classificatie. Dit is bijvoorbeeld aan de orde bij kinderen met een aan autisme verwante stoornis, schizofrenie of dissociatieve klachten (voorbeeld Annemarie). In andere situaties kan het beoordelen in DSM-termen contraproductief werken (voorbeeld Bas). In weer andere gevallen zou het zonde zijn om tijd te verdoen met uitgebreid diagnosticeren om tot een classificatie te komen of een classificatie uit te sluiten (voorbeeld Michiel).

Annemarie (16 jaar) is aangemeld met allerlei klachten zoals impulsiviteit, niets af kunnen maken, plotselinge emotionele uitbarstingen en heftige, escalerende ruzies met moeder. In de schriftelijke aanmelding wordt aangegeven dat de vader van Annemarie drie jaar geleden na een heel kort ziekbed is overleden aan kanker. De huisarts vermoedt dat dit de aanleiding is voor alle problemen.
Tijdens de twee intakegesprekken valt op dat Annemarie volstrekt niet in staat is enige aanleidingen voor haar impulsiviteit en emotionele uitbarstingen aan te wijzen. Zij maakt een chaotische indruk en hoort de vraag van de therapeute soms niet. Zij is erg extreem in de manier waarop zij tegen zichzelf aankijkt. Enerzijds vindt ze zichzelf een 'cool' type, waarmee alles prima gaat, en heeft zij geen hulpvraag. Anderzijds geeft zij aan zichzelf te haten en zegt ze bang te zijn dat moeder haar zat zal worden vanwege alle ruzies. Zij vertelt dat moeder ook zo eng kan kijken. Zij is erg afwerend als geprobeerd wordt samen met haar haar gedachten meer in kaart te brengen. Gevoelens kan zij nauwelijks benoemen.
Besloten wordt ook haar moeder uit te nodigen voor een uitgebreide anamnese, om meer zicht te krijgen op de problematiek. Uit moeders verhaal blijkt dat ze haar dochter vaak niet begrijpt en geen idee heeft wat de aanleidingen zijn voor de plotselinge stemmingsomslag van haar dochter. De moeder maakt zich grote zorgen omdat het meisje erg geïsoleerd is en steeds meer softdrugs gebruikt. Zij beschrijft dat Annemarie soms angstig in een hoekje kruipt en het niet kan verdragen dat haar moeder dan bij haar komt zitten.

De intakefase wordt verlengd om de diagnostiek rond te krijgen. De therapeute vermoedt een beginnende schizofrenie bij het meisje. Door heel specifiek te vragen naar haar angsten, de reden van haar softdrugsgebruik (zelfmedicatie?), na te gaan of er sprake is van visuele of auditieve hallucinaties, of ze soms haar besef van tijd verliest enzovoort, wordt het vermoeden bevestigd.

Bas wordt als jongetje van 5 jaar aangemeld omdat zijn vader seksuele spelletjes met hem heeft gedaan. De vader ontkent dat hij dat gedaan heeft. De moeder gelooft Bas, denkt dat het wel gebeurd is en acht haar man er ook toe in staat. Zij wil echter niet van hem scheiden, want ze weet niet hoe zij zonder hem kan leven. Met Bas worden geen individuele gesprekken of speltherapie gedaan. De ouders krijgen oudergesprekken aangeboden, maar blijven na drie gesprekken weg. Na een aantal jaren wordt Bas weer aangemeld. Hij heeft een breed scala aan gedragsproblemen ontwikkeld. Bas wordt psychologisch getest en de onderzoeker concludeert dat Bas een aan autisme verwante stoornis heeft. De ouders zijn voor het eerst gemotiveerd voor hulpverlening en doen enthousiast mee aan de oudergroep. Over het seksueel misbruik heeft niemand het meer. Bas krijgt medicatie voor zijn woede-uitbarstingen. Deze hulp was weer voor enkele jaren afdoende voor de ouders en Bas.
Bas is inmiddels 13 jaar en heeft nog steeds ernstige gedragsproblemen. Inmiddels zijn zijn ouders ervan overtuigd dat Bas ook ADHD heeft. Bas krijgt Ritalin en de dosis medicatie voor zijn woedeproblematiek wordt verhoogd. In acht jaar tijd heeft er geen individueel gesprek plaatsgevonden met Bas. De diagnoses spreken immers zó voor zich!

Het stellen van een diagnose ontneemt in deze situatie de ouders schuld voor het seksuele misbruik. Door de diagnostische labels wordt het gezinssysteem niet bedreigd, maar raakt Bas wel steeds meer geïsoleerd. Vanaf het moment dat Bas wel een individuele therapeut krijgt, in wie hij langzaam vertrouwen krijgt en die samen met hem de huidige problemen in de context weet te plaatsen en een gezinstherapie start waarin het seksueel misbruik alsnog aan de orde wordt gesteld, nemen de gedragsproblemen van Bas geleidelijk af.

Michiel (18 jaar) is erg angstig. Hij komt al drie jaar nauwelijks meer buiten, heeft via de LOI zijn HAVO-diploma gehaald, heeft geen enkel sociaal contact met leeftijdgenoten en woont als enig kind bij zijn ouders. Zelf noemt hij als hoofdprobleem zijn schaamte over zijn grote, vooruitstekende tanden. Hij heeft het gevoel dat iedereen hem uitlacht om zijn tanden en hij denkt dat hij nooit een vriendin zal krijgen en nooit een gewoon leven zal kunnen leiden. Dit alles hangt onder andere samen met het feit dat hij op 12-jarige leeftijd is weggelopen bij de tandarts, nadat die hem kleinerend had toegesproken omdat hij zo bang was geweest. Michiel vindt zichzelf door dit incident (het weglopen) een slappe zak.
Meteen in het eerste gesprek blijkt het mogelijk om Michiel te motiveren naar een tandarts te gaan speciaal voor angstige mensen en te gaan onderzoeken wat de mogelijkheden zijn om alsnog een tandartsbehandeling te ondergaan. Daarnaast krijgt hij de observatieopdracht mee om op de televisie en tijdens het boodschappen doen (wat hij gelukkig nog wel kan) te kijken of hij mensen ziet met bochels, acne, bizarre haargroei of andere gebreken en hoe ze zich gedragen in het sociale verkeer. Het volgende gesprek blijkt hij een afspraak gemaakt te hebben bij de tandarts. Daarnaast moet hij schoorvoetend toegeven dat hij wel de nodige mensen heeft ontdekt met afwijkingen, die toch gewoon gezellig zaten te kletsen of plezier leken te hebben.
In twee gesprekken wordt er zoveel winst geboekt dat zowel bij de therapeute als bij Michiel de verwachting bestaat dat er een goed plan van aanpak gemaakt kan worden, waardoor Michiel zeer waarschijnlijk weer de maatschappij in kan.

In het geval van Michiel zou het zonde zijn geweest veel tijd te investeren in een uitgebreid onderzoek om te kunnen bepalen of het hier nu gaat om een sociale fobie, een zich ontwikkelende persoonlijkheidsstoornis met vermijdende en schizotypische trekken, ernstige gezinspathologie of een specifieke angststoornis. Door aan het werk te gaan wordt tijdens het beloop duidelijk wat er precies aan de hand is en wat de mogelijkheden zijn.

4.7.5 *Wie heeft de klacht?*

Een eerste globale probleemidentificatie is noodzakelijk om te onderzoeken of er wel echt sprake is van een probleem en van wie dat probleem is. Bij adolescenten komt het bijvoorbeeld nogal eens voor dat niet zij een probleem hebben, maar hun ouders.

T: Wat is je probleem op dit moment?
C: Nou, ik ben erg vaak boos.
T: Boos? Op wie en waarom?
C: Nou, vooral op mijn moeder. Ze zit echt boven op mijn lip en zeurt de hele dag aan mijn hoofd dat ik dit niet moet vergeten en dat niet. Ze gelooft gewoon niet dat ik echt zelf wel kan nadenken. Ik laat steeds zien dat ik zelf mijn zaakjes wel kan regelen, maar zij lijkt het niet te willen zien.

T: Het klinkt alsof je moeder het moeilijk heeft om te accepteren dat jij ouder wordt en haar minder nodig hebt. Zou dat kunnen?

C: Ja, dat is het precies! Ik weet gewoon niet meer hoe ik haar dat moet wijs maken. En dat maakt me zo boos. Ik weet wel dat ik dan ook onredelijk word, maar ja.

T: Dus eigenlijk bevestig jij je moeder in haar idee dat je nog niet volwassen bent door een wat kinderlijk boze reactie?

C: Ja, eigenlijk wel, maar ze is ook zo irritant!

T: Zou je dit willen veranderen om haar juist te tonen dat je wel verder bent dan zij denkt?

C: Ja, ik moet me er gewoon niet zo kwaad over maken. Daar heb je wel gelijk in. Weet je, eigenlijk zou mijn moeder hier moeten zitten. Die heeft het volgens mij veel meer nodig dan ik.

T: Daar zou je gelijk in kunnen hebben.
Heb jij mijn hulp nodig om de zaken anders aan te kunnen pakken?

C: Nee, ik weet wat ik moet doen.

De uitkomst van deze dialoog is dat de moeder betrokken gaat worden, maar de adolescent wordt tegelijkertijd aangesproken op haar aandeel in het instandhouden van het negatieve contact met de moeder. In deze dialoog geeft de therapeute de cliënte tevens het vertrouwen dat zij haar eigen boontjes kan doppen. De combinatie van 'eigen aandeel en vertouwen' maakt het waarschijnlijk mogelijk dat de therapeute het meisje in een later stadium weer bij de therapie kan betrekken, wanneer de gesprekken met de moeder daar aanleiding toe geven.
Het kan ook zo zijn dat een puber onterecht aangeeft dat niet hij maar de ouder een probleem heeft. Soms hebben beiden een probleem, dat ze elkaar willen toebedelen, zoals in dit voorbeeld met een jongen van 13:

C: Ik heb geen probleem, maar mijn moeder. Zij moet therapie hebben, dat heeft de vorige therapeute ook gezegd, en toen kon ik na drie keer weer gaan.

T: Ik weet nu nog zo weinig; ik wil eerst eens wat meer weten. Je moeder zegt een brief te hebben gekregen van school dat je niet erg gemotiveerd bent; daarnaast vindt ze dat je je thuis niet sociaal opstelt en je niet aan afspraken houdt; en ze vindt dat je te veel zeurt over zakgeld.

C: Dat van dat zakgeld is nogal wiedes. Ik ga nou eenmaal graag uit en dat is verschrikkelijk duur en de anderen krijgen veel meer.

T: Waar ik eigenlijk iets meer over wil weten is wat je moeder dan niet goed vindt aan je opstelling thuis.

C: Dat moet je haar vragen.

T: Dat zal ik ook nog verder vragen, maar ik vraag het nu aan jou. Wat zegt ze tegen jou dat ze niet goed vindt?

C: Dat weet ik niet.

T: Zeurt jouw moeder niet tegen jou over je gedrag? Als zij niet tegen jou zegt wat ze niet goed vindt aan je gedrag, zou dat inderdaad iets kunnen zijn wat zij moet leren, zodat het voor jou duidelijk wordt waarom je hier bent en wat ze dan precies van je wil. We kunnen haar ook vragen om hier de volgende keer voor jou en mij eens goed duidelijk te maken wat precies haar wensen en klachten zijn, als jou dat toch niet duidelijk is. Wat wil ze van je?

C: Dat weet ik niet; ik kan niet voor haar denken.

T: Dat geloof ik niet. Zo te zien ben jij iemand die uitstekend kan observeren en die zich best een voorstelling kan maken van wat er in anderen omgaat.

C: Ze zegt bijvoorbeeld dat ik ... (en wordt dan toch concreet).

De therapeut kiest niet per definitie de kant van het kind of de kant van de ouders. Het uitgangspunt is dat er verschillende oorzaak-gevolgrelaties kunnen bestaan. Het nauwkeurig uitvragen bij het kind en de ouders van de verschillende stappen in de interactie en gedragingen van de afzonderlijke gezinsleden zal uiteindelijk de aanleidingen en instandhoudende factoren van het probleem zichtbaar maken. Op basis van deze informatie kan de therapeut keuzes maken wie er in elk stadium wel of niet betrokken zal zijn bij de behandeling.

4.8 Valkuilen

4.8.1 Op zoek naar verklaringen

De opvatting van de therapeut over wat er gedaan moet worden om 'goede diagnostiek' te plegen, kan in de weg zitten bij een RET-start. Immers, in de RET begint de therapeut direct met het uitpluizen van één voorbeeldsituatie; er wordt van uitgegaan dat dit een blauwdruk geeft van hoe het probleem in elkaar zit. De Haan (2000) geeft een kritische beschouwing van enkele aannames die gangbaar zijn ten aanzien van 'goede diagnostiek'.

> In het diagnostisch onderzoek wordt vrijwel altijd gezocht naar verklaringen voor de gepresenteerde psychopathologie. De vaststelling dat een kind hevige angsten heeft, volstaat niet. Er moet ook een verklaring komen over de oorzaak. Een diagnose volgens de DSM-IV wordt een classificatie genoemd, omdat zo'n 'DSM-diagnose' niets zegt over de oorzaak van de klachten en evenmin iets over de prognose. Deze classificatie dient daarom gevolgd te worden door een beschrijvende diagnose [...] waarin de etiologie en de prognose zijn opgenomen. Hiermee is dan aan de eisen van goed diagnosticeren voldaan. Toch is bekend dat over de oorzaken van psychopathologie bitter weinig vaststaat. Ook al worden problematische gezinsrelaties geconstateerd, problemen in de vroege ontwikkeling of akelige gebeurtenissen in de voorgeschiedenis, niemand weet of deze de verklaring voor de huidige problematiek kunnen zijn. De enige, vrij constante, uitkomst van onderzoek naar etiologie van ernstige klachten is dat erfelijke factoren een rol spelen. Door diagnostici wordt aan dit gegeven veelal voorbijgegaan en er wordt hard naar andere verklaringen gezocht. Hierbij wordt ten onrechte aan correlaties een causale betekenis gehecht...

In de RET wordt gewerkt met het gepresenteerde probleem in het hier-en-nu. In een groot aantal gevallen is het niet nodig om precies te weten wat de ontstaansgeschiedenis is van het probleem. Een nadeel van het zoeken naar oorzaken en verklaringen is dat er niet begonnen wordt met het vestigen van een werkrelatie met de cliënt in een actievere rol. In het 'medisch model diagnosticeren' wordt bij de cliënt gedrag bekrachtigd dat bij de patiënt-rol past. De probleemoplossende capaciteiten van de cliënt (of van het cliëntsysteem) worden bij deze aanpak nog niet of nauwelijks aangesproken.

4.8.2 *Meegaan met de irrationaliteit van het cliëntsysteem*

Een andere valkuil bij de start van een therapie is meegaan met de irrationele opvattingen van de cliënt of het cliëntsysteem. Dit kan op verschillende manieren gebeuren, bijvoorbeeld wanneer de therapeut te veel met een van beide partijen sympathiseert. Maakt een puber veel ruzie met zijn ouders en ervaart de therapeut de ouders als te streng en weinig sympathiek, dan maakt hij een fout wanneer hij alleen de ouders zou aanspreken op hun strengheid en het gedrag van het kind volledig zou toeschrijven aan het gedrag van de ouders. De puber denkt dan: 'met zulke ouders ga je je vanzelf zo gedragen' en de therapeut bekrachtigt dit door zijn handelen.
Een ander voorbeeld is: de therapeut gaat mee in het verklaringsmodel van een gezin zonder dat dit model al een realiteitstoets heeft ondergaan. Het gezin heeft bijvoorbeeld zelf of met een betrokken hulpverlener op basis van eigen inzichten een diagnose gesteld, zoals in het voorbeeld van Roos.

Roos (12 jaar) wordt aangemeld vanwege depressieve klachten. Haar moeder vertelt: 'Sinds oma dood is gaat het slechter met Roos, want ze is zo gevoelig. Ze trekt zich alles aan en ze kan daar natuurlijk niets aan doen.' De huisarts schrijft in de verwijzing 'rouwtherapie naar aanleiding van dood oma'. In het eerste gesprek wordt duidelijk dat Roos vaak denkt 'ik kan er niets aan doen, zo ben ik nou eenmaal en ik zal altijd wel zo blijven', en ook 'de wereld zou eerlijk moeten zijn' en 'het is afschuwelijk als het niet gaat zoals ik wil'. Door deze gedachten voelt zij zich machteloos en gefrustreerd.

'De dood van oma' kan het meisje ontslaan van haar eigen aandeel in haar depressiviteit en haar irrationele ideeën onaangesproken laten, wanneer de therapeut het reeds bestaande verklaringsmodel zou overnemen. Zo worden mogelijke ingangen om het probleem te beïnvloeden afgesloten.

4.8.3 *Er is thuis vast iets mis*

'Er is vast ook iets mis op het thuisfront', is een verdenking die een therapeut gemakkelijk kan koesteren ten opzichte van de omgeving van het kind. Als de therapeut daar onbewust of bewust te sterk van uitgaat, haalt hij meer overhoop dan nodig is. Veel ouders zijn gewoon bekwaam, normaal en niet verwaarlozend in de uitoefening van hun ouderschap. Regelmatig is er dan ook sprake van een enkelvoudig probleem en is een volledige gezinstaxatie niet nodig evenmin als een standaardanamnese van de voorgeschiedenis van beide ouders.
Soms is er wel sprake van problemen in de gezinssituatie, maar is het de vraag of daarop gefocust moet worden of, anders gezegd, wat daarvan de winst zou zijn. Bijvoorbeeld in het geval van Marjolijn.

Marjolijn (13 jaar) woont alleen bij haar vader. Vader heeft regelmatig last van driftbuien en kan dan ineens heel onredelijk worden. Marjolijn heeft daar last van en denkt: 'vader zou niet driftig moeten zijn!' Op de vraag hoe groot de kans is dat haar vader niet meer driftig zal zijn, zegt zij '0,00%'. Naar aanleiding van die constatering kan de therapeute haar voorhouden dat zij zelf kan leren anders te denken over haar vaders driftbuien, waardoor zij er minder last van zal hebben. De therapeute tekent voor haar de situatie.

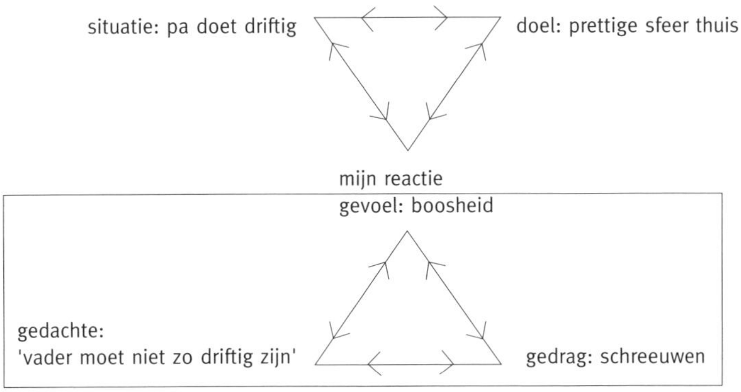

Vader heeft in een afzonderlijk gesprek met de therapeute aangegeven dat hij zelf in therapie is. Dit wordt met Marjolijn besproken en ze kiest ervoor om zelf beter met haar boosheid om te gaan en vader eveneens zijn eigen proces te laten.

Zou dit nu onvoldoende effect blijken te hebben op het handhaven of uitbouwen van een positieve interactie tussen vader en dochter, dan kan alsnog meer systemisch gewerkt gaan worden. In dit voorbeeld is er dus inderdaad wat mis op het thuisfront, maar daar hoeft de therapeut niet noodzakelijkerwijs wat mee. Er zijn evenwel ook situaties waarin er op het thuisfront niets mis is en er uitsluitend met het kind gewerkt wordt.

4.8.4 *Er moet iets Ernstigs zijn*

Een andere veel voorkomende overtuiging onder (jeugd)hulpverleners is dat er iets heel Ernstigs – met hoofdletter E – ten grondslag moet liggen aan het probleem. Het gevolg kan opnieuw zijn dat men te lang blijft onderzoeken en te weinig interveniërend bezig is. In een deel van de gevallen is er echter geen sprake van ernstige onderliggende trauma's en is ernaar zoeken zinloos. In situaties waarin wél iets ernstigs ten grondslag ligt aan de klacht, komt dat ofwel onmiddellijk aan de orde omdat de cliënt zelf dat verband al kan leggen of er vermoedens over heeft. In weer andere situaties komen de gegevens 'en passant' naar boven en wordt bekeken of en wanneer er wat mee gedaan moet worden, zoals in het geval van Linda (uit par. 4.4). Linda, 15 jaar, komt voor een eerste gesprek nadat zij verkracht is. Tijdens het gesprek vraagt de therapeute zijdelings naar vrije tijd en vrienden. Het meisje blijkt actief lid te zijn van een extremistische jeugdvereniging. Wat zij daarover vertelt is schokkend voor de therapeute in kwestie als mens, maar het meisje komt daar niet voor. Zij wil af van de flashbacks en angsten die ze sinds de verkrachting heeft. Er wordt voor gekozen om in te gaan op de klachten. De overige informatie wordt in het achterhoofd gehouden en afhankelijk van het beloop van de therapie kan er al dan niet op worden teruggekomen.

4.8.5 *Overige irrationele opvattingen van de therapeut*

Er zijn legio andere irrationele opvattingen die een therapeut kunnen hinderen bij een goede start. We noemen er een paar:

- Er moet fatsoenlijk met elkaar gecommuniceerd kunnen worden in een gezin.
- Ik kan deze opdracht toch niet weigeren; iemand moet zich toch bekommeren om het arme kind/om deze arme ouders.
- Een ouder moet in staat zijn om het kind liefde en warmte te geven.
- Kinderen mogen de band met hun ouders niet verbreken.
- Ik moet in staat zijn dit kind op het rechte pad te krijgen.

Het ligt voor de hand dat dergelijke gedachten de therapeut en het gezin kunnen gaan hinderen. Eigen irrationaliteit van de therapeut kan ertoe leiden dat de doelen van de therapeut gaan interfereren met de doelen van de gezinsleden. In sommige gezinnen is het in wezen geen probleem dat er niet of nauwelijks gecommuniceerd wordt; integendeel, non-communicatie is datgene wat nodig is om de status quo in het gezin te handhaven. Sommige ouders zijn niet in staat om liefde en warmte aan hun kind te geven en iedereen heeft er meer aan om zo'n tekortkoming te onderkennen dan te blijven trekken aan een dood paard. Het kind moet uiteraard wel de nodige liefde en warmte krijgen, maar misschien is er iemand anders, die dat beter kan geven dan de ouders.
Het voorkómen of verhelpen van dergelijke vormen van blikvernauwing bewerkstelligt de therapeut mede door empirie-gericht te werk te gaan, de vakkennis bij te houden en eigen veronderstellingen steeds opnieuw te toetsen in intervisie en supervisie.

Sigmund/Peter de Wit

Aan het einde van dit hoofdstuk rest ons nog de volgende opmerking.
Het blijft een vraag in hoeverre een snelle maar zorgvuldige start een risico vormt om belangrijke zaken over het hoofd te zien. In de praktijk blijkt dat met een korte, zorgvuldige intake vrij snel aan het werk gegaan kan worden met (mogelijk maar) een deel van het probleem. Door een snelle start kan een succeservaring worden opgedaan. Dit werkt motiverend voor de jongere. Het onderscheid tussen diagnostiek en therapie is bij de RET minder belangrijk, omdat de diagnostiek feitelijk doorgaat tijdens de therapie. In de CGT is het, zoals gezegd, meer gebruikelijk om pas interventies aan te bieden na een diagnostische classificatie.

5 Formulering van de gebeurtenis en onderzoek van de gevoelens

5.1 Inleiding

Werkend met kinderen en jeugdigen begint de therapeut altijd met het duidelijk krijgen welke situaties voor het kind belastend zijn en welke emoties daarbij een rol spelen.
Vooral jonge kinderen denken nog zeer specifiek en om het kind te kunnen helpen, moet dan ook zeer specifiek gewerkt worden.
Bij jonge kinderen wordt vrijwel nooit begonnen met het inventariseren en concretiseren van het denken, maar begint men eigenlijk altijd bij de concrete dagelijkse situaties (A) en wat het kind daarbij voelt en doet (C).
Bij pubers en adolescenten kan de therapeut er ook voor kiezen om eerst wat abstracter te werken door naar denkbeelden (B) te vragen, om deze vervolgens te koppelen aan specifieke situaties en gevoelens, en zo dichter bij de kern te komen.

5.2 Formulering van de gebeurtenis

Doel van het formuleren van een gebeurtenis is: duidelijk in kaart krijgen waar en wanneer het probleem zich voordoet. Bij het vaststellen van de gebeurtenis is het de bedoeling dat de therapeut en het kind met een zo klein mogelijke eenheid van de situatie aan de slag gaan. Wanneer een kind vertelt dat school waardeloos is, wil de therapeut weten wát er precies waardeloos is aan school. Zijn het de leraren, zo ja, wie dan speciaal? Zijn het de pauzes, zo ja, wat is daar precies zo naar aan? Is het de leerstof, zo ja, welke vakken leveren de problemen? Is er een probleem bij het maken van huiswerk, zo ja, wat is dat probleem precies?
Bij het leren specificeren van de gebeurtenis moet de therapeut goed doorvragen of doorzoeken in het materiaal dat het kind aanlevert.

Een voorbeeld.

Lieke gaat glansrijk over naar de tweede brugklas. Tijdens de vakantie is er geen therapie-contact geweest. Lieke komt voordat ze naar school gaat voor een afspraak (tiende bijeenkomst).

C: Ik zit ergens mee.
T: Ja ...
C: Die nieuwe klas, ik weet niet of ik me daar wel zo prettig in ga voelen.
T: Want, wat weet je al over die klas?
C: Nou, ik weet nog niet zeker, maar vermoedelijk zitten (noemt een aantal namen) erin.
T: En wie van hen bezorgt je het meeste kopzorgen?
C: Marco.
T: Want ...

C: Hij denkt dat ik op hem ben, want dat heeft Maureen hem gezegd.
T: En wat is daar het probleem aan, dat hij denkt dat jij hem leuk vindt?
C: Nou dat is niet zo!
T: Ja, en hij denkt dus iets wat niet waar is; is dat het probleem?
C: Hij heeft dat al rondgebazuind en gezegd dat hij niet op mij is.
T: En ...
C: Ze zijn me ermee gaan plagen op dat kamp waar ik met vakantie was.
T: En ...
C: Als hij er nu weer iets van gaat zeggen, kunnen ze me weer gaan plagen.
T: Kijk, nu hebben we de juiste Gebeurtenis te pakken voor ons model. We vullen op het bord bij A in: Marco kan weer rondbazuinen dat ik op hem ben en hij niet op mij en dan kunnen ze me gaan plagen. Ja, dat kan natuurlijk.

Een ander voorbeeld.

Boy, 14 jaar, heeft zijn moeder aan kanker verloren en heeft naar aanleiding daarvan fobische klachten ontwikkeld. Boy kan prachtig tekenen. Hem wordt gevraagd een tekening te maken van de situatie rond de dood van zijn moeder anderhalf jaar geleden. Boy tekent zichzelf en zijn moeder in de kamer. Hij tekent zichzelf met zijn hoofd weggeborgen in zijn armen en hij zit er ineengedoken bij. Hij ziet dus op de tekening zijn moeder niet. Zijn moeder ligt in een positie met het haar voor de ogen en ziet haar zoon niet.
T: Wat valt je op aan de tekening?
C: Ik wil haar niet zien.
T: Want ...
C: Weet niet.
T: Wanneer is deze tekening? Is dat aan het begin van haar ziekte of aan het eind?
C: Aan het eind.
T: Kun je een tekening maken waarin je naar haar kijkt?
Boy maakt een serie tekeningen, waarin het steeds duidelijker wordt dat hij het (zieke) gezicht van zijn moeder niet op zijn netvlies wil hebben. Het gezicht van zijn moeder is in dit voorbeeld de gebeurtenis, de A.

Uit één situatie kunnen meerdere A's voortvloeien. Er kunnen meerdere afzonderlijke momenten zijn die bij elkaar een reeks van ellende kunnen vormen. Nog een voorbeeld.

Kim (17 jaar) heeft het uitgemaakt met een vriendje dat seksueel belastende zaken van haar vroeg. Kim automutileerde en dreigde met zelfdoding. Ze werd korte tijd behandeld door een antroposofisch georiënteerd therapeut (kunstzinnige therapie). Vervolgens komt ze voor RET.
In de eerste sessie is Kim zeer zwijgzaam en angstig. Haar klachten worden geïnventariseerd en gerelateerd aan de ervaringen met de jongen.
T: Is alles één grote ellende geweest?
C: (schudt nee.)
T: Zijn er bepaalde gebeurtenissen die belangrijker zijn dan andere?
C: Ja.
T: Het lijkt alsof je die zo kunt oproepen.
C: (knikt bevestigend.)

T: Hoeveel van die gebeurtenissen zijn het meest belastend?

C: (zoekt ze op in haar hoofd) Vier grote ... en een paar kleintjes, maar die zijn eigenlijk steeds hetzelfde.

T: We gaan ze hier op het bord neerzetten in g's, omdat we ze als aparte Gebeurtenissen gaan bekijken:

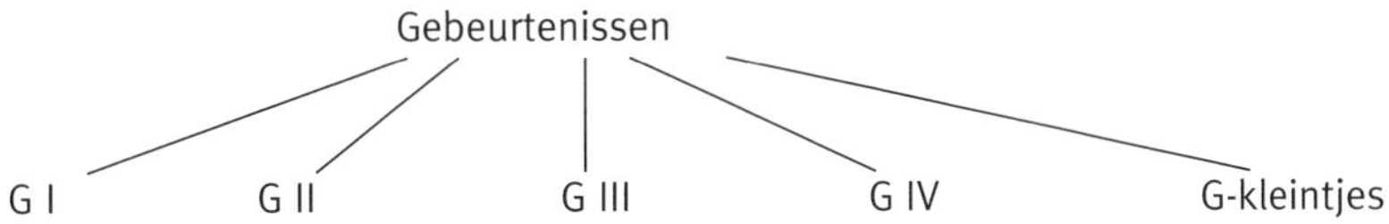

T: Wat wil je erbij schrijven of tekenen, zodat wij samen weten over welke belastende gebeurtenis we het hebben als we verdergaan?

C vult daarna symbolen in bij ieder van de g's omdat dat minder belastend is dan woorden te geven aan de gebeurtenissen.

Hoe concreter en duidelijker de situatie, hoe gemakkelijker de keus en toepassing van de interventies. Tevens gaat er soms voor het kind al een therapeutisch effect uit van het leren specificeren van de gebeurtenis. Immers, het kind leert meteen beter waarnemen en onderscheid maken tussen belangrijke en minder belangrijke zaken; in het geval van Boy wordt er daardoor tegelijkertijd gewerkt aan het doorbreken van vermijding.

Uit de manier waarop iemand een gebeurtenis beschrijft is soms al te af te leiden of er sprake is van waarnemingsfouten (zie ook par. 7.2). Linda (uit par. 4.4) deelt telefonisch aan de therapeute mee dat ze niet in staat was om naar de afspraak te komen; ze durfde de straat niet op omdat ze dacht dat iedereen aan haar kon zien dat ze verkracht was. Deze gedachte wordt in het ABC-model de A.
Wanneer kinderen letterlijk iets overkomt, zoals Linda een verkrachting, kunnen de oorspronkelijke gezonde gedachten over zichzelf in één klap veranderen. Aanvankelijk dacht Linda: 'ik ben een sterke meid en los mijn eigen problemen wel op' en 'mensen kun je vertrouwen'. Na de verkrachting denkt ze: 'ik ben kwetsbaar en machteloos' en 'mensen zijn niet te vertrouwen'. Deze gedachten kleuren vervolgens weer haar waarneming en worden medebepalend voor gebeurtenissen. Immers, door haar wantrouwen zal ze mensen anders tegemoet treden en zal ze bepaalde situaties uit de weg gaan en andere juist opzoeken.
Ook gevoelens en interpretaties kunnen tot de A behoren, zoals in de volgende uitspraak: 'mijn vader zei weer op zo'n vreselijke toon dat ik mijn fiets in de schuur moest zetten'. Als de therapeut wil weten wat het probleem is aan het feit dat vader dat op zo'n vreselijke toon zei, dan zien we deze uitspraak als een gebeurtenis, een A. Als de therapeut wil weten hoe het kind waarneemt, dan kan doorgevraagd worden op *hoe* vader dat zei en wat er zo vreselijk was in zijn manier van doen.

5.3 Onderzoek van gevoelens

Bij het onderzoek van gevoelens zijn de taken van de therapeut en van het kind enigszins verschillend.
Het is de taak van de therapeut om een inschatting te maken van de ernst en aard van de emotionele problematiek. Zo'n inschatting vindt plaats op basis van hetgeen verteld wordt over de problemen, maar ook op basis van de emoties die in het contact zichtbaar worden of emoties die juist opvallend afwezig zijn in het contact. De therapeut wil weten of er sprake is van een hardnekkig of minder hardnekkig patroon en of het in het kader van de behandeling van belang is de emotionele problematiek onder te brengen in een DSM-classificatie, zoals bij dissociatieve klachten, waarbij het ontbreken van gevoelens of het sterk switchen van emoties opvalt.

Bij het onderzoek naar de gevoelens wil de therapeut de volgende zaken aan de weet komen:

1 Kan het kind zijn gevoelens voelen, verdragen, herkennen en ook benoemen?
2 Ervaart het kind verschil in intensiteit en adequaatheid van gevoelens?
3 Wat is de frequentie en duur van relevante gevoelens?
4 Kan het een relatie leggen tussen gebeurtenis en gevoel?

Voor het kind is het een taak om zijn gevoelens te leren herkennen en benoemen. Dit is niet altijd iets wat een kind in één of enkele bijeenkomsten leert. Het herkennen en benoemen is noodzakelijk tijdens de diagnostische fase. Afhankelijk van de aard van de klachten kan het herkennen en benoemen van gevoelens door de hele behandeling heen een belangrijke plaats blijven innemen.
De diagnostiek van de therapeut en de bewustwording bij het kind zijn twee kanten van dezelfde medaille.

5.3.1 Gevoelens herkennen en benoemen

Aan de vraag of een kind gevoelens kan herkennen en benoemen, gaat de vraag vooraf of een kind gevoelens kan voelen en verdragen.
Rechtstreeks vragen naar gevoelens kan kinderen afschrikken. Toch is een groot deel van hen wel in staat gevoelens te herkennen en te benoemen.
Een kleine groep komt juist met de klacht dat ze niets meer voelen of tonen in het contact een imponerende gevoelsvervlakking.

Joke (16) is zo depressief en vervlakt in haar emoties dat zij niet kan aangeven wat zij gedurende een dag of een week in verschillende situaties gevoeld heeft. 'Niets', zegt ze.

Sacha (12) vertelt op een monotone, gevoelloze wijze over de oorlogsgruwelen die hij heeft meegemaakt. Bij navraag blijkt hij er niets bij te voelen als hij erover spreekt.

Onderzoeken of zij zich bewust zijn van het afgevlakte of weggemaakte gevoel is stap één. Vervolgens kan onderzocht worden wat het eng of bedreigend maakt om weer iets te voelen.
In het geval van Joke is haar onverschillige, gevoelloze houding een zelfbescherming geworden, 'want als ik niets meer voel, en afstand van iedereen houd, hoef ik ook geen pijn of teleurstelling meer te verdragen'.

Sacha kan zeggen dat hij erg bang is om weer iets te voelen omdat hij tijdens het oorlogsgeweld weken lang van angst niet heeft kunnen slapen. Hij is bang dat dit en andere voor hem oncontroleerbare dingen kunnen gebeuren, wanneer hij weer iets van gevoel gaat toelaten. Zowel Joke als Sacha kennen wel verschillende gevoelens. Bij sommige kinderen is ook dit niet het geval en is er sprake van onvermogen om bepaalde gevoelens te ervaren, zoals bij het syndroom van Asperger of een autistische stoornis waarbij onder andere sociale of emotionele wederkerigheid afwezig is.

Als gevoelens wel herkend en benoemd kunnen worden, kan de therapeut kiezen voor een uitgebreide of een beperkte aanpak in het werken met de gevoelens. In de *uitgebreide aanpak* wil de therapeut een totaaloverzicht krijgen van de gevoelens die het kind herkent en van de gevoelens waarvan het kind meer en minder last heeft. Zo wordt ook ontdekt welke gevoelens bij het kind onderbelicht zijn en wat de samenhang is in het al dan niet hebben of ontbreken van bepaalde gevoelens. In de *gefocuste aanpak* neemt de therapeut genoegen met één gevoel dat zich als hinderlijk aandient. Het is mogelijk dat dit gevoel deel uitmaakt van een groter klachtenpatroon, maar daar wordt niet per se op voorhand van uitgegaan. De aanname bij de gefocuste aanpak is: áls er een ingewikkelder disfunctioneel netwerk van gevoelens is, wordt dat gaandeweg duidelijk. We illustreren het verschil in benadering hierna met voorbeelden.

In de voorbeelden van de *uitgebreide aanpak* besteedt de therapeute de eerste paar bijeenkomsten uitsluitend aan de emoties. Zij noemt steeds situaties die zich in het dagelijks leven van een jong kind voordoen en vraagt het kind daar emoties bij te noemen.

T: Gisteren zag ik op het speelplein dat een kind niet mee mocht spelen met de andere kinderen. Het moest aan de kant blijven staan van ze. Hoe zou zo'n kind zich voelen?
C: Boos, denk ik.
T: Dat denk ik ook. En als hij na een poosje aan de kant te hebben gekeken nog steeds niet mag meedoen, hoe gaat hij zich dan voelen?
C: Ook wel verdrietig denk ik.
T: Dat zou best kunnen. En nu heb jij al twee gevoelens genoemd die we nodig hebben voor ons spel. Boos en verdrietig. Die gaan we hier op deze kaartjes schrijven en tekenen en dan plakken we ze straks op een groot vel.

De therapeute gaat net zo lang door met verzinnen tot diverse gevoelens verzameld zijn. Bij gevoelens die het kind niet kan benoemen, zegt de therapeute dat die worden bewaard tot aan het einde van het spel. Dan verandert de therapeute de strategie. Zij benoemt nu de gevoelens die zijn blijven liggen en vraagt daar een voorbeeld bij:

T: Weet jij wat het betekent als een kind zegt dat het eenzaam is?
C: Nee.
T: En als je je alleen voelt, weet je wat dat is?
C: Ja, net als Rémy van 'Alleen op de wereld', daar leest oma altijd uit voor.
T: Ja, heel goed! En als een kind zich heel erg alleen voelt, en niemand let er op hoe het zich voelt, dan noem je dat kind eenzaam. Zo, nu hebben we alweer twee woorden voor op het 'Vel Van Gevoel'!

De volgende paar bijeenkomst(en) kan er steeds 'blindemannetje' gespeeld worden: de therapeute en het kind prikken om de beurt met gesloten ogen op het 'emotievel' met hun vinger. De therapeute noemt iets uit haar eigen leven (zelfonthulling) wat ze pas gevoeld heeft en nodigt het kind daarmee uit om meer te vertellen over wat er in zijn leven speelt (herkennen en benoemen). Dit wordt vervolgd tot het duidelijk wordt welke thema's steeds terugkomen. Pas dan worden er meer specifieke interventies aangeboden.

Ervaringen met de uitgebreide aanpak zijn:

- Werkt goed bij jonge kinderen en kinderen die meer tijd nodig hebben om los te komen.
- Het kind wordt aangesproken om gevoelens in alle facetten te doordenken; zonder dat het kind er specifieke moeite voor hoeft te doen (zoals bij huiswerkopdrachten) kunnen gevoelens die op een meer onbewust niveau een rol spelen en die therapeutisch gezien van belang zijn daardoor meer aan de oppervlakte komen.
- Het is een goed hulpmiddel bij onderzoek in verband met een vermoeden van problematiek binnen het autistische spectrum of andere ontwikkelingstoornissen van blijvende aard.
- Werkt goed bij kinderen die goed gedijen bij een wat meer schoolse aanpak.
- Werkt niet goed bij kinderen die weinig gemotiveerd zijn en het zien als 'soft geneuzel'.
- Nadeel kan zijn dat je samen al te vrijblijvend bezig bent gevoelens te beschrijven en te verkennen en dat er te lang om de hete brij heen gedraaid wordt.
- Anders dan bij volwassenen worden de positieve gevoelens ook benoemd.

In de voorbeelden van de *gefocuste aanpak* gaat de therapeute vrij snel aan de slag met het meest in het oog springende inadequate gevoel, bijvoorbeeld angst of boosheid. Ze is erop gericht om het kind bewust te maken van een specifiek onderdeel van zijn gevoelens, zoals in het eerste voorbeeld hierna. Als het even kan, maakt de therapeute al opzetjes voor interventies, zoals in het tweede voorbeeld. Eén type emotie wordt centraal gesteld en de sessie wordt geheel daaromheen opgebouwd.

Voorbeeld Paolo

Paolo (14 jaar) heeft een zusje dat geretardeerd is. Zijn ouders zijn gescheiden en zijn vader woont in Paolo's geboorteland. Moeder is inmiddels, na geruime tijd alleen te zijn geweest met de kinderen, hertrouwd met een Nederlandse man. Paolo heeft met zijn moeder, haar nieuwe partner en zijn zusje eerst nog in een ander niet-Europees land gewoond voordat ze naar Nederland kwamen. Paolo is erg negatief over de nieuwe partner van moeder.

(bijeenkomst 2)

T: Hoe gaat het?

C: (zit totaal onverschillig op de bank) Gewoon, geen probleem.

T: Je moeder heeft gebeld en gaf aan dat ze de situatie tussen jou en Chris (stiefvader) verbeterd vindt. Jullie zijn minder negatief tegen elkaar op dit moment. Klopt dat?

(Er volgen wat uitwisselingen hierover. Paolo is weinig gemotiveerd daarover van gedachten te wisselen.)

T: Je moeder vertelde ook dat je je zusje slaat. Ze maakt zich daar erge zorgen over. Hoe zit dat in elkaar, vertel eens ...

C: Zij is van school getrapt en zit nu thuis. Zij is absoluut onhanteerbaar. Niemand mag haar; zij doet de lelijkste dingen. Mijn moeder kan haar helemaal niet aan. Zij staat in de buurt al bekend als een kind dat je uit de weg moet gaan.

T: Noem eens wat voorbeelden van wat zij zoal doet?

(C somt verschillende voorbeelden op van het gedrag van zijn zusje. Langzaamaan focust de therapeut op het gevoel van Paolo.)

C: (voorbeeld van een muts die het zusje was kwijtgeraakt) Ik kan zien dat zij liegt. Ik ken haar beter dan ieder ander. Beter dan zij zichzelf kent. Maar mijn moeder gelooft haar en dat wil ik niet hebben. Zo komt zij straks met alles weg en leert zij nooit wat. Het is al zo'n vreselijk kind. Ik dwing haar dan om de waarheid te zeggen. Er moet toch iemand zijn die haar een lesje leert ...

T: Dan word jij kwaad en sla je haar om de waarheid boven tafel te krijgen?

C: Ja, of om haar te stoppen als zij maar blijft doorgaan met irritant te doen.

T: En hoe voelt dat voor jou om je zusje te slaan?

C: (valt stil; is in verwarring door de vraag.)

T: Is het een prettig gevoel om je zusje te slaan?

C: Het helpt wel, want daarna doet zij het niet meer.

T: Ja, ik snap dat jij vindt dat je moet slaan, omdat zoals je zegt 'iemand haar een lesje moet leren', en je moeder dat kennelijk niet doet. Maar daar kom ik zo op terug. Ik wil eerst weten hoe het voor jou voelt om je zusje te slaan. Is dat leuk om te doen?

C: Nee, dat niet. (bijna beschaamd)

T: Is het een goed gevoel om zo boos te zijn dat je gaat slaan?

C: Soms ben ik niet kwaad als ik sla. Ik weet precies wat ik doe. Ik vind gewoon dat het moet stoppen.

Voorbeeld Lidewij

Lidewij (11 jaar) is aangemeld met angstklachten. Ze stottert sinds enige tijd, wat haar nog kwetsbaarder maakt in de klas. Ze is erg perfectionistisch in haar schoolwerk. Er zijn geen bijzonderheden in de thuissituatie.

T: Je moeder vertelt dat je voor veel dingen bang bent. Kun je daar wat over vertellen?

C: Ik durf niet goed alleen boodschappen te gaan doen als mama dat vraagt. Ik ben bang als ik alleen boven ben. Ik durf ook wel eens niet goed naar school. Ik ben vaak bang in het donker.

T: Ben je altijd bang in het donker? Of soms ook wel eens niet?

C: Soms ook wel niet.

T: Hoe komt dat dan, wat is er dan anders, weet je dat?

C: Nou, bijvoorbeeld als ik nog even mag lezen in bed, want dan blijft het licht nog aan en dan lees ik net zo lang tot mijn ogen gaan zeer doen en dan val ik eigenlijk vanzelf in slaap.

T: Dus dan merk je eigenlijk niet dat het donker is.

C: Nee.

T: Komt het ook wel eens voor dat het al helemaal donker is en je in bed ligt en nog niet slaapt?

C: Nee, want als het al laat is en ik niet meer mag lezen dan laat mama altijd een lichtje aan op de gang en de deur op een kier en dan hoor ik ze nog beneden praten.

T: Ben je dan ook bang?

C: Nee, dan niet.

T: (lacht) Maar dan ben je misschien wel bang in het donker, alleen is het nooit donker, dus ben je niet bang.

C: (snapt het en lacht ook.)

T: Wat zou er nou gebeuren als je moeder het licht op de gang uit liet en de deur open zou laten zodat je toch hoort dat ze er beneden nog zijn?

C: Dat weet ik niet.
T: Zou je dat durven uitproberen of is dat te moeilijk?
C: Daar moet ik over nadenken.
T: Weet je wat, dan schrijf ik dat even op tot aan het eind van ons gesprek en dan komen we er even op terug. Ik vind het zo knap van je dat je over die dingen na wil denken. Je wilt er echt wat aan doen. Goed hoor! Hoe komt het eigenlijk dat je dat wilt?
C: Nou, bang zijn is vervelend.
T: Maar bang zijn kan toch ook een prettig gevoel zijn, bijvoorbeeld als je naar iets spannends kijkt op de televisie.
C: Dan kijk ik niet, want daar ga ik alleen maar van dromen.
T: Maar misschien zijn er wel dingen die spannend zijn en toch plezierig, bijvoorbeeld een schoolreisje.
C: Ja, laatst gingen we naar het Reptielenhuis in Tilburg, dat was leuk!
T: Dat bedoel ik, spannend en toch plezierig. Dat kan wel. Maar nu gaan we het vooral hebben over de dingen waar je vervelend bang voor bent. Eens kijken, wat had je net aan het begin nog meer genoemd ... alleen boven zijn; vertel daar eens over.

Ervaringen met de gefocuste aanpak zijn:
- Een voordeel is dat van één emotie snel alle 'ins en outs' bekend worden.
- De therapeut komt niet in de verleiding allerlei zijpaden in te slaan.
- Het is mogelijk om vrij snel een aantal suggesties te doen die een direct effect kunnen hebben op de emoties, zoals in het tweede voorbeeld. Dit werkt goed wanneer een kind gemotiveerd is en in staat om snel een goed contact te leggen met de therapeut. Het al dan niet in staat zijn om de suggestie uit te voeren levert diagnostisch relevante informatie op.
- Een nadeel is dat het voor sommige kinderen wat te 'kort door de bocht' kan zijn.
- Diagnostiek en behandeling lopen bij de gefocuste aanpak sterker door elkaar heen dan bij de uitgebreide aanpak; er gebeuren in het gesprek daardoor vaak meerdere dingen tegelijkertijd. Het kind moet dat kunnen blijven volgen. Soms moet daarom extra aandacht besteed worden aan het tempo.

Gebruik van non-verbale technieken

> 'De schoonheid en aantrekkingskracht van cognitieve therapie is zijn rijke conceptuele model, waardoor het juist mogelijk is om technieken uit andere stromingen te integreren.' (Friedberg, 1994)

Diverse auteurs geven aan dat het bij kinderen en jongeren handig is om op diverse manieren te werken en bijvoorbeeld niet gedurende de gehele therapie verbaal bezig te zijn. Er wordt geadviseerd om het praten af te wisselen met spel (als timeout) of om rollenspellen te gebruiken.
Bij de diagnostiek is het goed mogelijk om non-verbale technieken toe te passen zoals tekenen en muziek maken, als opstapje naar het verbaliseren van gevoelens. We kunnen immers wel stellen dat de RET en CGT voornamelijk verbaal van aard zijn.

Voorbeeld Saskia

Saskia (18 jaar) is erg gesloten en niet erg verbaal ingesteld. Ze is aangemeld wegens depressieve klachten en suïcidaliteit. Ze raakt snel geblokkeerd als de therapeute haar wat vraagt, waardoor problemen in de contactlegging de diagnostiek in de weg kunnen zitten. Op verzoek maakt ze een gezinstekening.

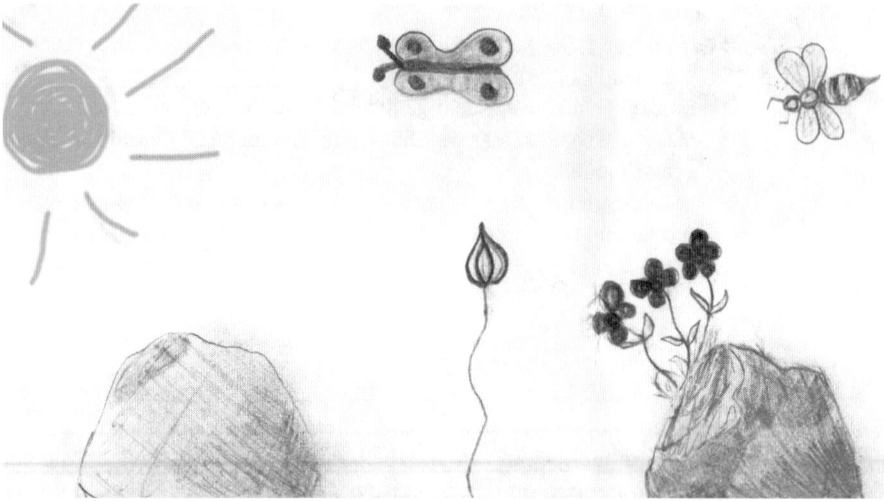

T: Leg eens uit, wie is wie?

C: De linkerrots is mijn vader; rots in de branding. Altijd trouw aan mij. Er zit een beetje mos aan de andere kant van de rots: zijn emoties. Hij heeft ze wel, maar toont ze bijna nooit. Mijn moeder is de andere rots, zij heeft veel gevoel en emotie en toont die ook naar mij. De vlinder is mijn broertje, nog heerlijk vrij en blij. De bij is mijn zusje, zij kan pijn doen, maar voelt ze zich niet in het nauw dan doet ze geen vlieg kwaad. Ik ben de bloem in de knop, die een hele mooie bloem kan worden als ik de kans krijg.

T: Je staat letterlijk tussen je ouders in; klopt dat?

C: (verbaasd) Ja, eigenlijk wel.

T: Waar liggen deze rotsen en de bloem?

C: Aan een ravijn!

T: Een ravijn?

C: Ja, en de rotsen kunnen eraf donderen of elkaar verpletteren.

T: En jou ook?

C: (verdrietig) Ja!

T: Hoe voelt dat voor jou, die positie?

C: Gevaarlijk.

T: Wat voor gevoel past er bij gevaarlijk?

C: Angst.

T: Voel je je in het dagelijks leven tussen je ouders misschien ook angstig?

C: Misschien wel ja.

Voorbeeld Geert

Geert (16 jaar) was tegen zijn wil opgenomen in de jeugdpsychiatrie en had besloten uit verzet niet te gaan praten. Hij zat tijdens de therapietijd te zwijgen en keek de therapeute niet aan. Het was bekend dat zijn grote hobby gitaarspelen was. De therapeute vroeg hem – nadat reguliere gesprekstechnieken tot niets hadden geleid – of hij in plaats van praten gitaar wilde spelen. Geert stemde in. Hij kwam de eerstvolgende keer met zijn elektrische gitaar. De therapeute nam haar Spaanse mee. Er ontstond enige mate van contact. Hij speelde en de therapeute toonde dat ze geraakt was door zijn melancholieke, technisch zeer goed uitgevoerde spel en benoemde dat ook. Er werd eerst om beurten en daarna samen gespeeld. Het niveau- en stijlverschil speelde geen rol. Hij nam de leiding. Terwijl de weken vorderden, werd het steeds meer mogelijk te praten over wat hij uitdrukte in zijn spel en hoe hij zich over zichzelf en anderen voelde. Het verbaliseren van gevoelens was begonnen.

5.3.2 Intensiteit en inadequaatheid van gevoelens

Kinderen denken vaak nog eendimensionaal. Een gevoel wordt voor hen erger of minder. De 'thermometer van gevoel' (zie bijv. Bernard & Joyce, 1984) geeft een mooi beeld om met een kind van gedachten te wisselen over hoe sterk het gevoel nu is en hoeveel minder sterk het gevoel zou mogen worden. Een lijn van papier kan in de kamer gelegd worden met cijfers erop. Het kind kan met een kleur aangeven hoe negatief het zich voelt. Of er kan simpelweg een lijn op het schoolbord getekend worden. In de CGT wordt doorgaans met name van deze eendimensionale meting gebruik gemaakt.
In de RET wordt bovendien onderscheid gemaakt tussen adequate en inadequate negatieve gevoelens. Er wordt een kwalitatief verschil tussen beide verondersteld en er zijn verschillen in intensiteit mogelijk (kwantitatieve verschillen) bij zowel de inadequate als de adequate gevoelens. Het principiële verschil tussen adequaat en inadequaat is voor een kind niet interessant. De emotionele ontwikkeling is nog niet zo gedifferentieerd dat het noodzakelijk is om alle variëteiten de revue te laten passeren. Voor de therapeut is het echter een handig hulpmiddel bij de manier van vragen naar gevoelens.

Negatieve gevoelens zijn inadequaat als ze:
· onhanteerbaar aanvoelen;
· implosies of explosies veroorzaken;
· schadelijk kunnen zijn voor de cliënt zelf of voor derden;
· niet verminderen of overgaan.

Boosheid bij een puber over het feit dat zijn ouders niet genoeg vrijheid van handelen geven, is adequaat zolang het kind thuis flink kan uitvallen maar daarna eventueel weer achter de schoolboeken kan, of uit kan gaan zonder zijn avond erdoor te laten vergallen. Het is inadequaat als het kind zo woedend wordt dat het niks meer kan zeggen en drie dagen na het conflict nog steeds zwijgend door het huis loopt (implosie) of een deur doortrapt (explosie) en daardoor huisarrest krijgt.
Het verschil tussen adequaat en inadequaat vormt de leidraad bij het onderzoek

naar de gevoelens. Deze termen worden echter niet als zodanig bij het kind geïntroduceerd. Intensiteit als eendimensionale trek dekt niet het volledige onderzoek naar gevoelens. Kinderen met een heftig temperament kunnen bijvoorbeeld wel intense gevoelens van boosheid of verdriet laten zien, zonder dat er sprake is van inadequaatheid: heftig maar zo weer over en niet schadelijk voor de omgeving.

De therapeut wil weten hoeveel inzicht het kind zelf heeft in het onderscheid welke gevoelens kunnen helpen en welke niet. Een kind met een zeer angstige moeder kan 'angstig zijn' als normaal ervaren. Moeder fungeert immers als rolmodel. Een kind zal dan angst niet gauw als inadequaat zien. Het kunnen labelen van een gevoel als inadequaat is dan ook nodig voor verandering. Waarom zou het kind zich anders immers gaan inspannen om experimenten te gaan uitvoeren om de angst aan te pakken. De kinder- en jeugdtherapeut staan allerlei woorden ter beschikking om dit principe aan kinderen duidelijk te maken:

lastige gevoelens	versus	te lastige gevoelens
handig	versus	onhandig
helpt me	versus	helpt me niks
ongemakkelijk	versus	er niet mee om kunnen gaan
naar maar waar	versus	klem voelen
rottig	versus	foute boel

Wanneer er van de uitgebreide aanpak gebruik is gemaakt, groepeert men de plaatjes of woorden van het Vel van Gevoel naar de twee categorieën, bijvoorbeeld:

Rottig	*Foute Boel*
je alleen voelen	eenzaam
zenuwachtig	angstig
boos	woedend
spijt	schuld
verlegen	schaamte
verdriet	depri

Als een kind angstig is en het wil minder angstig worden, kan daar een passend woord bij gezocht worden. Bezorgdheid klinkt vaak aannemelijk als punt om naartoe te werken. Het zou onhandig zijn als een kind wiens moeder naar het ziekenhuis moet, haar daar uit angst niet kan achterlaten. Maar verdriet of onzekerheid zou oké zijn.

In de diagnostische fase gaat het er in eerste instantie om, helder te krijgen of het kind zich iets kan voorstellen bij een verschil tussen bezorgd en paniek; tussen boosheid en woede; tussen verdriet en depressief terugtrekgedrag. Ervaart het kind variatie in emoties en kan dezelfde emotie meer of minder sterk zijn? Aan de hand van alledaagse voorbeelden komt de therapeut dat aan de weet.

T: Als je voor de klas moet komen en je hebt niet zo goed geleerd, hoe voel je je dan?
C: Zenuwachtig.
T: Vind je dat wel kloppen bij de situatie of vind je dat jij je dan anders moet voelen?
C: Dat is wel gewoon, denk ik. Dus die schrijven we bij rottig, omdat zenuwachtig geen fijn gevoel is, maar ook niet echt heel beroerd.
T: Dat lijkt mij ook. Als dat gevoel nu veel sterker is, dat je niks meer kunt uitbrengen, of je staat er met een rood hoofd; hoe noemen we dat?
C: Dat je je schaamt of zo. Dan kun je geen woord meer uitbrengen, of je stottert en je weet eigenlijk niet of je nu moet doorgaan of moet zeggen dat je het niet geleerd hebt.
T: Ja, dan zit je behoorlijk klem. Dus die schrijven we bij Foute Boel.

Een ander voorbeeld.

T: Nu gebruiken we steeds dat ene woord, terwijl we best veel verschillende gebeurtenissen hebben besproken. Ik wil kijken of we twee verschillende woorden kunnen vinden voor verlegenheid die eigenlijk best gewoon is en verlegenheid die een beetje uit de hand loopt.
Bijvoorbeeld: als je met mama ergens naartoe gaat en er zijn allemaal grote mensen, die meteen van alles over je zeggen, zo van 'oh wat is ze groot geworden' en 'hoe heet de juf van school' en zo. Als jij dan je hoofd omlaag doet en knikt en nog geen zin hebt om iets terug te zeggen; waar hoort dat bij? (de therapeute wijst uitnodigend op de tweedeling op het bord.)
C: (wijst aan bij 'helpt me'.)
T: En als er nu ook kinderen zijn die na een poos komen vragen of je mee in de tuin komt spelen en jij blijft bij mama staan, dan is dat?
C: (wijst 'helpt me niks' aan.)

5.3.3 *Frequentie en duur van gevoelens*

Uiteraard vraagt de therapeut de frequentie van gevoelens bij de ouders na. Ook het kind krijgt echter de taak om de frequentie van bepaalde klachten beter in kaart te krijgen.
Wanneer een kind eens in de maand een dag niks zegt uit kwaadheid, doet het zichzelf en andere gezinsleden misschien een dag tekort, maar in het licht van pubergedrag is dat niet ongebruikelijk. Wanneer een puber bij botsingen in het gezin standaard reageert met non-communicatie en er vaker niet dan wel gesproken wordt, is het meer voor de hand liggend om een therapie te starten.

Om de frequentie en duur van gevoelens te weten, bespreekt de therapeut samen met het kind de week om te vernemen of het kwaad was en hoe lang het duurde eer het over was. Opnieuw zijn specificeren en doorvragen van belang. Verder wil de therapeut weten of het een gewone of een bijzondere week was. Ook vooruit kijken kan: 'Denk je dat er morgen iets gaat gebeuren waarover je je kwaad kunt maken?'

Het kan een eerste huiswerkopdracht worden om verschillende gevoelens per dag te noteren. Bij jongere kinderen wordt er in de sessie een leuk boekwerkje gemaakt zodat het kind er elke dag (na het avondeten) zelf iets in kan schrijven. Een matrixje dat met plaatjes door het kind zelf opgesierd kan worden als voorbeeld:

Was ik kwaad, bang of had ik een ander rotgevoel vandaag?

Hoe vaak? .... keer
Hoe erg? eerste keer: 1...................................10
tweede keer: 1...................................10
derde keer: 1...................................10
(maak er zelf meer lijnen bij op de achterkant, als dat nodig is.)

Hoe lang? eerste keer: 1 10
tweede keer: 1 10
derde keer: 1 10

Wat was er gebeurd? eerste keer:
tweede keer:
derde keer:

Dit voorbeeld maakt duidelijk hoe diagnostiek en interventies in elkaar over kunnen lopen. De gegevens die het kind verzamelt heeft de therapeut nodig om therapiebeleid te maken. Het verzamelen van deze gegevens betekent voor het kind dat het meteen aan de slag gaat.
Voor het therapieplan is het belangrijk te weten of het kind en de ouders dezelfde situaties en emoties als probleem signaleren. Als er een sterke discrepantie is tussen wat de ouder waarneemt en wat het kind bij zichzelf signaleert, of andersom, gaat de therapeut het interventiegedeelte wellicht anders aanpakken dan wanneer er overeenstemming is tussen ouders en kind.

5.3.4 *Relatie tussen gebeurtenis en gevoel*

De start van een therapie is heel anders wanneer een kind al relaties kan leggen tussen gebeurtenissen en gevoelens dan wanneer het kind zich nog nauwelijks van die verbanden bewust is. Bij psychosomatische klachtenpatronen ervaart de cliënt vooral fysieke problemen en ziet zelf geen of weinig relatie met hetgeen zich in de werkelijkheid afspeelt. Soms heeft de therapeut wel een idee waar te zoeken, maar de jonge cliënt moet een en ander wel willen en kunnen herkennen om op lange termijn resultaten te boeken.
In de meeste voorbeelden in de voorgaande paragrafen was sprake van een duidelijke gebeurtenis en een daaraan gekoppeld gevoel.
Wanneer de therapeut wel de juiste vragen stelt, maar antwoorden krijgt die niet bij de vraag aansluiten, kan dat erop duiden dat het kind de relatie tussen gevoel en gebeurtenis nog niet kan leggen. Wat kan er dan aan de hand zijn?

1 Het kind durft de inhoud van het probleem nog niet onder ogen te zien.
2 Het kind weet het echt niet.
3 Er gaat energie zitten in fysieke klachten.
4 Het kind wil het verband als zodanig niet leggen.

Ad 1
Wat kan er aan de hand zijn als een kind de inhoud van het probleem (nog) niet onder ogen durft te zien, waar denken we dan zoal aan? Soms gaat het om kinderen die op een of andere manier last hebben van hun ouders, maar dat niet zomaar met de therapeut durven delen. Er kan dan sprake zijn van een vertrouwenskwestie. Voor het kind betekent het mogelijk een rechtstreekse aanval op de ouders wanneer het openbaart waar het om gaat. Vertellen betekent onderkennen en onderkennen betekent dat je lering wilt trekken uit hetgeen je onderkent. Dit hoeven overigens geen wereldschokkende dingen te zijn. Een adolescente met anorectische neigingen vond het vreselijk om te moeten bekennen dat ze de gezamenlijke maaltijden in het gezin eigenlijk altijd al een crime had gevonden. Nadat de aap uit de mouw was gekomen, en de ouders uitstekend gereageerd hadden op haar 'bekentenis', kon volstaan worden met onderhandelen en praktische aanpassingen om de gezinsmaaltijden aantrekkelijker te maken voor het kind.
Er kan echter ook iets groots aan ten grondslag liggen. Grote schaamte over het gebeuren kan een rol spelen. Een dertienjarige jongen had last van ogenschijnlijk epileptische aanvallen op school. Neurologisch gezien bleek er niets aan de hand. In therapie werd gewerkt aan hoe de jongen om kon gaan met de gevolgen van de aanvallen, terwijl de oorzaak onduidelijk bleef. Pas na lange tijd werd duidelijk dat de jongen een jaar eerder het slachtoffer was geweest van een groepsverkrachting, waar hij niemand tot op dat moment over had durven informeren.
Wat betekent dit met het oog op de diagnostiek? Dat de therapeut soms veel geduld moet hebben voordat bepaalde verbanden voor kind en therapeut duidelijk kunnen worden. Te veel druk op het vinden van een verband zal de zaak niet bespoedigen. Er zijn doorgaans wel gebieden waar toch al wel aan gewerkt kan worden, zoals de gevolgen van de klachten. Ook kan met behulp van laagdrempelige non-verbale methoden gevoelens- en gebeurtenisonderzoek gedaan worden, zoals de semi-gestructureerde opdracht 'maak eens een tekening van een nare situatie waarin mensen een rol spelen'.

Ad 2
Het kind weet het echt niet. Het kind denkt dat gevoelens uit de lucht komen vallen, zoals een kind griep krijgt of zoals je opeens tandpijn krijgt. Het kind is niet gewend om te denken en praten in termen van gevoelens, bijvoorbeeld doordat daar in het gezin weinig aandacht voor is. Het idee dat gevoelens uit de lucht komen vallen kan het diagnostisch onderzoek belemmeren. Er zal dan eerst aan psycho-educatie gedaan moeten worden over het verband tussen gebeurtenissen en gevoelens, wil het kind in staat zijn om verbanden te gaan leggen en gevoelens te leren onderkennen (zie hiervoor Vernon, 1989).

Ad 3
In het geval van psychosomatiek of spanningsklachten gaat er soms zoveel energie zitten in het onder controle krijgen en houden van de fysieke klachten dat er weinig ruimte is voor het kind om zelfstandig verbanden tussen gebeurtenis en gevoel te ontdekken. Bij minder ernstige somatische klachten zoals buik- en hoofdpijn bij schoolfobische klachten is het verband gemakkelijker te leggen. Maar ook dan is het kind soms echt overtuigd van de somatische aard van de klacht. Bij ernstiger vormen van psychosomatiek is het doorgaans aangewezen

om het gezinssysteem bij de diagnostiek te betrekken, om meer aanwijzingen te krijgen over de 'ziekmakende' elementen in het systeem. Het verband tussen gevoel en gebeurtenis zal slechts stukje bij beetje duidelijk worden voor het kind of voor het gezinssysteem.

Ad 4

Soms is het in het voordeel van het kind om het verband níet te leggen. Een adolescent die zegt plotseling driftaanvallen te krijgen, pleit zichzelf daarmee vrij van verantwoordelijkheid voor het eigen gedrag en gevoel. Als iets je overvalt, kun je er immers niks aan doen. Een tienermeisje dat gedeprimeerd en zielig op haar kamer zit, zonder te willen investeren in het zoeken naar aanleidingen en oorzaken van haar gedrag, hoeft niet echt de confrontatie aan met de volwassen wereld waar ze naartoe moet groeien. De boodschap is: 'Ik voel me gewoon niet goed, daar kan niemand wat aan doen en het heeft ook nergens mee te maken.'

Psycho-educatie, zelfonthulling en andere vormen van informatie zijn soms nodig alvorens diagnostische relaties tussen gevoelens en gebeurtenissen gelegd kunnen worden.

In dit hoofdstuk ging het om gebeurtenissen en gevoelens. Het kind of het gezin zal echter niet per definitie beginnen met het verstrekken van juist deze informatie aan de therapeut. Sommige kinderen lijken zelf nergens last van te hebben, maar houden er ideeën op na waarmee zij in problemen kunnen komen. Paolo uit paragraaf 5.3.1 vindt dat hij degene moet zijn die zijn zusje een lesje moet leren. Wanneer Paolo dit op anderen dan op zijn zusje gaat toepassen, kunnen de problemen voor hem danig toenemen. De gedachten kunnen dan als aanknopingspunt dienen om er gebeurtenissen, gevoelens en gedragingen bij te gaan zoeken.

Bij weer andere kinderen staat juist het gedrag op de voorgrond of melden de ouders het kind aan vanwege de gevolgen van het gedrag. Hierover gaat het volgende hoofdstuk.

6 Onderzoek van gedrag en de gevolgen van gedrag

6.1 Inleiding

Het kind moet zelf enig idee ontwikkelen over de (dis)functionaliteit van zijn gedrag, wil het bereid en in staat zijn om structurele veranderingen tot stand te brengen. Hoe beter de therapeut de variaties in de gedragingen van het kind kent, hoe beter hij het gedrag klinisch gezien kan inschatten en ideeën kan ontwikkelen over de te volgen behandelingsstrategie.
Door de juiste vragen te stellen krijgen therapeut en cliënt een goed beeld van hoe het gedrag georganiseerd is en welk gedrag voordelig, welk gedrag nadelig is voor het kind.
Bij het onderzoeken van gevoelens van het kind heeft de therapeut weinig informatie van de ouders nodig. Voor het onderzoek van gedrag is men wel meer aangewezen op informatie van de ouders en leerkrachten. Hierbij kunnen reguliere vragenlijsten gebruikt worden (zoals de CBCL).
Gedrag kan (analoog aan par. 5.3.1) uitgebreid of gefocust bestudeerd worden. We splitsen dit verschil in aanpak niet meer uit, omdat we menen dat een ieder na het lezen van paragraaf 5.3.1 zelf de 'vertaalslag' naar gedrag kan maken. Het komt erop neer dat men in de uitgebreide aanpak, direct aansluitend informatie over gevoel, gegevens over gedrag opvraagt. Dit doet de therapeut dan consequent voor de verschillende gevoelsgebieden. Pas als alle gegevens zijn verzameld en er een totaalplaatje is verkregen van welke gedragingen bij welke gevoelens een rol spelen en daarmee zowel de gedragsvaardigheden als de tekortkomingen duidelijk zijn geworden, worden er keuzes gemaakt ten aanzien van interventies.
Bij de gefocuste aanpak gaat de therapeut veel sneller over tot interventies. Eén duidelijk voorbeeld van disfunctioneel gedrag kan voldoende zijn om samen met de cliënt een doel te stellen in het kader van gedragsverandering.

Bij het onderzoek naar gedrag wil de therapeut:
- het verschil tussen functioneel en disfunctioneel gedrag helder krijgen;
- weten of er gedragsalternatieven zijn of dat er maar één manier van reageren is;
- weten of het kind de consequenties van zijn gedrag kan overzien;
- weten hoe het kind en de ouders het gedrag evalueren.

Gedrag is disfunctioneel als:
- het niet in de juiste verhouding staat tot de gebeurtenis;
- de cliënt zichzelf ermee tekort doet, belemmert of beperkt (op korte of lange termijn) of als het schadelijk is voor de cliënt;
- het nadelig of schadelijk is voor anderen in de omgeving van de cliënt (op korte of lange termijn).

6.2 Op zoek naar verschillende gedragspatronen

De therapeut en de cliënt moeten er overeenstemming over bereiken of gedrag disfunctioneel is. Daarvoor moet het gedrag onderzocht worden met betrekking tot verschillende situaties. Soms maakt een kind ongeveer dezelfde situaties mee, maar laat het toch verschillend gedrag zien in die situaties. Het is van belang of een kind uitsluitend een en dezelfde reactiemogelijkheid heeft of dat het over meerdere reactiepatronen beschikt, maar geneigd is om vooral terug te vallen op één gedragsalternatief.

Voorbeeld Bart, 15 jaar: woedeproblematiek

T: Oké, je bent dus regelmatig woedend (gevoel) als je het idee hebt dat je oneerlijk behandeld wordt. In het voorbeeld dat je net vertelde, loop je weg (gedrag) omdat je zo woedend bent. Heb je een voorbeeld van een situatie waarin je ook oneerlijk behandeld bent, en niet bent weggelopen maar iets anders deed?

C: Ja (noemt een vrijwel identiek voorbeeld) en toen heb ik het met die gozer uitgepraat.

T: Wat doe je nog meer als je oneerlijk behandeld wordt of denkt dat je oneerlijk behandeld wordt?

C: (stilte.)

T: Sla je ook wel eens?

C: Ja, of ik scheld of ik neem wraak.

T: Oké, wat nog meer?

C: Nou, ik pak ze wel eens terug.

T: Wat is het verschil tussen terugpakken en wraak nemen?

C: Nou, terugpakken is open en met een lach weet je, het ze even laten voelen en wraak nemen is gewoon gemeen.

T: Oké, ik ga straks nog wat voorbeelden vragen van wat je dan precies doet dat je gemeen vindt. Wat zijn er nog meer voor mogelijkheden; wat doe je nog meer?

C: Soms ga ik even stoeien, dan ben ik het ook kwijt.

T: Wacht even, bedoel je dat het vóórkomt dat je oneerlijk behandeld wordt en dat je dan gaat stoeien?

C: Nee, stoeien is bijvoorbeeld als mijn broertje zit te treiteren aan tafel. Daar kan ik me soms ook vreselijk kwaad over maken, maar soms ook niet. Dan laat ik hem maar en gaan we na het eten een partijtje stoeien, dan lok ik hem een beetje uit want ik ben toch sterker.

T: Maar dat laatste, dat stoeien, lijkt me wel leuk, of niet?

C: Ja, meestal wel.

T: We laten dat als voorbeeld er nu even buiten, omdat het geen voorbeeld is van iets wat oneerlijk is. Het heeft wel met boosheid te maken, dus we onthouden deze wel voor als we hem nodig hebben.

T: Even kijken – wat hebben we nu al voor verschillend gedrag gezien? (T loopt naar het bord en maakt een lijstje:)
Ik word oneerlijk behandeld en daar kan ik als volgt op reageren:

weglopen
uitpraten
schelden
terugpakken
wraak nemen

T: Oké, dat is alvast belangrijke informatie. Er zijn vast nog meer mogelijkheden, maar dit is wat jij nu in je pakket hebt. Dat is mooi, je hebt al een hoop verschillende mogelijkheden om met je woede om te gaan.
Eens even denken, hoe gaan we hiermee verder? We kunnen twee dingen doen. We kunnen de lijst verder invullen met gedrag dat jij niet hebt, maar dat ook tot de mogelijkheden behoort, bijvoorbeeld wat anderen, ik bijvoorbeeld, zoal doen als ze oneerlijk behandeld worden. Of we kunnen een begin maken met te kijken welke van deze vijf gedragingen jij het liefste kiest en waarom. Wat levert jou het meeste op? Zeg het maar, hoe wil je verder?

Voor de diagnostiek en de verdere aanpak van het probleem is het van belang om de vijf gedragingen die Bart noemt per punt tegen het licht van de drie criteria voor disfunctionaliteit te houden. Weglopen is bijvoorbeeld niet per se disfunctioneel. Het hangt ervan af wat zich precies voordoet en hoe de succeskansen van een andere strategie worden ingeschat.
Bij wijze van oefening leggen we de drie criteria langs het gedrag weglopen.

- Staat het gedrag in verhouding tot de gebeurtenis?
  Weglopen als je oneerlijk behandeld bent door een jongen die lid is van een 'gang' waarvan je veronderstelt dat er grotere moeilijkheden ontstaan als je het gaat uitpraten, is geen disfunctioneel gedrag.
  Weglopen als je oneerlijk behandeld bent door je moeder die gaat huilen op het moment dat je het met haar wilt uitpraten, is wel disfunctioneel.
- Is het gedrag schadelijk voor de cliënt?
  Dat is niet helemaal duidelijk bij weglopen bij de 'gang-knul'. Het weglopen kan schadelijk zijn, als de 'gang' het ziet als laf gedrag dat bestraft moet worden. Het kan ook behulpzaam zijn, wanneer de gang het interpreteert als teken van hun macht.
  Weglopen bij een huilende moeder kan schadelijk zijn, als het kind dat doet om de moeder te beschermen voor zijn woede.
- Is het gedrag schadelijk voor derden?
  Weglopen bij de gang is vermoedelijk niet schadelijk voor derden, maar eerder handhaving van de status quo van de gang.
  Weglopen bij de huilende moeder is in die zin schadelijk voor de moeder dat die bevestigd krijgt dat ze het niet aankan en dat ze niet serieus genomen wordt door haar kind.

De emotie, die in beide wegloopvoorbeelden hetzelfde is, namelijk woede, blijft evenwel inadequaat. Inadequaat gevoel kan dus samenhangen met disfunctioneel gedrag, maar dat hoeft niet per se. Ook al is het gedrag gezien de situatie functioneel (zoals weglopen bij de gang), de woede als zodanig verdient toch aandacht omdat die in onopgeloste vorm een rol kan blijven spelen en bijvoorbeeld 'terugpakgedrag' in gang kan zetten.
De therapeut moet de relatie tussen het gevoel en het gedrag goed in de gaten houden. Wanneer er een duidelijke A is geformuleerd, is dat doorgaans niet moeilijk.

Nog een voorbeeld van het opvragen en onderscheiden van gedrag: Minou.

Minou, 16 jaar, heeft depressieve klachten en een hoog schoolverzuim. Ze hangt erg aan haar moeder, maar het is niet duidelijk in hoeverre dat gedrag aangepakt moet worden.

C: Ik vind het gewoon het lekkerst om thuis te zijn.

T: Noem eens een voorbeeld wanneer je liever thuis bent dan ergens anders.

C: Ik ben natuurlijk zo'n moeilijke eter en dan ga je niet graag ergens anders eten.

T: Hoezo niet?

C: Nou ja, als je dan de hele tijd moet zeggen dat je iets niet lust, of je eet niet veel, dat is natuurlijk niet leuk voor die mensen waar je dan bent.

T: En daarom blijf je lekker thuis, want thuis vinden ze het niet erg dat je een moeilijke eter bent.

C: Nou, mijn moeder niet, maar mijn vader wel, die zegt er altijd wat van, dat ik niet zo flauw moet doen en zo, en dan is hij vaak ook nijdig tegenover mijn moeder als ze apart voor mij heeft gekookt. Maar ja, ik heb nou eenmaal een zwakke maag, daar kan ik ook niks aan doen.

T: Dus het is de vraag of het nou wel zo handig is dat je niet bij vriendinnetjes wil eten.

C: Hoezo?

T: Nou, misschien krijg je bij je vriendinnetjes commentaar, maar thuis krijg je ook commentaar, van je vader. Is dat niet een beetje hetzelfde?

C: Een beetje wel ja.

T: Zo wil ik meer dingen die jij doet onder de loep nemen en kijken of dat nu handig is of niet. Als we daar een beetje beter zicht op hebben, kunnen we zien of je daar iets aan wilt veranderen. Je moeder vertelde bijvoorbeeld ook dat je het van jongs af aan niet gemakkelijk vond om te gaan logeren en dat je nu bijvoorbeeld niet mee zult gaan naar een schoolkamp.

C: Ja, binnenkort gaan ze naar Engeland van school. Ik moet er niet aan denken dat ik daar zit. Ik wil dan gewoon thuis zijn.

T: Zullen we daarvan eens kijken wat daar nu handig en niet handig aan is?

C: Ik zie er niks verkeerds aan.

T: Nee, verkeerd is ook niet het goede woord, maar hoe lang ben je van plan bij je ouders te blijven wonen?

C: Zo lang als nodig is. Ik weet niet.

T: Dat kan dan lang gaan duren, want dit soort gedrag gaat meestal niet vanzelf over. Dingen zonder je ouders te kunnen doen vraagt enige oefening. Misschien dat er vroeger in dat oefenen iets is misgegaan. Dat zouden we eens kunnen navragen bij je ouders.

C: Ik wilde vroeger ook al nooit uit logeren, dat weet ik nog goed (en beschrijft een pregnant voorbeeld).

T: Zou je nu ook helemaal nergens gaan logeren? Is er helemaal niemand die daarvoor in aanmerking komt?

C: Nee.

T: Wat wil je straks gaan studeren?

C: Iets wat met gezondheid te maken heeft of met voeding of zo.

T: Dus, stel je voor, je wilt naar gezondheidswetenschappen in Maastricht of voedingsmiddelentechnologie in Delft of diëtetiek in Den Haag?

C: O nee, niet naar Maastricht. Ik kies iets wat dicht bij huis is.

Het gedrag van Minou is in principe niet functioneel, omdat het niet in verhouding staat tot de gebeurtenis. Meisjes van zestien jaar kunnen best in staat worden geacht met klasgenoten naar Engeland te gaan. Het is ook niet functioneel omdat het schadelijk is voor haarzelf: het belemmert haar in haar mogelijkheden om vriendschappen te verdiepen en zich los te maken van haar gezin en ze belemmert zichzelf in haar vrijheid van studiekeuze.
Daar waar in het voorbeeld van Bart verschillende gedragsalternatieven beschikbaar waren, lijkt het er bij Minou op dat er een overheersende strategie is, namelijk 'niet te ver van moeders schoot'.

6.3 Consequenties van gedrag

Paolo (uit par. 5.3.1) slaat zijn zusje. We willen er zicht op krijgen of Paolo de consequenties van zijn gedrag voor anderen en voor zichzelf kan overzien.

T: Ik wil er met jou even over doorpraten wat de gevolgen zijn van het slaan van je zusje, want ik snap inmiddels waarom je dat doet.
Eén gevolg heb je al genoemd. Het werkt namelijk op korte termijn wel, want je zus houdt er op dat moment mee op het stomme of nare gedrag te vertonen dat zij dan laat zien. Dat is dus een positief gevolg zou je kunnen zeggen. In ieder geval is het de reden waarom jij slaat. Je wilt dat het ophoudt en dat lukt.
Laten we eens brainstormen over wat de gevolgen nog meer zijn of kunnen zijn.
C: (kijkt onwelwillend en vragend.)
T: Hoe lang sla je haar al?
C: Al een poos.
T: En ben je in de loop van de tijd meer of minder gaan slaan?
C: Vaker.
T: Dat zou inhouden dat haar gedrag dus niet verbeterd is over de hele linie, want anders zou jij niet vaker hoeven slaan.
C: Mm.
T: Je zei dat wat je graag wilt is dat zij ervan leert. Maar als ik het zo hoor, reageert zij wel op de korte termijn maar lijkt het alsof het in de loop van de tijd nog niet veel geholpen heeft, want je bent vaker gaan slaan. Als je haar met slaan dus al een lesje geleerd had, zou je nu eigenlijk niet meer hoeven slaan, dus iets klopt er niet.
C: Mm.
T: Wat zou nog meer het gevolg kunnen zijn?
Hoe kijkt je moeder ertegenaan dat je je zusje slaat?
C: Die vindt dat niks, roept ook altijd hysterisch 'niet doen, niet doen, stop ermee', maar verder doet ze niks. *Zij* zou haar moeten aanpakken, maar ze laat alles maar gebeuren.
T: Dat is een goede gedachte die je daar hebt, dat *zij* het probleem van het gedrag van je zusje moet aanpakken. Maar als jij nou zo ingrijpt, dan is het gevolg dat zij dat niet hoeft te doen. Dan hoeft zij alleen maar hysterisch te gaan staan gillen. En hoe is dat voor jou, als zij staat te gillen?
C: Walgelijk, daar krijg ik wel zo'n sik van.
T: Dus jij doet iets wat niet jouw taak is en een gevolg is dat degene die het moet doen iets gaat doen wat bij jou afschuw opwekt.
Even kijken – wat nog meer aan gevolgen?

Er zijn uiteraard nog veel meer invalshoeken om de korte- en langetermijngevolgen na te vragen. De kunst bij het opvragen is, om steeds nauw aan te sluiten bij de reële voorbeelden van de cliënt.

In de voorbeelden wordt duidelijk dat de cliënt aan het denken wordt gezet door de manier van vragen, zonder dat er al 'commitment' gevraagd wordt om veranderingen in zijn gedrag aan te brengen. Prognostisch gezien is het van belang te zien hoe de cliënt reageert op deze manier van vragen. Zal het hem allemaal een zorg zijn wat de gevolgen zijn en moeten we aan een verstoorde gewetensvorming (antisociale trekken) denken? Vertoont het kind weerstand om over de gevolgen na te denken, maar is het tevens in staat om dat desgevraagd toch te doen? Reageert het kind verrast bij de vragen en komt het daardoor al tot bepaalde inzichten?

Nog een voorbeeld: Mirjam.

Mirjam (15 jaar) heeft al geruime tijd last van depressieve klachten. Zij komt de deur niet meer uit, belt niemand meer op en is zeer inactief geworden. Samen zetten we op een rijtje wat de consequenties zijn van haar gedrag.

T: Wat is het gevolg van jouw terugtrekgedrag?

C: Ik ben steeds vaker alleen.

T: Wat nog meer?

C: Ik doe steeds minder leuke dingen? Nou, meer weet ik niet.

T: Hoe ga je over jezelf denken als je steeds minder doet?

C: (stilte) Ik vind mezelf een *loser*, omdat ik niets meer afmaak en niets meer durf.

T: Dat lijkt me heel vervelend om zo negatief over jezelf te denken. En als je zo denkt, hoe ga je je dan voelen als je wel contact hebt met anderen?

C: Ik kan me niet voorstellen dat zij mij leuk vinden en ik durf ook niet meer te bellen of weer eens langs te gaan.

T: Dus je zelfvertrouwen wordt minder, maar ook je vertrouwen in anderen?

C: Ja precies.

T: Eigenlijk zijn dit allemaal negatieve consequenties die we nu zo hebben opgeschreven, zie je dat? Dat is eigenlijk wel gek, want als iets alleen maar vervelend is dan blijkt dat wij mensen precies zijn als dieren en ermee stoppen. Er moet dus ergens ook nog iets positief zijn aan wat jij doet, anders zou je het niet doen. Wat zou dat kunnen wezen?

C: Ik zou het niet weten!

T: Zou het kunnen zijn dat het wel heel eenzaam en depri is zoals je het nu aanpakt, maar ook heel veilig? Ik bedoel dat je zo helemaal geen risico's hoeft te nemen.

C: Tja, dat is wel waar.

T: Met andere woorden: jezelf helemaal terugtrekken is ook een manier van vermijden van moeilijke dingen of zaken waar je onzeker over bent. Dat zou wel eens de reden kunnen zijn waarom je het zo lang volhoudt.

C: Ja. (zucht.)

In dit laatste voorbeeld wordt geïllustreerd hoe bij het vragen naar gevolgen een link gelegd kan worden naar het zelfbeeld en naar de invloed op de relaties met anderen. De plussen en minnen kunnen uitgediept en gewogen worden naar kortetermijneffecten en langetermijneffecten. Op deze manier kan de adolescent een beter inzicht krijgen in hoe het verder kan gaan als hij of zij niets onderneemt om te veranderen.

6.4 Hoe beoordelen kind en ouders het gedrag?

Uiteraard moet eerst het gedrag duidelijk zijn om naar de beoordeling ervan te kunnen vragen. Soms moet er expliciet gevraagd worden hoe het kind het gedrag ziet, maar het wordt vaak ook vanzelf duidelijk in het gesprek. In bovenstaand voorbeeld beoordeelt Minou (uit par. 6.2) haar gedrag als niet verkeerd.
In het voorbeeld van Paolo beoordeelt hij het slaan van zijn zusje als goed, omdat hij denkt dat hij zijn zusje daarmee iets kan leren.
Wanneer het kind zijn gedrag als positief of als functioneel ziet, zal het weinig gemotiveerd zijn om te veranderen.
In de diagnostische fase wil de therapeut weten of zijn professionele inschatting van de functionaliteit of disfunctionaliteit van het gedrag overeenkomt met de beoordeling van het kind en de ouders van het gedrag.
Als er geen overeenstemming is, zullen de interventies zich eerst daarop moeten richten in plaats van op gedragsverandering. Als er wel overeenstemming is, kan eerder gefocust worden op gedragsverandering.

Enkele voorbeelden.

Anouks vader klaagt erover dat Anouk (13 jaar) seksueel te actief is.

T: Wat bedoelt je vader dan als hij zegt dat je te veel met seksualiteit bezig bent?
C: Ik heb een vriendje gehad van 21, en dat vond hij niks.
T: En wat deed je met dat vriendje?
C: Nou, niks bijzonders, ik zorg wel dat er niks gebeurt! Ik heb dat vriendje nu toch niet meer.
T: Hoe gaat het bijvoorbeeld in zijn werk als jij uitgaat? Jij bent een aantrekkelijke meid, en er wordt gedronken en zo. Hoe doen die jongens met jou? (T noemt vervolgens wat sprekende voorbeelden uit haar eigen puberteit en vraagt:) Ken je dat soort gedrag van jongens?
C: Ja, van het weekend nog. Toen liep ik langs een bankje en toen greep er één in mijn doos. Dan pak ik die hand weg en loop ik gewoon door; doe ik net of er niks is gebeurd.
T: En wat vind je daarvan, hoe jij dan doet?
C: Wel goed, als je net doet of je gek bent houden ze er meestal mee op. Hoe meer je tegensputtert, hoe meer ze je pakken.
T: Heb je al eens iets meegemaakt wat je niet wilde maar dat toch gebeurde, op seksueel gebied? (T noemt weer eigen voorbeelden uit het verleden.)
C: (zonder aarzeling) Nee, zoiets heb ik niet gehad.
T: Is er wel eens iets gebeurd wat je niet kon stoppen?
C: Nee.

T: Vind je het gek dat ik die dingen zo noem en vraag?

C: Beetje wel.

T: Het gaat er natuurlijk om dat ik wil weten hoe jij je ten opzichte van jongens gedraagt en of je je sterk genoeg kunt tonen. Je vader wil natuurlijk niet dat je risico's loopt, want je bent een aantrekkelijke meid. Ik wil meedenken of je risico's loopt. Wat ben jij in staat om te doen en laten? Ik weet dat je thuis wel een grote mond kunt opentrekken, maar of je ook jongens van je lijf af kunt houden als jij dat wilt, is een ander verhaal.

C: (lacht) Maar ik laat echt niet iets gebeuren wat ik niet wil! Ik ga heus niet met een jongen naar bed!

T: En dat verhaal dan van je vader dat je dacht dat je zwanger was?

C: (woest) Wat heeft hij gezegd? Ik ben niet met die jongen naar bed geweest!

T: Ho, ho, dat zeg ik ook niet. Dat zei hij ook niet. Hij vertelde het mij tussen neus en lippen door en ik heb aan hem niet verder gevraagd omdat ik van jou wil weten wat dat betekent voor jou.

C: (krijgt een hoogrode kleur) Ik heb alleen maar gevraagd aan mijn vader of je ... nou ja ...

T: Zal ik een gok doen?

C: Ja.

T: Heb je hem afgetrokken?

C: Ja.

T: Was je bezorgd dat er sperma bij je vagina in de buurt was gekomen?

C: (nog steeds hoogrood) Ja.

T: Heeft je vader duidelijk geantwoord op je vraag?

C: Ja.

T: Wat goed dat je, als je iets niet zeker weet, dat aan je vader vraagt. Zal ik nog eens uitleggen hoe het zit, zodat jij kunt checken of je echt alle juiste informatie hebt?

Vervolgens gaat de therapeute weer in op Anouks beoordeling van haar gedrag (wat vindt ze ervan dat ze die jongen heeft afgetrokken) en vraagt verder wat voor en hoe vaak seksuele activiteiten plaatsvinden.

Voor de behandelfase moet het eerst duidelijk worden of wat Anouk doet schadelijk kan zijn voor haar en wat haar vader ervan vindt dat zij seksueel actief is. De therapeute komt samen met Anouk tot de conclusie dat ze weliswaar aan de vroege kant is met haar seksuele activiteiten, maar dat zij geen risico loopt omdat ze goed in staat lijkt zichzelf te beschermen. De vader bleek wel enige moeite te hebben met haar seksuele activiteit, maar geloofde eveneens dat zij goed in staat was zichzelf te beschermen. Hij respecteerde haar openheid en stelde als grens dat haar schoolwerk er niet onder mocht lijden. Dat bleek geenszins het geval, en zodoende werd dit geen behandelonderwerp, maar wel een onderwerp dat door de therapeute uit preventief oogpunt geregeld op de agenda werd teruggebracht.

Het vervolg van Minou: haar moeder (M) is uitgenodigd bij het laatste deel van het gesprek.

T: We hebben een aantal dingen onderzocht vanuit de vraag of Minou wat te veel aan thuis hangt ja of nee, en of dat te maken kan hebben met het klachtenpatroon; de depressies en het obsessief denken aan eten. We hebben hier een aantal dingen op het bord geschreven, zoals bij een vriendinnetje eten en in Maastricht willen studeren.

C: (grappend) Ja mam, ik heb bedacht dat ik gezondheidswetenschappen in Maastricht wil studeren.

M: (heeft niet door dat het een grap is) WAT? Maastricht? Nee toch!

C: (lachend) Nee hoor mam, dat is een grap, ik wil het juist niet, heb ik gezegd.

M: O hemel, zeg! (lacht).

T: Nou, dat maakt wel meteen duidelijk wat u ervan vindt als ze dat echt zou doen.

M: Ja, vreselijk! Maar dat is toch niet zo gek, dat vindt elke ouder toch vreselijk!

T: Nou, dat denkt u kennelijk, en dat is wel interessant. Daar komen we nog op terug. Ik wil graag ook van u weten wat u ervan vindt dat Minou niet bij vriendinnetjes blijft eten.

M: Ja, Minou is altijd al een moeilijke eter geweest. Ik snap dat wel, dat is natuurlijk ook niet zo leuk als je niet gewoon kunt meedoen. En eerlijk gezegd, ik heb de kinderen ook het liefste allemaal thuis aan tafel. Een heerlijk moment van de dag.

Moeder beoordeelt het gedrag van haar dochter op dezelfde manier als Minou. Op dit punt lijken beiden nog geen disfunctionaliteit van het gedrag van Minou te onderkennen, terwijl de therapeut daar kennelijk anders tegenaan kijkt. Wil er behandeld kunnen worden op losmakingsgebied, dan moeten de visie van de moeder en die van Minou op het gedrag eerst in overeenstemming worden gebracht met die van de therapeute. Wil de moeder dat Minou leert om bij anderen te eten? Waarom wil ze dat wel en waarom niet? Wat zijn de consequenties als Minou dat niet leert? Hoe ziet moeder de toekomst op wat langere termijn als het gaat om Minou's zelfstandigheid?

Het uit elkaar halen van de verschillende niveaus van ABC's die een rol spelen in de problematiek, maakt duidelijk waar het eerst aan gewerkt moet worden (zie ook par. 7.7.3). Bij Minou denken moeder en dochter dat Minou 'gewoon een zwakke maag heeft' en dat ze daarom moeilijk eet. Op niveau 1 hebben ze het moeilijke eten niet in verband gebracht met eventuele spanningen en belastende situaties. Er bleek echter geen medische ondersteuning voor het idee dat er fysiologisch gezien iets niet goed zou zijn. Op niveau 1 zijn de situatie en het gevoel dus niet in te vullen, maar de therapeute veronderstelt spanning gerelateerd aan sociale situaties. Op niveau 2 ziet het plaatje er uit als hierna geschetst.

A: ?
C: ? → moeilijk eten
B: Ik heb een zwakke maag.

→ A2: Ik eet moeilijk.
C2: schaamte en angst → thuisblijven
B2: Het is niet leuk voor anderen als ik zo moeilijk doe met eten. Ik moet niet moeilijk doen.
Wat zullen anderen daar wel niet van denken? Als ze niet zien wat ik voor raars heb, dan vinden ze mij nog wel oké. Ze moeten me oké vinden.

→ A3: Ik blijf thuis.
C3: deels een oké-gevoel; deels verdere psychosomatisering van de klachten; depressie → aanklampen van moeder
B3: Goed dat ik niemand lastig val!
Fijn voor mama, want die wil ons graag om zich heen.
Hoe moet ik mijn eetprobleem en rotgevoelens nou oplossen? Ik weet het niet. Mijn moeder moet mij de weg wijzen.

De ABC's van moeder ondersteunen op het eerste en het tweede niveau die van Minou. Over het thuisblijven van Minou heeft moeder echter gemengde gevoelens. Enerzijds ziet ze thuisblijven als 'fijn, ik heb ze ook het liefste allemaal thuis aan tafel'. Anderzijds ziet ze dat Minou zich niet beter gaat voelen door het thuisblijven en voelt ze zich hopelozer worden naarmate ze het aanklampende gedrag van Minou minder kan sturen. Interventies zullen zich op de verschillende niveaus moeten richten, waarbij de positieve en negatieve evaluaties van de moeder van het aanklampende gedrag van Minou wellicht als eerste aan de orde moeten komen.

7 Onderzoek van gedachten

7.1 Inleiding

In de ontwikkeling van de cognitieve psychotherapie bestaan globaal gezien twee benaderingen van het onderzoek van de gedachten. De ene richting (oorspronkelijk de richting-Beck) komt in feite neer op de vraag 'hoe neemt de cliënt waar en wat voor gevolgen heeft dat voor het functioneren van de cliënt?' Het onderzoek is gericht op waarnemingsprocessen, de interventies op het corrigeren van niet-juiste waarnemingen en gevolgtrekkingen.
De tweede benadering is van oorsprong meer gericht op het opsporen van de irrationele gedachten (oorspronkelijk de richting-Ellis). De veronderstelling hierbij is dat verstoorde perceptuele processen (zoals selectief waarnemen) het gevolg zijn van irrationele kerncognities. Het onderzoek van gedachten is vanuit deze benadering meer gericht op de denkinhouden, waarbij de verstoring van de waarneming 'en passant' wordt meegenomen.
In de hedendaagse cognitieve gedragsaanpak lijkt in dit opzicht convergentie plaats te vinden. De irrationele kerncognities van de cliënt worden door een steeds groter wordende groep gezien als een belangrijke sturende factor voor gedrag en worden daarom steeds vaker centraal gesteld in behandelingen.

Het onderzoek naar de gedachten centreert zich rondom de volgende punten:

1 waarneming;
2 gevolgtrekkingen: interpretaties, attributies, veronderstellingen;
3 evaluaties;
4 kerncognities.

In de manier van onderzoekend vragen heeft de therapeut deze categorieën in het achterhoofd. In de dialoogvoering komt de informatie over deze vier categorieën naar voren. In het voorbeeld hierna, van Hans, geven we aan of de vraag van de therapeute specifiek bedoeld is om een van de vier categorieën helder te krijgen. Bij het antwoord van de cliënt geven we aan of dat binnen een van deze categorieën valt.

Hans (14 jaar, tweede klas MAVO) is aangemeld door een leerkracht wegens agressief gedrag op school waardoor hij van school gestuurd dreigt te worden.

T:	Dus als die lerares het moeilijk krijgt in de klas dan roept ze maar wat?	(formuleren van de A)
C:	Ze heeft de pik op mij.	(interpretatie)
T:	Ze heeft het altijd op jou gemunt?	(waarneming)
C:	Ze doet gewoon kleinerend.	(interpretatie)
T:	Hoe doet ze precies als ze kleinerend doet?	(waarneming)

C:	Ze kijkt dan met die prikoogjes en gebiedt je de klas uit te gaan.	
T:	En hoezo is dat kleinerend dan?	(waarneming/interpretatie)
C:	Ze behandelt je als een klein kind!	(interpretatie)
T:	En wat vind jij daarvan dat ze zo doet?	(evaluatie)
C:	Gewoon debiel! Je kan zoiets toch wel normaal zeggen!	(evaluatie)
T:	Wat is er dan zo debiel aan?	(opzetje doorvragen naar kerncognities)
C:	Ik laat me toch niet als een klein kind behandelen!	
T:	Want ...	
C:	Ze moet niet denken dat ze zo tegen me kan doen.	
T:	Want stel je voor dat zij wel denkt dat ze zo tegen je kan doen, en dat denkt ze ook, want ze doet het!	
C:	Ik laat me zo niet behandelen.	
T:	Want iemand die zich wel als een klein kind de klas uit laat sturen is een ...	
C:	Lul.	
T:	Dus jouw idee is: ik moet me niet als een klein kind de klas uit laten sturen want dan ben ik een lul.	(formulering kerncognitie)

7.2 Waarneming

Vragen die zich specifiek op waarneming richten, blijken al enigszins uit de voorbeelddialoog hierboven:

- Waar blijkt dat uit?
- Hoe zie je dat?
- Zien anderen dat ook?
- Is dat nou iets wat je kunt zien, wat ik ook zou kunnen zien of is dat meer iets wat jij zo ervaart of voelt?
- Zou iedereen dat zeggen of vinden?
- Is dat altijd zo?
- Weet je dat zeker?
- Heb je dat gevraagd?
- Heeft iemand je dat gezegd?

Deze vragen kunnen op twee manieren gebruikt worden: ter verdieping en ter correctie.
Het zijn dus niet uitsluitend diagnostische vragen. Ze kunnen ook dienst doen bij de interventies (zie deel 3, hoofdstuk 8). Op deze plaats willen we laten zien hoe met deze vragen meer informatie verkregen kan worden over de waarneming van de cliënt.

De dialoog met Hans kan een andere wending krijgen als de therapeute meer informatie wil hebben over hoe Hans gebeurtenissen waarneemt:

T:	Dus als die lerares het moeilijk krijgt in de klas, dan roept ze maar wat?	(formuleren van de A)
C:	Ze heeft de pik op mij.	(interpretatie)
T:	Ze heeft het altijd op jou gemunt?	(waarneming)
C:	Ze doet gewoon kleinerend.	(interpretatie)
T:	Daar kom ik zo op terug, maar eerst wil ik weten, hoe weet je dat ze het op jou gemunt heeft?	
C:	Ze moet mij altijd hebben, als er iets is in de klas word ik eruitgezet.	
T:	En anderen worden nooit eruitgezet?	
C:	Ook wel eens, maar veel minder.	
T:	Oké, dus jij hebt wel een bijzondere positie bij haar.	(alternatieve interpretatie)
C:	Dat zou je wel kunnen zeggen, ja.	
T:	Maar hoezo heeft ze het op jou gemunt? Want dat is wel een speciaal woord, dat gebruik je niet zomaar. Denk je bijvoorbeeld dat ze doelbewust kansen afwacht tot ze jou weer kan pakken bijvoorbeeld?	(waarneming)
C:	Nee, dat denk ik niet.	
T:	Wat wel?	
C:	Ze moet me gewoon niet.	(interpretatie)
T:	Hoe komt dat denk je?	
C:	Omdat ik me niet zomaar door haar laat pakken. Ik ben niet onder de indruk van haar.	
T:	Dus je ziet haar niet al de hele tijd denken 'wanneer kan ik hem weer eens grijpen'?	(waarneming)
C:	Nee, het gebeurt meer vanzelf.	

De voorlopige conclusie van de therapeute zou zijn: de waarneming is waarschijnlijk behoorlijk intact, er moet eerder aan een interpretatiefout gedacht worden.

Stel nu dat Hans anders antwoordt, bijvoorbeeld:

T:	Maar hoezo heeft ze het op jou *gemunt*? Want dat is wel een speciaal woord, dat gebruik je niet zomaar. Denk je bijvoorbeeld dat ze doelbewust kansen afwacht tot ze jou weer kan pakken bijvoorbeeld?	(waarneming)
C:	Ja, dat denk ik. Ze is gewoon een ziek mens. Ze heeft geen vent en iedereen weet dat ze dat op de leerlingen afreageert. Zo'n oude vrijster die haar frustraties kwijt moet.	(interpretaties)
T:	Dus ze plant van tevoren de zaak zo dat ze je ergens tijdens de les kan pakken?	
C:	Ja, dat denk ik wel.	
T:	Waar leid je dat uit af? Waar zie je dat aan?	(waarneming)
C:	Ze houdt me eigenlijk de hele tijd vanuit haar ooghoeken in de gaten. Zelfs als ze op het bord schrijft, kijkt ze eigenlijk nog naar me.	

T: Hoe kan dat dan?
C: Via de ruit. Als ze schrijft, kan ze via de ruit aan de gangkant zien waar ik zit. Ze bespiedt je gewoon.

De voorlopige conclusie van de therapeut zou hier een andere zijn: de waarneming is mogelijk verstoord en de uitspraken van Hans doen aan fors wantrouwen denken. De kerncognities over zichzelf, anderen en de wereld zijn mogelijk rigide.

De interpretatie van de gegevens die betrekking hebben op het waarnemingsniveau is niet altijd gemakkelijk voor de diagnosticus/therapeut. Immers, al wat de cliënt vertelt over wat hij waarneemt, kan in principe ook waar zijn. Ook het laatste dat Hans vertelt, kan kloppen. Er zijn foute leerkrachten en wie weet is dit er één.
Soms is het relevant om bij een objectieve bron na te vragen of hetgeen de cliënt vertelt overeenkomt met de werkelijkheid. Maar dat is niet altijd mogelijk, bijvoorbeeld als dat de therapeutische relatie zou ondermijnen of wanneer de cliënt uitdrukkelijk niet wil dat erover gesproken wordt met anderen.
Voor de interventies is het van belang om het onderscheid tussen waarneming en interpretatie goed te maken, omdat men andere opdrachten en oefeningen meegeeft wanneer er waarnemingscorrecties moeten plaatsvinden dan wanneer er iets moet veranderen aan de interpretaties of aan de kerncognities gewerkt moet worden.

7.3 Gevolgtrekkingen: interpretaties, attributies, veronderstellingen

Voor de diagnostiek kijken we naar:
1 verkeerde gevolgtrekkingen naar aanleiding van dingen die een kind daadwerkelijk meegemaakt heeft;
2 verkeerde gevolgtrekkingen over dingen die het kind nu meemaakt;
3 verkeerde veronderstellingen over dingen die kunnen gaan gebeuren.

Voorbeelden bij 1

Annet (16 jaar) is aangemeld wegens schoolverzuim.
C: Als mijn ouders mij niet van mijn eigen school hadden afgehaald, was dit niet gebeurd. (externe attributie)
T: Wat was dan niet gebeurd?
C: Nou, dat ik veel wegblijf van school en dat ik slechte cijfers haal. Het is gewoon een stom gedoe daar. Op die andere school had ik het prima naar mijn zin en ik ben daar pas nog geweest en ze zeiden dat ik zo mag terugkomen.
T: Wat bedoel je nou precies als je zegt: ‘als mijn ouders me niet van mijn school hadden afgehaald was dit niet gebeurd’? Bedoel je dat je dan netjes je andere school had afgemaakt en geen problemen zou zijn tegengekomen?

C: Nou, niet helemaal.
T: Hoezo, niet helemaal? Het ging ook niet helemaal goed daar, of heb ik dat verkeerd begrepen?
C: Nee, dat klopt, maar als je ouders je tegen je wil in op een andere school zetten, dan is het toch logisch dat het mis gaat! (externe attributie)
T: Dat is een interessante conclusie die je daar trekt, die kunnen we verder onderzoeken.

Joost (12 jaar) heeft een ingrijpende operatie moeten ondergaan. Het is nog onduidelijk in hoeverre de fysieke klachten die hij heeft van blijvende of voorbijgaande aard zullen zijn. Veranderingen in het functioneren van Joost zijn: meer op zijn moeder leunen, weinig weerbaar in sociale situaties en meer strijd met zijn tweelingbroer dan voor de operatie. Joost is als gevolg van zijn langdurige afwezigheid op school blijven zitten.

T: Ik begrijp dat je moeder veel bij je geweest is in de ziekenhuisperiode.
C: Ja, iedereen wel. Ik heb me helemaal niet alleen gevoeld, maar mijn moeder was er toch het allermeeste.
T: En hoe vond je dat?
C: Wel fijn meestal.
T: Meestal ...?
C: Nou ja, ik denk dat ze zich soms wel een beetje verveelde en zo ... (interpretatie)
T: Vervelen?
C: Nou ja, meer van dat er thuis nog zoveel te doen was of dat mijn broertjes dan weer ergens heen moesten en dan belde ze wel met de buurvrouw bijvoorbeeld om te horen of het allemaal goed ging.
T: En wat vond je daarvan?
C: Wel goed eigenlijk want dan was ze toch weer gerust. (evaluatie)
T: Maakte ze zich bezorgd?
C: Dat denk ik wel, misschien dat mijn broertjes het niet naar hun zin hadden, of misschien dat ze dan ook thuis wilde zijn, ik weet het niet. (interpretatie)

Joost heeft zich eigen interpretaties gevormd op basis van het feit dat zijn moeder veel bij hem was. De interpretaties kunnen kloppen of onjuist zijn, dat kan gecheckt worden met de moeder, als dat in het belang is van de therapie.

Voorbeelden bij 2

Adriaan (acht jaar) heeft zojuist zijn rapport gekregen. Het is een prachtig rapport; alleen voor schrijven staat er een zes. Adriaan is somber en wil niet naar huis.
Een gesprekje met de leerkracht (L):

L: Wat is er Adriaan? Je hebt een prachtig rapport en je kijkt niet blij.
C: Het is helemaal geen prachtig rapport. (interpretatie)
L: Hoezo niet?

C: Er staat een zes op.
L: En ...?
C: Nou, dat is toch waardeloos! (evaluatie)
L: Hoezo?
C: (bevestigt nog eens) Waardeloos met tien o's; dat zegt mijn vader altijd.
L: Vind jij het zelf waardeloos of denk je dat je vader het waardeloos zal vinden?
C: Allebei!
L: En wat zal je vader precies waardeloos vinden?
C: Mijn rapport natuurlijk.

Adriaan maakt een overgeneralisatie: één zes maakt zijn hele rapport waardeloos. Daarbij denkt hij dat zijn vader dezelfde overgeneralisatie zal maken als hij. Dit kan een juiste of een onjuiste interpretatie zijn. Als deze leerkracht op de hoogte is van RET-principes kan hij met het oog op de cognitieve aspecten het gesprek met Adriaan verder voeren. Dit laten we zien in paragraaf 8.7.

Verkeerde gevolgtrekkingen kan het kind ook maken over de therapeut(e) of over wat er in de therapie gebeurt. Bij jonge kinderen zal dat veelal via de ouder teruggehoord kunnen worden. Het kan goed zijn om daar een gelegenheid voor te scheppen, bijvoorbeeld door moeder en kind de eerste tien minuten van een sessie samen te spreken. Bijvoorbeeld:

T: Zijn er nog bijzonderheden te melden naar aanleiding van de afgelopen bijeenkomst; of zijn er nog belangrijke dingen gebeurd deze week waar we zeker mee aan de slag moeten?
M: Lars zegt dat hij van u niet boos mag zijn op zijn vader en daar heb ik wel moeite mee, dus ik wilde eens vragen hoe dat zit. Want weet u .... (en noemt vervolgens een voorbeeld, een keer dat haar ex-man gezegd had dat hij Lars zou komen halen maar op het laatst afbelde).
T: Wat goed dat jullie dat even samen met mij willen bespreken want dat is een heel belangrijk punt. (Kijkt Lars aan.) Wat goed dat je verteld hebt waar we samen mee bezig zijn en wat jij ervan vindt.
M: Ja, want ik zeg natuurlijk: je mag best boos zijn, want bij ons geldt de regel 'beloofd is beloofd'. En als u dan iets anders gaat zeggen, ja ...
T: Ik ben het helemaal met u eens: 'beloofd is beloofd'. Dat moet je als ouder ook nastreven want daarmee behoud je het vertrouwen van je kind.
M: O, dat dacht ik ook.
T: En ik vind ook dat je best boos mag zijn als iemand zijn afspraak niet nakomt.
M: O, dat dacht ik ook.
C: (kijkt afwachtend, nieuwsgierig.)
T: Dus laten we maar eens even gedrieën kijken naar wat we precies willen met boosheid. Kun jij nog iets vertellen over hoe we de vorige keer over boosheid hebben gesproken, Lars?

Het is mogelijk dat het voor Lars nog niet helemaal duidelijk is wat het verschil tussen handige en onhandige boosheid is (dit was de focus van de vorige sessie).

Maar het is ook mogelijk dat Lars dat verschil wel duidelijk ziet, maar dat het opgeven van de onhandige boosheid impliceert dat hij zich meer aan zijn vader gaat binden, wat een bedreigende gedachte kan zijn voor de moeder. Het kan een veilig gevoel zijn voor de moeder wanneer haar kind net zo boos is op zijn vader als zij op haar ex-man.
Een onjuiste interpretatie bij een van de partijen over wat er in de therapie plaatsvindt, kan ontwrichtend werken. Het is zaak dat er zorgvuldig met dergelijke interpretaties omgegaan wordt.

Voorbeelden bij 3

Verkeerde veronderstellingen over dingen die kunnen gaan gebeuren worden soms door de cliënt zelf genoemd (voorbeeld Jules). Maar de therapeut kan ze ook aan de cliënt ontlokken (voorbeeld Lieke), om angsten die onder de oppervlakte een rol spelen naar boven te halen, bijvoorbeeld.
Die voorspellingen die het kind maakt, kunnen gebaseerd zijn op eerdere ervaringen zoals in het voorbeeld van Jules. Ze kunnen zelf verzonnen zijn, waarbij het onduidelijk blijft hoe het kind eraan komt. Ze kunnen gebaseerd zijn op dingen die het kind om zich heen ziet. Of ze kunnen op basis van een uitspraak van een autoriteit gemaakt worden, bijvoorbeeld 'als ik zo blijf doen, loopt het verkeerd met me af, zegt mijn vader'.

Jules (17 jaar) heeft een gegeneraliseerde angststoornis. Veel problemen op school, in sociale contacten en motivatieproblemen op vele gebieden. Jules heeft als doel na de middelbare school te gaan reizen. Daarvoor moet hij geld hebben en heeft hij een baantje in zijn vrije tijd. (sessie tien)

T: Waar zie je het meest tegenop? (vragen naar de A)
C: Dat ik de eerste week tien uur met Henk in dat hok moet zitten, zogenaamd om ingewerkt te worden.
T: En wat is daar precies het probleem aan?
C: Ik trek dat niet.
T: Wat trek je niet?
C: Dat weet ik niet. Dat denk ik gewoon bij alles, dat trek ik niet. Ik denk bij alles altijd 'ik trek het niet'; ik heb al geregeld met Feike die me dit baantje heeft bezorgd dat ik een stuk door hem ingewerkt kan worden.
T: Hoe komt het dat je hiervan denkt 'ik trek het niet'? Want je hebt vandaag je eerste dag gehad en je zit hier en je hebt het dus getrokken.
C: Ik ben altijd overal al op stukgelopen. Ik heb gewoon een zwak gestel. Straks word ik weer ziek of zo.
T: Wat was er vandaag precies zo belastend dat je gaat denken 'ik trek dat niet'? Wat is die Henk voor een type? (specificeren van de A)
C: Een vage figuur, oversekst, ik weet eigenlijk alles van hem. Wat ik kon vragen heb ik gevraagd. Niet interessant.
T: En als je je bedenkt dat je daar de hele week mee moet zitten, denk je 'ik trek het niet'.
C: Ja, ik hoef niet de hele dag met hem te zitten natuurlijk, ik kan ook wel op stap gaan. (bedenkt routes waardoor hij het zal volhouden, die een verandering van de A betekenen.)

T: Daar is niks mis mee dat je dat bedenkt, maar als je toch met hem een week zou moeten zitten, omdat die routes die jij bedenkt niet mogen om een of andere duistere reden, dan denk je nog steeds 'ik trek het niet' en dan weten we nog steeds niet waar 'm dat in zit.

C: (hoort nauwelijks wat de therapeut zegt en vertelt alleen maar meer mogelijkheden om niet met Henk te hoeven zitten.)

T: Jules, ik heb een voorstel in het kader van ons onderzoek. Lukt het je om je aandacht even te houden bij wat ik ga zeggen?

C: Ja.

T: Als je nu toch een hele dag met Henk zit, ga dan gewoon eens onderzoeken wat je denkt en voelt over Henk en het daar samen zitten, want dan krijgen we er misschien iets meer zicht op hoe het zit met 'dat trek ik niet'.

Op basis van eerdere ervaringen met zijn uithoudingsvermogen, maakt Jules een persoonlijke inschatting van wat hij wel en niet aankan. Zijn voorspelling is somber. De therapeut weet dat Jules deze ervaringen heeft en dat het dus niet zo vreemd is dat hij die inschatting maakt; er is al veel fout gelopen bij hem. Verder weet de therapeut dat, als Jules blijft denken 'ik trek het niet', hij veel minder zal kunnen bereiken (self-fulfilling prophecy) dan wanneer hij iets anders zou denken, bijvoorbeeld 'ik weet niet precies hoe ver ik het red samen met Henk, maar voorlopig is deze dag me wel gelukt'.

Lieke (13 jaar) heeft enerzijds een reële wens om wat meer populaire vrienden te hebben. Anderzijds legt ze daar ook erg veel druk op waardoor ze bijvoorbeeld veel te scherp uit de hoek kan komen en daardoor kinderen op afstand houdt.

T: Het is toch wel heel belangrijk voor jou om populaire vrienden te hebben. Wat zou er nou kunnen gebeuren als het toch niet lukt om die te krijgen?

C: Dat weet ik niet. Uh, dan blijft het een beetje zoals het nu is.

T: Dan ben je gewoon een middenmaatje, zagen we al. Stel je voor dat het zo blijft, wat dan?

C: (neemt de tijd om na te denken en wordt een beetje rood) Goh da's zo gek, ik denk nu aan mijn moeder.

T: Wat denk je?

C: Dat het zo afloopt als met mijn moeder. (voorspelling)

T: En dat is?

C: Die heeft bijna niemand, gaat nooit uit, saai gewoon.

T: Zou die meer vrienden willen hebben?

C: Dat weet ik niet.

T: Maar in ieder geval zou je niet willen dat jouw leven er zo uit zou zien qua vrienden als jij zo oud bent als je moeder.

C: Nee! Ik moet er niet aan denken!

Lieke heeft het idee dat haar moeder tekort komt wat betreft haar sociale leven. Het lijkt erop dat ze probeert een alternatief script te schrijven opdat het met haar niet zo afloopt als met haar moeder. Het kan waar zijn dat die zich eenzaam voelt en dat Liekes overmatige bezorgdheid over haar eigen sociale leven daarmee samenhangt. Het kan ook onwaar zijn en Liekes probleem kan uitsluitend met haar eigen sociale onzekerheid samenhangen. In het kader van interventies kan het belangrijk zijn om dit uit te zoeken.

7.4 Evaluaties

Negatieve evaluaties zijn verantwoordelijk voor een belangrijk deel van de emotionele lading van een probleem. De therapeut is geïnteresseerd in de vraag welke negatieve evaluaties kunnen helpen en welke niet. Anders gezegd: welke evaluaties zijn gekoppeld aan adequate negatieve gevoelens en welke aan inadequate negatieve gevoelens? Enkele voorbeelden van beide:

- Er is ingebroken in ons huis terwijl we sliepen. Allerlei mooie spulletjes zijn weg. Die zien we nooit meer terug. Dat vind ik heel erg! Vooral die vaas van oma vond ik zo mooi!
- Onze spullen zijn weg; dat is vreselijk, we krijgen ze nooit meer terug; dat is echt afschuwelijk! Zonder die vaas van oma is ons huis ons huis niet meer!

In het eerste voorbeeld volgt adequaat verdriet wanneer de oude spullen weg zijn. In het tweede volgen kwaadheid en gedeprimeerdheid. Op zichzelf gezien zijn dit geen verkeerde gevoelens of gedachten, maar als ze ertoe leiden dat een kind bang wordt dat zoiets weer kan gebeuren en 'vreselijk' niet verandert in 'naar maar waar', dan stagneert er iets.

De irrationele evaluaties die niet helpen, worden doorgaans catastroferende gedachten of ramp-denken genoemd. Dit kan samengaan met gedachten die uit een lage frustratietolerantie voortkomen en de lading hebben 'ik kan er niet tegen'. Enkele uitspraken die dit illustreren:

- dit is afschuwelijk (bijv. een onvoldoende);
- ik kom hier niet overheen (bijv. als een vriendje het heeft uitgemaakt);
- ik kan het niet aanzien (bijv. dat een vriendinnetje verdriet heeft);
- het is vreselijk (bijv. hoe dat kind behandeld wordt);
- ik kan niet zonder ... (bijv. een bepaald merk kleding).

Om de genoemde aspecten van cognities helder voor ogen te houden, zetten we deze bij wijze van intermezzo nog eens op een rij.

Waarneming:	die vent zit de hele tijd naar me te kijken in de bus
Interne attributie:	ik heb zeker de verkeerde kleren aan
Interpretatie:	die engerd moet zeker wat van me
Voorspelling:	hij stapt dadelijk vast tegelijk met mij uit de bus
Voorspelling:	hij gaat vast achter me aanlopen
Evaluatie:	het zou vreselijk zijn als hij dat doet; daar kan ik niet tegen
Kerncognities:	hij mag mij niet gaan bedreigen; ik ben een trut dat mij dit overkomt; hij is een vuilak dat hij het op jonge meisjes gemunt heeft.

Nogmaals Lieke

Lieke (uit par. 7.3: gepest op de basisschool, ervaart nu sociale acceptatieproblemen op de middelbare school) gaat naar de tweede brugklas. De eerste weken gaan goed, maar vlak voor de herfstvakantie komt Lieke als volgt de sessie binnen:

C: Het gaat helemaal fout! Ik had dus dat groepje, maar nu heeft Wendelien zich tegen me gekeerd. Ze negeren me en ik mocht bij Engels zelfs niet naast Wendelien zitten. En de andere meiden hebben me ook weggestuurd, toen ik toch naast Wendelien wilde gaan zitten.

T: Het klinkt alsof je denkt 'het gaat weer gebeuren', 'ik ga weer aansluiting missen'. Stel dat dat gebeurt, hoe zou dat zijn?

C: Vreselijk!

T: Want ...

C: Dan ga ik misschien weer eerst van het ene naar het andere groepje en als het dan niet klikt ben ik weer alleen!

T: Wat is het vreselijkst: om van het ene naar het andere groepje te gaan, of om alleen te zijn?

C: Allebei is vreselijk.

T: Ja?

C: Nou, alleen zijn het ergste.

T: Dus het is vreselijk als je in de klas toch alleen staat en geen (vast) groepje hebt waar je bij hoort.

Bij de interventies kan de therapeut ervoor kiezen om in te gaan op:

- de waarneming: hoe fout loopt het werkelijk en wat is er precies gebeurd?
- de gevolgtrekkingen: dat Lieke nu is weggestuurd, wil dat zeggen dat het zo zal gaan als voorheen?
- evaluaties: wat is er precies zo vreselijk aan alleen staan?

Nogmaals Hans

Hans (uit par. 7.1) heeft een bijbaantje na schooltijd. Daarin heeft hij zijn drift gedragsmatig redelijk onder controle, maar hij vertrouwt zichzelf er (terecht) niet op dat zijn zelfcontrole al voldoende geconsolideerd is.

C: Weet je, die bedrijfsleider, of trouwens dat is hij nog geen eens, maar mijn 'chef' zal ik maar zeggen, maar ik vind dat zo'n klotewoord dat krijg ik haast niet mijn strot uit, nou ja, die dus; die gaat dan zitten zeiken dat wij niet met elkaar moeten geinen. Dan word ik eigenlijk woest.

T: Want, wat zeg je dan tegen jezelf?

C: Hij moet niet zo zeiken, want dit is klotewerk en hij moet blij zijn dat wij dat doen, en met gein maken is toch niks mis; we werken toch onderwijl gewoon door!

T: En waarom mag hij dan precies niet zeiken?

C: Hij mag wel zeiken, maar hij moet er ook een keer mee ophouden, hij blijft maar doorgaan met die onzin. Hij zoekt gewoon steeds wat.

T: En waarom moet hij ophouden?

C: Omdat ik anders een keer zo kwaad word, dat ik hem op zijn bek timmer.

T: En dan, stel je voor dat jij de controle verliest en je timmert hem op zijn bek.

C: Dan komt hij in het ziekenhuis.

T: En dan?

C: Wie moet dat betalen?

T: Wie denk je?

C: Ik.

T: En denk je dat je dat kunt?

C: Nee, en dan moeten mijn ouders het betalen.

T: En hoe zou dat zijn?

C: Dat zou ik vreselijk vinden, want ze hebben het al niet zo breed. Dan krijgt mijn vader misschien wel een hartaanval en dan weet mijn moeder helemaal niet meer hoe ze ons op het spoor moet houden! Ik moet er niet aan denken.

Het rampscenario dat zich in het hoofd van de cliënt afspeelt, wordt in het bovenstaande duidelijk wanneer de therapeute blijft doorvragen tot zij bij het evaluatieve gedeelte is. In dit voorbeeld wordt ook duidelijk dat men bij dit doorvragen tot het evaluatieve gedeelte soms op andere cognities kan komen dan men in eerste instantie zou denken. Om die reden kan het belangrijk zijn om de cliënt zoveel mogelijk zelf te laten nadenken en invullen in plaats van cognities te suggereren.

7.5 Kerncognities

Bij het onderzoek naar kerncognities gaat het om twee hoofdzaken, het Moeten en de Veroordelingen.

Vragen naar het *Moeten*
- Wat mag er wel of niet gebeuren?
- Waarom moet het per se gebeuren?
- Waarom mag het per se niet gebeuren?
- Wat als er niet gebeurt wat je denkt dat moet gebeuren?
- Van wie moet het?
- Van wie mag dat niet?
- Wat eis je daarbij?
- Wie heeft die wet opgesteld/bedacht?
- Voor wie geldt die wet precies? Is dat een algemene wet of geldt die voor bepaalde groepen?

Vragen naar de *Veroordelingen (ik, hij, de wereld)*
- Hoe denk je dan over jezelf als je …?
- Wat ben jij dan voor iemand die …?
- Hoe kijken mensen/vrienden dan tegen je aan, wat denken ze dan wat jij voor iemand bent?
- Wat vind je dan van jezelf?
- Wat zijn dat voor mensen die …?
- Hoe maak je de zin ‘ik ben … ’ af?

Deze vragen kunnen uiteraard ook betrekking hebben op een ander of op ‘de wereld’.

Moeten en Veroordelingen komen vaak samen voor. Voorbeelden hiervan geven de dialogen hierna. Verder valt de samenhang op met de evaluaties in de dialogen uit de vorige en deze paragraaf. Iets mag vaak niet omdat ‘ik het niet kan verdragen’ of iets moet juist om het ‘mij gemakkelijk te maken’.

Voorbeeld Mohammed

Mohammed (16 jaar) vertelt dat hij schoolproblemen heeft. Hij spijbelt veel en haalt slechte cijfers. Daarnaast heeft hij depressieve klachten, zoals verminderde energie, piekeren, sombere stemming, en inslaapproblemen.
De therapeute legt Mohammed in de eerste sessie uit dat ze werkt met een ABC-schema, dat ze hem wil uitleggen zodat hij zijn problemen nu en in de toekomst zelf kan leren analyseren en oplossen.

T: De A staat voor aanleiding. Wat is de aanleiding waardoor jij gaat spijbelen?
C: Nou, ik zit in de klas en mijn vriend Bas zit niet meer naast me omdat hij verhuisd is, dus zit ik daar alleen.
T: Oké, en wat is daar de Consequentie van? Zie je wel: de C uit het schema. Een ander woord is: gevolg.
C: Nou, dat ik onrustig word en gespannen en me depri ga voelen.
T: En wat gaat er dan door je heen op zo'n moment? Waar denk je dan aan? Dat is namelijk de B uit het schema, de B van Bedenken of Beelden.
C: Nou, zoiets als 'verdomme, na schooltijd zo meteen heb ik weer niets te doen'.
T: Want?
C: Want Bas is weg en dat is zwaar klote.
T: Waarom?
C: Hij was mijn enige vriend en nu heb ik niemand meer en dat kan wel eens lang gaan duren, want zo snel maak ik geen nieuwe vrienden.
T: Dus als ik jou goed begrijp zeg je dat jij denkt dat je afhankelijk bent van iemand anders om je te vermaken of goed te voelen.
C: Ja!
T: Met andere woorden: 'je MOET iemand hebben om je goed te voelen'. Want wat gebeurt er als die iemand er niet is?
C: Dan denk ik dat ik het niet alleen kan. Ik ben zo'n kluns in mijn eentje.

Voorbeeld Kim

Kim denkt het volgende:

C: Dat vind ik stom van mezelf.
T: Wat bedoel je daarmee? Vind je het alleen maar stom dat je niet goed weet wat je moet doen als je hem tegenkomt, of vind je JOU stom? Gewoon, jou HELEMAAL.
C: Ik, helemaal. Zo denk ik eigenlijk altijd over mezelf.

Voorbeeld Peter

Peter heeft een handicap waardoor sport hem niet goed afgaat.

T: Wat vind je dan van jezelf omdat je niet goed meekomt met sport?
C: Een watje!
T: Denk jij zo over jezelf of denken anderen zo?
C: Allebei.

Voorbeeld Michelle (16 jaar, hoogbegaafd)

T: Dus je bent dan teruggetrokken op de dansles en voelt je er niet op je gemak.
C: Ik weet gewoon meestal niet wat ik moet zeggen, ja wat domme opmerkingen maak ik wel eens, maar dat wil ik liever niet.
T: Want, jij zou alleen slimme dingen moeten zeggen?
C: Nee, niet slim, maar wel iets zinnigs of zo.
T: Want die andere jongeren die daar wel op hun gemak zitten, die zeggen ook alleen maar zinnige dingen?
C: Nee, dat niet.
T: Maar jij wel, jij moet wel vooral zinnige dingen zeggen.
C: Ja. (mengeling van lachen en bevestiging)
T: En waarom moet jij dat dan wel?
C: Dat verwachten ze zo van mij.
T: Verwachten zij dat zo van jou of geloof je zelf ook in die regel?
C: Ik geloof het zelf ook wel een beetje.
T: Dus Michelle MOET zinnige dingen zeggen want anders is ze ...?
C: Raar.
T: En de bedoeling was?
C: (lacht)
T: Normaal zijn?
C: (lacht weer)
T: Ik ben normaal als ik zinnige dingen zeg? Ingewikkeld hoor; wie heeft dat bedacht?

Voorbeeldlijst van kerncognities

Kinderen hebben niet eindeloos veel verschillende kerncognities. Immers, kinderen doorlopen min of meer dezelfde ontwikkelingsstadia en maken vergelijkbare situaties mee. Wel heeft ieder kind zijn eigen specifieke invulling van de cognities en werkt het formuleren ervan beter naarmate men dichter bij die eigen invulling kan blijven.

1 Ik moet erbij horen/vrienden hebben/populair zijn.
2 Ik mag niet lelijk zijn of worden (geen puisten krijgen bijv.).
3 Als mijn vriendje/vriendinnetje het moeilijk heeft, moet ik daar helemaal mee meevoelen.
4 Ik moet het goed doen/ik mag geen fouten maken.
5 Ik kan niet zonder mijn ouders. Ik ben niet in staat om zelf mijn weg te vinden/problemen op te lossen. Variatie: ik heb (biologische) ouders nodig om gelukkig te zijn/mijn problemen op te lossen.
6 Mijn ouders moeten zich niet met mij bemoeien; ik heb vrijheid nodig; ik moet mijn gang kunnen gaan.
7 Ik heb niemand nodig; ik red mezelf wel.
8 Leren moet vanzelf gaan; huiswerk moet niet moeilijk zijn; ik moet niet mijn best hoeven doen om goede cijfers te halen.
9 School/het leven moet leuk zijn.
10 Het leven moet grootse en meeslepende dingen voor mij in petto hebben.
11 Volwassenen moeten geen domme dingen doen.
12 Ik moet niet te veel risico's lopen.
13 Ik moet gerespecteerd worden.

14 Ik kan niets, ben niets en het zal ook nooit wat met mij worden.
15 Ik weet het beter dan de rest. Anderen moeten beter naar mij luisteren.
16 Bang en onzeker zijn is soft en dus fout: je moet sterk zijn.

Dichotoom denken wordt niet zozeer gezien als een kerncognitie maar wel als een denkstijl of denktrant die vaak in samenhang met kerncognities of evaluaties voorkomt. Als iemand zegt iets 'vreselijk' te vinden, wordt vaak 100% erg bedoeld. Er is niets goeds aan, denkt men. Als iemand zichzelf of een ander veroordeelt tot een klootzak, bedoelt men vaak ook: hij is één grote klootzak en niet ook maar een beetje iets anders.
Jonge kinderen denken vaak in alles of niets of in goed of slecht omdat hun vermogen tot genuanceerd denken nog niet zo sterk ontwikkeld is. Het denken in twee categorieën biedt duidelijkheid en houvast en geeft een zekere ordening aan de wereld. Voor jonge kinderen geldt vaak dat zij eenduidig de definitie van goed en slecht van hun ouders overnemen. Voor pubers en adolescenten geldt vaak dat zij eigen zwart-wit opvattingen gaan invoeren om aan hun autonomieontwikkeling tegemoet te komen.
Dichotoom denken is relatief gemakkelijk herkenbaar en ook gemakkelijk op te vragen.
In de dialogen die in dit hoofdstuk staan, komen herhaaldelijk stukken van dichotoom denken naar voren. De therapeute vraagt aan Hans (7.1): 'Heeft ze het altijd op jou gemunt'? En Kim hierboven vindt zichzelf HELEMAAL stom en denkt ALTIJD zo over zichzelf.
Vragen naar dichotomie zijn onder meer:
· Is dat altijd zo?
· Ben jij/is hij helemaal zo?
· Is het nooit anders?
· Is er geen enkele keer geweest dat...?
· Is het 100% ...?
· Is iedereen ...?
Deze vragen kunnen ook weer gebruikt worden om cognities op te vragen, en later kunnen dezelfde vragen dienen om cognities uit te dagen; zie hoofdstuk 8.

7.6 Cognities identificeren met behulp van verhalen en tekeningen en dergelijke

In hoofdstuk 5 gaven we aan dat het verbaal onderzoeken van de gevoelens en van het gedrag een gangbare manier is de problematiek in kaart te brengen. We lieten ook zien hoe non-verbale methoden ingezet kunnen worden om informatie te verzamelen over gevoelens of om in contact te komen met de cliënt.
Bij het opvragen van gedachten kan eveneens gebruik worden gemaakt van andere dan alleen gespreksmethoden, zoals bij Maartje.

Maartje (11 jaar) raakt voortdurend in conflict met de mensen om haar heen. Ze heeft geen idee hoe dat zo komt. De therapeute leest haar het verhaal van Het Machtige Monster voor (zie bijlage 1). Maartje wordt er stil van. Daarna volgt onderstaand gesprek.

T: Heb jij ook zo'n machtig monster?
C: Ja.
T: Zou je willen kijken of we jouw monster ook op vakantie kunnen sturen?
C: (met diepe zucht) Ja!
T: Heb jij een toverwoord?
C: (haalt de schouders op) Weet ik niet.
T: Wat denk jij nou als je zus weer niet naar je luistert of je vriendinnetjes niet doen wat jij voorstelt?
C: Stomme trut!
T: Nou geweldig. Dat is er alvast eentje. Zie wel dat je het weet. Wat voor toverwoorden zijn er bij jou nog meer?
C: Weet ik niet.
T: Dat is ook hartstikke moeilijk hoor, om dat zo maar ineens te zeggen. Weet je wat, als je nou deze week iedere keer als je boos wordt even nadenkt over je toverwoorden en die even opschrijft... Is dat een goed idee?
C: Ja.

Weer een andere methode bij Hanneke (16 jaar): Hanneke krijgt de opdracht zichzelf in relatie tot de ander te tekenen. Zij tekent dit:

T: Je hebt twee tekeningen gemaakt. Weet je ook hoezo?
C: Nou nu je het zegt... het zijn gewoon aparte wereldjes: ik met bekenden en ik met onbekenden. Het voelt gewoon anders.
T: Hoe dan?
C: Ja, dat kan ik niet zo zeggen.
T: In je tekening valt me op dat iedereen boven jou staat, onbekenden nog meer dan bekenden. Voelt dat ook zo?
C: Nou precies. Ik voel me altijd klein bij anderen. Bij onbekenden voel ik me nooit op mijn gemak. Bij mijn familie en vriend wel meer.
T: Oké, dus je voelt je altijd de kleinere. Ook de mindere?
C: Ja, eigenlijk wel.
T: Als je over jezelf denkt als 'de kleinere' of 'de mindere' is het niet zo vreemd dat je je niet prettig voelt bij anderen, vind je niet?

Vanuit deze informatie over Hannekes zelfbeeld, 'ik ben de kleinere, de mindere', kunnen er relaties gelegd worden naar waarneming, en gevolgtrekkingen; naar evaluaties en Moetens. De therapeut kan samen met Hanneke gaan kijken hoe ze de werkelijkheid waarneemt met dit idee in haar hoofd en hoe ze de werkelijkheid zou waarnemen met een ander idee in haar hoofd, bijvoorbeeld wanneer ze zou denken 'ik ben de belangrijkste persoon in dit gezelschap'.

7.7 Slotopmerkingen over de diagnostiek

7.7.1 *En dat allemaal in één sessie?*

In de eerste sessie wordt de basis voor een samenwerkingsrelatie gelegd, er vindt diagnostiek plaats en de therapeut doet, als het kan, een klein stukje (proef)behandeling (zie par. 7.7.2). Dat lijkt veel tegelijk, maar als de therapeut niet al te perfectionistisch is ingesteld, kan dat best. De diagnostiek hoeft niet in één sessie rond te zijn. Ze kan zich uitstrekken over meerdere sessies en interventies kunnen gebruikt worden om meer zicht te krijgen op de diagnostiek. Zoals gezegd, wisselen diagnostiek en interventies elkaar af en vormen zodoende een doorgaand proces van ontdekken en doorwerken van de problematiek.

7.7.2 *Openheid voor interventies*

In het eerste gesprek of de eerste gesprekken wordt tevens uitgeprobeerd of en hoezeer het kind open staat voor interventies. Er worden proefballonnetjes opgelaten voor cognitieve interventies (in het eerste voorbeeld hierna) of voor gedragsexperimenten (in het tweede voorbeeld hierna). De reactie van het kind kan duidelijk maken wat men van het kind kan vragen c.q. verwachten aan eigen inbreng en hoe snel men in de therapie kan gaan.

Een jongen van 14 jaar met woedeproblematiek

T: Dus het is jou niet duidelijk wat jij hier komt doen en wat je moeder wil dat er verandert. Dan moeten we haar er de volgende keer misschien maar bij vragen zodat ze dat kan toelichten.
C: Dat heeft geen enkele zin.
T: Want?
C: Zij is een ongeleid projectiel.
T: En je denkt dat ze niet geleid kan worden?
C: Ze is al zoveel jaren in therapie; het helpt allemaal niks.
T: Wat zou er dan moeten gebeuren?
C: Jij moet zeggen dat niet ìk hier hoef te zitten maar zij.
T: Dat is ingewikkeld, want als zij toch niet te leiden is, waarom zou zij dan hier moeten zitten?
C: Nou ja, je weet nooit.
T: Denk er maar eens over na. Ik hoef haar hier niet per se bij te hebben, maar als jij wilt weten wat jij hier moet doen en je moeder is degene die je hierheen heeft gestuurd, is het misschien toch handig dat jij weet wanneer je hier weer weg mag. Denk er maar eens over na of het handig is als ze er toch een keer bij is.

Een meisje van 10 jaar met angstproblematiek

C: Ik ben zo bang om door de wc weggezogen te worden.
T: Wat voor wc hebben jullie? Zo eentje met een groot rond gat of een die eerst een beetje recht loopt en dan een klein gat heeft?
C: Zo een met een recht stukje.

T: Denk je dat je daardoorheen zou kunnen?

C: Nou, dat weet ik eigenlijk niet.

T: (lachend) Zou je het deze week eens willen proberen? Zou je eens willen onderzoeken hoeveel van jou erdoorheen kan?

C: (lachend) Ik denk wel dat er één been in past, maar niet twee; of een arm en een been.

T: Zou je het deze week eens willen uitproberen? Als je weet of het past voelt het misschien anders.

C: (uitdagend) Ik ga het passen hoor!

Het ligt voor de hand dat kinderen die weinig bereidheid laten zien om iets uit te proberen of om ergens over na te denken, een andere aanpak nodig hebben dan kinderen die daar wel toe genegen zijn.

7.7.3 *Een probleem over een probleem*

Over tweede-niveauproblematiek is elders uitgebreid geschreven (hoofdstuk 11 in Jacobs, 1998). Een voorbeeld geeft de structuur hiervan goed weer:

A: Ik moet mee op schoolkamp maar ik weet niet of ik dat wel leuk vind.

B: Als ik het niet leuk vind, wil ik er weg en dan moet mijn moeder me komen halen. Dat moet ze dan wel doen, want anders red ik het daar niet.

C: Bang.

→ A2: Ik ben bang.

B2: Ze mogen niet merken dat ik tegen dat schoolkamp opzie. Straks denken ze nog dat ik een watje ben dat heimwee heeft. Ik moet er niet mee zitten. Ik moet het gewoon net als de anderen leuk vinden.

C2: Nog banger → krampachtig gedrag, slecht slapen, piekeren over het schoolkamp, onverwacht huilen.

In aansluiting op het voorbeeld van Hans uit paragraaf 7.4:

A: De bedrijfsleider zit te zeiken.

B: Hij moet mij niet afzeiken. Hij is een lul.
Ik moet me niet laten afzeiken, want anders ben ik een lul.

C: Boos → neiging bedrijfsleider te dreigen.

→ A2: Ik ben kwaad.

B2: Ik moet niet zo kwaad worden dat ik hem ga bedreigen of echt ga slaan, want daar worden mijn ouders de dupe van, en dat mag absoluut niet gebeuren.

C2: Bang → spanningsopbouw met verhoogde kans op controleverlies.

Het is van belang om de verschillende niveaus en de samenhang ertussen te registreren. Hans is niet alleen boos maar hij is ook bang om de controle te verliezen over zijn boosheid. Het is diagnostisch gezien van belang verder te inventariseren hoeveel ervaring Hans al heeft met controleverlies. Bij Hans blijkt dat hij zelf nog nauwelijks de controle over zijn eigen emoties is verloren. Op het tweede niveau komt naar voren dat Hans vooral van zijn vader voorbeelden van controleverlies kan noemen. Als de voorbeeldfunctie van de vader – eventueel met hulp van vader zelf – een andere inhoud kan krijgen, bouwt Hans minder spanning op. Soms is de uitwerking van de problematiek op het tweede niveau voldoende en vermindert dit tevens de spanning op niveau 1. Andersom werkt het vaak averechts: wanneer er gewerkt wordt op niveau 1 en er voorbij wordt gegaan aan niveau 2 of 3 kunnen interventies stagneren.

Over het algemeen legt de therapeut het kind zelf niet zoveel uit over de verschillende niveaus, in tegenstelling tot in de therapie met volwassenen. Dat wordt gauw te ingewikkeld. Wanneer men echter te maken heeft met kinderen die in de formeel-operationele fase zitten, kan men soms wel gebruik maken van een aangepaste uitleg van de verschillende niveaus. Hiervan staat een voorbeeld in paragraaf 9.4.

7.7.4 *Wat kan een goede start belemmeren?*

Van alle betrokken partijen kan 'input' uitgaan die een goede start verhindert. In hoofdstuk vier noemden we al enkele irrationele gedachten van de therapeut die de start kunnen belemmeren.

Daarnaast kunnen er factoren bij de ouders zitten, zoals niet-realistische verwachtingen van de therapie, die niet veranderbaar zijn. Er zijn ouders die moeite hebben met de behandelfilosofie dat alle mensen gelijkwaardig zijn. Dit kan invloed hebben op wat er in de relatie tussen ouders en therapeut mogelijk is. Sommige mensen willen liever iemand die zich opstelt als de ouderwetse deskundige, die 'het weet' en boven hen staat. De therapeut kan er uiteraard voor kiezen om die rol op zich te nemen wanneer dat in het belang van de situatie is; maar in het werken met kinderen pakt ongelijkheid vaak niet goed uit en kan het lastig zijn voor de therapeut om van rol te wisselen of om met het totale systeem te werken zonder in 'bondjes' te vervallen.

Aanhoudend teruggetrokken gedrag bij het kind kan het verkennen en bewerken van emoties en gedachten belemmeren. Een sensitieve benadering, geduld en het integreren van non-verbale methoden kunnen soelaas bieden.

Ook eisen vanuit de setting waarin gewerkt wordt kunnen in de weg zitten bij de start van een RET/CGT. Bijvoorbeeld de eis vanuit de instelling dat eerst de volledige achtergrond in kaart gebracht moet worden voordat er interventies gepleegd mogen worden.

Uiteraard zijn er ook allerlei andere beletsels die voor elke willekeurige therapie gelden, zoals het behandelen in opdracht van justitie of cultuurgebonden en taalproblematiek, waarbij het voor de therapeut moeilijk is te weten welke emotie bij welke lichamelijke sensaties of gedachten past.

Deel 3

Interventies

8 Cognitieve interventies

8.1 Inleiding

RET- en CGT-therapeuten hebben veel vrijheid van handelen in de interventiefase omdat zij verschillende ingangen kunnen gebruiken om het interventieproces te starten.
In paragraaf 4.8.3 gaven we een figuur die de potentiële ingangen voor interventies goed weergeeft. Bij ieder kind kan deze figuur ingevuld worden en eventueel ter verheldering aan kind en ouders worden voorgehouden. We geven hem hier nogmaals weer, aangevuld met een beschrijving van welke routes gekozen kunnen worden voor interventies.

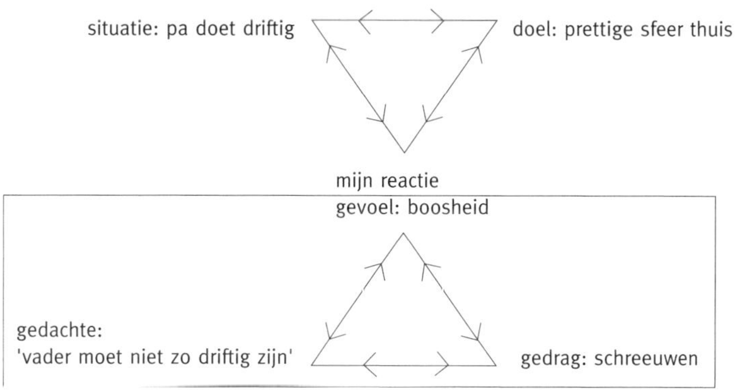

Marjolijn en haar vader kunnen voor verschillende benaderingen kiezen. De vader kan leren minder driftig te reageren. Marjolijn kan haar doel veranderen in: 'ik hoef geen prettige sfeer thuis'. Marjolijn kan zich richten op het omgaan met gevoelens van boosheid; ze kan leren zich anders te gedragen, bijvoorbeeld niet schreeuwen maar vader erop wijzen dat hij zich onaangenaam gedraagt; en ze kan haar idee veranderen dat vaders niet zo lelijk mogen doen tegen hun dochters. Het ligt het minst voor de hand om het doel te veranderen in 'leren genoegen te nemen met een onprettige sfeer', maar dat wordt door een jongere toch wel eens gekozen. Ook een combinatie van ingangen kan gekozen worden: vader leert bijvoorbeeld minder driftig te reageren en Marjolijn leert dat vaders nou eenmaal ook zo hun tekortkomingen hebben.

De interventiefase kan per casus dus zeer verschillend verlopen. Bij het ene kind zal er eerst een fase van emotieve educatie plaatsvinden (zie hoofdstuk 9) voordat er ingegaan wordt op de waarnemingen die het kind doet of op de opvattingen van het kind. Bij het andere kan uit de diagnostiek en informatie over het functioneren van het cliëntsysteem (zie hoofdstuk 11) de inschatting volgen dat gedragsexperimenten door de ouders in combinatie met cognitieve interventies meer effect zullen sorteren dan gevoelsinterventies of huiswerk voor het kind. De veelheid aan mogelijkheden geeft de therapeut zoals gezegd veel vrijheid. Anderzijds betekent het dat er ook goed nagedacht moet worden welk type interventie (gevoels-, gedrags- of cognitieve interventie) op welk moment wordt gegeven en waarom. Bij sommige kinderen zal het interventieplan uitgebreid zijn en is het mogelijk om verschillende technieken uit het emotieve, gedragsmatige en cognitieve bereik te introduceren. Bij andere kinderen kan de meeste aandacht op één van de genoemde gebieden liggen, en zijdelings aandacht worden besteed aan de andere twee.

In de RET zijn diagnostiek en behandeling een doorlopend en elkaar afwisselend proces en daar waar de therapeut een kans ziet om interventies toe te passen, zal hij dat al gauw doen. Sommige therapeuten vinden het snel overgaan tot interventies het belangrijkste verschil tussen RET en CGT. In de CGT is de diagnostiekfase duidelijker begrensd. Na de diagnostiek volgt een behandelplan en start de behandelfase.
In de CGT is men meer gericht op het empirisch en pragmatisch uitdagen van verkeerde waarnemingen en onlogische gevolgtrekkingen. Onhandige gedachten worden *vervangen* door handiger gedachten. In de RET wordt ervan uitgegaan dat kinderen, en in sterkere mate pubers en adolescenten, ook zelf een bijdrage kunnen leveren aan het filosofisch uitdagen van evaluaties en kerncognities. Onhandige gedachten worden eerst *uitgedaagd* voordat ze worden vervangen.

8.2 Een doel stellen

Afhankelijk van de werksetting is het al dan niet verplicht een behandelplan op te stellen, waarin de met de cliënt overeengekomen doelen worden verwoord.
Bij jonge kinderen is het van groot belang dat zij duidelijk weten waaraan gewerkt gaat worden en zij moeten hier ook mee instemmen, tenzij er gewerkt wordt via de ouders en het kind niet rechtstreeks betrokken is bij de behandeling. Het jonge kind wordt daarmee actief deelgenoot van het proces en de therapeut voorkomt dat het kind zich overgeleverd voelt aan een vreemde of aan wat de ouder denkt dat goed is. Anders dan bij pubers kan het jonge kind vaak nog niet zelf een doel formuleren en heeft het hier ondersteuning van de therapeut en/of ouder bij nodig.
Bij pubers en adolescenten is het eveneens van belang dat er overeenstemming is over de doelen. Het meedenken over doelen voor de behandeling ondersteunt de puber in zijn autonomieontwikkeling. Tevens voorkomt het dat een puber de therapie saboteert of vroegtijdig afhaakt. In tegenstelling tot een jong kind dat vaak nog gebracht wordt door de ouder, kan de puber gaan en staan waar hij wil. Hij kan gewoon wegblijven, afspraken 'vergeten' of weigeren te komen en daar thuis een gevecht met de ouder(s) over aangaan.
Gemotiveerde pubers en adolescenten kunnen na één of enkele sessies verwoorden wat hun doelen zijn voor behandeling, waar ze vanaf willen of wat veranderd moet zijn bij afsluiting van de therapie. Met gemotiveerde kinderen bedoelen we hier kinderen die duidelijk zelf last hebben van hun eigen gedrag of duidelijk merken dat ze moeite hebben met bepaalde situaties.

Ambivalente of niet gemotiveerde kinderen vormen een behoorlijk deel van onze cliëntenpopulatie. Sommigen van hen vinden het moeilijk om doelen te formuleren. De doelstelling formuleren en bewaken kan dan een belangrijke bijdrage tot motivatie zijn. Anderen voelen zich onder druk gezet bij het formuleren van een doel. Uitgebreid aandacht besteden aan het formuleren van een doelstelling kan bij deze groep dan averechts werken. Er kan dan juist in eerste instantie beter gewerkt worden vanuit de ambivalentie of vanuit het verzet, zonder dat er een doel vastgelegd wordt. Wel kan er impliciet aan gerefereerd worden. Het feit dat de jongere aanwezig is, wordt dan gezien als een positief teken; voldoende om van start te gaan (zie het voorbeeld van Ferry, hierna).
Het formuleren van een doelstelling kan in twee richtingen gaan: van kortetermijndoelen (kleine stapjes) naar langetermijndoelen, of andersom ('wat wil je uiteindelijk bereiken en wat moeten we daar nu dan alvast voor doen').
Voor de samenwerking met jonge kinderen moet de therapeut zorgen dat het doel zo concreet mogelijk omschreven is, aan de hand van een voorbeeld dat het kind dagelijks meemaakt. Bij oudere kinderen wordt eveneens geprobeerd de doelen in zo concreet mogelijke termen te omschrijven, behalve wanneer dit, zoals gezegd, averechts zou gaan werken. Dan wordt met het vaststellen van de doelen in eerste instantie 'over de band' gespeeld (zie Ferry).
Voor het contact met de ouders is het eveneens belangrijk dat er een duidelijke doelstelling geformuleerd wordt. Zij hebben doorgaans het kind aangemeld en denken dus dat er iets niet goed gaat of willen dat het anders loopt. Wanneer zij de juiste ingrediënten voor de behandeling weten te benoemen, weet het kind wat er van hem verwacht wordt. In het geval van verstoorde communicatiepatronen in gezinnen kan dit een begin zijn van het duidelijk uitspreken wat er aan de hand is en wat men wil van elkaar.
Het expliciteren van en onderhandelen over doelen helpt de therapeut ook om uit de valkuil te blijven dat hij beter weet wat er moet gebeuren dan de gezinsleden of dat hij een verantwoordelijkheid van de ouder of het kind gaat overnemen (zie ook par. 6.4 en 11.4.1).

Een voorbeeld van het bespreken van een doel met een jong kind.

T: We weten nu dat je snel boos kunt worden, dat je weinig vriendjes hebt en dat je niet goed dingen alleen kunt doen. Waar wil je dat we het eerst samen aan gaan werken?
C: Dat weet ik niet.
T: Wat zou je prettig vinden om mee te beginnen? Vind je het belangrijk om niet zo snel boos te worden, zou dat je helpen?
C: Ik weet het niet.
T: Of vind je het fijn als we eerst kijken wat er met de vriendjes niet goed loopt?
C: Misschien wel.
T: Want wat wil je daarmee? Vind je dat je meer vriendjes moet hebben?
C: Nou, net als laatst met Onno (en vertelt een voorval).
T: Dus Onno was eerst je beste vriend en nu is hij overgelopen naar Rudy.
C: Hij was ook mijn enige vriend.
T: Wat zou je dan helpen; dat je meer vrienden hebt als er een afvalt?
C: Ik wil gewoon dat hij blijft. Hij moet mijn vriend blijven.

T: Oei, dat is moeilijk voor ons om daar samen aan te werken. Want Onno doet kennelijk wat hij wil. Denk je dat het zou helpen als ik het hem zou vragen of hij je vriend wil blijven?

C: Dat weet ik niet, maar mama heeft dat gedaan en toen heb ik er nog wel eens gespeeld, maar eigenlijk was het niks, want Rudy was er ook bij.

T: En hoe voel je je nu Onno je in de steek heeft gelaten?

C: Heel rottig.

T: Ja, dat weet ik van je moeder. En ze vertelde me dat je dan dagenlang niet weet wat je moet doen en eigenlijk boos bent en thuis ook jezelf niet kunt vermaken en het liefst de hele dag televisie kijkt en steeds tegen je moeder zegt dat je je verveelt. Klopt dat?

C: Ja.

T: We kunnen twee dingen doen. We kunnen kijken of je je beter kunt voelen als zoiets bijvoorbeeld nog eens gebeurt. Het andere is dat we kunnen kijken of je meer dan één vriend kunt maken, want dan is het nog steeds naar als een van hen overloopt naar iemand anders, maar dan zijn er toch nog andere kinderen om mee te spelen en ga je je misschien niet zo rot voelen als nu. Wat vind je daarvan?

Bij gemotiveerde pubers en adolescenten is het doel vaak gemakkelijk te stellen. Ze weten waar ze last van hebben en weten wat ze anders zouden willen. Het is dan zaak om zo specifiek mogelijk te zijn en het globale doel in kleinere eenheden te splitsen. Eenvoudige vragen als 'wat zou je graag willen dat er verandert' helpen al om de jongere een eigen richting te laten formuleren. Daarbij moet de therapeut erom denken te vragen naar een doel in termen van gedrag, gevoel of denken. Ook moet hij erop letten dat het antwoord een doel betreft dat ook werkelijk binnen de verandermogelijkheden van de cliënt ligt. Ten slotte moet gewaakt worden voor sociaal wenselijke antwoorden.

Een voorbeeld van een achttienjarige.

T: We hebben zo'n beetje bekeken wat jij vindt dat er niet goed loopt. Als je nu bij wijze van samenvatting een motto zou geven aan wat je nu over jezelf denkt, wat is dat dan?

C: Wat ben ik ook een zeikerd!

T: Dat komt er mooi en duidelijk uit! Wat zou je voor nieuw motto willen hebben?

C: Ze moeten me maar nemen zoals ik ben.

T: Dat klinkt goed. Je hebt er al echt over nagedacht.

C: Nou, het is eigenlijk meer het motto van mijn vader en hij zegt dat ook vaak tegen mij, dat ik ook meer zo moet denken.

T: Maar dat is gemakkelijker gezegd dan gedaan, nietwaar?

C: Ja, zeg dat wel.

T: Let op, want nu stel ik een moeilijke vraag: wat zou je anders doen als je meer volgens je nieuwe motto zou handelen?

C: Nou, bijvoorbeeld als ik niet zo loop te zeiken over wat ik aan moet en niet meer altijd maar wil dat een ander dingen voor me beslist en dat ik in een restaurant eens zelf kan kiezen uit wat er op het menu staat.

T: Is het een idee om over die kleren een eerste doel te stellen? Dat is iets wat het vaakste terugkomt, want waarschijnlijk eet je niet elke dag in een restaurant.

C: Ja, prima, want er zijn meer van die dingen die elke dag terugkomen en dan vindt mijn moeder dat ik haar er te veel mee lastig val en dan krijgen we daar weer bonje over.

T: Dus als we het bij die kleren houden, wat moet je dan doen om te weten dat je meer leeft volgens het motto 'ze nemen me maar zoals ik ben'?

C: Als ik dan uitga, dat ik dan gewoon zelf beslis wat ik aandoe en niet veertig keer mezelf verkleed en naar beneden kom om mijn moeder te vragen of het wel kan zo en dan ook nog drie vriendinnen bel om te vragen wat zij aandoen.

T: Ho ho, dat lijkt me een beetje veel. Want dan moet je in één keer van heel sterk leunen naar nul leunen. Is dat een goed idee?

C: Dat moet toch kunnen?

T: Dat kan misschien best, maar niet in een keer. (Bespreekt eerst wat voornemens ze al eerder gemaakt heeft en wat daarvan wel en niet is gelukt en concludeert:) Volgens mij is het als eerste doel wel haalbaar om niet naar beneden te gaan en je moeder steeds te raadplegen. Maar ik denk dat je voorlopig nog wel heel veel variaties van kleren zult proberen en je vriendinnen zult bellen. Waarom zouden we niet eerst oefenen met alleen je moeder erbuiten laten en zien hoe dat gaat? Dan kunnen we daarna eventueel vervolgstappen doen.

Het vragen naar een motto is een vraag naar een cognitie die op kernachtige wijze weergeeft wat de richting van behandeling moet zijn. Vervolgens wordt de vraag gespecificeerd. Er kan uitgebreid aandacht besteed worden aan een stappenplan, maar we adviseren met kinderen en jeugdigen eigenlijk om maar meteen aan de gang te gaan zodra er iets van een doel duidelijk is. Jongeren kunnen nogal ongeduldig zijn en hebben slechts een beperkte behoefte om op lange termijn plannen te maken. Hoofddoel en subdoelen kunnen afhankelijk van het proces steeds duidelijker worden en doelen kunnen altijd bijgesteld worden.
Heel anders loopt het stellen van een doel bij semi- of niet gemotiveerde jongeren.

Een voorbeeld van een veertienjarige, Ferry.

Ferry wordt door zijn moeder aangemeld. Hij praat niet meer met zijn vader, maar wel met zijn zusjes en moeder. Zijn vader verblijft geregeld voor kortere tijd in het buitenland voor zijn werk.

T: Je moeder klaagt over drie dingen: je zou niet goed genoeg je best doen op school; je praat niet met je vader en je houdt je niet aan bepaalde afspraken zoals de hond uitlaten.

C: School is niet het probleem. Alleen Frans gaat niet, maar dat laat ik toch vallen. Ik zal echt wel zorgen dat ik overga, want hoe sneller ik op mezelf kan gaan wonen hoe beter.

T: Dan ben je thuis weg.

C: Ja.

T: Voor je vader.

C: Ja.

T: Hoe is het voor jou om niet met hem te spreken?

C: Prima, ik heb er geen last van. En ik doe gewoon tegen de anderen.

T: En hoe beïnvloedt het de sfeer in jullie gezin?

C: Wat?

T: Hoe is dat bijvoorbeeld voor je moeder dat jij en je vader niet met elkaar spreken?

C: Dat moet je haar vragen.

T: Ja, dat zal ik ook doen, want ik heb een afspraak met je ouders voor volgende week. Maar ik wil het ook van jou weten. Volgens mij heb jij een scherp waarnemingsvermogen en een goed denkvermogen, dus ik vraag het ook aan jou.

C: Het is haar probleem, niet het mijne. Zij is met hem getrouwd.

T: En, is het haar probleem denk je? Lijdt ze eronder?

C: Ik weet het niet.

T: Zou het voor jou wat uitmaken of ze onder deze situatie lijdt of niet?

C: Ik vind dat ze zich als een slavin opstelt. Ze doet precies wat mijn vader wil, als hij thuis is. En dan verwacht ze dat wij net als zij naar zijn pijpen dansen. Maar als hij er niet is, dan gaat alles veel gemakkelijker. Zij zeikt niet dat we met de schoenen van de bank af moeten of zo of hoe laat we precies eten. Ze moet zelf de controle in de hand nemen in plaats van zich slaafs te gedragen tegenover hem.

T: En denk jij dat jij door niet te praten met je vader haar helpt om de controle te nemen?

C: Wat?

T: Wacht, eerst moet ik wat anders vragen. Denk jij dat het er voor jou thuis beter op zou worden wanneer je moeder meer de controle in de hand zou nemen als je vader thuis is?

C: Ja, dat denk ik wel.

T: Denk jij dat je haar, als je niet met je vader praat, helpt om de controle in eigen hand te nemen?

C: Dat weet ik niet. Ik hoef haar toch niet te helpen, zij moet *mij* helpen. Zij moet achter mij staan! Ze valt hem altijd bij als er iets is, ook al is het nog zo fout wat hij doet. En hij doet alsof ik fout ben!

T: Als je moeder gaat besluiten dat je hier moet blijven komen, is het misschien niet zo'n gek idee om te kijken wat jij en ik kunnen doen om te zorgen dat zij meer controle gaat krijgen als je vader thuis is. Maar ja, dat heeft natuurlijk alleen maar zin als jij daar voordeel bij hebt.

C: Ik denk dat ze bang is van mijn vader. Kun je haar dat niet eens vragen?

T: Dat kan ik doen, maar dat kan jij zelf ook doen, want met je moeder praat je wel.

(Er volgt een heel gesprek over de verhouding tussen de ouders en de therapeute concludeert:)

Je bevestigt mijn idee dat je een goede observator en denker bent. Maar wat hebben we hieraan? Hoe kan de situatie voor jou beter worden? De situatie is beter als je moeder het meer voor het zeggen heeft als je vader thuis is.

C: (onderbreekt T) Of als hij verdwijnt ...

T: (lacht mee) Het is wenselijk voor jou, maar het ziet er niet naar uit dat dat gaat gebeuren. Jouw nieuwe gedrag, niet praten tegen pa, heeft dat er al voor gezorgd dat je moeder het meer voor het zeggen heeft?

C: Nee, dat niet.

T: Ik denk ook niet dat het gaat helpen als *ik* ga vragen of ze bang is voor je vader. Als het zo is, zal ze dat niet kunnen zien, of voelen of zeggen, om je vader niet te ontstemmen. Dat is tenminste mijn ervaring. Dus ik denk dat we met een slimmer plan moeten komen.

Als je ouders besluiten dat jij hier moet blijven komen, en dat weet ik nog niet want ik moet nog met ze praten, dan zouden wij kunnen werken aan: hoe kan je moeder meer te zeggen krijgen als je vader thuis is. Leuk! Ik zou dat natuurlijk met ze kunnen gaan bespreken, maar dan zou het kunnen zijn dat je vader dat gaat saboteren. We kunnen ook verder gaan met het onderzoek wat jouw rol is en kijken of jij experimenten in dat kader kunt gaan doen.

C: Wat dan?

T: Dat weet ik ook nog niet precies.

Met Ferry is het niet eenvoudig tot een doel te komen waarin hij gedragsverandering van zijn kant wil aangaan. Het is ook mogelijk dat er in het gezinssysteem zaken niet goed lopen. Het forceren van een duidelijk en concreet doel heeft als risico dat Ferry meer obstinaat gedrag gaat vertonen dan hij nu al doet en voor de therapeute onbereikbaar wordt. Daarom wordt er 'over de band gespeeld' terwijl tegelijk met weinig nadruk wordt aangegeven dat er wel een bijdrage van zijn kant verwacht gaat worden.
Het hoeft niet altijd op deze manier te gaan met minder of niet gemotiveerde jongeren. Wanneer er bijvoorbeeld binnen een justitieel kader gewerkt wordt, kan de therapeut ervoor kiezen om wel te beginnen met het stellen van doelen, omdat die bijvoorbeeld door de voogd reeds geformuleerd zijn. De therapeut zal dan meer energie moeten steken in het zodanig herformuleren van de doelen en die zodanig in onderdelen te splitsen dat ze voor de cliënt aantrekkelijker en gemakkelijker bereikbaar worden.

Soms is het wenselijk het doel van het kind te volgen, terwijl het niet het meest elegante doel is dat de therapeut zich kan voorstellen. In het geval van Lieke (zie par. 3.2.2 en 5.2) vond moeder het aangewezen dat Lieke leerde om niet zulke hoge eisen aan vriendschappen te stellen en zich niet zo bezig te houden met hoe populair ze al dan niet was. De therapeute volgde echter Liekes doel om populairder te worden. Het effect was dat Lieke er meer zicht op kreeg wat iemand populair maakt en daardoor ook werkelijk haar eigen populariteit wist te verhogen. Tevens kwam ze zelf door de opdrachten tot het inzicht dat echt populair zijn haar toch niet zou gaan lukken. Dit laatste betekende emotioneel gezien een omslag naar de meer elegante oplossing[1] die moeder had voorgesteld: Lieke werd minder veeleisend in vriendschappen en leerde dat ook minder populaire kinderen prettige vriendinnen kunnen zijn.

8.3 Opbouw van de sessies

De behandelfase van een therapie kenmerkt zich doordat de therapeute en de cliënt of het cliëntsysteem weten waar ze samen aan werken. Zolang er geen sprake is van een duidelijk doel zou men kunnen spreken van pre-behandeling. Deze pre-behandeling kan heel belangrijk zijn en soms voorwaarde om de behandeling te doen slagen. Het verzamelen van ABC's en het formuleren van doelen en voor-

1 Met 'elegante oplossing' wordt verwezen naar Ellis' gebruik van de term. Ellis bedoelt met 'elegant': een meer filosofische in tegenstelling tot een meer praktische oplossing.

stellen van experimenten zijn de belangrijkste ingrediënten van deze fase. Als er een duidelijke lijn in de behandeling is gekomen die door alle partijen onderschreven wordt, kunnen de gesprekken vaak hetzelfde patroon volgen.

De bijeenkomsten in deze fase lopen globaal gezien volgens deze lijn:

1 Wat ging er goed en wat ging er niet goed? Bespreken van huiswerk c.q. oppakken waar we de vorige keer gebleven waren.
2 Zijn er nieuwe dingen bijgekomen? Wat wil de cliënt vandaag zeker aan de orde laten komen?
3 Verder bewerken van de bekende irrationele gedachten of opsporen van nieuwe gedachten, bijvoorbeeld door middel van het inventariseren van risicogebieden.
4 Nieuw huiswerk voorstellen of lopend huiswerk hernieuwen.

Een voorbeeld: de veertienjarige Tanja.

T: Hai, hoe is het?
C: Goed.
T: Wat staat er op het programma voor vandaag?
C: Ik weet niet.
T: Had je nog bepaalde huiswerkopdrachtjes staan?
C: Nee, mijn vader mocht me geen slaappillen meer geven, maar dat heeft hij ook niet gedaan.
T: Ben je nog bij de huisarts geweest om je slaapproblemen goed door te spreken?
C: Nee, het was ook niet zo erg de laatste twee weken en trouwens, als mijn vader die dingen gaf, hielp het toch niet.
T: (loopt eerst een aantal andere gebieden langs waar eerder over gesproken is en waar ze moeite mee had) Wat er volgens mij is blijven liggen, is het contact met je moeder en hoe je je voelt als je bij haar bent. Dat zullen we zeker doen vandaag. Zijn er nog nieuwe dingen bijgekomen waarvan je zegt 'dat wil ik nu eens aan je vragen'?
C: Nee, eigenlijk niet.
T: Oké, nou mooi hoor, hoe je ermee aan de slag bent. Goed dat je zelf met je vader gesproken hebt over die slaappillen, en als het niet nodig is, dan ga je natuurlijk ook niet naar de huisarts. Ik vind dat je in korte tijd veel oppikt.
Dan stellen we nu het contact met je moeder centraal.

Er volgt een inventarisatie van A's en C's met moeder. Deze kunnen situaties in het verleden en in het heden betreffen. Vervolgens kiest Tanja desgevraagd één A en C uit om aan verder te werken.

8.4 De B-C-connectie

De B-C-connectie kan op verschillende momenten en op verschillende manieren duidelijk worden gemaakt. De ene kant is het duidelijk maken vanuit de gevoelens en de andere kant – uiteraard – vanuit de gedachten. In deze paragraaf laten we het laatste zien. Het kan zinvol zijn om de B-C-connectie eerst vanuit het perspectief van de gevoelens te introduceren (zie hoofdstuk 9) en pas later vanuit de nadruk op het denken. Dit hangt af van hoe de problematiek zich presenteert. Met enige voorzichtigheid stellen we dat bij minder duidelijke emoties er wat indirecter gewerkt moet worden, en de B-C-connectie het beste eerst via emotieve educatie aangekaart kan worden. Als de emoties meer op de voorgrond treden, kan er meer vanuit de hierna beschreven invalshoek gewerkt worden.

Joke (16 jaar) heeft als irrationele gedachte 'het is de schuld van mijn moeder dat ik me zo depressief voel' en 'ik heb recht op een begripvolle moeder'.

C: Dan kom ik thuis en vraagt m'n moeder: 'En wat heb ze' (de therapeute) 'gezegd?'. Daar word ik woest van. Ze moet niet zulke achterlijke vragen stellen. Ze weet dat ik haar toch niks vertel over wat we hier doen.

T: Waarom moet ze niet zulke achterlijke vragen stellen? (*doorvraag op B-niveau*)

C: Mijn mening telt niet. Het enige wat telt is jouw mening!

T: Maar, word jij nou depressief en kwaad omdat je moeder niet in jou geïnteresseerd is?

C: (snikt) Ja.

T: Daar ben ik het niet mee eens.

C: (zit opeens recht) Hoezo niet?

T: Je bent verdrietig en gefrustreerd dat je moeder niet op jouw manier laat merken dat ze in jou geïnteresseerd is. (*benoemt de adequate emoties*)
Maar je raakt emotioneel verscheurd, van slag, of hoe noem jij dat ook alweer, omdat je blijft vinden dat ze anders MOET zijn dan ze is. (*benoemt inadequate reactie en het verband met de irrationele gedachte*)
Denk je dat je je alleen maar beter kunt gaan voelen als je relatie met je moeder anders wordt?

C: Ik weet het niet ... zal wel niet.

T: Dat klopt, het is nu nog moeilijk om het idee los te laten dat je recht hebt op een begripvolle moeder, maar er zijn talloze mensen die geen begripvolle moeder hebben en er toch in geslaagd zijn gelukkig te worden. Kun je je dat voorstellen?

C: (snikt) Maar het is zo moeilijk! Waarom heb jij wel genoeg aan een half woord van mij om me te begrijpen en mijn moeder niet?

T: Natuurlijk doet het pijn om de hoop op te geven dat je moeder lief en begripvol zal worden, maar het kan over een tijdje jou ook de ruimte geven om datgene waarnaar je verlangt te zoeken bij iemand anders. Ik ben een passant in je leven, en bovendien heb ik hiervoor gestudeerd en je moeder niet.

Nog een voorbeeld van een didactische uitleg bij een jong kind.

T: Wat we gezien hebben is dat jij je heel boos gaat maken als bepaalde dingen niet lukken. Bijvoorbeeld als ...

C: Ik niet bij de computer mag van mijn broertje.

T: Weet je hoe je dan zo boos wordt?

C: Nou?

T: Omdat je iets gaat denken. Weet je wat?

C: Nou?

T: Hij MOET opzij gaan als ik dat wil, of zoiets. Denk je dat?

C: Ik denk: hij moet doen wat hij belooft, want we hebben altijd van tevoren afgesproken hoe lang iedereen mag en dan probeert hij toch weer iedere keer langer erachter te blijven.

T: Ja prachtig, je zegt het helemaal goed.

Vervolg van het voorbeeld van Tanja.

C: Ik kan me nog steeds kwaad maken dat ze er met die vent vandoor is gegaan. Het is wel zo'n eikel!
T: Dus daar wil je nu aandacht aan besteden als ik je goed begrijp.
C: Ik wil niet dat ze over hem spreekt als ik haar zie. Ik kan zijn naam niet horen!
T: En spreekt je moeder inderdaad niet over hem als jij dat niet wilt?
C: Ja, dat doet ze meestal wel goed, maar als ik haar bel, weet zij natuurlijk niet dat ik het ben en dan krijg ik soms toch die eikel aan de telefoon.
T: Ja, dat is een probleem
C: Ja, want ik bel haar nu niet zomaar even tussendoor als ik denk dat hij ook daar is.
(Vervolgens wordt er aandacht aan besteed of er voor een A-oplossing of een C-oplossing gekozen moet worden – zie par. 1.3 en 4.7.1 – en de conclusie is:)
T: Dus jouw gedachte dat je moeder zich niet door zo'n eikel had moeten laten inpakken zorgt ervoor dat jij je niet vrij kunt gedragen in het contact met je moeder. Je kunt haar bijvoorbeeld niet bellen, en ook als je vraagt wat ze gedaan heeft, noemt ze weliswaar niet zijn naam, maar weet jij eigenlijk toch de hele tijd 'ze was er met hem, met die eikel'. Eigenlijk maakt het niet eens zo veel uit of ze wel of niet zijn naam noemt, want hij zit toch in jouw hoofd als je met haar samen bent.
C: (bevestigt dit en protesteert meteen:) Ik wil best anders gaan denken, maar ik blijf hem een eikel vinden. Hij is gewoon een eikel! Als jij hem zou zien, zou je dat ook vinden, weet je bijvoorbeeld wat ... (en er volgt een voorbeeld om haar betoog te ondersteunen).
T: Weet je wat. Als we nou eens niet gaan proberen om jouw idee dat hij een eikel is te veranderen, maar toch iets proberen te doen om jou hier wat makkelijker in te doen voelen; wat vind je daarvan?
C: Goed.
T: Bijvoorbeeld: laten we aannemen dat hij een eikel is. Zou het je helpen je opener te voelen in het contact met je moeder (meer zoals vroeger), als je zou denken: 'Mijn moeder is met een eikel, maar goed, het zij zo. Soms kiezen ouders voor dingen waar hun kinderen niet achter kunnen staan. Ik had liever gehad dat ze een leuke vent had genomen, maar ja dat is nu eenmaal niet zo. Mijn moeder heeft in mijn ogen iets doms gedaan. Dat kan, dat doen moeders soms.' Hoe klinkt het als ik dat zeg?
C: Ik denk nu al wel vaker: het is haar probleem dat ze met zo'n vent is.
T: Wat fantastisch dat je dat denkt, dus je zit al op die lijn. Dat is mooi, want dan is het een kwestie van die lijn goed vasthouden en verder uitwerken. Als je dat kunt, maak je er niet jouw probleem van en laat je jouw gedachten over hem niet verstoren in het contact met je moeder. Want met haar wil je wel graag verder, toch? Wat kunnen we doen om die lijn uit te breiden? Wat vind je ervan om weer eens te bellen met je moeder op een moment dat je het risico loopt dat hij de telefoon opneemt?

In dit voorbeeld wordt duidelijk dat het op deze manier uitwerken van de B-C-connectie soms het effect heeft dat de gezondere gedachten van de cliënt zichtbaar worden. Dan kan er direct een suggestie voor een gedragsoefening volgen.

De B-C-connectie kan bij kinderen het beste uitgelegd worden aan de hand van een eigen situatie van een kind. Abstracte of theoretische uitleg over de werking

van gevoelens en gedachten en het verband daartussen is te moeilijk voor kinderen.
We adviseren om tevens alvast de rationele cognitie of meer de helpende houding aan het kind voor te houden. Als het kind iets aangereikt krijgt wat misschien een bruikbaar alternatief is, geeft dit houvast en kan het daarmee gaan experimenteren, of het kan het afwijzen en ertegen protesteren. Dit laatste biedt de mogelijkheid om verder te zoeken waar het kind wel heen wil.

8.5 De aanpak van waarnemingsfouten

Voor het aanpakken van waarnemingsfouten bij jongeren worden in principe dezelfde vragen gebruikt als de fouten die in paragraaf 7.2 zijn aangegeven. Bij het diagnostisch vragen stellen wil de therapeut eigenlijk alleen nog maar weten hoe het kind de zaak waarneemt. Bij het interventiegedeelte gaat de therapeut ervan uit dat er mogelijk iets niet klopt in de waarneming en legt daar bij de vraag dan ook het accent op.

Vervolg op de tekeningen van Hanneke uit paragraaf 7.6.

T: Als je denkt 'ik ben de kleine, ik ben de mindere' zul je de situaties waarin je bent wel anders bekijken, denk ik, dan wanneer je zou denken 'ik ben de belangrijkste persoon hier in dit gezelschap', denk je niet?

C: Ja, dat denk ik wel.

T: En weet je dat, als je denkt: ik ben de belangrijkste persoon hier in dit gezelschap, dat je dan zelfs de situatie waar je in bent anders gaat zien.

C: (aarzelt) Ja?

T: Een jongen die hier komt, vindt zichzelf heel belangrijk. Hij voerde steeds de boventoon in gezelschap en deed erg arrogant. Maar dat ZAG hij niet. Weet je wat hij ZAG: dat mensen naar hem keken en hem BEWONDERDEN! Hij dacht dat ze het prachtig vonden als hij moppen aan het tappen was en vertelde wat voor een geweldige dingen hij nu weer had gedaan.

C: (geïnteresseerd) Maar hoe kwam je daar dan achter?

T: Ik merkte dat hij zich zo gedroeg, omdat hij hier bij mij ook zo deed en ik vroeg hem wat hij dacht hoe ik hem ZAG. Nou, dat bleek mooi niet te kloppen. En daarna moest hij zijn ouders en zijn vriendjes gaan vragen wat de blik in hun ogen betekende als hij een verhaal vertelde in plaats van zelf in te vullen wat die blik of die lach van iemand betekende.

C: Jee, wat moeilijk! En deed hij dat?

T: Nou ja, niet graag natuurlijk, want hij wilde zo graag dat idee vasthouden dat hij geweldig was. Dat is anders dan bij jou. Jij wilt waarschijnlijk dat idee dat jij de mindere bent wel kwijt. Wil je ook oefenen met beter te leren kijken wat je ziet en te testen of wat jij ziet wel klopt?

C: (terughoudend) Ja, maar ik ga niet zomaar dingen vragen aan mensen!

T: Weet je, we beginnen niet zo moeilijk. We gaan eerst eens kijken of je wilt gaan bijhouden wanneer je precies denkt 'ik ben de mindere' en wat voor bewijs je daar dan voor vindt. Of anders gezegd: wat ZIE jij dan, waaruit blijkt dat jij de mindere bent.

Hier wordt een suggestie gedaan voor een registratieopdracht waarin het specifieker leren kijken centraal staat. Registratieopdrachten maken het mogelijk voor de cliënt om steeds objectiever te gaan waarnemen en steeds minder eigen (valse) interpretaties in te brengen. Soms kan het helpen als een kind de waarnemingen opschrijft, soms is alleen het stellen van de vraag 'ga er maar eens op letten wat je nou precies ziet' en daar goed op doorvragen in de sessie voldoende om de blik aan te scherpen.
Het belangrijkste bij deze interventies is dus: als therapeut vragen stellen waardoor het kind zich gaat afvragen of het klopt wat het ziet.

Jonas (9 jaar) wil, net als zijn vriend Tim, graag gevraagd worden op feestjes en erbij horen.

T: Wat doet Tim dan precies waardoor hij zoveel vrienden heeft?
C: Dat weet ik niet.
T: Dat moet je dan maar eens goed gaan bekijken, want als je weet wat hij precies doet waardoor hij zoveel vriendjes heeft, kun jij ook een beetje zo gaan doen.
Zijn er nog andere kinderen ook die vaak gevraagd worden voor feestjes?
C: Davy en Harold, of mocht die nu niet komen bij ...
(hij probeert te noemen wat hij weet van de relaties)
T: Misschien moeten we maar eens alle namen van de kinderen van de klas op het bord opschrijven en een lijst van wie bij welke feestjes gevraagd worden, want het is toch moeilijk om dat zo een twee drie uit je hoofd goed te weten. En als jij ook meer vriendjes wilt hebben, moet je toch weten wat je daarvoor moet doen. Je moet dan niet alleen goed kijken naar wat Tim doet, maar ook naar wat sommige anderen doen. Stel dat je zanger wil worden, wat doe je dan?
C: Dan luister je veel naar muziek van zangers die je goed vindt, of je koopt de CD's of zo en je kijkt veel naar de televisie.
T: Ja precies. En dan?
C: Dan weet je steeds beter hoe ze doen en hoe goed je wel niet moet zijn om ook op de televisie te komen.
T: Ja, precies. Nou zoiets gaan wij dus ook doen.

In hoofdstuk 7 gaven we aan dat het er bij het onderzoeken of corrigeren van de waarneming vaak niet in de eerste plaats om gaat de waarheid te achterhalen. De beleving van de cliënt telt soms sterker dan de waarheid. In sommige situaties is het echter wel degelijk van belang om te weten wat er precies aan de hand is. Als een kind gepest wordt op school is het aangewezen om samen met school te onderzoeken wat er precies aan de hand is. Het uitsluitend werken aan de weerbaarheid van het kind kan in bedreigende situaties contraproductief werken. We denken bijvoorbeeld ook aan situaties zoals geweld in het gezin of seksueel misbruik.

Riekie (12 jaar) is het oudste kind in een gezin met drie kinderen. Riekie weet niet goed om te gaan met ruzies van de ouders. Ze is dan overmatig bang en neigt ertoe haar jongere zusjes daarin negatief te beïnvloeden.

C: Mijn vader is dan zo driftig, dat hij mijn moeder slaat.
T: Ben jij daarbij, zie je dat?
C: Nou, ik ga meestal naar boven als het weer gaat beginnen.

T: Meestal? Dat is dus soms ook niet?
C: Soms spring ik ertussen, maar dan wordt hij kwaad op mij en dan krijg ik slaag.
T: En hoe hard slaat hij jou?
C: Hij duwt me meer weg en dan ga ik alsnog naar boven.
T: Wanneer was het voor het laatst dat je gezien hebt dat je vader je moeder sloeg?
C: Ik was nog veel kleiner. Ik weet het niet precies, maar wel lang geleden.
T: Weet je nu zeker dat het nog gebeurt, dat je vader je moeder slaat?
C: Nee, dat niet.
T: Dus het kan ook zijn dat je nog steeds bang bent van toen je het wél gezien hebt.
C: Ja, maar het kan toch weer gebeuren?
T: Wat vind je ervan als we dat eens samen met je vader en moeder gaan onderzoeken. Dat we met z'n allen daar eens over praten. Bijvoorbeeld dat ik je ouders vraag wat er precies gebeurd is en wanneer dat was en hoe vaak dat is voorgekomen en of dat nu nog zo is, en zo?

Er worden twee sessies aan besteed of Riekie dat wil en in het gezinsgesprek dat volgt kan een en ander rechtgezet worden. Riekie denkt dat er nog geslagen wordt, maar dat blijkt niet zo te zijn. Tevens krijgt ze van de ouders met het bespreken van wat er indertijd gebeurde erkenning voor haar positie en angst. Daar zijn de ouders juist vanwege de heftige conflicten indertijd aan voorbijgegaan.

Ook voor het zelfbeeld van het kind kan het belangrijk zijn om de waarheid te weten. Een kind dat vooral negatieve informatie over zich te horen heeft gekregen, heeft er recht op te weten hoe het werkelijk met haar gesteld is. We denken aan een jong meisje dat steeds te horen kreeg dat ze een mongool was en dat ook werkelijk was gaan denken van zichzelf. Goede informatie kan helpen om zo'n beeld te corrigeren. Het kind kreeg de huiswerkopdracht in de bibliotheek informatie op te zoeken over het syndroom van Down om te verifiëren of dit op haar van toepassing was. Een jongen die dacht dat hij dom was, kreeg een intelligentietest opdat hij de waarheid over zijn intelligentieniveau aan de weet zou komen. Met het kind kan ter voorbereiding besproken worden wat het verwacht dat er uit de test komt en hoe dat gevoel en gedrag kan beïnvloeden.

Lieke (uit par. 5.2) is bang dat Marco haar naam in een kwaad daglicht gaat plaatsen. We pakken dezelfde dialoog op.

T: Kijk, nu hebben we de juiste Gebeurtenis te pakken voor ons model. We vullen op het bord bij A in: Marco kan weer rondbazuinen dat ik op hem ben en hij niet op mij en dan kunnen ze me gaan plagen. Ja, dat kan natuurlijk.
Hoe groot denk jij dat de kans is dat Marco dat ook zal gaan doen?
C: Dat weet ik niet.
T: Denk eens na. Wat heeft het voor hem voor zin om dat te doen?
C: Dat weet ik niet.
T: Wat heeft het voor Marco voor zin om te gaan rondbazuinen dat jij op hem bent?
C: Niet veel denk ik.
T: Denk je dat Marco daar nog wel aan denkt?
C: Dat weet ik niet.
T: Zou het kunnen zijn dat hij daar helemaal niet meer mee bezig is omdat hij andere dingen aan zijn hoofd heeft?

C: Hij is nu op Marianne en dat zal hij wel aan zijn hoofd hebben, want dat weet iedereen.
T: Nou, daar heb je het al. Hoe groot is dan de kans dat hij het nog over jou heeft?
C: Als je het zo ziet niet zo groot dus.

De vraag 'hoe groot is de kans dat' wordt vaak gebruikt om de gevreesde werkelijkheid grijpbaarder te maken. Het is een manier om de realiteit wat dichter bij het kind te brengen. Toch bestaat er in dergelijke voorbeelden altijd een kans dat het gevreesde wél gebeurt. De therapeut moet daarop voorbereid zijn en niet met de realiteitstoets proberen om die vrees van het kind weg te nemen. Een kind kan ook reageren met: 'het is nu niet gebeurd en de kans is klein, maar het kan toch gebeuren'. Daar heeft het kind gelijk in. Ook jongere kinderen kunnen zo'n reactie hebben. Ze laten zich niet altijd of slechts oppervlakkig beïnvloeden door correcties op het gebied van waarneming en moeten profijt hebben van meer filosofische disputatievormen (zie verderop: par. 8.8).

8.6 Het bewerken van verkeerde gevolgtrekkingen

Verkeerde gevolgtrekkingen die een kind maakt, zijn op verschillende manieren te corrigeren. Uiteraard houdt de therapeut in de wijze waarop hij die correctie wil plegen rekening met de leeftijd van het kind en de gevoeligheid voor autoriteit. Een kind van 8 jaar kan heel goed spelenderwijs of vanuit het beeld dat het kind zelf heeft, gecorrigeerd worden, waarbij de therapeut meer didactisch optreedt. Bij een adolescent die met existentiële vragen bezig is, kan misschien beter via een socratische dialoog geprobeerd worden misinterpretaties aan te kaarten.

Enkele voorbeelden van het corrigeren van attributies

C: (jong kind) Ik kan niet opletten als de meester weer elk ogenblik kan gaan schreeuwen dat wij het niet goed doen.
T: Je bedoelt dat je niet kunt opletten omdat de meester schreeuwt?
C: Ik heb het al gezegd tegen mama en die gaat er iets van zeggen want ik krijg binnenkort toch mijn rapport en dan gaan ze altijd voor een gesprekje.
T: Goed van je, dat je dat hebt verteld thuis. Maar waarom zou jij nou niet kunnen opletten? Schreeuwt hij soms de hele dag aan een stuk door?
C: Nee, dat niet, maar soms.
T: Wel elke dag?
C: Ja, de laatste tijd wel.
T: Maar bedoel je dan dat je het gewoon niet zo leuk meer vindt in de klas sinds de meester meer schreeuwt.
C: Ja, dat bedoel ik ook.
T: Dan snap ik het! De meester strooit je niet een of ander poeder in de ogen waardoor jij niet meer kunt opletten?
C: (lacht) Nee, natuurlijk niet.
T: Ik dacht even dat de meester een soort Tovenaar is die jullie bedwelmt met iets. De meester schreeuwt en hij strooit geen anti-opletpoeder rond.

C: Nee!
T: Dan weet ik nog niet hoe het kan dat jij minder goed gaat opletten als de meester een keer per dag schreeuwt. Dat moeten we dan nog uitzoeken.

Vervolg van het voorbeeld van Annet (16 jaar, par. 7.3).

C: Maar als je ouders je tegen je wil in op een andere school zetten, dan is het toch logisch dat het misgaat!
T: Zoals je het nu stelt, kunnen jouw ouders je maken en breken.
C: Helemaal niet, ik ga heus wel mijn eigen gang!
T: Ja, dat zie ik, want daarom blijf je ook zo vaak weg van school. Maar jij doet alsof het de schuld is van je ouders dat jij niet naar school gaat. Wat zij hebben gedaan is alleen dat zij jou tegen jouw wil op deze school hebben geplaatst. Vervolgens kies jij ervoor om niet naar school te gaan en daarmee aan hen te laten zien dat ze een verkeerde keus voor je hebben gemaakt. Jij zult hun wel bewijzen dat je niet hoeft te doen wat zij van je willen. Maar is dat wel zo, bewijs je dat hiermee?
C: Ik kies ervoor om niet naar school te gaan?
T: Ja jij.
C: Hoezo dan?
T: Ik ken ook kinderen die tegen hun zin in op een andere school zijn geplaatst en die daar wel van balen, maar er toch maar het beste van maken.
C: Dat kan ik me niet voorstellen; ja als het een leuke school is, dan wel.
T: Nou nee hoor, ook als het niet zo'n leuke school is. Dan houden ze gewoon de vrienden van de andere school voor het weekend en voor de feestjes en de rest zitten ze op de nieuwe school uit.
C: Waardeloos.
T: Ach, waardeloos? Het is maar net hoe je ertegen aan kijkt. Want wat ben je nou aan het bewijzen aan je ouders door zo van school weg te blijven? Dat ze fout zijn?
C: Ze zijn verkeerd bezig ja, ze begrijpen niks van mij. Ze hadden me gewoon op die school moeten laten.
T: En denk je dat ze je beter gaan begrijpen als jij wegblijft van school?
C: Nou, slechter begrijpen kan toch al niet.
T: Dus door nauwelijks nog naar school te gaan, kies jij ervoor om helemaal niet begrepen te worden.

In deze dialoog wordt duidelijk dat de therapeute bezig is de externe attributie naar een interne om te buigen. Dit proces betekent in wezen altijd dat de B-C-connectie duidelijk gemaakt wordt aan het kind; of anders gezegd dat de A-C-connectie verbroken wordt. Voorwaarde om dit goed te doen is dat de therapeut het eigen aandeel van het kind wel kan zien. De houding van de therapeut kan ook van meer empathie getuigen dan in bovenstaande dialoog tot uiting komt. Er kan bijvoorbeeld benadrukt worden dat het echt heel vervelend is voor Annet dat ze haar oude maatjes niet elke dag kan zien en er kunnen zelfs oplossingen aangedragen worden die de oude situatie simuleren. Wil Annet echter van de therapie kunnen profiteren, dan zal zij moeten zien dat zij verantwoordelijk is voor het wegblijven van school. Daarbij is het wel belangrijk dat het kind (vooral de puber en adolescent) niet het idee krijgt dat de therapeut op de hand is van de ouders en ook vindt dat school het allerbelangrijkste is. Dat kan bijvoorbeeld als volgt.

T: Begrijp me goed Annet, het kan mij niet schelen of jij school verzuimt of niet. Ik ben toevallig zelf blij met mijn diploma's, maar school en diploma's zijn niet zaligmakend. Ik heb een broer die vrachtwagenchauffeur is en die is net zo gelukkig of ongelukkig als ik. Als jij zegt: ik wil niet meer naar school, ik wil werken, dan is dat ook duidelijk, en dan kan gekeken worden of en hoe dat te realiseren is. Met zo'n keus bepaal je zelf wat je doet. Nu blijf je tussen de wal en het schip hangen en daardoor krijg je steeds op je klote van je ouders. Daar word je in ieder geval niet blij van, begrijp ik.

Hierna volgt een voorbeeld waar het nodig is om van een interne attributie tot een externe attributie te komen. Het betreft een achttienjarig meisje uit een streng gereformeerd gezin.

C: Ik voel me erg schuldig dat ik tot mijn zeventiende heb meegedaan aan dat seksueel misbruik. Ik zag al die hulptelefoonnummers wel, maar ik heb nooit gebeld.
T: Waarom denk je dat je nooit gebeld hebt?
C: Ik vroeg het aan mijn moeder en die zei dan 'nee joh, dat moet je niet doen, die mensen zijn niet te vertrouwen'. Bij ons werd Suske en Wiske in de haard gegooid omdat er verdikkeme in stond en dat was werelds en dus slecht.
T: Jou is geleerd dat je de mensen van buiten de kerk niet kon vertrouwen?
C: Ja, inderdaad.
T: En in je eigen gezin kon je eigenlijk ook niemand vertrouwen, want ook je moeder wist van het seksueel misbruik af en ze hielp je niet.
C: Ja. (stilte) Ik was wel erg alleen.
T: Als je dit stuk van ons gesprek nu eens tot je door laat dringen, vind je het dan nog steeds gek en fout dat je tot je zeventiende niet in staat bent geweest het misbruik te stoppen?
C: Nee, misschien niet?
T: Ik vind het niet gek. Je leefde zo geïsoleerd. Vaak is het nodig dat iemand van buiten het systeem je helpt om ergens uit te breken. Je vriend heeft jou vorig jaar geholpen en jij bent eruit gebroken. Ik vind dat erg sterk van je.
C: Jij vindt dus niet dat het mijn schuld is?
T: Nee, dat vind ik zeker niet. Jij was afhankelijk van je vader en moeder en die hebben er schuld aan. Zij zijn verantwoordelijk voor wat er gebeurd is, niet jij.
C: (met tranen in de ogen) Ik schaam me er zo over.

Het zal duidelijk zijn dat attributies die al lange tijd eigendom zijn van de cliënt niet met een eenmalige correctie veranderd zijn. Het kan nodig zijn om bij kinderen dezelfde attributies herhaaldelijk de revue te laten passeren. Terwijl het therapieproces vordert, kan gecheckt worden of er een verschuiving van visie optreedt. Tevens kan gezorgd worden dat er bij internalisers niet een schuldgevoel op een schuldgevoel ontstaat. Dat kan bijvoorbeeld als volgt.

T: Ja, die schaamte en dat schuldgevoel zijn zo nog maar niet weg. Het is helemaal niet gemakkelijk om je ouders de schuld te gaan geven; want iedereen thuis heeft dat nou juist altijd geprobeerd te voorkomen. Stel je voor dat ik van jongs af aan graag kok wil worden en iedereen uit mijn omgeving roept vanaf mijn vroegste jeugd dat kok het stomste beroep is dat er bestaat. Denk je dat ik daar geen last van zou hebben als ik toch op de koksschool zou komen? Mogelijk duurt het een hele poos voordat ik als kok echt het gevoel kan hebben dat ik oké ben en dat niet ìk maar zij het bij het verkeerde eind hadden.

Een voorbeeld van het corrigeren van een veronderstelling

Lieke veronderstelt dat ze haar populariteit kan verhogen door de juiste kleding te dragen. Ze besteedt uren in de stad op zoek naar kleding en ze zeurt bij moeder om een populaire schooltas. Omdat haar moeder (maatschappelijk werkende van beroep) Lieke al vaak heeft voorgehouden dat het om het menszijn en niet om uiterlijke verschijnselen gaat, besluit de therapeute om Lieke te volgen. De therapeute heeft de moeder gesproken en gezegd dat de 'peergroup' op deze leeftijd erg belangrijk is en dat ze het doel van Lieke, populairder worden, onderschrijft. Moeder zal voorlopig dat doel mee onderschrijven maar blijft bij de afspraken over kledinggeld en dergelijke.

T: En, zet het zoden aan de dijk, je focus op kleding?
C: Ik heb toch die ene tas gekregen weet je wel, waar ik het over had.
T: Zo!
C: Ja, ik heb zelf bijgelegd en de rest is alvast voor mijn verjaardag.
T: En ben je al populairder?
C: Nou dat niet denk ik, maar ik heb wel weer aansluiting gezocht bij een ander groepje.
T: En zien die er net zo uit als jij?
C: Nee, ze zijn eigenlijk saai. Ze vinden mij ook een beetje raar als ik het over jongens heb of zo.
T: Maar je bent wel de populairste van dat stel?
C: Ik zie er wel het leukste uit van allemaal. Nou ja, dat vind ik dan.
T: Maar nou weet ik nog niet hoe het zit. Helpt je populairdere kleding nu om populairder te worden?
C: Ik weet het niet; die meiden van dat andere groepje hadden wel weer commentaar op mijn haar.
T: Misschien moeten we erachter zien te komen wat de juiste haardracht is nu. Want misschien helpt de combinatie van de juiste kleding én het juiste haar wel om populairder te worden.
C: Ja, dan kan ik wel bezig blijven.
T: Maar je hebt toch nog even de tijd om het uit te zoeken. En je vind het toch leuk om met uiterlijk bezig te zijn. Daar is toch niks mee?
C: Maar stel dat dat nog niet genoeg is om populairder te worden.
T: Ja ho eens, we geven zomaar niet op.

Door mee te gaan met de veronderstelling van de cliënt wordt de kans vergroot dat de cliënt zelf gaat inzien dat de gevolgtrekking onjuist is. In sommige gevallen kan blijken dat de veronderstelling helemaal niet zo gek was, bijvoorbeeld wanneer Lieke door het focussen op kleding inderdaad populairder zou worden. Ze zal zich dan beter voelen omdat ze heeft bereikt wat ze wil bereiken.

Enkele voorbeelden van het corrigeren van interpretaties

Moeder (M) en Jacob (14 jaar) zijn samen voor een gesprek gekomen. Moeder wil de communicatie met Jacob verbeteren maar Jacob voelt daar niks voor.

T: U vindt dat Jacob zich niet respectvol gedraagt tegenover volwassenen. Ik wil van u weten wat u precies onder respectvol verstaat.

M: Ja, moeilijk; de leraren zeggen bijvoorbeeld dat hij er niet betrokken bij zit.

J: Ach wie, die van biologie zeker; nou dat is echt geklets, en dat weet je zelf ook wel.

M: Nee, dat is inderdaad geen goed voorbeeld. Nou ja, dat je bijvoorbeeld antwoord geeft als je iets gevraagd wordt ...

J: Dat doe ik altijd.

M: (wordt rood omdat ze geen goed voorbeeld heeft en de snelle en veelvuldige interrupties van Jacob als hinderlijk ervaart) Dat je ook eens uit jezelf je gezicht laat zien beneden in plaats van alleen maar tijdens het eten.

J: Alleen maar omdat jij zo nodig met z'n allen leuk wil praten; maar het is niet leuk met z'n allen, begrijp dat dan eens.

M: (sluit zich af voor de opmerking van Jacob en gaat ogenschijnlijk wat sterker door:) Ik zou ook wel eens willen dat je mijn nee accepteerde in plaats van te blijven zeuren of je naar een popconcert mag. Dat zou ik nou echt een teken van respect vinden.

J: Ach moeder, zeik niet! Je had net zo goed meteen kunnen toegeven. Ik heb er drie maanden om moeten zeuren en ik weet al bij voorbaat dat je uiteindelijk toch ja zegt. Beslis dan meteen! Je bent altijd hopeloos aan het uitstellen (en gaat vervolgens met een denigrerende intonatie nadoen hoe moeder met hem communiceert als ze een beslissing uitstelt).

T: Waar ik nu zo nieuwsgierig naar raak is het volgende. Wat vindt u, mevrouw, van dit stukje gesprek? Vindt u dat u zich respectvol ten opzichte van uw zoon opstelt en vindt u dat Jacob zich hier respectvol gedraagt?

M: Ik vind dat Jacob zich nu niet respectvol opstelt. Ik denk mijzelf wel respectvol te gedragen, ja.

T: Tijdens het gesprek keek u niet naar uw zoon; hebt u een idee hoe dat komt?

M: O, is dat zo? Nee, geen idee. Dat zou trouwens niet respectvol zijn, want dat vind ik er wel bij horen. Daar zal ik op letten.

(Ondertussen laat Jacob uit pure ergernis zijn oogballen in zijn kassen draaien en gaat denigrerend zitten steunen en kreunen 'o nee'.)

T: (negeert nog even het gedrag van Jacob) Ik heb er wel een idee bij, mag ik dat opperen? Mij viel op dat naarmate Jacob zich lelijker ging gedragen, u hem minder ging aankijken. Kan het zijn dat u het als pijnlijk ervaart dat hij zo tegen u doet?

M: Ja zeker!

T: Mijn zorg is dat u, als u niet goed naar Jacob kijkt, mogelijk foute interpretaties maakt over zijn gedrag. Misschien interpreteert u bepaald gedrag van Jacob als niet respectvol terwijl het dat wel is; en misschien tolereert u bepaald respectloos gedrag van hem omdat u uw ogen sluit en die conclusie niet wil trekken. Dat kan tot communicatieproblemen leiden.

J: Ik zei toch dat je gewoon duidelijk moet zijn en de boel niet zo moet lopen te traineren!

T: Jacob, ik ben ook benieuwd hoe jij jouw gedrag van zojuist interpreteert. Vind jij dat jij daarnet respectvol met je moeder bent omgegaan en zij met jou?

J: Geen idee.

T: Jammer dat we geen video-opname hebben gemaakt; ik heb mijn camera aan een collega uitgeleend. Misschien moeten we dat de volgende keer maar doen, dan kunnen we een stukje terugkijken. Denk nog eens goed na. Hoe deed je ten opzichte van je moeder?

J: (blijft stil)

T: Omdat ik je niet meer letterlijk kan verwoorden, zal ik je non-verbale gedrag weergeven. (T doet J na) Klopt het, deed je zo?

J: Jij zegt het.

T: Jij was erbij en we hebben geen bandopname. Klopt het volgens jou, of heb ik dat alleen gezien?

J: Het klopt.

T: En als je je moeder zo scherp in de rede valt en bijvoorbeeld zegt dat ze niet moet zeiken? Vind jij dat respectvol?

J: Nee, dat niet zo.

T: Het is belangrijk dat we dezelfde interpretatie hebben van wat hier gebeurt, willen we kunnen kijken wat er verder moet.

De dialoog spreekt eigenlijk voor zich. Tevens wordt duidelijk hoezeer interpretaties van belang kunnen zijn bij het stellen van doelen. Wil Jacob van zijn kant bereid zijn te werken aan de communicatieve verhouding, dan moet moeder goed duidelijk kunnen maken wat zij ziet als inhoud van het concept respect. Jacob moet daar eenzelfde idee bij hebben, en vervolgens moet er goed waargenomen worden wanneer de een of de ander zich overeenkomstig de inhoud van dat concept gedraagt. De kans op verkeerde interpretaties is immers groter wanneer men niet goed kijkt.

Een ander voorbeeld.
Een jong kind is bang voor heftige emoties, vooral boosheid van anderen. Dit is verklaarbaar uit de voorgeschiedenis. Het doel van de therapie is onder andere dat het meisje beter zicht krijgt op wat bedreigende emoties zijn en wat niet.

C: Ik vertel dat niet aan papa want als hij dat weet wordt hij boos.

T: Denk je dat?

C: Ja.

T: Waarom denk je dat hij dan boos wordt?

C: Dat denk ik.

T: Wordt je papa vaak boos?

C: Niet zo vaak.

T: En is het al eens eerder gebeurd dat je iets verloren was, en dat je papa boos werd?

C: Nou, ik was een keer een sjaal kwijt en toen was hij ook boos.

T: En wanneer was dat?

C: Van de winter.

T: Dus dat is alweer lang geleden.

C: Ja.

T: Weet je heel zeker dat hij boos wordt als je vertelt dat je ringetje in de singel is gevallen?

C: Nee, niet heel zeker.

T: Was het een heel duur ringetje?
C: Dat weet ik niet. Ik heb hem van mijn nichtje gekregen omdat hij haar te klein was. Met een lieveheersbeestje erop. Wel echt zilver!
T: Dus het is niet zo dat je vader dat heel speciaal voor jou heeft gekocht en daar heel veel geld aan heeft besteed.
C: Nee, helemaal niet (vertelt wat ze wel aan duurs van vader heeft gehad).
T: Als je het zo vertelt lijkt het me helemaal niet het allerbelangrijkste, dat ringetje. Weet je vader eigenlijk wel dat je het aan hebt? Sommige vaders letten daar helemaal niet op.
C: Hij had het vanmorgen nog voor me mee naar beneden genomen, uit de badkamer.
T: Omdat hij het zelf zo belangrijk vindt dat je het draagt?
C: Omdat ik riep of hij het mee wilde nemen.
T: Dus van dat ringetje weet je het eigenlijk niet wat hij daarvan vindt?
C: Nee, eigenlijk niet.
T: Zou het ook kunnen zijn dat hij er helemaal niet boos om wordt, bijvoorbeeld omdat het hem niet zoveel kan schelen. Hij vindt de spullen die hij zelf gegeven heeft of die duur zijn misschien wel belangrijk, en dit ringetje niet? Kan dat?
C: Dat kan.
T: Denk je nu nog: hij wordt boos als hij het weet?
C: Niet meer zo erg. Maar het kan toch wel?
T: Natuurlijk kan het. Wanneer weten we of het klopt wat je eerst dacht of wat we daarnet zeiden?
C: Volgende keer.
T: Want dan heb je het wel verteld?

De therapeute leidt het gesprek zo dat het accepteren van een alternatieve interpretatie dichterbij komt. Kinderen gooien echter net als volwassenen niet zomaar oude schoenen weg voordat ze nieuwe hebben en dat hoeft ook niet. Het gaat erom dat de cliënten gaan merken dat ze interpretaties maken, en dat interpretaties iets anders zijn dan feiten. De bekende vraag '*denk* je dat nou dat het zo is of *is* het ook zo', helpt vaak om het onderscheid tussen feiten en aannames/interpretaties duidelijk te maken. Daarbij leren kinderen op deze manier om stil te staan bij automatische aannames en er een of meer interpretaties ter vergelijking naast te zetten.

8.7 Het bewerken van irreële evaluaties

Het uitgangspunt voor de therapeut bij het uitdagen van irreële evaluaties is dat niets vreselijk is en dat je eigenlijk bijna overal tegen kunt. De jonge cliënt kan er echter al zo van overtuigd zijn dat iets vreselijk is, dat het enige moeite kan kosten om daar een andere wending aan te geven.
Sommige therapeuten slagen er wel in 'vreselijke' gedachten uit te dagen wanneer het overduidelijk is dat er niet werkelijk iets vreselijks is gebeurd. Bijvoorbeeld wanneer een kind perfectionistisch is ingesteld en lagere cijfers haalt dan het zou willen. Het lukt hun echter niet om het 'vreselijke' in de gedachtegang uit te dagen wanneer het om levenszaken zoals een uithuisplaatsing van een kind of het overlijden van een ouder of nog andere trauma's gaat. Het is zaak om op

gepaste wijze de irreële evaluaties uit te dagen. Dat betekent dat men tegen een kind dat zijn vader heeft zien verongelukken niet zegt dat er nog wel ergere dingen zijn. Het uitdagen kan er bij een dergelijk trauma beter uit bestaan op te zoeken welke aspecten precies zo onverdraaglijk voor het kind zijn. Juist met ernstige zaken kan het doorvragen in het meest pijnlijke deel van de herinnering of de gebeurtenis op zichzelf al ontlastend werken. Een woord als uitdagen klinkt dan ook iets te actief; alsof de therapeut iets moet aandragen en ertegenover moet stellen.

In de hierna volgende voorbeelden laten we verschillende manieren van het bespreken, uitvragen of uitdagen van irreële evaluaties de revue passeren.

Adriaan (8 jaar, par. 7.3) heeft een zes op zijn rapport en daarnaast allemaal goede cijfers. De leerkracht (L) daagt Adriaans gedachte uit:

L: Dus jij vindt het vreselijk dat er een zes op staat?

C: Ja.

L: Weet je wat vreselijk betekent?

C: Ja, héél erg.

L: Ja en nee, Adriaan. Ik zal je iets uitleggen; wil je dat? Vreselijk betekent dat als iets maar 100 kan zijn dat het toch meer dan 100 slecht is. Net als wat we vandaag gehad hebben met water dat kookt. Als het water in een fluitketel kookt is het 100 warm. Weet je nog? Warmer kan niet. Weet je nog wat er dan gebeurt met het water?

C: Het wordt damp.

L: Juist. En wat gebeurt er met het water in de ketel?

C: Dat blijft gewoon koken.

L: Dat verandert niet?

C: Tot de ketel leeggekookt is.

L: Juist. En hoe zit het nou met die ene zes van jou? Is dat echt het vreselijkste wat je kan overkomen? Is dat 100 slecht?

C: Nee.

L: Wat is er 100 slecht denk je? Weet je wat, laten we hier eens een lijn neerzetten (tekent op het bord een horizontale lijn van een tot 100). Wat kan je nou gebeuren wat 100 slecht is denk je?

C: Een oorlog.

L: Nou, dat lijkt me al een hele goeie. Oorlogen zijn wel heel erg. Dus dat staat in de buurt van de honderd. Is er iets wat je nog afschuwelijker lijkt dan een oorlog?

C: Dat je ouders doodgeschoten worden in de oorlog.

L: Poeh zeg, dat lijkt me ook. Dat kunnen we rustig op 100 zetten, vind je niet? En wat staat er bijvoorbeeld halverwege de lijn. Wat lijkt je nou 50 vreselijk?

C: Bijvoorbeeld een brand, dat je geen plek meer hebt om te wonen. Net als wat ik laatst bij het jeugdjournaal zag; toen stonden die kinderen buiten in het donker met dekens om.

L: Nou dat lijkt me wel een goeie voor bij 50.
(Er wordt vervolgd met een aantal voorbeelden die allemaal een plek op de lijn krijgen.)

L: Als we nu nog eens stil staan bij de zes op jouw rapport, waar moet die dan op de lijn?

C: Ergens aan deze kant; misschien wel bij 1 of minder.

L: (grapt) Misschien mag hij er niet eens op!

C: (lacht mee)
L: Als je er zo naar kijkt is die ene zes dan nog steeds vreselijk?
C: Nee hoor.
L: Niet vreselijk, maar wat wel?
C: Niet leuk natuurlijk.
L: Precies! Knap! Dat is het verschil. Het is niet vreselijk. Het woord vreselijk gebruiken we voor de echte rampen. Maar het is wel rot – naar, vervelend of zoiets. Want je had graag geen enkele zes op je rapport gehad.

Het werken met een lijn om zwart-wit denken duidelijk te maken werkt over het algemeen erg goed bij jonge kinderen. Ze kunnen de voorbeelden zelf aandragen en alle antwoorden zijn wel ergens te plaatsen. Het is speels en inzichtelijk. Alternatieve interpretaties die het kind zelf aandraagt, zoals hier 'niet leuk', worden zonder omhaal als adequate evaluatie aanvaard. Aan het einde van het uitdagingsproces is het zinvol om te checken in hoeverre het kind ook echt datgene kan denken waar men in het gesprekje heen is gerold. Want zo voelt het vaak voor het kind. Hoewel hij zelf de antwoorden bedenkt, weet hij van tevoren niet wat de uitkomst zal zijn. Dit in tegenstelling met adolescenten die soms kunnen voorspellen waar de therapeut heen wil en dan gaandeweg al met tegenwerpingen komen.

Een ander voorbeeld.

Lieke (par. 7.4) dacht: 'Het is vreselijk om van het ene naar het andere groepje te gaan in de klas. Je moet een vast groepje hebben waar je bij hoort'.
T: Wat is daar nu precies zo vreselijk aan? Dat snap ik niet. De ene keer hoor je bij het ene groepje en de andere keer bij het andere!
C: Als je het zo stelt, niks natuurlijk.
T: Ja, zo stel ik het. En waarom jij niet?
C: Ja maar, wat als er dan na verloop van tijd geen groepjes meer over zijn?
T: Dan begin je weer bij groepje een, dan twee, dan ...
C: (lacht) Maar die willen je dan toch helemaal niet meer hebben!
T: Hoe weet jij dat nou? Heb je dat al eens uitgeprobeerd?
C: Nee.
T: Nou dan. Je denkt nu bijvoorbeeld dat die groepjes steeds uit dezelfde kinderen bestaan, maar de samenstelling van die groepjes verandert ook, vermoedelijk. Maar daar let jij niet op omdat je zo bezig bent met 'ik moet bij een groepje horen en het is vreselijk als het niet zo is'.
C: (lacht)
T: Maar waarom denk je eigenlijk dat het vreselijk is?
C: Misschien hoor ik straks weer nergens bij, net als toen (op de basisschool). Dat vond ik vreselijk!
T: Maar wat *toen* vreselijk was, hoeft *nu* niet vreselijk te zijn. Je kunt het anders leren ervaren als je niet bij een groepje hoort. Daar geef ik je nog wel een oefening voor (zie hoofdstuk 9). Maar laten we nu even kijken naar de feiten. Hoe is het afgelopen schooljaar gegaan: eerst ...
C: Eerst had ik een groepje en toen weer een ander, en toen ... een minder leuk groepje en toen even niks.

T: En laten we dat eens even op het bord schrijven, met de tijdsduur erbij (maakt een balk en deelt die in episodes in, daarbij informatie opvragend van C).
Dus je hebt toen een periode van min of meer drie weken gehad dat je niet echt bij een groepje hoorde, maar zoals je het vertelt ook niet helemaal alleen was.

C: Ja, dat klopt.

T: En wat gebeurde er daarna? (geeft nieuwe episode aan)

C: Toen heb ik me aangesloten bij die meisjes buiten de klas.

T: En, begreep ik van je, toen brak er een goede periode aan.

C: Ja.

T: Dus wat je denkt, dat die paar weken zonder groepje 'vreselijk' waren, dat klopt misschien niet. We kunnen zodadelijk kijken hoe die paar weken er precies uitzagen. Het kan zijn dat je het op de basisschool als 'vreselijk' hebt ervaren om niet bij een groepje te horen en dat dat idee nog niet helemaal weg is. Het lijkt erop alsof je nóg denkt 'het is vreselijk', terwijl je je nu prima kunt handhaven als je er even een paar weken uit ligt.
Als je wilt kunnen we kijken naar die drie weken waarin je niet echt bij een groepje hoorde, of naar die basisschoolperiode, om te zien of dat nog doorwerkt.

In dit voorbeeld wordt duidelijk dat het bevragen van de uitspraak 'het is vreselijk' op zich al een belangrijke activiteit is. Lieke gaat, in tegenstelling tot Adriaan, niet zichtbaar overstag. De therapeute formuleert een alternatieve gedachte op basis van de (beperkte) empirische gegevens over haar gedrag. En er wordt later in de sessie nog een gevoelsoefening gedaan. De verbinding tussen voelen, denken en doen wordt aldus ook bij het bespreken van de evaluaties bewaakt. De therapeute wil immers niet dat Lieke doet alsof het inderdaad niet vreselijk is nu ze erover praat, of dat ze omwille van haar, de therapeute, een andere visie aanneemt. Het moet voor Lieke net zo lang 'vreselijk' voelen als het voor Lieke 'vreselijk' voelt.

Nog een voorbeeld.

Linda is verkracht en ervaart dat uiteraard als vreselijk.

C: (huilt) Ik vind het zo afschuwelijk!

T: Linda, misschien vind je het gek, maar ik wil weten wat jij precies met dat woord bedoelt. Want ik heb je al herhaaldelijk laten blijken hoe rot ik het voor je vind, dus ik denk dat ik deze vraag nu wel kan stellen.

C: (snottert) Welke vraag?

T: Wat bedoel je precies als je zegt 'afschuwelijk'?

C: Nou gewoon, vreselijk!

T: Bedoel je dat je denkt dat je daar nooit meer overheen komt?

C: Ja, dat ja. En mijn moeder zegt dat ook en die heeft het zelf ook meegemaakt.

T: En weet jij precies wat je moeder bedoelt als ze zegt dat je er nooit meer overheen komt?

C: (blijft snikken) Nou, zoals ze het zegt.

T: Heb je je moeder daar al verder over doorgevraagd?

C: Nee, maar ze leeft zo met me mee. Ze zegt dat ze het zelf ook weer kan voelen.

T: Wat fijn joh, dat je moeder nu zo dicht bij je kan staan en dat jij nu veel aan haar hebt. Ik ken je moeder natuurlijk niet, en ik weet dus ook niet wat ze bedoelt als ze zegt dat ze er nooit overheen is gekomen. Maar ik ken wel veel vrouwen die dat hebben meegemaakt en toch manieren hebben gevonden om eroverheen te komen. In het begin denk je vaak dat dat nooit zal lukken, maar later blijkt dat je toch manieren hebt om het te verwerken. Kun je je daar iets bij voorstellen?

C: Nee! Misschien als ik wat ouder was, maar ik ben pas 15!

T: Misschien is het een idee om je moeder eens mee te nemen. Dan kan ik haar naar haar ervaringen vragen en horen wat zij precies bedoelt als ze zegt dat je er nooit overheen komt. Logisch dat jij daar nog niet naar gevraagd hebt, maar dat kan ik wel doen. Hoe vind je dat?

De ene kant is 'het vreselijke' van de ervaring op zich. De andere kant die bij het doorvragen vaak naar boven komt is de zelfveroordeling. Dan kan blijken dat de ervaring die eerst als 'vreselijk' benoemd wordt bij het doorvragen een andere lading krijgt. De ervaring op zich is dan 'heel erg' en het kind is bijvoorbeeld al geïnformeerd dat het deze ervaring met de tijd te boven zal komen. Het blijkt dan in tweede instantie de zelfveroordeling of het Moeten te zijn dat krachtiger is en tot schuldgevoel en schaamte leidt; bijvoorbeeld 'ik ben een slet dat mij dit is overkomen' en 'ik had dat moeten kunnen voorkomen'. Daarover gaat de paragraaf hierna (par. 8.8).

Een belangrijke cognitie die reeds in verschillende dialogen aan de orde is gekomen (zie bijvoorbeeld Jules in par. 7.3), is de cognitie 'ik kan er niet tegen'. Deze cognitie hangt samen met lage frustratietolerantie. Het gaat erom dat dingen zo moeten lopen als de cliënt het wil en hij denkt dat hij er niet tegen kan als het anders gaat. Deze cognitie wordt, net als de evaluatie 'vreselijk', gezien als een afgeleide van een Moeten. Anders gezegd: 'Het Moet eigenlijk zo gaan als ik het wil, want anders kan ik er niet tegen'. Het leren verhogen van de frustratiedrempel van een kind kan een belangrijk doel zijn voor ouders en kinderen. Het idee ergens niet tegen te kunnen is vaak uit de lucht gegrepen. Een meer realistisch gebruik van het begrip wordt in de interventiefase geëntameerd, zoals in het volgende voorbeeld.

Marjolijn (par. 8.1) heeft moeite met de boosheid van haar vader.

C: Als ik een slecht cijfer haal, wordt hij hartstikke kwaad. Hij moet eens leren om normaal te doen!

T: (vraagt om een beschrijving van zijn gedrag en Marjolijn kan dat eigenlijk niet zo goed beschrijven) Ook al weet je niet precies wat hij doet als hij flipt, je vindt het wel te erg.

C: Ja, dat kun je wel zeggen.

T: En wat doe jij als je vader flipt?

C: Ik zeg dat hij normaal moet doen.

T: En zeg je dat op een vriendelijke toon: (doet voor) 'zeg pap, luister eens even, reageer nou niet zo snel, pap, misschien begrijp je het niet goed, het is geen ramp of zo ...'

C: Nee, bepaald niet; ik word natuurlijk ook kwaad.

T: Dus als hij flipt, ga jij ook flippen.

C: Ik kan er gewoon niet tegen als hij zo doet.

T: Hoezo, kan je er niet tegen?

C: Nou gewoon!

T: Je bedoelt waarschijnlijk dat je het heel vervelend vindt als je vader zo doet; maar je kunt er wel tegen. Je vergist je als je zegt 'daar kan ik niet tegen'. Heb je wel eens geprobeerd om goed naar hem te kijken en tegen jezelf te zeggen: 'daar gaat hij weer. Ik vind het vervelend maar ik kan er wel tegen'.

C: (lacht) Nee, natuurlijk niet.

T: Waarom moet je lachen?

C: Dat zou een beetje raar zijn als ik dat zou doen.

T: Hoezo raar?

C: Dat is hij natuurlijk niet gewend dat ik zo reageer.

T: Nee, dat denk ik ook niet. Hij is het gewend dat jij ook flipt en mee ten onder gaat op het zinkende schip. Maar jij bent kapitein op je eigen schip. Als hij ten onder gaat van boosheid, kun jij beter van die Titanic afspringen in plaats van zinkend mee ten onder te gaan.

Bij een follow-up-contact kan Eric (8 jaar) goed vertellen wat hem het beste is bijgebleven van de therapie, waarin hij heeft gewerkt aan het verhogen van zijn frustratietolerantie. Juist de nieuwe ervaring 'ertegen te kunnen' geeft hem in veel situaties een gevoel de zaken te kunnen hanteren in plaats van eraan ten onder te gaan. Een stukje uit het follow-up-gesprek, waarin hij blijk geeft van wat hij heeft onthouden:

T: Je wordt vaak op partijtjes gevraagd, maar dat vond je eerst, toen we samen begonnen, niet altijd leuk. Je zag er vaak als een berg tegenop en het liefst ging je helemaal niet. Hoe kwam dat ook al weer?

C: Eh ... ik wist soms niet wat we gingen doen met het partijtje.

T: En dan, wat was daar vervelend aan als je dat van tevoren niet wist?

C: Nou, dan wist ik niet of ik het wel leuk vond wat we gingen doen.

T: En, was het vaak niet leuk?

C: Nee, eigenlijk nooit.

T: En als het toch een keer niet leuk zou zijn, wat dan?

C: Dan zou ik het heus wel overleven. Een mens kan er niet tegen om met zijn blote billen op de noordpool te staan of in zijn bontjas op de evenaar, maar verder kan een mens overal tegen.

T: Dus partijtjes hoeven niet per se altijd leuk te zijn?

C: Nee.

T: En, zie je nu nog wel eens heel erg op tegen partijtjes?

C: Nee. Er is altijd wel iets leuks aan, ze zijn nooit 100% stom en als ze dat al een keer zijn, dan vind ik dat niet meer het einde van de wereld.

8.8 Het bewerken van kerncognities

Kinderen en jongeren Moeten van alles. Ze Moeten naar school, ze Moeten op tijd thuis zijn, ze Moeten naar muziekles, ze Moeten goed luisteren, ze Moeten hun eigen kamer opruimen, enzovoort. Hun ouders hebben daar vaak een heel ander idee over. Ze vinden dat de kinderen een luizenleventje hebben: 'het enige wat hij moet is zijn eigen kamer opruimen en zelfs dat is nog te veel voor meneer!', zeggen zij verontwaardigd.

Bij het ontmantelen van de Moetens en Veroordelingen van kinderen, gaat het er niet om dat kinderen niets meer zouden moeten. Kinderen moeten net als volwassenen van alles om een volwaardige deelgenoot van de samenleving te kunnen zijn en blijven. Ze moeten ook naar school; dat is een wettelijk gegeven. Ze moeten ook bepaalde huishoudelijke taken leren; dat is een sociaal gegeven. Ze moeten ook communicatieve vaardigheden ontwikkelen, zowel in het belang van hun ego-ontwikkeling als in het belang van hun sociale ontwikkeling.

Het kind kan geleerd worden dat er een verschil is tussen *voorwaardelijke moetens* en *Eisende Moetens*. De laatste zetten het kind in een keurslijf. De eerste zijn de alledaagse normen waar eenieder maar beter mee kan leren omgaan. Het verschil tussen het eerste moeten en het tweede Moeten is niet altijd eenvoudig. Zo kan het bijvoorbeeld ook een keurslijf worden om 'niks te Moeten'. Veel pubers zullen bij hun ouders een appèl doen op hun vrijheid en schermen met het feit dat er niks Moet. Daar kan de therapeut maar beter op bedacht zijn tijdens het uitdagingsproces. Bij jonge kinderen kan het zijn dat de therapeut het kind wat wil losweken van zijn Moetens, maar als die sterk gedragen worden door het gezinssysteem, is de kans groot dat de invloed daarvan groter blijft. Het gezin kan bij de behandeling betrokken worden in het kader van het bewerken van de Moetens.
Voor Veroordelingen geldt wat dit betreft ongeveer hetzelfde. Jongeren hebben het als ontwikkelingstaak nodig om tot een eigen oordeelsvorming te komen over zichzelf, anderen en de wereld. Zaten ze als jong kind nog vast aan de visie van de ouder, nu moeten zij er zelf een ontwikkelen. Daarbij treedt nogal eens dichotomie op: jongeren selecteren vrienden op goed en fout; iemand is oké of niet oké. Een leraar is een toffe peer of een klootzak. De dichotomie is bij jonge kinderen nog onderdeel van hun cognitieve ontwikkeling, bij jongeren is het een manier om tot een eigen oordeelsvorming te komen. Kinderen hoeven geen heiligen te worden en voor het wijzigingen van hun kerncognities moet bekeken worden wat haalbaar is gezien de ontwikkelingsfase waar het kind in zit en binnen het gezinssysteem.
De cognitieve technieken die gebruikt kunnen worden om Moetens en Veroordelingen te bewerken zijn velerlei. Het gaat om dezelfde technieken die ook bij volwassenen gebruikt worden, maar deze worden op kindniveau vertaald. We denken behalve aan de gebruikelijke socratische of didactische gespreksmethoden aan humor, zelfonthulling, films, boeken, metaforen, vergelijkingen met anderen en het formuleren van alternatieve opvattingen. We gaan deze methoden niet allemaal uitgebreid bespreken. In de dialogen hierna worden verschillende van deze technieken gedemonstreerd.
De basisfilosofie van de therapeut is: Moeten is beklemmend en kan maar beter verdwijnen. Mensen zijn niet goed of slecht; mensen bestaan uit vele kwaliteiten en je kunt je voorkeuren voor en afkeer van die kwaliteiten hebben. Vanuit deze principes benadert de therapeut de cliënt.

8.8.1 Ont-Moeten

Mirad (11 jaar) is het enige kind in een vluchtelingengezin. Jarenlang is de positie van het gezin onduidelijk geweest in Nederland en ze zijn ook lange tijd illegaal ondergedoken geweest. Nu hebben ze een definitieve verblijfsvergunning. Mirad wordt onder andere aangemeld wegens slaapproblemen en extreme vergeetachtigheid. Later wordt gefocust op zijn toenemende examenvrees. Alleen door heel hoge cijfers te halen kan Mirad omgaan met zijn sterke gevoelens van insufficiëntie, die gekoppeld zijn aan de jarenlange positie van 'nergens gewenst te zijn' en 'nergens recht op te hebben'.

T: Je bent dus vooral heel erg bang om bijvoorbeeld maar een zes te halen in plaats van een acht?

C: Ja.

T: Maar zelfs als je je heel gespannen voelt voordat je een toets moet doen, heb je er nog nooit een laag cijfer door gehaald, klopt dat?

C: Nee, nog niet, maar dat gevoel wordt steeds erger, dus dan kan het toch een keer gebeuren...

T: Stel nou dat het een keer gebeurt, wat zou daar dan zo erg aan zijn?

C: Dat zou ik heel erg vinden, ik moet gewoon hoge cijfers halen.

T: Jij *moet* altijd hoge cijfers halen?

C: Nou, uh móet niet, maar ik vind dat gewoon heel belangrijk.

T: Want...?

C: Ik wil straks graag naar het ... - college (noemt de naam van een lyceum).

T: Oké, jij vindt dat belangrijk. Maar wat als toch blijkt dat je cijfers niet hoog genoeg zijn?

C: Dat zou ik heel moeilijk vinden.

T: Want?

C: Dan kan ik straks geen goede baan vinden.

T: En dan, dan heeft het leven geen zin meer?

C: Nou, nee. Ik kan heus wel werk vinden als ik mijn best doe.

T: Weet je, ik vind het eigenlijk heel knap van je dat jij nu al zo goed weet wat je wilt, want als je een duidelijk doel voor ogen hebt dan is het gemakkelijker om je ergens voor in te spannen. Als jij een proefwerk hebt zul je dat eerst gaan leren voordat je buiten gaat spelen. Dat is hartstikke goed. Maar als je van 'iets willen' 'iets moeten' maakt dan helpt het je eigenlijk niet meer. Dan speel je bijna niet meer buiten en dan ben je te veel met huiswerk bezig. Daar lijkt het een beetje op toch?

C: Ja, dat wel.

T: Wat is nou een nadeel van dat Moeten van jou? Als je bijvoorbeeld aan je proefwerk begint met 'ik *moet* een acht halen, want anders...', hoe voel je je dan?

C: Heel gespannen.

T: En als je niet meer buiten speelt maar steeds met huiswerk bezig bent, dan ...

C: Vinden de andere kinderen je ook maar raar.

T: Ja, ook dat, daar had ik nog niet aan gedacht. Maar hoe is het voor jou om te voetballen op het veldje als de zon schijnt?

C: Ja fijn, ik ben er goed in.

T: Ja, dat weet ik. En het zou zonde zijn als de andere dingen die je ook leuk vindt of waar je goed in bent, dat die ondergesneeuwd raken omdat jij per se hoge cijfers moet halen.
Wat zou je beter tegen jezelf kunnen zeggen in plaats van IK MOET HOGE CIJFERS HALEN!

C: (denkt na) Ik wil graag een hoog cijfer halen...

T: Maar... het MOET NIET PER SE! Mooie zin; een stukje van jou en een stukje van mij. Schrijf die zin maar alvast op dit kaartje. Wat zullen we erbij tekenen? Wat past er bij deze zin? Voetballers in de zon, zodat je kunt onthouden dat er nog meer dingen leuk en belangrijk zijn?

(Er wordt wat over heen en weer gedacht, maar er komt voor Mirad nog geen bruikbaar plaatje uit. T gaat verder) Waar ik nou ook nog zo nieuwsgierig naar ben is: jij vindt dat jij altijd hoge cijfers moet halen, maar geldt dat ook voor de andere kinderen in de klas?

C: Nou, uh nee. Als ze hun best hebben gedaan en ze halen een zeven of nog lager dan is dat soms heel goed van ze.

T: Dus zolang je maar je best doet, maakt het cijfer eigenlijk niet zoveel uit.

C: Als ze echt niet beter kunnen...dan niet, nee.

T: Maar als je vriendje een keer geen zin heeft in zijn sommen; hij doet dus een keertje niet zijn best en hij maakt veel fouten, dan uh, ja, wat dan eigenlijk? Wat vind je dan van hem?

C: Dat zou ik nooit doen...

T: Nee, maar als je vriendje, net als iedereen, wel eens een keertje geen zin heeft, wat dan?

C: Dan niks eigenlijk; dat moet hij weten.

T: Is het dan de grootste sukkel van de wereld?

C: Nee, natuurlijk niet

T: Vind jij hem dan een waardeloze prullenbak waar nooit iets van terecht zal komen? Moet hij op zijn minst van school gestuurd worden?

C: Nou ja, dan kunnen ze de hele school wel sluiten...

T: Dus een laag cijfer halen als je toch je best hebt gedaan, daar kan je mee leven, en zelfs als je vriendje een keertje geen zin heeft, vind je hem niet opeens een waardeloze prullenbak met wie je nooit meer wil spelen?

C: Nee. (lachend)

T: Maar jij bent kennelijk anders want *jij* moet wel altijd je best doen *en* heel hoge cijfers halen? Als jij niet je best doet en geen achten haalt, dan ben jij wél een waardeloze prullenbak?

C: Wel als ik beter kan...

T: Vind jij dat of vinden anderen dat?

C: Uh... allebei...(denkt een tijdje na)... of misschien alleen ik.

T: Ben jij die prullenbak als je geen achten haalt, of als je je best niet doet?

C: Als ik mijn best niet doe.

T: Je zou er dus mee kunnen leren leven als je je proefwerk goed geleerd hebt en je je best hebt gedaan, maar toch een keer een zes haalt?

C: Ja, misschien wel. (lacht)

T: Wat zouden we dan nog meer op een kaartje kunnen zetten?

C: Meer dan mijn best kan ik niet doen, als het niet lukt hoef ik nog niet in de prullenbak.

T: Kun je daar wat bij tekenen?

C tekent op de achterkant de cijfers 6, 7, 8 en daarnaast een prullenbak met een rood kruis erdoor.

In dit voorbeeld wordt getoond hoe veeleisendheid en zelfveroordelingen aan elkaar verbonden zijn en hoe ze in één moeite aangepakt kunnen worden. Het is niet altijd duidelijk of het Moeten of de zelfveroordeling het sterkst is en soms concurreren ze met elkaar. Door afwisselend op beide te focussen kan de vaart in de sessie blijven.
En ander voorbeeld is dat van Michelle uit paragraaf 7.5.

Michelle (16 jaar, hoogbegaafd) heeft last van haar stille, teruggetrokken gedrag.

T: Dus jij mag pas je mond open doen als je iets zinnigs te zeggen hebt. Waarom is dat?

C: Dat verwachten ze van mij denk ik.

T: Dat zou kunnen, maar als jij zou denken: 'zij verwachten dat ik zinnige dingen zeg, maar dat doe ik niet, ik zeg ook onzinnige dingen, net als andere mensen', dan zou je dat probleem niet hebben.

C: Dat is waar. Misschien vind ik het zelf ook wel een beetje.

T: Dat zou goed kunnen dat eerst de anderen dachten 'Michelle moet zinnige dingen zeggen' en dat jij dat toen ook bent gaan denken. Want, leg mij eens uit, waarom mag ík wel onzinnige dingen zeggen en jij niet?

C: Ja, da's een goeie.

T: Ik kan het beter andersom vragen. Waarom mogen jij en ik wel degelijk onzinnige dingen zeggen?

C: (lacht) Dat weet ik niet, maar je hebt wel gelijk.

T: Omdat wij mensen zijn en mensen zeggen nou eenmaal zinnige en onzinnige dingen; daar hebben we zakken vol van meegekregen bij de geboorte. En als je geen mens wil zijn maar een ander wezen, ja, dan zeg je misschien alleen zinnige dingen. Maar welk wezen zou dat kunnen zijn?

C: De paus of zo?

T: (lacht) Nou ja, mensen denken daar heel verschillend over welke van de dingen die de paus zegt zinnig of onzinnig zijn. En misschien zeggen belangrijke mensen meer zinnige dingen dan anderen, maar ook dat is misschien maar slechts wat wij ervan zien op de televisie, omdat ze graag dat stukje van de paus in beeld willen brengen, of van de minister. Maar misschien zegt de minister thuis wel erg onzinnige dingen tegen zijn kinderen. Dat je nooit met een Afrikaan moet trouwen of zoiets.
Dus waarom MOETEN jij en ik ook onzinnige dingen zeggen?

C: Omdat iedereen dat doet.

T: Juist, en als je anders wil zijn dan iedereen dan moet je net zo lang stil zijn tot je zeker weet dat er weer iets zinnigs komt. Er zitten trouwens veel voordelen aan het zeggen – of doen – van onzinnige dingen. Je kunt er bijvoorbeeld beroemd mee worden. Ken je Mister Bean?

Nog een voorbeeld: Ferry uit paragraaf 8.2.

Ferry (14 jaar) vindt dat zijn moeder niet zo slaafs moet doen en maakt zich elke keer weer kwaad als zijn moeder zich slaafs gedraagt.

T: Waarom mag je moeder zich niet slaafs gedragen?

C: Dat is toch vernederend! Ze is prima in staat om voor zichzelf te denken, maar als hij (vader) er is speelt ze het domme vrouwtje. Belachelijk!

T: Dat lijkt me gek om te zien inderdaad, alsof je met twee verschillende moeders van doen hebt, maar dat is niet zo. Ze is een en dezelfde persoon. Maar nou is me nog niet duidelijk waarom ze zo niet mag doen. Als zij kennelijk uit twee verschillende kanten bestaat, dan is dat toch zo? Waarom zou ze uit maar één kant moeten bestaan? Laten mensen jóu niet meer dan één kant van zichzelf zien? Ik vermoed van niet. Mensen hebben meerdere kanten en dat zie je beter naarmate je ze beter kent. Jij ziet je moeder van haar slechtste kant als je vader erbij is. Ook dat is vaker zo: mensen veranderen onder invloed van omstandigheden. Niet dat dat goed is, of prettig, maar het is een bekend verschijnsel. Waarom mag jouw moeder nou geen last hebben van dat bekende verschijnsel?

C: Omdat ze zichzelf daarmee vernedert.
T: Jij ziet dat zo en jij zult dat zelf niet zo graag doen, mogelijk. Maar vindt zij het ook vernederend om zo te doen?
C: Waarschijnlijk niet.
T: En ik heb het toch goed begrepen dat jij zo kwaad wordt dat je dan bijvoorbeeld 'val dood' tegen haar gaat roepen als ze partij kiest voor je vader.
C: Dat is pas één keer gebeurd.
T: Oké, dat wijst erop dat je jezelf tot nu toe goed in de hand hebt gehad. Het wijst er ook op dat als jij blijft vasthouden aan 'zij mag zich niet zo slaafs gedragen', dat jij dan zo kwaad kunt worden, dat je haar ook als een slaaf gaat behandelen, want zoiets zeg je niet met plezier tegen je moeder, begrijp ik uit je reactie.
C: Nee, dat klopt.
T: Wat kun jij beter denken over je moeder om wat meer afstand te nemen van de relatie tussen je ouders?
En er wordt gezocht naar een passende alternatieve gedachte.

Jongeren die helemaal niks moeten en ook niks willen en dat op allerlei manieren laten merken zijn soms moeilijk bereikbaar in hun irrationaliteit. We denken aan jongeren die er al op allerlei manieren in geslaagd zijn om van school weg te blijven en allerlei afspraken met ouders over grenzen en huisregels al herhaaldelijk geschonden hebben. Hun motivatie voor therapie is laag en ze laten nauwelijks meer kwetsbare emoties toe. Daardoor komen de Moetens en de zelfveroordelingen ook niet goed aan de oppervlakte. De therapeut kan daar hypotheses over opstellen, maar het risico is groot dat de cliënt die zal afwijzen. Een meer dyadische of systeemgerichte aanpak kan dan uitkomst bieden. Lukraak disputeren met een jongere waarbij voor iedereen behalve voor hemzelf duidelijk is hoe irrationeel of onhandig hij bezig is, heeft weinig zin.

Tot slot nog een voorbeeld van uitdagen met humor.

Martin (18 jaar) heeft last van woedeaanvallen. Samen met de therapeute wordt de laatste woedeaanval besproken. De A is: zus gooit een lepel vla in zijn gezicht. De C is: woede, niks doen, maar koken van binnen.
T: Wat denk je op zo'n moment?
C: Waarom doet ze dat?
T: Het klinkt alsof je je dat niet afvraagt maar vindt dat ze dat niet moet doen.
C: Ja, dat moet ze ook niet doen.
T: Want?
C: Ze weet dat ik er niet tegen kan.
T: En dus?
C: Kan ze wel een beetje rekening met mij houden. Ik hou ook rekening met haar!
T: Hoor ik hier iets van Moetens?
Mijn zus moet niet kinderachtig doen!
Mijn zus moet rekening met mij houden!
Mijn zus moet mij behandelen zoals ik haar behandel!
C: (lachend) Ja, zo is het wel!
T: (ook lachend, met andere stem) Ik, prins Martin, heb een aantal regels waar het volk zich aan moet houden en zo niet ... dan word ik boos!

C: (lachend) Prins Martin, die is leuk!
T: En prinsje, blijf je een prinselijke opstelling verkiezen of ga je toch nog eens bij jezelf te rade?

8.8.2 *Het uitdagen van (zelf)veroordelingen*

Monica heeft in de thuissituatie veel verbaal geweld meegemaakt. Ze loopt achter in cognitief en sociaal-emotioneel opzicht. Ze imponeert niet als een angstig kind. Ze heeft eerder iets uitnodigends. Monica is dertien jaar als ze na een uithuisplaatsing weer thuiskomt. Als voorwaarde voor thuisplaatsing heeft de kinderrechter bepaald dat Monica in therapie moet. Vader en moeder staan daar niet achter. Ze hekelen hulpverleners en stellen van alles in het werk om de therapiesessies van Monica te saboteren.

T: Als ze nu weer zo schreeuwt, is het dan tegen jou?
C: Soms als ik iets stoms heb gedaan.
T: Waarvoor scheldt ze je dan uit?
C: 'Koe', roept ze dan.
T: En hoe voel jij je dan?
C: Afschuwelijk!
T: Want, ben jij een koe?
C: Nee.
T: Maar toch voel je het hard aankomen als ze dat roept?
C: Ja.
T: Maar waarom? Als jij iets genoemd wordt dat je niet bent dan is dat toch een schot naast het doel? Jij doet alsof het een schot in de roos is. Snap je wat ik bedoel?
C: Nee, eerlijk gezegd niet.
T: Stel je voor dat ze naar je zou roepen: 'basketbal!' Wat zou je dan voelen?
C: Dan zou ik moeten lachen denk ik.
T: Waarom?
C: Omdat het onzin is.
T: En als jij en ik nu echt verklaren dat het onzin is dat jij een koe bent, zou je er dan ook om kunnen lachen?
C: Niet hardop, want dan wordt ze meestal nog kwaaier.
T: Dat snap ik. Maar van binnen zou het niet zo zeer doen?
C: Nee, dat denk ik niet.

T gaat op de grond door de kamer log bewegen en grazen en roept 'boe' tussendoor; doet alsof de staart omhoog gaat en er een natte vlaai op de grond flatst. C moet lachen en voelt zich er een beetje vreemd bij en zegt als het wat langer duurt: 'joh, gek!'

T: (plagend) Wat nou gek, ik probeer op een koe te lijken. Lukt dat niet? Zie je nog steeds dat ik het ben? (T gaat weer zitten) Ik wilde jou eigenlijk vragen om ook zo te doen, zodat ik kan zien of ik echt een koe voor me heb.

Tot verbazing van de therapeute gaat Monica ook een koe nadoen.

T: Geweldig; je kunt zo het toneel op. Maar ik zag nog steeds jou en geen koe. Werd jij een koe door zo te doen?
C: Nee, juist niet.
T: Prima! Wat is nou een goede zin of een goed beeld dat jou kan helpen wanneer je moeder weer zegt dat je een koe bent?
C: Nou als ik hieraan denk, dan moet ik lachen.
T: En helpt dat om haar niet in de roos te laten schieten?

C: Ja dat wel. Maar ik moet niet hardop lachen.
T: Precies. Zullen we dat eens even oefenen?
Vervolgens wordt in een rollenspel de thuissituatie nagebootst.

Een ander voorbeeld: Joosje, een tienjarig meisje dat geen fouten mag maken.

T: Het lijkt alsof je zegt 'ik ben een slecht kind als ik fouten maak'.
C: Dat is ook zo. Mijn ouders zouden niet meer trots op me zijn en ik zou denken dat ik ook echt niks kan. Dat denk ik toch al vaak genoeg.
T: Daar wil ik iets over uitleggen. Ik ben net weer begonnen met gitaarles. Ik heb vroeger wel gespeeld, maar ik kan er niks meer van. Ik maak veel fouten, maar doordat ik lekker durf te klungelen, vind ik het wel leuk en leer ik ook best veel. Jij speelt toch dwarsfluit? Maak jij daar wel eens fouten bij?
C: Ja, maar dat vind ik heel erg. Ik wil het eigenlijk in één keer goed doen.
T: Omdat je slecht bent als je een fout maakt?
C: Ja, maar mama zegt dat je van je fouten leert.
T: Dat klopt, net als ik met de gitaar. Het lijkt of jij denkt 'wat ik kan = wat ik ben'.
C: Dat vind ik moeilijk.
T: Ik zal het uitleggen: wat zou je moeder zeggen als ik haar zou vragen waar ze trots op is als ze aan jou denkt? (verdeelt ondertussen het whiteboard in twee verticale helften: 'wat ik kan' en 'wat ik ben')
C: Dat ik goed op school ben, mooi kan schoonzwemmen, en dwarsfluiten.
T: Dat zijn dingen die je 'kunt' (noteert die op het bord). Is mama ook trots op jou om wie je bent? (wijst op de andere, nog lege helft)
C: Dat snap ik niet.
T: Bijvoorbeeld omdat je zo'n vrolijk lachebekje bent; omdat je ogen zo kunnen stralen; ik noem maar wat.
C: (blij) Ik geloof het wel. Papa noemt me altijd zijn knuffeltje en mama zegt altijd dat ik zo gezellig ben.
T: (schrijft op) Snap je wat ik bedoel, dat je veel meer bent dan je kunt?
C: Ja.
T: Vind je jezelf nu nog steeds slecht als je een fout maakt?
C: Nou weet ik het niet meer.
T: Hoe zou het zijn om te denken: ik ben een knuffeltje en een lachebekje en ik mag ook wel eens een fout maken? Hoe klinkt dat?
C: Wel goed eigenlijk.

Het koppelen van daden aan personen is een veelvoorkomend gegeven in het kader van zelfveroordelingen of veroordelingen van anderen. Kinderen kunnen daar sterk in zijn. De therapeut probeert de koppeling tussen wat een kind doet en wat hij is ongedaan te maken. Dat betekent enerzijds dat er een onlogische gevolgtrekking aangekaart moet worden (als je zo doet, ben je dan ook zo?); anderzijds dat het hele idee van 'goed zijn' of 'slecht zijn' wordt losgelaten (mensen zijn niet uitsluitend goed of slecht; de wereld is niet mooi óf lelijk). Bij kinderen, zeker bij jonge kinderen, gaan we ervan uit dat de zelfacceptatie nog sterk afhangt van acceptatie door de ouder of een belangrijke andere ouderfiguur.

Een voorbeeld van een andere tienjarige, met contactproblemen.

C: Bengt gedraagt zich echt als een baby. Weet je wat hij zei in de klas (C geeft voorbeeld en besluit) ... dan ben je wel zo stom!

T: Maar waarom is dat dan? Waarom is hij dan stom?

C: Dan ga je toch af!

T: Het lijkt mij ook niet zo handig om zo te doen. En misschien heb je gelijk, gaat hij dan af. Maar waarom is hij dan stom? Hij gaat gewoon af, maar dan is hij toch nog niet stom.

C: Nou, ik vind van wel.

T: Bedoel je dat je hem niet als vriend wilt bijvoorbeeld, omdat hij zulke stomme dingen doet?

C: Dat zeker niet.

T: Als ik nou dadelijk hier van mijn stoel val, wat vind je daar dan van?

C: (lacht) Stom natuurlijk.

T: Dus dan ben ik hetzelfde als Bengt? Wil je dan ook niks meer met mij te maken hebben?

C: Dan moet je wel wat meer stomme dingen doen.

T: Hoeveel stomme dingen moet je doen om stom te worden?

C: Iedereen doet wel eens iets stoms.

T: Kijk, ik trek hier een lijn (maakt met grote stappen een zogenaamde lijn door de kamer). Bij hoeveel dingen val je aan de verkeerde kant van de lijn en ben je in jouw ogen een soort Bengt? Hoe zullen we dat gebied noemen? Het gebied voor stommelingen? Of weet je wat, we maken er een eiland van.

De therapeute en de cliënt gaan vervolgens van gekleurd papier eilanden knippen en over de kamer verdelen waar per eiland verschillende 'soorten' mensen op geplaatst worden. Er wordt vooral met tegenstellingen gewerkt: stommelingen en slimmeriken; goeierds en slechteriken; knappen en lelijkerds, enzovoort. Naarmate de therapeute en het kind verdergaan in het irreële beeld, ontdekt het kind steeds verder dat het moeilijk is om aan die categorieën vast te houden. 'In welke categorie val ik dan als ik zus of zo doe?', 'als ik nu hier op het eiland van de stommelingen woon en ik doe nu opeens iets goeds, een kat uit een boom redden bijvoorbeeld, waar kom ik dan te wonen?', 'als ik een goeierik ben en ik vaar met mijn bootje voor de kust en er komt een storm en ik beland per ongeluk op het eiland van de slechteriken en mijn boot is kapot gewaaid door de storm, wat dan?'. Met deze en dergelijke vragen zet de therapeute het kind steeds aan het denken.

Vanuit een beeld of spel dat het kind aanspreekt kan een hele filosofie over oordelen en veroordelen worden uitgewerkt. Zo'n proces kan zich over meerdere sessies uitspreiden.

Een provocerende dialoog is bijvoorbeeld de volgende met Michiel (18 jaar) uit paragraaf 4.7.4: de jongen met de opvallend vooruitstekende tanden.

T: Dus jij denkt dat iedereen jou veroordeelt vanwege je tanden?

C: Ja.

T: Wat zul jij het zwaar hebben gehad in de tijd van Theo en Thea. Iedereen speelde toen met tandjes!

C: Tja, dat was afschuwelijk.

T: Ja, als je nou zo'n sexy spleetje tussen je tanden hebt zoals Rob de Nijs dan heeft het nog iets hè?

C: (kijkt argwanend) Zit u me in de maling te nemen?

T: Nee, helemaal niet, ik probeer me voor te stellen hoe jij de hele wereld beoordeelt op basis van iemands tanden. Er zijn gelukkige mensen met mooie tanden en ongelukkige mensen met lelijke tanden, toch? Iemands aantrekkingskracht zit toch vooral in iemands gebit!

C: Nou, natuurlijk niet alleen maar. Maar de rest zie je gewoon bijna niet meer.

T: Hoezo, niet alleen maar? Volgens mij maakt het uiterlijk de mens.

C: Nou, dat vind ik overdreven.

8.9 Alternatieve gedachten en positieve zelfspraak

In aansluiting op het verhaal van Het Machtige Monster (bijlage 1) formuleert de therapeut vaak samen met het jonge kind alternatieve gedachten, die zowel ter vervanging van de Moetens als ter vervanging van de zelfveroordelingen kunnen dienen. De therapeut zegt bij jonge kinderen de gedachten aanvankelijk vaak voor en laat het kind bepalen of de nieuwe gedachte een goede vervanging is voor de onhandige gedachte. Met de nieuwe gedachten kan het kind het Machtige Monster verdrijven.

Geheugensteuntjes kunnen in verschillende vormen van nut zijn. Korte zinnetjes die de therapeut en het kind herhaaldelijk laten terugkomen, zoals: 'kalm aan, neem de tijd', of 'kom op, doe wat', of 'ik ben oké', of identificatie met een popster of stripfiguur ('dan denk je maar weer aan ... en dan lukt het vast!').

Ook positieve zelfspraak is iets wat een kind aangeleerd kan worden. Vooral bij kinderen die erg somber zijn en weinig goeds over zichzelf weten te zeggen kan het belangrijk zijn om veel aandacht te geven aan positieve zelfspraak. De kinderwereld zit niet altijd vol met complimenten en positiviteit, en het is niet vanzelfsprekend dat een kind in staat is om zichzelf adequaat of positief te beoordelen. Doorgaans wordt het kind geleerd om positief te zijn over dingen die het *gedaan* heeft. Het positief beoordelen van het totale zelfbeeld kan erbuiten gelaten worden. Ook jonge kinderen zijn in staat om te leren 'dat heb ik goed gedaan' in plaats van 'ik ben goed'; of om te zeggen 'ik heb mooie handen en lelijke flaporen, en ik ben oké zoals ik ben'.

Ook kan gedacht worden aan zichzelf complimenten geven voor dingen die als 'de normaalste zaak van de wereld' gezien worden. Is het immers niet fantastisch dat een kind elke avond zijn tanden poetst en een adolescent altijd 's avonds thuis komt eten! Bij alles wat een kind al moet en niet goed doet, kan het heel belangrijk zijn om gewone en kleine dingen positief te bekrachtigen. Hierin kan de therapeut eventueel een model voor de ouders zijn.

Alternatieve gedachten en positieve zelfspraak kunnen onderdeel vormen van een uitdagingsproces van negatieve gedachten of na het uitdagen uitgewerkt worden. Zoals bij Toby (9 jaar).

T: Je voelt je niet goed omdat je op je vingers bent getikt door de meester. Wat voor cijfer voel je je nu?
C: Een drie.
T: En als je morgen naar school gaat, hoeveel of hoe weinig voel je je dan?
C: Misschien is het morgen weer over en voel ik me weer goed.
T: Dat kan, dat het vanzelf over gaat, da's handig. Maar als we nu doen alsof het pauze is en je moet dadelijk terug naar school, hoe voel je je dan?
C: Nog een drie.
T: Rot dus. Wat vind jij een lekkerder cijfer-gevoel om mee naar school te gaan?
C: Een acht.
T: Ook als je net op je vingers bent getikt door de meester?
C: (denkt na) Dan meer een zeven.
T: Als we nu eens gaan proberen dat jij je een zeven gaat voelen, wat vind je daarvan?
C: Gek.
T: Ja, dat is een beetje raar, maar waarom zou jij je een drie gaan voelen als de meester iets niet goed vindt wat jij deed vandaag? Het is toch gewoon fijn om met een goed gevoel naar school te gaan, ook al heeft de meester je op de vingers getikt?
C: Misschien wel.
T: Bedenk eens welke dingen jij goed doet die bij een zeven passen.
C: Ik ruim vaak de rommel op in de klas en ik geef de planten water.
T: Mooi! Welk cijfer voelt dat als je dat bedenkt?
C: Een vijf.
T: Dat is al beter dan een drie. Kijk maar of je er nog meer van kunt maken. Wat doe je nog meer goed?
C: Ik weet niks meer.
T: Kom op, er komt vast meer.
C: Ik heb een mooie collage gemaakt, die hangt in de hal van de school; ja samen met een heleboel anderen hoor.
T: Mooi! En hoe ga je je voelen als je die erbij optelt?
C: Een zeseneenhalf.
T: We zijn er bijna. Dat wil zeggen als je tot de zeven wilt gaan, want volgens mij kun je ook aan de acht komen als je genoeg tijd neemt.

(T en C gaan zo nog even door.)

T: Kun je nu aan twee dingen tegelijk denken: én dat zeven-gevoel én dat je vanmorgen op je vingers bent getikt?
C: Ja, dat lukt.
T: Blijft het zeven-gevoel?
C: Ja hoor.
T: Nou, dan hebben we het samen goed gedaan.

In bijlage 2 is een verhaaltje weergegeven dat op speelse wijze het nut van positieve gedachten uitlegt en dat met jonge kinderen gelezen kan worden ter introductie van het werken aan positievere gedachten of positieve zelfspraak.
Ook 'moppen', televisiereclamespots en liedjes kunnen dienst doen om positieve gedachten aan te spreken of vast te houden. Het liedje 'Ik denk alleen aan leuke dingen' van de CD *Leuke dingen, de nieuwe avonturen van Haasje en Rammelaar* (gezongen door Léonie Sazias, 1996), is een liedje dat gemakkelijk met jonge kinderen samen gezongen en geoefend kan worden. Het aardige van liedjes is dat het kind daar zelf – behalve meezingen – niet veel inspanningen voor hoeft op te brengen.

9 Gevoelsinterventies

9.1 Inleiding

De gevoelens van kinderen zijn in het interventiegedeelte vaak het vertrek- en eindpunt van de behandeling. Hoe voelt het kind zich bij aanvang? Welke gevoelens zijn lastig of brengen het in de problemen? En: met welke gevoelens willen we eindigen? Hoe wil je je voelen als we klaar zijn?
Er zijn kinderen bij wie het gevoel overstroomt en die weinig zelfcontrole ervaren, bijvoorbeeld kinderen met ADHD, kinderen met agressie- of andere gedragsproblemen en kinderen met een psychotische stoornis. Ontspanningsoefeningen of inspanningsoefeningen, emotieve educatie, eventueel medicatie en zelfcontroletechnieken, zoals vaak bij protocollaire CGT-behandelingen gegeven worden, kunnen helpen het gevoel wat meer in te perken.
Daarnaast zijn er kinderen die er veel voor doen om gevoelens te vermijden, zoals angstige en depressieve kinderen. Bij hen is het juist van belang dat ze in de gevreesde situatie blijven en leren voelen wat ze angstig of depressief maakt.
Er is een derde groep kinderen, waarbij gevoelens ontbreken of niet zichtbaar of voelbaar zijn. Dit kunnen kinderen zijn met een defect, bijvoorbeeld kinderen met een aan autisme verwante stoornis of getraumatiseerde kinderen die hebben leren dissociëren en hun gevoel hebben afgesplitst.
Helaas is er geen vast recept te geven welke gevoelsinterventies op welk moment bij welke problematiek gebruikt kunnen worden.
In de RET kan op verschillende momenten een gevoelsoefening geïntroduceerd worden. Als de A, B en C helder zijn, kan een gevoelsoefening dienst doen om de irrationele cognitie non-verbaal uit te dagen. In zo'n geval wordt wel vaak de relatie tussen het veranderen van het gevoel en het veranderen van de cognitie besproken. Een ander moment waarop gevoelsoefeningen vaak aangeboden worden, is aan het einde van een sessie, ter afronding van een complete ABCDE-analyse. De oefening wordt dan gebruikt om hetgeen cognitief ter discussie is gesteld, gevoelsmatig te toetsen. Anders gezegd: dan wordt getoetst of de veranderde cognitie ook op gevoelsniveau beleefd kan worden.
De therapeut houdt bij de interventies de samenhang tussen gevoel, gedrag en gedachten goed in de gaten en gebruikt de gevoelsinterventies binnen dit kader.
Er kunnen gevoelens aan de orde komen die het kind of de jongere buiten de sessie ervaart. Maar het kan ook om gevoelens gaan die tijdens een therapiesessie duidelijk worden door de manier waarop een kind praat, kijkt, en zijn emoties wel of niet laat zien. Juist bij pubers kan het rechtstreeks ingaan op getoonde emoties hen activeren of geïnteresseerd maken.

9.2 Voorwaarden voor succesvolle interventies

Om met kinderen te werken aan hun gevoelens moet er allereerst duidelijkheid zijn welk gevoel het lastigste of vervelendste is, welk gevoel er ontbreekt of waarvan het kind 'te veel' heeft. Het kind moet vervolgens een relatie kunnen leggen tussen zijn gevoel en een gebeurtenis. Het moet duidelijk zijn dat het kind zich in die situaties anders wil voelen. Het kind moet bereid zijn zich in te spannen om dit voor elkaar te krijgen en dat zal het pas doen als er iets te winnen valt. Wanneer hieraan is voldaan en een gemeenschappelijk doel is vastgesteld, kan men veranderingsgericht aan de slag.
Een voorbeeld.

Meindert (12 jaar) is een zeer teruggetrokken, initiatiefloze jongen. Hij maakt taken op school te langzaam, reden waarom hem geadviseerd wordt een niveau lager in te stromen op de middelbare school (HAVO in plaats van atheneum). Het gevoel dat het lastigste is voor Meindert is zijn angst voor fouten, waardoor hij moeilijke taken uitstelt. Na een aantal ABC-voorbeelden uitgewerkt te hebben, wordt de relatie tussen angst en uitstellen voor Meindert duidelijk en kan hij het doel 'leren fouten te maken' accepteren. Zijn motivatie om aan de slag te gaan is als volgt omschreven: 'als ik leer minder bang te zijn voor fouten, hoef ik niet zo uit te stellen, dan werk ik dus vlugger en kan ik misschien toch nog naar het Atheneum'.

Nog een voorbeeld.

Carla (18 jaar) heeft allerlei psychosomatische en depressieve klachten. Het wordt steeds duidelijker dat zij in het voetspoor heeft geleefd van haar vader, die als levensmotto heeft 'niet zeuren, doorgaan, tot je er bij neervalt!'. Carla is jaren lang extreem gepest en heeft door het motto van haar vader haar gevoelens weggestopt en niet gezeurd. Als zij zich een dag niet goed voelde (lichamelijk of psychisch) zeiden haar ouders dat ze eens vroeg naar bed moest of wat beter moest eten. In het eerste gesprek met de therapeute wordt het bovenstaande duidelijk. Zij vraagt Carla of zij wil gaan onderzoeken of zij een eigen motto in het leven wil bedenken. Dat wil Carla. Tevens wordt een werkhypothese geformuleerd waarin een verband wordt gesuggereerd tussen haar klachten en het oppotten van haar gevoelens. Er wordt besloten tot een proefbehandeling van vijf gesprekken, waarin de therapeute Carla wil gaan helpen stil te staan bij haar gevoelens. De therapeute geeft aan dat dit niet gemakkelijk voor haar zal zijn, maar dat zo'n start bij de meeste jongeren eerder een verbetering dan een verslechtering van de klachten oplevert. Carla ziet er tegen op, maar is gemotiveerd om het experiment aan te gaan. Carla krijgt als huiswerksuggestie A's en potentiële C's te verzamelen. Met 'potentiële C's' bedoelen we gevoelens die misschien nu nog niet zo beleefd worden, maar er mogelijk wel zijn.

9.3 Emotieve educatie

Het bespreken van of leren over gevoelens is één strategie om kinderen vertrouwder te maken met emoties. Soms kan het handig zijn om een kind eerst wat te leren en dingen te vertellen over gevoelens in plaats van er meteen in te duiken, bijvoorbeeld bij kinderen die erg teruggetrokken zijn en moeite hebben om heftiger gevoelens toe te laten. Voor sommige kinderen is in het begin een oefening zoals Lieke die in paragraaf 9.4 krijgt te hoog gegrepen. Er moet dan meer voorwerk gedaan worden. Kinderen kennen immers niet vanzelfsprekend verschil tussen fysieke pijn en emotionele pijn. Kinderen weten niet vanzelfsprekend dat het goed is om uitdrukking te geven aan hun gevoelens. Immers, wie heeft het kind dat geleerd, welke boodschappen over emoties worden in het gezin en in de maatschappij doorgegeven? Het geven van emotieve educatie[1] kan gezien worden als een manier om veiligheid te scheppen en ideeën die een kind heeft over gevoelens aan het licht te brengen en daar eventueel een andere visie tegenover te zetten. Emotieve educatie kan in verschillende delen uiteen vallen. Ten eerste het geven van woorden aan gevoelens; anders gezegd, het opbouwen van een emotieve woordenschat. Ten tweede het leren dat gevoelens niet vastliggen, maar dat die veranderbaar zijn. Ten derde dat gevoelens via het denken te beïnvloeden zijn: de B-C-connectie.

Voor het opbouwen van een emotieve woordenschat hebben we in hoofdstuk 5 al een aantal suggesties gegeven. Hier voegen we daar nog enkele aan toe die gebruikt kunnen worden bij jonge kinderen, tot 12 jaar.

- Samen foto's uitknippen uit een tijdschrift over kinderen en vragen hoe het kind denkt dat het kind op de foto zich voelt. En of het zich ook wel eens zo voelt.
- Gevoelens uitbeelden met je gezicht en het kind laten raden wat je uitbeeldt.
- Vragen of het kind een gevoelenswoordenboek wil maken, waarin op iedere bladzijde een gevoel wordt geschreven en er een tekening of plaatje bij wordt gemaakt of gezocht om het gevoel te illustreren.
- Luisteren naar muziek (waarbij het vooral om de muziek gaat en minder om de woorden) en vragen wat voor gevoel een kind erbij krijgt.
- Een variatie is vragen of een jongere een bandje wil maken met muziek waar hij rustig van wordt en muziek waar hij zich mee kan afreageren.
- Situaties in een rollenspel spelen en vragen wat voor gevoelens de spelers hebben.

In het werken met allochtone jongeren kan emotieve educatie helpen om het een kind mogelijk te maken woorden te vinden voor wat het voelt. Dit is dan bijna een voorwaarde om verder te kunnen werken aan de bijbehorende cognities. Het verschil tussen angst, verlegenheid, schaamte en onzekerheid is voor deze kinderen vaak nog moeilijker aan te geven dan voor autochtone kinderen. Soms kunnen ze alleen een lichamelijk gevoel beschrijven en weten ze niet welke emotie erbij past. Door de context goed uit te vragen wordt vaak pas duidelijk wat er feitelijk bedoeld wordt en kan overeenstemming bereikt worden over hoe dat gevoel genoemd gaat worden in de sessies.

Voor kinderen is het niet vanzelfsprekend dat *gevoelens kunnen veranderen* en dat die verandering door verschillende zaken in gang gezet kan worden. De therapeut kan het kind daarover dingen uitleggen of sturend bevragen. Een voorbeeld.

1 Vele voorbeelden zijn te vinden in Vernon, 1989.

Een gesprek met een jong kind met angstklachten. Therapeute en cliënt zitten aan een tafeltje met tekenpapier en kleurpotloden.

T: Gevoelens hebben een kop en een staart. Eerst ben je niet bang, dan ben je wel bang en dan wordt het minder of houdt het op.

C: Als ik naar bed moet, dan begint het.

T: Dat is de kop, teken die maar.

C: En als ik me uitkleed dan is het minder.

T: Dat lijkt me dan het lijf, teken dat ook maar.

C: En als ik lekker warm in bed lig, is het weg.

T: Dus al voordat je slaapt is het weg?

C: Ja. (tekent de staart)

T: Dus zie je: bang ben je niet altijd, maar soms is het meer, of minder, en soms is het er wel en dan weer niet. Wat is er dan gebeurd waardoor het opeens weg is als je lekker in je bed ligt?

C: Nou, mama leest eerst een boek en dan houd ik het boek in mijn bed en dan kriebelt ze op mijn rug.

T: En waar gaat het bange gevoel dan van weg? Van het boek of van het kriebelen?

C: Van het kriebelen het meest. Daar word ik al slaperig van.

T: Bij het lezen van het boek ben je misschien afgeleid. Als je heel goed luistert naar het verhaal, is er geen plek meer voor iets anders, zoals bange gevoelens.

C: (knikt)

T: En als je moeder op je rug kriebelt dan gaan de bange gevoelens nog verder uit je lijf. Is het zo?

C: (knikt)

T: Waar blijven die bange gevoelens dan? Gaan die in de vingers van mama zitten? Net als bij dat rijmpje van de hik: 'ik heb de hik, ik heb de slik, geef hem aan een ander man die het beter verdragen kan'.

C: (lacht) Nee, die lossen gewoon op.

T: Net als rook in de lucht als je een kaars uitblaast?

C: Ja.

T: En als je mama er nou niet zou zijn?

C: Dan ben ik bang, net als bij Dorit (de oppas).

T: En als die op je rug kriebelt, lost het niet op als rook?

C: Nee, maar ik wil ook niet dat die op mijn rug kriebelt.

T: Aha, dus we weten niet of Dorit haar hand zou helpen?

C: Nee.

T: Daar moeten we nog maar eens over denken of je dat zou willen uitproberen.
Dus soms gaan gevoelens weg omdat iemand anders iets doet met jou. Stel nou dat Dorit er is en die heeft niet op je rug gekriebeld, dus jij ligt nog bang in bed. Zie je dat voor je? En stel nou dat er opeens een fanfare met veel muziek door de straat komt. Wat dan?

C: Dan spring ik uit bed en ga naar het raam om te kijken. Ik vind dat altijd heel leuk. Dan gooien ze die stok omhoog en dan ben ik altijd nieuwsgierig of die gaat vallen of niet. En dan blijf ik net zo lang kijken tot ik niks meer kan zien.

T: Wat leuk! En als je dan weer in bed gaat liggen?

C: Dan probeer ik net zo lang te luisteren tot ik ze niet meer hoor.

T: En voel je je dan bang?

C: Nee, dan voel ik me vrolijk, want zo'n fanfare is altijd zo vrolijk.

T: Dus ook als je ze bijna niet meer hoort, voel je je nog vrolijk. Dan is het dus niet bijvoorbeeld mama, maar de fanfare waar je je anders door gaat voelen.
Nu kan jij ook zelf leren om de bange gevoelens te laten verdwijnen; dus zonder een fanfare en zonder een kriebel van mama. Wist je dat?
C: Nee.
T: Er zijn ook allerlei dingetjes die je dénkt waar je bang van kunt worden.

In deze dialoog ondersteunt de therapeute het idee van het kind dat anderen de bange gevoelens weghalen. Zeker voor jonge kinderen geldt dat een veiligheidbiedende ouder of omgeving een sterke invloed heeft op hun functioneren. Naast de bestaande, voor het kind herkenbare voorbeelden, kan men het voor het kind vaak nieuwe inzicht introduceren dat ook hijzelf wat doet met zijn emoties via zijn gedachten. De relatie tussen voelen en denken wordt gezien als een onderdeel van emotieve educatie. Het uitleggen en stilstaan bij de B-C-connectie is eigenlijk zowel een gevoelsinterventie als een cognitieve interventie. Daarom werd deze ook bij de cognitieve interventies beschreven.

Bij Meindert uit paragraaf 9.2 illustreren we de B-C-connectie als volgt.

T: Als je een moeilijke opgave krijgt, dan gebeurt het al zeg je. Wat voel je dan?
C: Buikpijn.
T: En dan?
C: Warm.
T: Wat knap dat je dat kunt voelen! Weet je ook welk emotie-gevoel er bij die buikpijn en het warm krijgen hoort?
C: Nee.
T: Wat dacht je, zou het 'bang' kunnen zijn?
C: Dat zou kunnen.
T: Hoe gaat het dan verder?
C: Dan denk ik 'o jee daar is het weer; ik kan het toch niet'.
T: Kijk, daar leg je een heel belangrijk verband. Je krijgt een moeilijke opgave, je lichaam reageert met angst en jij denkt 'o jee, ik kan het niet'. Die gedachte en dat nare gevoel hebben wel wat met elkaar te maken. Jij voetbalt, hè. Kijk je ook wel eens naar voetbal op de televisie?
C: Ja.
T: Als die mannen een strafschop nemen, dus ook voor iets moeilijks staan, is je dan wel eens opgevallen dat ze eerst heel diep en rustig in- en uitademen omdat de spanning door hun lijf giert?
C: Ja, toen ... (vertelt een voorbeeld van het missen van strafschoppen)
T: Wat denk je dat die nummer vijf nadat zijn vier maten al gemist hadden tegen zichzelf zei?
C: O shit, ik kan het vast ook niet.
T: Precies. En wat gebeurde er: naast! Wat had hij beter tegen zichzelf kunnen zeggen?
C: Ik kan het, ik kan het!
T: Juist! Als ze onder druk staan, gaan veel mensen denken dat ze iets niet kunnen. Maar als je dat gaat denken, dan ga je je juist zo angstig voelen en als je je angstig voelt kun je niet meer goed nadenken of rustig ademen. Als je iets moeilijks moet doen, reageert je buik soms automatisch met zo'n samentrekking. Maar als dat gebeurt kun je ook denken: 'oei, ik voel dat er iets moeilijks komt, maar ik ga ervoor'.

Nog een voorbeeld: een dialoog met een veertienjarige.

C: Dan lig ik in mijn bed en kijk door de lamellen naar de wolken en dan denk ik 'het hoeft voor mij allemaal niet meer'.
T: Hoezo?
C: Nou, dan denk ik aan mijn oma die in augustus is doodgegaan en aan de vader van mijn vriend die door een auto-ongeluk ineens dood was in september, en dan denk ik 'wat een shitwereld. Iedereen gaat dood.' En dan hoeft het voor mij ook niet meer zo.
T: Dat is waar! Iedereen gaat vroeger of later dood.
C: Ja, nou daar word je toch niet vrolijk van?
T: Nou, dat hangt ervan af. Ik had ook een heel lieve opa waar ik stapelgek op was. In december is hij alweer zes jaar dood. En natuurlijk was ik heel verdrietig toen hij dood ging. Maar ik was toen ook altijd heel blij als ik aan hem dacht omdat hij in mijn leven mijn opa was geweest en omdat ik zoveel van hem geleerd had. En dat dacht ik dan altijd om mezelf een beetje te troosten.
C: Ik was ook heel blij met mijn oma. Ze was heel erg lief en stond voor iedereen klaar. Zij kwam al die jaren oppassen. En als ik ruzie had met mijn zus of zo dan zei oma altijd dat we het goed moesten maken omdat er al genoeg ruzie in de wereld was. En als ik nu ruzie met mijn zus heb dan maak ik het altijd weer snel goed en moet dan altijd aan oma denken.
T: En als ik je dat nu zo vertel, word je daar dan vooral verdrietig van?
C: Nee eigenlijk niet. Het maakt me wel een beetje blij zelfs. Gek zeg.
T: Zie je hoe je je gevoel zelf een beetje kunt sturen door wat je denkt?
C: Ja.
T: Gevoelens van verdriet en blijheid kunnen naast elkaar bestaan en elkaar afwisselen. Dat hangt af van waar jij je op richt. En het is normaal om over mensen die dood zijn verdrietig te zijn, maar er kan ook ruimte zijn voor andere gevoelens als jij dat wilt.

Emotieve educatie hoeft geen eenmalig proces te zijn. Integendeel, het kan wellicht beter een doorlopend proces zijn. Vaak is er in de beginfase van de therapie meer expliciete aandacht voor, maar het kan later opnieuw ingebracht worden. Er kan bijvoorbeeld altijd teruggegrepen worden op het woordenboek van gevoelens. Dit geeft tevens een verbinding aan tussen de sessies. Het woordenboek kan het kind zelf bewaren of het kan in de therapiekamer bewaard worden. Als het kind bij een gebeurtenis geen woord voor een emotie kan vinden 'zoeken we dat gewoon even op'. Ook de uitleg van de B-C-connectie is iets wat steeds weer terug kan komen in de therapie. Bij elke nieuwe situatie die besproken wordt, wordt opnieuw het verband tussen het gevoel en de bijbehorende gedachten vastgelegd. Weinig nieuwe zaken worden in één keer aangeleerd. Herhaling en verbinding zijn belangrijke ingrediënten van een leerproces. Wel is het raadzaam om te zorgen voor voldoende variatie en creativiteit in de manier waarop dezelfde principes opnieuw worden aangeboden.
Soms kan een kind door een boek te lezen over het probleem waar het mee zit of door informatie op internet te zoeken veel leren over wat gewoon is of welke gevoelens bij het probleem horen. Zoals een meisje dat haar moeder heeft verloren aan kanker en eigenlijk boos is op haar moeder, maar zich hier schuldig over voelt en zich er dus maar niet over uit. Of een puber die worstelt met homoseksuele gevoelens maar zich hiervoor schaamt. Enkele literatuursuggesties en websites zijn opgenomen in bijlage 4.

9.4 Waarnemen en signaleren

Als kinderen gaan oefenen met het waarnemen en signaleren van gevoelens worden zij zich er vaak van bewust dat ze bepaalde gevoelens uit de weg gaan. Daarmee is vaak tevens een begin gemaakt met het ophouden negatieve gevoelens te vermijden. Bij het ene kind moet dat gedoseerd gebeuren omdat het krachtig vermijden van de gevoelens ook een beschermende functie in zich heeft gehad. Het te snel doorbreken van de vermijding kan betekenen dat het kind overspoeld wordt door de emoties en dat kan contraproductief werken. Bij het andere kind kan er zonder probleem direct gefocust worden op gevoelens die vermeden worden. De therapeutische boodschap aan het kind is dan: blijf in de moeilijke situatie (denkbeeldig of reëel), want je kunt die gevoelens leren hanteren.

Een voorbeeld.

Lieke (13 jaar) heeft het idee van zichzelf dat ze wel bûiten de klas maar niet ín de klas vrienden kan maken. Haar overheersende cognitie is: 'in de klas gaan dingen fout'. Dit is inmiddels zelfbevestigend gaan werken.

T: Je vindt het niks in de klas. Je hebt geen vrienden in de klas en voelt je niet goed. Je hebt de neiging om de klas te ontvluchten. Ik wil eens goed met je kijken naar jouw gevoelens in die klas. Hoe voel je je als je binnenkomt?

C: Opgelaten; ik ga zo snel mogelijk zitten. En ik probeer ook altijd om niet als eerste bij het lokaal aan te komen.

T: Want?

C: Nou, dan voel ik me ook heel ongemakkelijk.

T: Hoezo ongemakkelijk, wat is dat voor een gevoel?

C: Ik weet niet.

T: Dus je voorkomt het eigenlijk dat je moet wachten bij het lokaal en als je aankomt, schiet je gauw naar je plek.

C: Ja, en als de les is afgelopen is, pak ik gauw mijn tas en voel ik me altijd opgelucht dat ik eruit kan.

T: En weet je nou waardoor je je zo opgelaten voelt als je de klas binnenkomt?

C: Nee, eigenlijk niet; ongemakkelijk ...

T: En wat is er voor jou zo ongemakkelijk aan om voor de klas even te moeten wachten? Je zou simpel kunnen zeggen 'ach ik wacht daar even', maar zo ligt het kennelijk niet.

C: (verbaasd) Nee.

T: Het lijkt alsof jij het gewoon bent gaan vinden om je zo te voelen zonder dat je precies weet waarom.

C: Ja.

T: Weet je wat we eerst gaan doen? We gaan eerst kijken of we meer van die situaties kunnen vinden waarin jij je ongemakkelijk gaat voelen bij dingen die met de klas te maken hebben.

C: Nog ongemakkelijker?

T: Ja, want nu voel je je toch al rottig, zonder dat je precies weet waardoor dat komt, dus dat moeten we uitzoeken. Het lijkt erop dat jij zo snel het ongemakkelijke gevoel kwijt wilt, dat je er daardoor niet goed naar kunt kijken wat het is. Alsof je een vervelend insect op je kamer hebt zitten dat je weg wilt hebben en dan pak je in het donker de insectenspray, maar dat blijkt de haarlak van je moeder te zijn en daar gaat het beest niet dood van; of je hebt wel de goede spray gepakt, maar je spuit er steeds net naast.

C: (lacht)

T: Snap je wat ik bedoel?

C: (aarzelt) Ja en nee.

T: Kijk (tekent een hoop stront op het bord), dit is een hoop stront. Als je die op straat ziet liggen wat doe je dan?

C: Daar loop je omheen. (T tekent dit)

T: Precies. Je ziet nooit iemand die eens uitgebreid met een vergrootglas en een microscoop stil gaat staan bij een hoop stront. Je loopt eromheen of je doet alsof je hem niet ziet en tilt op tijd je voet op. (tekent een loep e.d.)
Maar als je wil weten van wie die stront is, moet je hem goed bestuderen; er anderen naar laten kijken; een stukje meenemen, enzovoort. Weet je wie dat goed doet? De kleine mol[2], in dat boekje, dat moet je straks nog even lezen voor je weggaat.
Die hoop stront staat nu eigenlijk voor de Rottige Gevoelens die jij hebt in je klas (T tekent de letters RG in de stront). Je hebt die gevoelens wel, maar je wilt ze zo snel mogelijk kwijt. Dus wat ik je ga vragen is: ga eens met opzet deze week een paar keer te vroeg voor de klas staan, zodat we kunnen zien wat dat nou voor een rotgevoel is dat je dan krijgt.

In de probleembeschrijving van Lieke wordt duidelijk dat er sprake is van een tweede-niveauprobleem. Als Lieke wil leren om ook vrienden in de klas te maken, moeten we eerst weten wat ze zelf niet goed doet waardoor het haar niet lukt om vrienden in de klas te maken. De situaties met haar eigen onhandigheden lijkt ze echter te vermijden, waardoor haar gedrag een vluchtig karakter krijgt. Dit vluchtige gedrag kan een negatieve stimulus vormen voor potentiële vrienden. De opdracht om wel bij het lokaal te gaan staan is een opdracht die bedoeld is om de vermijding te doorbreken. Daarmee kunnen de gevoelens die op het eerste niveau spelen duidelijker worden.
In dit voorbeeld lopen een gevoels-, een gedrags- en een cognitieve interventie in elkaar over. De impliciete cognitieve boodschap is: 'je kan er wél tegen om ergens alleen te staan en op jezelf te bouwen'. Het gedragsaspect is: ze houdt op te vermijden; het gevoelsaspect is: ze houdt op bang te zijn voor bepaalde negatieve gevoelens zoals onzekerheid en alleen zijn, waardoor deze gevoelens meer aan de oppervlakte kunnen komen.

Als Lieke de volgende keer komt, heeft ze haar opdracht uitgevoerd en vertelt erover:

C: Ik voel me heel alleen. Zenuwachtig ook. Mijn hart klopt. Er kwam een jongen bij en ik wist niet wat ik moest zeggen.

T: Oké, mooi, goed gedaan. En was dat gevoel van alleen zijn het naarste of dat die jongen kwam en jij niet wist wat je moest zeggen?

2 W. Holzwarth & W. Erlbruch (1989), *Over een kleine mol die wil weten wie er op zijn kop gepoept heeft*. Antwerpen/Rotterdam: C. de Vries-Brouwers

C: Misschien alle twee wel.
T: Alleen zijn en je tegelijkertijd oké voelen, dat kun je niet zo goed?
C: Nee, want ik zorg gewoon dat dat niet gebeurt.

Aansluitend gaat het gesprek over het lastige gevoel dat ontstond toen er iemand bij haar kwam staan.

Nog een voorbeeld.

Bart (15 jaar) heeft veel last van woede-uitbarstingen, meestal omdat hij veel oppot. Hij wordt zich langzaam bewust van het feit dat hij veel oppot en de therapeute staat met hem stil of hij weet welke fysieke reactie hij heeft.

T: Wat voel je op zo'n moment wanneer je vindt dat je niet eerlijk behandeld wordt?
C: Een enorme spanning in mijn lijf, hartkloppingen.
T: Nog meer of is dat het vooral?
C: (denkt na) Ik kan bijna niet meer ademhalen.
T: Goed hoor dat je zo precies weet wat er in je lijf gebeurt. Maar wat ik me nou zit af te vragen is, hoe weet je nou zo zeker dat die lichamelijke signalen wijzen op boosheid?
C: Dat lijkt me duidelijk.
T: Vind ik niet. Zoals jij het beschrijft zou het ook op angst kunnen wijzen.
C: Angst?
T: Ja, hoe voelt het in jouw lijf als je bang bent?
C: Dat ben ik bijna nooit, dus dat weet ik niet.
T: Vind je dat niet bij je imago passen?
C: Precies ja.
T: (lachend) Ik zal het toch niet door vertellen. Wil je eens met mij onderzoeken wat voor jou het verschil is?
C: Oké.
T: Wanneer was je voor het laatst bang?
C: Afgelopen zaterdag. Toen zat ik met een stel gasten tv te kijken en toen zei die muts van de groepsleiding dat we de tv uit moesten doen, omdat het tijd was om naar bed te gaan. Maar ik had er geen zin in. Dus wij nog een beetje kloten en die tv niet uitdoen. Ik ging toen ook wel wat ver met uitdagen en heb dingen gezegd die ik niet had moeten zeggen. Toen zei ze dat ik naar mijn kamer moest gaan en dat ik een time-out zou krijgen. Ik schrok me dood.
T: Wat voelde je lichamelijk?
C: Ja, shit. Ik geloof wel zo'n beetje hetzelfde als wat ik net zei. Spanning, hartkloppingen en mijn ademhaling wordt dan een beetje raar.
T: Ik wil dadelijk weten hoe het met die time-out is gegaan, maar nog even door op ons thema, het lijkt dus toch verrekte veel op elkaar.
C: Ja, nooit bedacht moet ik zeggen.
T: Wat belangrijk kan zijn is te onderzoeken hoe je nu zeker weet dat het om boosheid of om angst gaat. Sommige jongens met woedeproblemen worden liever woedend dan dat ze toegeven ook wel eens bang te zijn en dat overschreeuwen.
C: Dat maakt me geen reet uit.
T: Mooi, dan kunnen we dit verder onderzoeken door bijvoorbeeld eens een weekje bij te houden in welke situaties je je zo voelt lichamelijk en welke emoties, gedachten en gedragingen daar bijhoren.

In dit voorbeeld stelt de therapeute een hypothese over het gevoel van de cliënt. Bij kinderen is het gangbaar dat de therapeut zelf de hypotheses stelt over de gevoelens. Van een kind of jongere kan niet altijd verwacht worden dat die dit zelf kan. De hypothese die gesteld wordt, is niet dwingend, maar wordt geformuleerd als een werkhypothese, zoals in het volgende voorbeeld.

Wessel (15 jaar, MAVO-niveau) een vlotte, knappe jongen, zit klem in de scheiding van zijn ouders. Hij ervaart zelf geen klachten en vindt het onzinnig dat hij met zijn moeder mee moet. Moeders klacht is dat hij gesloten is en dingen stiekem doet. In het tweede gesprek heeft de therapeute eerst de moeder haar klachten laten formuleren en haar na tien minuten gevraagd in de wachtkamer plaats te nemen:

T en C praten vervolgens over een verliefdheid van C, die aangeeft niet zomaar uit zichzelf met het meisje in kwestie een gesprek aan te durven. Dan brengt T de aanmeldingsklacht van zijn moeder in.

T: Wessel, ik wil even terug naar het verhaal van je moeder. Het is me duidelijk dat zij vindt dat je dingen stiekem doet en dat je haar niks vertelt. Wanneer was het nou voor het laatst dat je moeder begon te zeuren dat je haar niks vertelt?

C: Oh, dat weet ik niet: hier erin, daar eruit. (wijst van oor naar oor)

T: Ouders denken vaker dat kinderen stiekem dingen doen, maar vaak is het zo dat je iets niet stiekem doet, maar bijvoorbeeld pas heel laat vertelt. Hoe gaat dat, als jij bijvoorbeeld met je vader wat hebt afgesproken?

C: Nou, dan vraagt hij bijvoorbeeld of ik zaterdag kom eten en dan denk ik, ik zal het dadelijk meteen tegen mama vertellen, en dan zit het wel ergens in je hoofd, maar dan ben je er niet mee bezig. En dan opeens denk je 's zaterdags 'wat was er ook alweer vandaag' en dan denk je 'o ja'.

T: En dan zeg je het dus heel laat tegen je moeder en dan denkt je moeder dat je iets stiekem doet. Terwijl je het eigenlijk een beetje was vergeten.

C: Het is niet echt vergeten, maar wel een beetje ver weg.

T: Soms komt het voor dat het écht helemaal vergeten is, écht weg, maar het is alleen maar mooi dat je dat niet altijd hebt. Heb je nou enig idee hoe dat komt dat je het 'vergeet' te zeggen tegen je moeder?

C: Nee, zo werkt het nou eenmaal bij mij.

T: Mag ik je daar een idee over voorleggen?

C: Ja hoor.

T: Daar moet ik eerst nog wat over vragen. Hoe voel je je als je vader vraagt of je mee wilt eten?

C: Gewoon niks, gewoon eten, punt.

T: Stel je nou voor dat je meteen nadat je vader je heeft uitgenodigd onmiddellijk naar je moeder zou gaan om dat te zeggen, hoe zou je je dan voelen?

C: Dat weet ik niet.

T: Mijn idee is het volgende (vult gaandeweg op het bord A's en C's in tot uiteindelijk het hier weergegeven schema op het bord staat):

ABC van Wessel

A: papa vraagt mij te eten

C: 0 neutraal / 1 positief / 2 negatief } een mengsel van gevoelens suddert op de achtergrond → het schiet me op het laatst te binnen en ik vertel mama veel te laat dat ik met papa ga eten

B: 0 'gewoon eten'
1 fijn om papa weer te zien
2 wat roept het bij mama op?

↓

ABC van Wessels moeder

A: Wessel doet raar over afspraken met zijn vader

C: negatief gevoel → negatieve feedback aan Wessel

B: Wessel moet niet zo geheimzinnig doen

←

A van Wessel: Mama reageert zo negatief

C rotgevoel → afsluiten

Je stelt het uit om dat tegen je moeder te zeggen, omdat je weet dat je moeder daar moeite mee heeft. Als je vader je vraagt om te komen eten, voel je daar vermoedelijk iets positiefs bij, omdat het je vader is om wie je geeft. En vermoedelijk ook een negatief gevoel omdat contact met je vader betekent dat je moeder daar iets negatiefs van vindt. Klopt dat?

C: (knikt en schuifelt zenuwachtig heen en weer op zijn stoel)

T: De meeste mensen stellen dingen die ze moeilijk vinden uit; denk maar aan moeilijke klussen voor school, of je kamer opruimen of zo. Ik denk dus dat je het uitstelt het tegen je moeder te zeggen omdat je bang bent voor haar reactie. Stel namelijk dat jij naar je moeder toe zou gaan met het idee dat ze het wel leuk zal vinden als jij met pa eet, dan zou je het minder gauw 'vergeten' te zeggen. Is het een foute theorie die ik hier geef?

C: Nee, het kan wel kloppen.

T: Vind je het moeilijk om dat te zien?

C: Ja, dat wel, want eigenlijk ben je dan bang voor je eigen moeder.

T: Ja, gek hè. Zoiets denk je niet zo gauw. Zo krijgt 'stiekem' wel een heel andere betekenis.

(Er valt een pauze, een stilte, waarin beiden lijken te herkauwen wat gezegd is)

C: Het klopt ook wel bij die bangigheid die ik met dat meisje heb.

T: Wat goed dat jij dat ook ziet! En wat goed dat jij dat bangigheid noemt, want dat is het gewoon.

C: Ik durfde vroeger helemaal niks, maar sinds de scheiding ben ik al veel meer gaan durven.

T: Fantastisch! We kunnen die bangigheid die je ervaart verder onderzoeken, want misschien is het handig als je daar nog verder van afkomt. Maar nu is het al heel wat dat we aan de hand van dit schema je moeder kunnen uitleggen dat stiekem niet stiekem is. Hoe is het voor jou om dat dadelijk te gaan uitleggen als we haar binnenvragen?

9.5 Gevoelens langer ervaren

Sommige gevoelens worden niet lang genoeg ervaren, worden snel weggeduwd, ontkend of genegeerd. Dit gebeurt niet alleen met negatieve gevoelens, het kan ook gelden voor positieve gevoelens. Beide aspecten komen hierna in subparagrafen aan de orde. Bij het aangaan van positieve gevoelens denken we bijvoorbeeld aan kinderen die niet geleerd hebben om complimenten te geven of aan te nemen; die intieme gevoelens niet goed kunnen verdragen omdat ze dat té fijn vinden en zich dan weer kwetsbaar gaan voelen; of die niet hebben geleerd te genieten van iets geks of gewoons 'omdat genieten zondig is'.

9.5.1 *Negatieve gevoelens verdragen*

Hiervoor gaven we aan dat het waarnemen en signaleren van gevoelens soms ook betekent dat het kind ophoudt bepaalde gevoelens te vermijden. Het vermijden van gevoelens is soms zo sterk geworden, dat het doorbreken daarvan eigenlijk de belangrijkste focus is van de therapie. Dit zien we bijvoorbeeld bij woedeproblematiek en lage frustratietolerantie, maar ook bij traumaverwerking.
De krachtige vermijding heeft ervoor gezorgd dat het kind niet heeft geleerd om met negatieve gevoelens om te gaan.

Een voorbeeld: nog eens Michiel met de vooruitstekende tanden (uit par. 4.7.4).

T: Michiel, als ik je goed begrijp ben je zo bang dat anderen je zullen afkeuren of kwetsen omdat je tanden hebt zoals de jouwe, dat je gewoon bijna niet meer onder de mensen komt. Klopt dat?
C: (knikt)
T: Gisteren zat ik naar mijn zoontje van anderhalf te kijken. We hadden een nieuwe speeltuin ontdekt, met een glijbaan die veel hoger was dan hij gewend is. De glijbaan trok hem aan als een magneet, maar hij was ook zichtbaar bang en onzeker of deze glijbaan wel wat voor hem was. Maar hij zette door, zich stevig vasthoudend, met zijn tong uit zijn mond. Nadat hij de eerste keer met mijn hulp was gegleden, bleef hij het doen en werd zijn angst langzaam minder, hij kreeg er zelfs plezier in. Ik denk dat jij dat ook zal moeten doen. Je zult moeten leren je angst te verdragen, en daar kan ik je best bij helpen, om er vanaf te kunnen komen en om weer met plezier over straat te kunnen lopen. Denk je dat je dat kunt leren?
C: Ik denk het wel.
T: Dat denk ik ook.
C: Hoe gaan we dat doen?
Aansluitend worden cognitieve en gedragsmatige interventies geïntroduceerd.

Stel dat Michiel iets anders antwoordt, wat doet de therapeute dan?

T: Denk je dat je dat kunt leren?
C: Ik denk het niet.
T: Je bent hier ook gekomen, dus je hebt ook in de wachtkamer gezeten. Hoe voelde dat?
C: Ik voelde me opgelaten.

T: Dan wil ik eigenlijk voorstellen dat je nu weer even in de wachtkamer gaat zitten en gaat kijken hoe je je dan voelt.
C: (moet lachen en toont een beetje verzet terwijl de therapeut hem naar buiten loodst)
T: (haalt C weer na vijf minuten)
C: (lacht als hij gehaald wordt)
T: Hoe was dat?
C: Ik moest de hele tijd lachen om wat je deed. Ik voelde me er wel verlegen mee.
T: Is verlegen een ander gevoel dan opgelaten?
C: Ja, dat wel.
T: Alleen maar anders of ook minder?
C: Ook minder.
T: Dus ...?
C: Kan ik het wel leren?
T: Nou, dat hebben we toch net voor een stukje gezien, waarom twijfel je?
C: Nu doe jij het een beetje, maar of ik dat ook zelf kan.
T: Goed punt, dat gaan we in een stappenplan onderzoeken.

In feite doet de therapeute hier twee dingen tegelijk. De boodschap is: ja, je kunt negatieve gevoelens wel degelijk verdragen, en als je die bereidheid hebt, kun je je heftige gevoelens op een adequate zelfgekozen manier verminderen. Dit is tevens een interventie die zou passen bij de volgende paragraaf.

Weer een voorbeeld: nogmaals Wessel (uit par. 9.4).

Wessel wil eigenlijk niks voelen over de scheiding van zijn ouders. Hij wil doen alsof alles gewoon is. Als de therapeute focust op zijn gevoelens in de sessie, krijgt hij het er ter plekke benauwd van. Hij wordt stiller, geeuwt en draait op zijn stoel.
T: Je zegt dat je het moeilijk vindt dat ik dit zo op het bord schrijf. Ik zie het ook aan je. Maar toch blijf je goed met mij in contact. Je vindt het moeilijk, maar je sluit je niet af voor mijn vragen.
C: Ik weet niet. Ik denk er zelf ook best wel over na.
T: Wat goed van je. Maar het erover nadenken en het echt willen voelen van wat er speelt zijn nog twee verschillende dingen.
C: Ja.
T: Dat voelen wordt pas duidelijk als we er zo echt over praten.
C: Ja, ik denk vaak 'laat maar; het is toch zo'.
T: Wat bedoel je dan, de scheiding?
C: Ja.
T: Dat klopt, dat is ook het goede in je houding. Tegelijkertijd lijkt het alsof je ook veel dingen erbij voelt die je níet graag wil voelen. Ook logisch hoor, want je wordt er moe van, dat merk je als we ermee bezig zijn. Toch knap dat je dat in zo'n gesprek met mij wel doet. Misschien dat dat niet bezig willen zijn met je verwarrende gevoelens wel samenhangt met het feit dat je slechter slaapt de laatste tijd, zoals je daarstraks verteld hebt. Bij veel mensen is dat zo. Als je negatieve gevoelens op de dag wat meer kunt toelaten, hoeven ze je in bed niet te plagen. Dat is wat ik nu een beetje doe. Hoe vind je dat?
C: Nou ja, als ik kom denk ik: wat een onzin, wat moet ik daar doen. Maar nu denk ik, ja er zit wel wat in.

Het benoemen van de gevoelens die zich in de sessie voordoen hoeft niet altijd plaats te vinden. Integendeel, het gebeurt in het contact met kinderen en jongeren, in tegenstelling tot bij volwassenen, vaker niet dan wel. In dit voorbeeld wordt het aangaan van de moeilijke gevoelens door de therapeute positief bekrachtigd door stil te staan bij wat er in de sessie gebeurt. Wessel kan daardoor ervaren: 'zo onverdraaglijk zijn mijn verwarrende gevoelens nou ook weer niet'.

Er zijn indringende levensgebeurtenissen, die maken dat iemand zijn gevoel totaal afsluit, om zo het trauma te doorstaan. Dissociatie, depersonalisatie en/of derealisatieverschijnselen kunnen dan in kaart worden gebracht. Ook kan iemand er enorm angstig voor zijn om een gevoel te exploreren, te voelen of te accepteren. Hieraan verbonden zijn vaak onjuiste veronderstellingen als 'als ik dat eenmaal ga voelen raak ik alle controle kwijt', of 'als ik eenmaal ga huilen kan ik nooit meer stoppen', of 'ik kan het niet aan om dat te voelen, want het deed toen ook zo'n pijn'. Zoeken naar manieren waarop de controle stap voor stap wat losgelaten kan worden helpt om dichter bij weggestopte emoties te komen. Schrijfopdrachten zijn daar een goed voorbeeld van. Een variatie hierop is geïnterviewd worden over een traumatische gebeurtenis met zoveel mogelijk aandacht voor details en gevoelens en dit opnemen op een audiobandje. De huiswerkopdracht is vervolgens het bandje af te luisteren, en daarbij zo goed mogelijk stil te staan bij gevoelens die het luisteren oproept.

Een voorbeeld: nog eens Linda van 15 (uit par. 4.4).

Linda kan na haar verkrachtingservaring niets meer voelen.
Kort na aanvang van de therapie mag de therapeute Linda interviewen over wat er gebeurd is. Zij kan een zeer feitelijk verslag vertellen, zonder enige emotie. Ze kan beschrijven wat ze gehoord, geroken, gezien, gedacht en gedaan heeft, maar haar gevoelens zijn totaal afwezig tijdens het interview. In de weken erna luistert Linda het bandje in kleine stukjes thuis af, voorzover ze dat aandurft. Zij krijgt haar gevoelens terug en raakt in paniek wanneer ze te lang naar het bandje luistert en er te veel angst tegelijk geactiveerd wordt. Als ze zichzelf te lang of te intens aan de oude belevingen blootstelt thuis of tijdens de therapie, gaat ze hyperventileren of verlaat ze de therapiekamer even. Om de therapiekamer niet tot onveilig gebied te laten worden, besluiten we om wekelijks een uur te gaan wandelen. Het helpt Linda om contact te houden met de therapeute en al wandelend stil te staan bij haar angstgedachten over de therapiekamer en wat voor associaties dat meebrengt over de verkrachting (een kamer die goed geïsoleerd is, alleen zijn met iemand die moeilijke dingen vraagt). Na drie wandelingen durft Linda weer in de therapiekamer te zijn en kan zij verder werken om haar gevoelens terug te krijgen.

9.5.2 *Positieve gevoelens aanspreken*

Sommige kinderen hebben niet veel geleerd over het hebben van positieve gevoelens. Bij anderen hebben positieve gevoelens zo onder het stof gezeten, dat ze niet meer vanzelfsprekend beleefd of ervaren worden. Positieve gevoelens kunnen overschaduwd zijn geraakt door negatieve gebeurtenissen en de daarbij behorende gevoelens. Zorg voor de gevoelens van anderen (broers en zusjes of ouders) kunnen de eigen authentiek positieve belevingen van een kind in de weg zitten. Ruimte creëren voor het ervaren van meer positieve gevoelens kan op verschillende manieren onderdeel van de therapie zijn. De therapeut moet er echter wel voor waken dat er niet te vroeg begonnen wordt met dergelijke oefeningen. Als de therapeut deze technieken te snel introduceert, kan het tweede-niveau-idee van de cliënt 'ik moet geen rotgevoelens hebben' bekrachtigd worden, en dus contraproductief werken. Het verschil tussen adequate en inadequate negatieve gevoelens moet de cliënt duidelijk zijn, om afweer van negatieve gevoelens te voorkomen.

Een techniek die gebruikt kan worden is het plaatsen van een positief gevoel tegenover een negatief gevoel. Een voorbeeld: nog eens Lieke (uit par. 9.4).

Een groepje kinderen waar Lieke zich aan probeert te koppelen geeft impliciet te kennen dat ze niet bij hen moet komen zitten bij een bepaalde les. Lieke gaat ergens anders zitten.

C: Het eerste wat ik dan doe is kijken bij wie ik dan kan gaan zitten. Maar er was alleen nog maar een plek vrij bij zo'n dombo. Dus daar ben ik maar bij gaan zitten.

T: En had je ook alleen kunnen gaan zitten?

C: Er was een rij met stoelen vrij.

T: Waarom ben je daar niet gaan zitten?

C: Dan zou ik me nog rotter voelen!

T: Dat denk je maar. Heb je het wel eens geprobeerd om alleen te gaan zitten en te zorgen dat je je oké voelt terwijl je alleen zit?

C: Nee, ik doe altijd zoals ik net vertel.

T: Oké, dan gaan we dat proberen.

C: Maar wat moet ik dan doen?

T: Doe eens je ogen dicht. (C volgt instructies) Denk eens aan een moment thuis dat je alleen bent en je goed voelt ... houd je ogen maar dicht en zeg me waar je nu bent.

C: Ik zit in mijn lievelingsstoel, er staat een muziekje op en ik lees een boek.

T: En je moeder?

C: Is niet thuis.

T: Je voelt je goed en je bent alleen. Concentreer je eens op dat goede gevoel. Kun je het voelen? (C knikt) Waar zit het in je lijf? Zit het in je buik, je armen, je benen ... waar voel je het?

C: Het voelt warm, vooral hier (wijst op de onderbuik) maar ook wel mijn kont, zo in de stoel gezakt.

T: Mooi, loop dat hele gevoel maar langs en houd het goed vast. Kun je een lijntje uitleggen tussen jou en dat gevoel, zodat we dat gemakkelijk kunnen oproepen?

C: Ja.

T: Mooi, doe je ogen maar weer open. Dat gaat goed! Weet je wat we gaan doen. De eerste keer dat jij niet welkom bent in een groepje, ga je niet zomaar uit angst voor dat rotgevoel bij iemand anders zitten. Want nu weet je dat je je alleen ook goed kunt voelen, en dat gevoel is helemaal van jou. Dat is jouw privé-bezit. Dat kun jij altijd en overal oproepen. Waar je ook bent, dus ook in de klas als je even nergens bij hoort. Dus dat gaan we oefenen.

C: Wat moet ik dan doen?

T: De volgende keer op de lege rij gaan zitten, alleen. Misschien voel je je dan eerst even rot, maar dat voelde je toch al dus dat maakt niet uit. En dan doe je deze oefening. Dan leg jij je lijntje met het goede gevoel dat je ook kunt hebben als je alleen bent. Snap je het?

C: Ja... (met aarzeling)

T: De oefening kun je doen want die deed je net ook. Wat is het waarover je aarzelt?

C: Wat heb ik daar dan aan, dan ben ik toch nog alleen?

T: Dat klopt. Het gaat erom dat je niet uit paniek en 'om maar ergens bij te horen' aansluiting zoekt met anderen, want dan ben jij verkrampt, en als je verkrampt bent, klamp je je aan een strohalm vast waardoor de kans groter is dat de aansluiting mislukt. Je moet eerst leren niet in paniek en in rotgevoelens te schieten als je alleen bent op school, en als je dat kunt, kun je beter kijken of en bij wie je aansluiting wilt zoeken. Jouw rust en niet verkrampt zijn is het belangrijkste. Goed?

C: (knikt bevestigend)

Het aanspreken van goede gevoelens kan betrekking hebben op gebeurtenissen in het heden, maar kan ook relevant zijn om goede gevoelens die er in het verleden waren te activeren.

Een voorbeeld: nog eens Boy (uit par. 5.2).

T: Toen je moeder er nog was, heb je daar nog wel goede gevoelens van?

C: Ja.

T: Kun je die zo oproepen?

C: Wat bedoel je?

T: Denk je er wel eens aan terug dat het goed was met je moeder samen?

C: Ja, dat wel, bijvoorbeeld toen ik echt klein was, toen kroop ik bij haar in bed en dan sliep mijn vader nog en dan las ze me verhaaltjes voor, of met kerst als we met z'n allen laat op mochten blijven en ik dan speciaal een kerstgedicht dat zij geschreven had mocht voordragen. (zijn ogen lichten op als hij het vertelt)

T: Wat mooi. Voel jij er ook iets bij als je dat vertelt aan mij?

C: Wat?

T: Het lijkt alsof je het goede gevoel niet hebt terwijl je het vertelt.

C: Nee.

T: Laten we het eens anders doen. Doe je ogen eens dicht Boy, en maak jezelf weer net zo klein als je net vertelde, en stel je voor dat je dan weer bij je moeder in bed kruipt. Kun je dat?

C: Ja.

T: En wat doe je dan? Kruip je tegen haar aan, pakt ze je vast? (T neemt een verandering van emoties waar bij het kind) Je hoeft het niet te vertellen, laat het maar gebeuren. Het is een filmpje in je hoofd. Zo was het, jij met je moeder in bed. Voelt het fijn?

C: (knikt bescheiden, tranen rollen over zijn wangen)

T: Dat gevoel is helemaal van jou. Voel het maar goed. Waar voelt het in je lijf? Wat voel je allemaal? Het is jouw gevoel. Je moeder is er niet meer, maar dit fijne gevoel is helemaal van jou. Dat kun jij oproepen als jij dat wilt. Dat raak je niet kwijt als je dat niet wilt.

C: (het huilen vermindert)

T: Hou dat fijne gevoel nog maar even vast, en als je wil mag je dadelijk je ogen weer open doen.

C: (opent de ogen) (T bewaakt de stilte die ontstaat)
T: Hoe was dat?
C: Verwarrend eerst, maar ook wel fijn.
T: Het kan verwarrend zijn omdat zowel het missen van je moeder als het fijne gevoel dat je had in één keer naar boven komen. Daar leek het een beetje op; is dat zo?
C: Ik denk het wel.
T: En alsof je later het fijne gevoel zonder het missen kon hebben. Hoe voel je je nu?
C: Wel goed.
T: Mooi. Want jouw gevoelens zijn van jou. Fijne gevoelens die je ooit gehad hebt zijn ook van jou. Eerst heb je zo'n gevoel samen met iemand, bijvoorbeeld je moeder in jouw geval, maar ook al is je moeder je afgepakt, dit gevoel kunnen ze je niet afpakken. Jij bent de baas over jouw goede gevoelens.

Ook hierbij geldt: zo'n oefening doe je niet zomaar. Dergelijke oefeningen slagen pas als er een zorgvuldige voorbereiding is geweest en het kind voldoende veiligheid binnen de therapeutische relatie kan ervaren. Dergelijke oefeningen kunnen ook opgegeven worden om thuis uit te proberen. Dat is soms minder bedreigend.

9.6 Gevoelens korter ervaren

Waar het ene kind moet leren op te houden om gevoelens te vermijden en te verdragen, moet het andere kind leren om niet te blijven hangen in gevoelens, maar ze bijtijds een halt toe te roepen. Dat kan bijvoorbeeld door de aandacht ergens anders op te richten of door gevoelens 'over elkaar heen te plakken'.

9.6.1 Negatieve gevoelens korter ervaren

Wederom illustreren we het korter leren ervaren van negatieve gevoelens aan de hand van enkele voorbeelden. Om te beginnen van een cliënt van zeventien jaar.

T: Dus jij kunt ineens ontploffen?
C: Ja, ik kan dat gevoel dan gewoon niet meer stoppen. Het golft gewoon door me heen.
T: Ik kan je een techniek leren die je misschien kan helpen om dat heftige gevoel van jou toch meer onder controle te krijgen. Wat ik begrijp is dat je het gevoel hebt dat je, als je die adrenalinestoot voelt, automatisch ontploft. Klopt dat?
C: Ja.
T: Wat komt er bij je boven als je aan een gevoel denkt dat totaal tegengesteld is aan die woede?
C: Mijn konijn.
T: Hoezo?
C: Nou, als ik mijn konijn aai, dan voel ik me helemaal zacht en warm en ik vind dat beest gewoon heel erg lief. Dan smelt ik helemaal.
T: Geweldig! Dat is precies wat ik zoek. Wat ik je wil voorstellen als experiment is dat jij, als je die adrenalinestoot voelt komen, probeert met alles wat je kan om te denken aan je konijn. De kans is groot dat je dan even afgeleid wordt en even iets van je warmte en zachtheid voelt, waardoor je die adrenalinestoot afremt. Daardoor heb

je net wat tijd om te kiezen wat je zult doen: je laten gaan in je emotie of proberen iets anders te doen of te denken. De winst die je kunt boeken als je met deze techniek goed gaat oefenen is meestal dat je minder lang boos zult zijn en dat je het automatisme leert doorbreken. Lijkt het je wat?[3]

Na een week vertelt C dat ze inmiddels een foto van haar konijn in haar portemonnee heeft gestopt, die ze altijd in haar zak heeft, en dat het haar inderdaad helpt om haar impulsieve boosheid te temperen.

Nog een voorbeeld.

C (16 jaar) heeft ernstig seksueel misbruik buiten het gezin meegemaakt.

C: Ik heb dan vreselijke nachtmerries.

T: Nachtmerries over wat er gebeurd is?

C: Ja, vreselijk.

T: Je zegt het alsof je dan vooral weer de angst voelt van toen?

C: Nou dat is ook zo.

T: Wat soms heel goed werkt is als we actief samen gaan nadenken hoe we de inhoud van je nachtmerrie een andere wending kunnen geven. Nu lijkt het heel erg op wat je is overkomen, bijna alsof het weer gebeurt. Wat ik met je wil gaan bedenken en oefenen is dat we er een ander einde aan maken, zodat je met een ander gevoel wakker kunt worden. Bijvoorbeeld door hulptroepen in te gaan roepen die jou beschermen of de vijand verslaan.

C: (is even stil en zegt dan bijna stralend) Asterix en Obelix met een extra beetje toverdrank van Panoramix voor mij en dan smijten we ze gewoon door de lucht en verbouwen we ze een beetje.

T: Een beetje boel?

C: Ja heerlijk, dat is een goed idee.

T: Zullen we proberen te oefenen met dit beeld?

Dit voorbeeld is een klein stukje uit een langer durende behandeling waarin technieken van systematische desensitisering en cognitieve herstructurering geïntegreerd werden toegepast. Deze technieken moeten zorgvuldig worden voorbereid en geoefend in meerdere sessies.

De hier beschreven technieken moeten niet verward worden met 'negatieve gevoelens positief maken'. Het zijn geen positiveringstechnieken, maar technieken die ter vergroting van zelfcontrole dienen. Het gaat erom dat het negatieve gevoel korter gaat duren, of dat er meer speling ontstaat tussen het gevoel en het gedrag dat er (zoals bij woede) vaak automatisch op volgt.

9.6.2 Positieve gevoelens korter ervaren

Het ligt meer voor de hand dat iemand een negatief gevoel korter wil ervaren dan een positief gevoel. Toch zijn er situaties waarin het korter ervaren van een positief gevoel relevant is.

Een voorbeeld: nog eens Mees (uit par. 4.5).

3 Deze techniek wordt in de gedragstherapie aangeduid als 'contraconditionering'.

Mees is intens tevreden als hij zijn zus weer eens in elkaar geslagen heeft.

T: Hoe voel je je dan?

C: Sterk! Dan ben ik er trots op dat ik mijn lijf zo getraind heb. Ik ben wel klein, maar mij krijgt ze niet.

T: Dus dan geniet je even van jezelf.

C: Ja.

T: Duurt dat genieten lang?

C: Ja.

T: Wanneer is het dan over?

C: Als de juten me komen halen omdat mijn klotemoeder ze gebeld heeft.

T: Als ze voor de deur staan of in de cel?

C: (klein stemmetje) In de cel.

T: Wat voel je dan?

C: Kut natuurlijk. Dan ben ik wel de lul.

T: Weegt dat allemaal op tegen je geweldig trotse gevoel vlak na zo'n knokpartij?

C: Dat weet ik niet.

T: Lijkt me nogal belangrijk. Het is te leren om niet helemaal op te gaan in je BLF.

C: BLF, wat is dat?

T: Bruce Lee Fantasie.

C: Oh.

T: Dat BLF-gevoel is heerlijk. Maar als je het eerder stopt, wordt het niet zo'n drama met je zus waardoor jij in de cel belandt. En je kunt je ook op andere momenten 'BLF-en': momenten die zich niet zo tegen je kunnen keren. Goh, ik moet het toch eens opschrijven (loopt naar het bord): B L F. Er ontbreekt maar een letter en dan staat er bluf. Merkwaardig.

Er volgt een stilte en T gaat verder.

T: Dus BLF als fijn gevoel zonder schade is oké. Maar BLUF met schade is niet oké. Lijkt me duidelijk, niet.

C: (zwijgt)

T: Ik wil een oefening met je uitproberen waarbij jij je de situatie met je zus weer voor de geest haalt en je je weer goed voelt als je in je BLUF zit. Vervolgens ga ik je vragen om dat gevoel sneller als je in werkelijkheid gedaan hebt te vervangen door een ander gevoel. Bij voorkeur voordat de juten arriveren. Wil je dat uitproberen?

Met Mees worden verbeeldingsoefeningen gedaan om de positieve gevoelens die gekoppeld zijn geraakt aan onwenselijke situaties te verminderen. En er worden verbeeldingsoefeningen gedaan om in situaties waarin het geen kwaad kan, meer gebruik te gaan maken van de gezonde kanten van het zich sterk voelen.

9.7 Gevoelens anders ervaren

Allerlei typen verbeeldingsoefeningen kunnen gebruikt worden bij het anders, meer en minder worden van gevoelens. De bekendste verbeeldingsoefening uit de RET is de rationeel-emotieve imaginatieoefening (REI). Daarbij gaat het erom een inadequaat gevoel te veranderen in een adequaat gevoel. Het gaat meer om een verandering in kwaliteit dan in kwantiteit. Vaak verandert de kwantiteit evenwel mee omdat het gevoel als minder intens beleefd wordt. In de RET is het gebruikelijk om pas een verbeeldingsoefening te doen nadat een volledig

ABCDE-proces is doorlopen. De cognities hebben dan al een cognitieve bewerking ondergaan. Verondersteld wordt dat de oefening dan beter aanslaat. De cliënt wordt gevraagd om zich de angstige situatie voor te stellen en het gevoel te veranderen. Daarbij is het niet per se nodig dat de therapeut specifieke aanwijzingen geeft hoe het gevoel veranderd kan worden. In onderstaand voorbeeld gebeurt dit wel.

Ciska (15 jaar) heeft een bovengemiddelde lengte. Haar klachtenpatroon heeft zich fobisch ontwikkeld: ze doet het goed op school, maar alleen bij de Engelse les is ze niet in staat om voor de klas iets te vertellen. Het ergste wat haar kan overkomen is wat een leerkracht een keer is overkomen: met de bureaustoel en al achterover van het verhoginkje afvallen en iedereen lachen. Dan staat ze voor gek en dat mag niet. Haar idee dat ze dan voor gek staat is uitgedaagd en vervangen door de cognitie 'het is lullig voor mij en als zij moeten lachen moeten ze dat vooral doen'. Daarna volgt de oefening.

T: We gaan een verbeeldingsoefening doen Cis. Doe je ogen maar dicht en verbeeld je dat je daar zit voor de klas, bij Engels, en je stoelpoot schuift langzaam naar achteren. Zie je het gebeuren? Houd je ogen maar dicht. Hoe voel je je?

C: Poeh ... warm.

T: Mooi, blijf daar maar bij. En floep, daar ga je over de rand en de klas lacht zich rot. Zie je dat?

C: Ik hoor het, want ik lig heel raar en zie ze niet.

T: En hoe voel je je?

C: Afschuwelijk!

T: Oké, blijf daar maar liggen en blijf dat maar voelen. Kun je dat?

C: Ja.

T: Verander niks aan de situatie. Laat ze maar net zo hard doorlachen. Verander alleen jouw gevoel. Blijf liggen in die onhandige positie; je ziet ze niet, maar je verandert het gevoel van 'afschuwelijk' naar 'ongemakkelijk', naar puur het lichamelijke ongemak dat je voelt. Waar voel je het in je lijf?

C: Mijn elleboog, daar ben ik op gevallen, en mijn ene lies omdat mijn been zo gek ligt (pauzeert) ...en in mijn rug heb ik iets geschaafd.

T: Oké. Blijf je ogen gesloten houden. Wat gebeurt er als je je op de pijn in je lijf concentreert?

C: Dan hoor ik ze niet meer.

T: En voel je je dan nog zo afschuwelijk?

C: Nee, dat gevoel is dan weg.

T: Oké, blijf daarop focussen: de pijn in je lijf en kijk of je ze toch nog kunt horen lachen; lukt dat?

C: Het is lastig, maar het gaat wel. Ik hoor ze nu niet zo hard.

T: En het afschuwelijke gevoel?

C: Dat blijft weg.

T: Mooi, doe je ogen maar weer open. Hoe is dat?

C: Gek wel.

T: Ja, maf hè. Je stuurde in feite je gevoel doordat je je aandacht op iets anders richtte; op iets wat belangrijker is dan de klasgenoten. De pijn die jij voelt is belangrijker dan het feit dat zij moeten lachen, en je kunt door dit soort oefeningen leren om je aandacht en je gevoel te richten op dat wat jij het belangrijkste vindt.

In de loop van deze verbeeldingsoefening is het inadequate gevoel van schaamte veranderd in een adequaat gevoel van pijn; een emotionele beleving is veranderd in een fysiek gevoel. Dit is een kwalitatieve verandering. Kinderen praten over gevoelens vaak eendimensionaal: het is sterk of minder sterk, draaglijk of ondraaglijk, er is veel schaamte of nog maar een klein beetje. Dit is een kwantitatieve benadering. Na de verbeeldingsoefening kan besproken worden wat er precies veranderd is in het gevoel: welke kwalitatieve en kwantitatieve verschillen het kind heeft gemerkt. Het nabespreken is zeker relevant wanneer de therapeut tijdens de oefening geen vragen heeft gesteld, maar slechts heeft gecheckt of er iets veranderde.

9.8 Tot slot

De wisselwerking tussen emoties en cognities is soms lastig te beschrijven. Ze zijn wel te onderscheiden, maar in de ervaring/beleving niet altijd duidelijk van elkaar te scheiden. In dit hoofdstuk zijn verschillende interventies beschreven om gevoelens te kunnen benoemen, herkennen, waarnemen, verdragen of veranderen.

In het hoofdstuk zijn de kinderen die bepaalde negatieve gevoelens 'te goed' kunnen verdragen niet aan de orde geweest. We denken daarbij aan kinderen waarbij gewenning aan verbaal of fysiek geweld is opgetreden of die andere vormen van grensoverschrijdend gedrag van anderen niet waarnemen. We hebben daar geen afzonderlijke paragraaf aan gewijd omdat voor deze kinderen geldt dat waarneming en signalering van eigen gevoelens überhaupt nog geactiveerd moeten worden en het kind bijvoorbeeld ook geholpen moet worden om normen te stellen over wat anderen wel en niet met je mogen doen. Vanuit nieuwe normen die extern worden aangedragen (cognitieve interventie) kan het kind mogelijk meer conflictueuze gevoelens gaan ervaren; bijvoorbeeld de ouderlijke norm tegenover de norm van de groepsleiding. Vanuit deze conflicterende normen kunnen meer eigen gevoelens ontdekt worden.

10 Gedragsinterventies

10.1 Inleiding

De manier waarop iemand over zichzelf, anderen en de wereld denkt, kan leiden tot specifieke gedragsproblemen in de relatie met zichzelf en anderen. Depressieve jongeren zien zichzelf bijvoorbeeld over het algemeen als kwetsbaar, incompetent en oninteressant. Zij ervaren anderen veelal als kritisch en hooghartig. Vanuit deze overtuigingen zijn zij vaak vermijdend in het contact met anderen en meer gericht op individuele activiteiten. Hierdoor kan een gebrek aan bepaalde sociale vaardigheden ontstaan, zoals een gewoon gesprekje beginnen, je mening geven, kritiek verwoorden of een compliment maken.

Het motto 'anders doen leidt tot anders voelen en anders denken' is bij een grote groep kinderen een uitstekende prikkel tot verandering.

Gedragsinterventies kunnen plaatsvinden nadat een ABCDE-analyse is uitgewerkt in de sessie. Dan wordt een nieuwe gedragservaring direct gekoppeld aan nieuwe opvattingen over zichzelf en anderen. Gedragsinterventies of voorstellen daartoe in de vorm van huiswerk vormen zo het besluit van een sessie. Er zijn echter ook allerlei situaties waarin een uitgebreide ABC-analyse niet aan de orde komt in de sessie en er toch aan de slag gegaan wordt met het gedrag (zie par. 10.3).

Bij de behandeling van volwassenen wordt in de literatuur het belang benadrukt van thuis oefenen met het nieuwe inzicht en nieuwe gedrag om *1* resultaat te bewerkstellingen, *2* het geleerde te behouden en *3* dit te kunnen generaliseren naar andere situaties. Tegelijkertijd weten we dat veel volwassen cliënten er moeite mee hebben zich aan hun opdrachten te houden. In de literatuur over kinderen wordt weinig aandacht besteed aan huiswerk als specifieke gedragsinterventie. Het lijkt erop dat men ervan uitgaat dat de kinderen vooral profijt moeten hebben van wat er tijdens de sessie gebeurt. In de meeste protocollaire behandelingen (zie ook hoofdstuk 12) wordt er gewerkt met werkboeken waarin ook huiswerk is opgenomen. In de literatuur wordt wel aangegeven dat de ouders betrokken kunnen worden bij het huiswerk, bijvoorbeeld door hen eveneens de ABC's te leren en samen met de kinderen schemaatjes op te laten stellen als registratieopdrachten (Bernard & Joyce, 1984). Wanneer de ouders deel uitmaken van het probleem, is het *samen* verantwoordelijk zijn voor huiswerk soms echter geen goede optie. Mede vanwege het ontbreken van informatie elders over hoe om te gaan met huiswerk, wordt daar in de laatste paragraaf van dit hoofdstuk uitgebreid aandacht aan besteed.

Zoals aangegeven in hoofdstuk 2 laten we gedragstechnieken zoals modeling of systematische desensitisatie achterwege omdat daar reeds voldoende literatuur over bestaat.

10.2 Gedragseducatie

Vergelijkbaar met de educatie over emoties kan het zinvol zijn om het kind te leren wat gedrag nou eigenlijk is en hoe gedrag werkt. Gedrag heeft vaak geen neutrale betekenis voor een kind. Je kunt je in kinderogen op twee manieren gedragen, namelijk goed of fout. Een greep uit de boodschappen die kinderen over gedrag krijgen: 'Gedraag je een beetje', 'Je hebt je keurig gedragen!', 'Ik wil dat je je straks bij oom Theo wel normaal gedraagt', 'Als jij laat zien dat jij je goed kunt gedragen, krijg je van ons ...', 'Als je je niet goed gedraagt, dan is het geen ...'. Goed gedrag staat vaak gelijk aan gedrag dat de ouders wenselijk vinden en slecht gedrag is gedrag dat door de ouders of de omgeving afgekeurd wordt.

Wanneer een kind de therapie start met het idee dat zijn gedrag slecht of fout is, kan het moeilijker te benaderen zijn dan wanneer het kind zijn gedrag ziet als onhandig. Deze laatste term is veel neutraler en werpt niet zozeer een schuld op het kind.

Het kind kan leren:

- dat er verschil is tussen gevoel en gedrag;
- dat er een relatie is tussen gevoel en gedrag;
- dat er handige en onhandige manieren zijn om je te gedragen;
- denken over de consequenties van bepaald gedrag voor zichzelf en anderen;
- dat er verschillende manieren zijn om je te gedragen in een en dezelfde situatie.

Het kind kan deze zaken leren aan de hand van een voorbeeld uit de eigen situatie of aan de hand van alledaagse voorbeelden die niet per se direct op het kind zelf slaan, maar die wel gemakkelijk herkenbaar zijn voor het kind. Het gaat dan om algemenere voorbeelden zoals 'er krijgen twee kinderen ruzie op het schoolplein' of 'zes kinderen doen samen een spel en als ze bezig zijn blijkt dat ze verschillende spelregels hanteren'.

De hierboven genoemde leeraspecten kunnen aan de hand van zo'n voorbeeld uitgewerkt worden. Het verschil en de relatie tussen gevoel en gedrag kunnen bijvoorbeeld blijken uit de reacties van de zes kinderen: de een voelt zich boos op het moment dat hij merkt dat ze niet dezelfde spelregels hanteren en wil al bijna niet meer meespelen; de ander reageert verbaasd en probeert vervolgens uit te zoeken hoe het kan dat ze het verschillend zien, enzovoort. Vervolgens kan de cliënt gevraagd worden wat hij nou een handige en onhandige manier van reageren van de kinderen vindt en waarom. Wanneer kinderen zelf de begrippen goed en fout gebruiken, kan het verschil tussen de morele begrippen goed en fout en de pragmatische begrippen handig en onhandig verder uitgelegd worden. De vraag waarom bepaald gedrag handig of onhandig is, wijst al de weg naar het bespreken van de consequenties van het gedrag. Het is bijvoorbeeld niet handig als het kind dat boos reageert niet meer wil meespelen, omdat hij zichzelf daarmee een prettige activiteit ontneemt. Uit de bespreking van het voorbeeld blijkt dus vanzelf dat er meerdere manieren van reageren zijn. Therapeut en kind kunnen in tweede instantie op een eigen voorbeeld van het kind overstappen en dat op een vergelijkbare manier uitwerken.

De probleemoplossingsmethode (zie par. 2.5 en 12.4.4) is een effectieve methode om verschillende soorten gedrag te bespreken. In paragraaf 6.3 is getoond hoe men de consequenties/gevolgen van het gedrag van het kind kan navragen (diagnostiek). Bij de interventies vraagt de therapeut de cliënt om zelf tot een mening te komen over de voor- en nadelen van het gedrag als hij de consequenties

in plussen en minnen voor zich ziet. De therapeut kan zelf een conclusie aanreiken en biedt gedragsalternatieven aan die later eventueel het doel van het kind kunnen vertegenwoordigen.
Een verhaal dat voor jonge kinderen onder andere in dit verband gebruikt kan worden, is opgenomen in bijlage 3.

Een voorbeeld.

Door middel van sturend vragen naar de functie van de woede-uitbarstingen van Mees (16 jaar, uit par. 4.5) heeft Mees het onderstaande lijstje op het bord kunnen schrijven. Aansluitend wil de therapeut dat Mees keuzes gaat maken in zijn gedrag.
Gevolgen:

+ Spanning kwijt.
– Relatie met moeder wordt steeds slechter.
– Relatie met zus wordt steeds slechter.
– Ik krijg een voogd, tegen mijn zin in.
– Ik moet naar de RIAGG, tegen mijn zin.
– Ik word gedreigd met uithuisplaatsing.
– Ik ben bekend bij de politie, omdat ik wel eens door hen ben opgehaald in een ruzie.
+ Ik laat me door niemand wat zeggen, dus voel me wel 'cool' over mezelf.
– Op langere termijn vind ik mezelf wel een eikel en voel ik me kut.

T: Mij valt op dat er twee plussen en zeven minnen staan. Kun je nu zeggen dat de gevolgen van je gedrag positief of negatief zijn?
C: Nou ja, precies zoals het er staat: twee positief en meer negatief.
T: En als je nou een optelsom moet maken, wat zeg je dan?
C: Meer negatief dan positief.
T: Maar ja, het positieve gevoel dat je krijgt door de woede-uitbarsting, namelijk dat je spanning dan weg is, dat lijkt me toch wel heel belangrijk.
C: Dat is ook zo, want ik heb me dan al lang 'gefokt' gevoeld. Het is niet zomaar!
T: Dus als we een andere manier vinden om die spanning kwijt te raken, dan zou dat gefokte gevoel er niet zo lang zijn en zou jij ook niet zo hoeven uitbarsten.
C: Misschien.
T: Stel je voor dat je nooit meer uitbarst in woede, zou je je dan ook nooit meer cool voelen over jezelf?
C: Dat weet ik niet.
T: Waarschijnlijk zijn er wel meer manieren waarop jij je cool kunt voelen over jezelf dan alleen maar nadat je bewezen hebt dat je je door niemand iets laat zeggen. Bijvoorbeeld alleen al door de manier waarop jij aandacht aan je uiterlijk besteedt, toch?
C: (lacht besmuikt) Ik vind het wel gaaf om er cool uit te zien, ja.
T: Dus als je voldoende 'coolheid' van andere dingen krijgt, dan heb je die uitbarstingen misschien niet meer nodig?
Laten we eens wat mogelijkheden op een rijtje zetten van wat jij kan *doen* om anders dan met woede spanning kwijt te raken en welke andere dingen je kunt doen waarmee je je coolheid versterkt. (op plagende toon:) Want als je een beetje van die coolheid verliest doordat je niet meer zo bezig bent met te laten zien dat jij je door niemand de wet laat voorschrijven, moet dat wel door iets anders worden aangevuld want anders word je per saldo minder cool ... en dat kan natuurlijk niet.

Het onderscheiden van positieve en negatieve gevolgen in gemakkelijk herkenbare termen als plussen en minnen kan desondanks moeilijk zijn voor jongeren. Het is soms nodig om met vasthoudendheid het plaatje van de plussen en minnen helder te maken. Bij het stellen van een slotconclusie en daaruit voortvloeiende gedragsalternatieven kan men echter maar beter niet al te vasthoudend zijn wanneer de motivatie van de cliënt laag of de angst voor verandering groot is.

10.3 Geen woorden maar daden

Bij een bepaalde groep kinderen en/of ouders is het belangrijk om direct in de sessies te werken aan gedragsveranderingen. Ofwel doordat er iets plaatsvindt wat onwenselijk is (voorbeeld Bart), ofwel omdat er zich een mooie situatie voordoet om direct op te reageren (voorbeeld Tom), ofwel omdat er tijdens het bespreken van een ABC duidelijk wordt dat een kind geen voorstelling heeft van ander gedrag en dit in de sessie meteen geoefend kan worden (voorbeeld Eva).

Voorbeeld Bart

Bart (15 jaar, zie par. 6.2), wordt tijdens een gezinsgesprek woedend, staat op, gooit al vloekend en dreigend tegen zijn moeder een tafel om. De ouders kijken verslagen, maar doen niets. Daarop pakt de therapeute Bart bij zijn arm en zegt:
Jij, je ouders, ik en het meubilair blijven heel. Dat is spelregel nummer 1 in mijn kamer. Spelregel nummer 2 is dat er niet gedreigd wordt in mijn bijzijn en spelregel nummer 3 is dat als er gevloekt wordt, ik minstens één nieuw vloekwoord wil leren en dit was in ieder geval niet nieuw voor mij. Als je boosheid te hoog oploopt in het gesprek kun je een time-out van 5 minuten nemen door even naar de gang te gaan. Dus zet nu mijn tafel weer recht en beslis of je een time-out wilt!'
Bart is totaal overdonderd door de therapeute, zet de tafel recht en gaat zonder iets te zeggen weer zitten. Zijn ouders kijken zeer verbaasd naar de therapeute, maar zeggen niets.

Met deze gedragsinterventie maakt de therapeute een aantal dingen duidelijk. Bart moet ter plekke nieuw gedrag leren. Dit nieuwe gedrag heeft zowel een functie in het kader van zelfcontrole als in sociaal opzicht. Tevens vormt de therapeute een model voor de ouders door op deze handelende wijze te laten zien dat ze niet bang is voor Barts woede-uitbarstingen.

Voorbeeld Tom

Tom (13 jaar, zie par. 3.2.6) en zijn moeder komen voor het eerste gesprek. Zij weten dat er eerst een gesprekje gedrieën zal plaatsvinden en dat de therapeute vervolgens alleen met Tom zal spreken om ten slotte weer gezamenlijk te eindigen. Bij de introductie blijkt dat moeder het rapport van het diagnostisch onderzoek dat elders verricht werd wel naar de therapeute heeft gestuurd, maar dat Tom nauwelijks op de hoogte is van de inhoud van het rapport.

T: Wat was uw motivatie om het niet te laten lezen?

M: We dachten dat het te moeilijk zou zijn. Moeilijke woorden misschien.

T: Kunt u die moeilijke woorden zelf begrijpen?
M: Nou ja, globaal, ook niet alles precies.
T: Het heeft mijn voorkeur dat Tom het zelf leest en dat hij zelf zijn mening geeft over wat er wel en niet klopt over wat er daar over hem gezegd wordt. Vindt u dat goed?
M: Ja.
T: Er wordt in het rapport ook iets over u als ouders gezegd.
M: O?
T: Er wordt namelijk ouderbegeleiding aangeraden. Hebt u daar al over nagedacht of u dat wilt en waarvoor u dat wilt?
M: Ja, nee, ja, dat is waar. Nee, daar hebben we nog niet over gesproken.
T: Is dat iets wat u normaliter alleen bedenkt of speelt uw man daar ook een rol bij?
M: Dat hangt af van wat er dan precies moet gebeuren.
T: Nu is er nog geen sprake van dat een van u iets zou moeten doen; het gaat erom of u ouderbegeleiding wenselijk vindt, voor uzelf, voor uw man of voor beiden; uiteraard allemaal in verband met de situatie van Tom.
M: Nee, daar hebben we het inderdaad nog niet over gehad.
T: Wat vindt u ervan als ik u naar een andere kamer breng waar u uw man kunt bellen, zodat u dit met hem kunt bespreken? Dan begint Tom intussen het rapport te bestuderen.
M: Ik weet niet of ik hem kan bereiken natuurlijk, maar ik kan het proberen.

T laat Tom het rapport lezen en geeft hem een pen erbij. Tom mag dingen vragen als hij iets niet snapt en ook tussendoor zeggen wat hij ervan vindt. Tom vraagt tweemaal uitleg over een vakterm en geeft tussentijds geen verder commentaar. Als hij klaar is legt hij het stuk achteloos weg.

T: Mooi, je bent klaar. Ik wil graag van je weten wat er wel en wat er niet klopt.
C: (bladert terug en noemt twee dingen)
T: Nou mooi, dan is dat alvast duidelijk. Er staat veel in dat rapport, ik denk dat je daar nog wel meer over kunt zeggen dan alleen deze twee zaken; laat ik het zo zeggen: ik wil er nog meer van weten.
Ik stel het volgende voor, want we zijn nu door de tijd heen en ik vind het heel belangrijk om te weten waar jij het mee eens bent of niet mee eens bent. Er wordt namelijk van alles geschreven over jou. Want wat jij vindt, daar gaan we mee werken. Ik vraag je moeder zodadelijk of ze jou een kopie wil geven van dat stuk en dan vraag ik jou of jij dat thuis nog eens wil lezen en dan in de kantlijn op elke bladzijde 'eens' en 'oneens' wil zetten bij de dingen die er over jou instaan. Dan beginnen we daar de volgende keer mee. Wil je dat doen?

Met een mager 'ja' wordt de bijeenkomst besloten en moeder wordt gevraagd er weer bij te komen.

Door de gedragsinterventie van de therapeute wordt het cliëntsysteem er impliciet op gewezen dat eenieder aangesproken kan worden op zijn eigen denkvermogen en dat ieder hier een eigen verantwoordelijkheid in heeft. Uit het rapport bleek dat Tom het moeilijk vindt wanneer anderen over hem oordelen en dat hij ook moeite heeft zich een mening te vormen over zijn eigen functioneren. Door Tom aan het werk te zetten wordt direct in het hart van het probleem geïntervenieerd. Tom moet iets doen wat hij moeilijk vindt om te doen: zelf oordelen en de confrontatie aangaan met een beoordeling van hem.

Voorbeeld Eva

Eva (14 jaar) vertelt dat ze helemaal gek wordt van haar vader, omdat hij altijd commentaar heeft op haar 'heavy metal'-muziek en op t-shirts die ze daarbij draagt. Ze heeft geen idee hoe ze aan haar vader duidelijk kan maken dat ze zijn reacties zo erg vindt. We besluiten de situatie na te spelen in een rollenspel, waarin Eva eerst gewoon zichzelf is en de therapeute vader speelt. Hierin blijkt dat Eva inderdaad niet uit haar woorden komt en bij de eerste zin van haar vader al dichtklapt. In 'take two' draaien we de rollen om en speelt de therapeute Eva en Eva haar vader. De therapeute geeft een voorbeeld hoe je iets kunt zeggen over wat je kwetst. Dit rollenspel wordt weer besproken en in 'take three' oefent Eva nogmaals met gedeeltelijk na te zeggen wat de therapeute gezegd heeft en gedeeltelijk in eigen woorden haar mening en gevoel te uiten. Vervolgens wordt besproken of Eva dit thuis al wil oefenen of dat 'take four' erin bestaat dat ze haar vader de volgende keer meeneemt naar de therapie.
Met Eva is nog niet ingegaan op haar irrationele gedachten over zichzelf of over vader. De therapeute besluit hier om in eerste instantie een gedragsalternatief aan te reiken. Als dit voldoende werkt, is dat tijdwinst ten opzichte van eerst het probleem bespreken. Als bij het bespreken van 'take four' blijkt dat Eva's angst voor het toepassen van de assertieve technieken te groot is, kunnen alsnog de stappen van bijvoorbeeld het ABC-model of de zelfinstructiemethode toegepast worden.

10.4 Registratieopdrachten[1]

Registratieopdrachten zijn bekende opdrachten uit zowel de cognitieve als de gedragstherapeutische benaderingen en kunnen op verschillende manieren vormgegeven worden. Op deze plek willen we laten zien dat ook jonge kinderen profijt kunnen hebben van registratieopdrachten. Niet alleen het registreren van gedrag, gevoel en gedachten op zich, maar ook de correcties daarop kan het kind zelf leren.
Marijke (10 jaar) heeft allerlei angsten en dwanggedachten.
De eerste stap in de behandeling is haar gedachten en angsten beter in kaart te brengen door een dagboek bij te houden en iedere dag op een vast moment op te schrijven wanneer zij een dwanggedachte heeft gehad. Na een week komt zij met een zeer gedetailleerd verslag, waarvan hier enkele flarden:

> Het was ochtend, ik ging mijn tanden poetsen en toen veegde ik mijn mond af aan het badlaken en toen dacht ik dat ik vergiftigd was. ... Toen ging ik met mijn moeder en zusje een kast ophalen. Bij de ingang vond ik het alleen eng. Daar liep iemand die ik eng vond en ik dacht dat hij mij mee wou nemen en dat vond ik heel erg eng... Ik ging naar school en daar was het rekenen soms moeilijk. Maar toen dacht ik weer dat ik bleef zitten. Dat was niet leuk.

---

1 We hebben erover geaarzeld of we deze paragraaf zouden opnemen bij 'gedragsinterventies', bij 'cognitieve interventies', bij 'gevoelsinterventies' of bij 'huiswerk'. Uit het voorbeeld wordt duidelijk hoe de drie verschillende componenten door elkaar lopen. Omdat we het 'noteren' op zich en het 'huiswerkachtige' karakter ervan het meest op de voorgrond vonden staan, hebben we deze paragraaf hier geplaatst.

Na een week wordt op basis van haar uitstekende verslagen de angst ingedeeld in twee groepen: *1* angst voor de dood (door ziekte, vergiftiging of doordat iemand haar meeneemt en dan doodmaakt) en *2* angst voor fouten van jezelf.
De volgende opdracht is doorgaan met het dagboek en daarin aangeven of angst 1 of 2 is voor gekomen en proberen zo goed mogelijk op te schrijven wat de reden van de angst precies is 'Ik ben bang dat...omdat...'.
Dit blijkt moeilijk te zijn voor Marijke en daarom wordt ervoor gekozen dat zij eerst hardop en later ook in zichzelf 'STOP' zegt.
Onder het motto 'een mug is een mug en geen olifant' bekijkt Marijke op de vaste tijd drie situaties van die dag nauwkeuriger met behulp van de volgende vragen.

1 Als ik me ergens zenuwachtig over maak of angstig word, waar gaat het dan eigenlijk precies over? Waar ben ik bang voor?
2 Is mijn gedachte echt waar?
3 Hoe groot is de kans dat het echt gebeurt?
4 Is dit een helpende gedachte?
5 Wat kan ik beter denken?

Een voorbeeld van een registratie door Marijke naar aanleiding van deze vragen.

> Ik zei STOP toen ik dacht 'straks word ik erg ziek door iets vies te eten'.
>
> Antwoorden op de vragen: *1* De dood. *2* Kan wel. *3* Niet heel groot. *4* Nee. *5* Het is niet nodig om er héééél bang van te worden, want ik weet het niet zeker.
>
> Ik zei ook STOP toen ik dacht 'straks maak ik mijn rekensommen niet goed dan blijf ik zitten'.
>
> Antwoord op de vragen: *1* Dat ik iets niet goed doe. *2* Kan wel. *3* Groot, maar misschien klein. *4* Nee, maar ik ben hier niet zeker van. *5* Weet ik niet.

De registratie is kort en bondig. Het effect is dat Marijke al snel leert zichzelf bij te sturen wanneer haar gedachten op hol slaan.

10.5 Aansluiten bij adequaat gedrag

In de diagnostische fase is duidelijk geworden met welke situaties en met welk gedrag het kind geen problemen heeft en in welke zaken het kind goed is. In moeilijker situaties kan het kind leren dat het gedrag als het ware kan lenen uit een andere maar vergelijkbare situatie. Met andere woorden: doe meer van datgene wat je doet als het probleem er niet is (zie ook Cladder, 1999).
Een voorbeeld.

Esmée (16 jaar) zit op toneel en speelt de sterren van de hemel. Buiten het podium is zij onzeker en teruggetrokken en zij ontwikkelt allerlei depressieve klachten.

T: Hoe lukt het jou om op het toneel zo zelfverzekerd te zijn?
C: Gewoon doen.
T: Ja, was het maar zo gemakkelijk.
C: Nee echt, als ik op het toneel sta, durf ik alles. Maar ja, dat is niet echt. Ik besta geloof ik uit twee personen: een toneelspeelster en de echte Esmée, die niets kan en durft en niet weet wie ze is.

T: Je kunt ook zeggen dat je op het toneel oefent met allerlei rollen en dat je dat heel goed afgaat. Je bent goed in staat je in te leven in een personage en geeft er dan vervolgens zelf een creatieve invulling aan. Daarin zit toch ook vast wel weer iets van jezelf, of niet?

C: Ja dat wel, maar het is toch niet de bedoeling dat je in het echte leven steeds toneel speelt?

T: Nee, op zich niet, maar een mens heeft wel allerlei rollen in het leven. Ik ben hier jouw therapeute, thuis ben ik moeder, bij mijn moeder ben ik de jongste dochter, op de sportschool ben ik een cursist enzovoort. Op jouw leeftijd is het heel gewoon een beetje te experimenteren met rollen, hoe je wilt zijn. Dat kun jij dus al heel goed. Het enige wat je nog zou moeten leren is hoe je dat in het dagelijks leven ook kunt gebruiken om erachter te komen wie je bent.
Als je nou morgenochtend wakker wordt en je probleem is opeens weg, wat zou je dan morgen doen?

C: (met rode kleur) Nou, dan zou ik me opmaken; in de klas naar dat stuk wat schuin achter me zit lachen en zelf ook iets zeggen tijdens de pauzes.

T: Durf je zo wel eens in het echte leven te doen?

C: Alleen op vakantie, want dan kennen ze je toch niet.

T: Hoe komt het dat het je dan wel lukt?

C: Op vakantie voel ik me gewoon goed. Dan doe ik heel anders. Dan heb ik schijt aan iedereen. Ik heb zelfs een keer midden op straat djembe gespeeld met een gozer die ik helemaal niet kende.

T: Wat let je om op school een beetje van je vakantiestijl en je toneeltalent te gaan gebruiken?

C: Dat durf ik nooit!

T: Even samenvatten hoor. Jij bent ontevreden met je onzekere en teruggetrokken houding en wordt er somber en ontevreden van. Je wilt meer zelfvertrouwen krijgen en hebt een duidelijk beeld voor ogen van de 'wonderbaarlijke genezing' van Esmée. Eigenlijk kun je alles wat je zou moeten kunnen al, alleen nog niet in alle situaties. Je kunt je opmaken, je kunt lachen naar iemand en je kunt zelf een gesprek beginnen en zelfs voor allerlei mensen djembe spelen, met een wildvreemde knul. Het enige is dat je het nog niet in alle situaties durft te doen. Volgens mij moet je gewoon lekker gaan experimenteren.

C: Je hebt wel gelijk. Wat ik op het toneel en op vakantie kan is dus eigenlijk een soort generale repetitie geweest?

T: Precies!

De therapeute spreekt hier niet heel precies af waar Esmée mee gaat oefenen. Er zijn meerdere voorbeelden aan de orde geweest en door de opdracht zo ruim te laten, vergroot de therapeute de kans dat Esmée de volgende keer een succeservaring kan vertellen.

10.6 Schaamte- en risico-oefeningen

Schaamte- en risico-oefeningen zijn een vanzelfsprekend onderdeel van veel therapieën omdat veel klachten te maken hebben met iets niet durven in sociaal opzicht (schaamte) of omdat men bang is voor de gevolgen, bijvoorbeeld het risico dat blijkt dat men iets niet kan. Fouten durven maken heeft vaak zowel een risicoaspect als een sociaal aspect in zich. Naar boven gaan in het donker heeft alleen een risicokant. En 'wild dansen' in de discotheek heeft alleen een schaamtecomponent.

Afhankelijk van de doelen van de cliënt vormen risico- en schaamte-oefeningen een geïntegreerd deel van de therapie (zoals bij Esmée in de vorige paragraaf) of vormt het een toetje om nog een stapje verder te komen dan men al is, zoals bij Karina in het volgende voorbeeld

Karina (16 jaar) is geruime tijd opgenomen geweest in een jeugdpsychiatrische kliniek. Inmiddels redt ze zichzelf in een beschermd-wonenproject. Ze moppert op de hulpverleners in de instelling, omdat die haar onvoldoende hulp geboden zouden hebben. Ze heeft in haar kliniektijd wel van RET gehoord en denkt dat RET haar datgene gaat bieden wat ze nu nodig heeft. Ze bespreekt in de eerste sessie haar angsten en schaamte.

C: Daar zijn toch oefeningen voor.

T: Die zijn er, en die noemen we schaamte-oefeningen.

C: Die wil ik wel.

T: Dat is anders best moeilijk hoor.

C: Dat kan me niet schelen.

T: Nou, je hebt twee soorten. De ene soort is iets wat je meteen in het dagelijks leven kunt gebruiken. Dat zou bijvoorbeeld zijn dat je je vriendje vertelt dat je een poosje in ... (naam instelling) hebt gewoond. Dan zou je iets doen waar je je nu echt voor schaamt en wat goed kan zijn om je daar niet voor te schamen. Maar ik weet helemaal niet of je dat bedoelt?

C: Dat weet ik ook nog niet hoor, of ik dat wel wil. Ik ben nog maar net met hem!

T: De andere mogelijkheid is om dingen te gaan doen die je niet zo gauw zou doen, omdat mensen die raar kunnen vinden, bijvoorbeeld in Den Haag aan een voorbijganger op straat vragen: 'Kunt u mij vertellen waar de koningin woont?'.

C: (lacht) Dat wil ik wel kunnen.

T: Dan doe je dus toch iets om aan schaamte te werken, omdat je weet dat je daar nogal gauw last van kunt hebben. Die oefening op zich is dus iets minder direct van nut, want ik geloof niet dat je per se bij de koningin langs wilt gaan. Wat wil je?

C: Die van die koningin vind ik wel leuk.

T: Denk je dat je die alleen kunt uitvoeren, of heb je er iemand bij nodig.

C: Ik wil het alleen doen, anders wordt het giebelen natuurlijk.

T: Nou, daar is ook niks mis mee. En hoe vaak wil je het doen?

C: (schrikt) Hoe vaak? Een keer lijkt me wel genoeg!

T: Een keer aan dezelfde persoon lijkt me wel genoeg, ja. Wel vraag ik me af of je dan wel iets van je schaamte hebt afgeknabbeld als je het niet meer dan één keer zou durven. Als je het een keer durft, is voor een keer misschien de schaamte weg. Maar het zou toch bijzonder zijn als je het een tweede keer niet zou durven. Dat moeten we dan de volgende keer nog maar eens verder onderzoeken. Ik vind het al heel wat dat je zo'n oefening leuk vindt! Kijk maar hoe het loopt, ik hoor het wel

Een voorbeeld van een *risico-oefening* is de volgende.

Stephanie (eindexamenklas VWO) heeft nogal eens vage buikpijnklachten en ze leunt voor de beslissing zich wel of niet ziek te melden te veel op haar ouders. Nu ontstaat er steeds strijd tussen moeder en dochter omdat het moeder niet duidelijk is wanneer Stephanie veinst. Moeder is de strijd beu en heeft vader de regie over het al dan niet ziek zijn van hun dochter gegeven. Tijdens de sessie is besproken dat Stephanie zelf voor de duur van twee maanden de totale verantwoordelijkheid neemt over al dan niet naar school gaan bij (vermeend) ziek zijn. De ouders blijven echter altijd de formele verantwoordelijkheid voor het verzuim en de ziekmelding dragen.

T: (tegen vader, V) Jan, kom er even bij want we hebben je nodig. Stephanie en ik stellen een experiment voor, maar dat moet ook jouw goedkeuring kunnen hebben.

V: (lacht) Vertel op!

T: Zal ik het vertellen of wil jij, Steef?

C: Doe jij maar.

T: Het voorstel is als volgt: voor de duur van twee maanden krijgt Stephanie de volledige verantwoordelijkheid over het al dan niet ziek melden en het enige wat jij mag doen is per definitie je goedkeuring geven bij ziekmelding.

V: O, dan weet ik het wel, dan gaat ze helemaal niet meer naar school!

C: (beschaamd lachend en vader speels tegen de arm slaand) Oho!

V: (schrikt meteen van de uitspraak die hij doet en corrigeert zichzelf) Nee, dat is flauwekul natuurlijk. Ja, dat kan, goed idee eigenlijk.

T: Fijn dat je zo positief reageert. Ik vind het belangrijk dat jullie begrijpen waarom dit een goed plan is en dat jullie het ook aan moeder kunnen uitleggen. Stephanie, wil jij beginnen met het je vader uit te leggen?

C: Ja, uh, kijk, we hebben er zo over gesproken. Ik weet zelf ook niet altijd wat het is als ik me niet goed voel. Ik voel het dan wel in mijn buik, maar ik weet niet of het nu wel of niet ook iets met school te maken heeft of bijvoorbeeld met uh je weet wel.

V: Je vrouwelijke periode.

C: Ja. Snap je?

V: (vertwijfeld) Ja ...

T: Dat klopt wat Stephanie zegt, zo hebben we er inderdaad over gesproken. Ik zal nog wat aanvullen. Omdat ze zelf niet precies weet waar haar buikpijn vandaan komt, moeten we dus sowieso weten of het iets met haar periode te maken heeft en daarom hebben we de duur van het experiment op twee maanden gesteld. Een maand levert dan nog te weinig informatie op. Maar daarnaast is er nog iets wat belangrijk is. Omdat ze zelf niet precies weet wat die buikpijn betekent, gaat ze dat met moeder of met jou bespreken en worden jullie daarmee in de verleiding gebracht een beslissing voor haar te nemen.

V: Ja, zo gaat dat inderdaad.

T: Mijn idee is, dat Stephanie die beslissing best zelf kan nemen. Sterker nog, ik denk dat ze zodoende meer informatie over haar buikpijn kan verzamelen, dan wanneer ze de beslissing van jullie laat afhangen.

V: (nu enthousiast) Ja, ik snap het. Goed idee.

T: Denk jij, Jan, dat Stephanie een risico loopt dat haar schoolcijfers onder dit experiment zullen lijden?

V: Nou nee, dat denk ik eigenlijk niet, want ze gaat altijd erg goed om met haar schoolwerk.

T: Nou mooi, want dan maak je dezelfde inschatting als Stephanie. En die tijdsperiode van twee maanden, wat vind je daarvan?

V: Ja, logisch wel.

T: Mocht zich nou tussentijds iets bijzonders voordoen, bel me dan gerust na een maand op; dan is het natuurlijk zaak dat we daar goed bij stil staan. Maar anders spreken we nu voor over twee maanden af.

Soms is het nodig om de ouders erbij te betrekken wanneer er iets op het spel staat. Uiteraard zijn schaamte- en risico-oefeningen niet bedoeld om kinderen in de problemen te brengen. Ook al zit Stephanie in het eindexamenjaar, de therapeute ziet dit niet als een belemmering voor het experiment. Het gaat bij deze oefeningen vooral om gedrag waarvan de therapeut aanneemt dat het kind het in principe wel kan, maar het om irrationele redenen nalaat.

10.7 Belonen en straffen

In de RET- en CGT-literatuur treffen we weinig informatie aan over hoe er in de therapeutische praktijk wordt omgegaan met belonen en straffen. In verschillende Amerikaanse programma's worden jonge kinderen ook tijdens de therapiesessies beloond met snoepjes of stickers. In Nederland doen we dat minder. Een beloning wordt vaker gezocht in het immateriële: het kind mag uitkiezen wat er de laatste tien minuten van de sessie gedaan wordt of het kind wordt veelvuldig geprezen. De therapeut kan ook lang stil blijven staan bij de gunstige gevolgen van een oefening die het kind gedaan heeft, zoals minder ruzie of beter slapen. Daarmee raakt de beloning meer intern dan extern gericht.

Hoe jonger het kind, des te afhankelijker het nog is van externe motivatie en prikkels. De positieve verbale bekrachtigers van de therapeut en van de ouders worden allengs geïntegreerd. Een beloningssysteem is bedoeld om het kind te helpen om gemotiveerd te blijven en maakt het oefenen speelser. Bij het werken met beloningen is het wel belangrijk dat de boodschap 'je bent wat je doet' niet via de achterdeur binnensluipt. Het kind is per definitie oké, alleen bepaald gedrag wordt als meer of minder wenselijk gezien. Meer beloningen of beter gedrag maken het kind geen beter kind, maar maken dat het kind op langere termijn beter met bepaalde zaken kan omgaan.

Als een jong kind gaat oefenen om anders met een probleem om te gaan, of nieuw gedrag oefent, werkt het motiverend om te spreken over beloningen. De ouders kunnen daarbij worden betrokken. De therapeut wil inzicht krijgen in wat een beloning betekent voor een kind (cognitief), en wat de ervaringen ermee zijn binnen het gezin (gedrag). Daarnaast wil de therapeut dat het kind iets leert over het verschil in kwaliteit en kwantiteit van beloningen (educatief).

Eerst kan in algemene termen worden gesproken door vragen te stellen als 'wat betekent een beloning?', 'heb je wel eens een beloning gehad?', en zo ja 'wat was dat dan en waarom was dat?'. Als kinderen gevraagd wordt wat voor beloning ze zouden willen wanneer ze een doel of subdoel halen, komen ze met allerlei voor de hand liggende voorstellen, zoals naar een pretpark gaan. Maar als de fantasie geprikkeld wordt, komen ook de gekste dingen naar voren, zoals met mijn hoofd in een slagroomtaart mogen vallen. Wanneer een kind alleen maar groot en nieuw speelgoed noemt als beloningen, kunnen immateriële beloningen ten tonele worden gevoerd. De therapeut vraagt dan: 'Stel dat je oma nou ver weg woont, en je hebt een goed rapport gehaald, en je ouders zouden je dan meenemen naar je oma, zou je dat ook een beloning kunnen noemen?'. Soms wordt zo ontdekt dat het voor een kind heel belonend is om een kwartier privé-tijd van vader te krijgen. Depressieve kinderen komen niet altijd zelf op ideeën van wat ze belonend vinden (Stark e.a., 1991). Dan kan gevraagd worden wat voor dingen ze in het verleden als plezierig hebben ervaren.

Bij pubers en adolescenten wordt vaak minder aandacht besteed aan beloningen (zie ook De Haan, 1998). Het wordt al gauw als te kinderachtig gezien, maar aan die visie kan wel getornd worden. Een gezinsgesprek houden nadat een puber zelf aan de slag is geweest met zijn problemen en vragen of ouders positieve veranderingen zien, kan stimulerend en belonend werken.

Een materiële beloning in het vooruitzicht stellen kan een jongere ook helpen iets vol te houden. Het belonen kan ook weer opnieuw tot een machtsstrijd leiden en verliest zijn kracht wanneer er niet consequent mee wordt omgesprongen.

Een voorbeeld.

Joep (13, eerste klas MAVO) heeft aangegeven dat belonen bij hem in het verleden wel heeft gewerkt om hem ertoe te brengen zijn huiswerk te maken. De ouders zijn met belonen gestopt omdat Joep slechts werkt totdat de beloning komt en dan de boel weer laat gaan. Bovendien vraagt Joep steeds grotere beloningen en vinden de ouders dat ze al vrij ver zijn gegaan met hem daarin tegemoet te komen. Joep en zijn ouders gaven aan ditmaal zonder beloningen te willen werken. Joeps doel is: constantere aandacht aan zijn huiswerk besteden omdat de kans groter is dat hij dan overgaat. Aan het vaststellen van dit doel is door de therapeute veel aandacht besteed. Joep heeft dit doel wel gesteld, maar zijn handtekening staat nog niet echt onder het denkbeeldige contract.

T: Hoe is het de afgelopen dagen gegaan met het maken van het huiswerk?

C: (somt op) ... en vandaag komt het er niet van.

T: Wat bedoel je met 'het komt er niet van'?

C: Nou ja, nu ben ik hier en dadelijk ga ik nog met mijn moeder naar Intratuin omdat ik speciale vissen krijg.

T: Wat leuk, ter ere van wat krijg je dat?

C: Nou, als ik mijn cijfers ophaal dan krijg ik speciale vissen die ik allang wil hebben en een speciaal aquarium zodat ze 's winters binnen kunnen.

T: Ah, ik begrijp dat jullie er opnieuw over gesproken hebben om het belonen weer in te voeren. En hoe is dan precies de afspraak?

(Er blijkt bij Joep onduidelijkheid over wat er precies van hem verwacht wordt.)

Daar moeten we het wel even over hebben met je ouders, want ik vind het belangrijk dat er duidelijke afspraken over gemaakt worden. Het moet wel op een manier gebeuren dat het jou beter gaat helpen dan voorheen het geval was.

Maar, even terug naar het huiswerk. Ik snap nog steeds niet waarom 'het er dan niet van komt' om vanavond huiswerk te maken.

C: Nou ja, dan gaan we na de Intratuin eerst eten en dan is het al acht uur en dan wil ik nog wel even computeren.

T: Ik geloof niet dat ik het daarmee eens ben.

C: (kijkt boos)

T: Ik zal je zeggen waarom en ik zal dat dadelijk ook tegen je moeder zeggen. Als er tijd gaat zitten in het speuren naar vissen, *voordat* jij je huiswerk hebt gemaakt, ben jij niet bezig aan je doel (wijst op het bord waar het doel geschreven staat) te werken. En als je moeder dat toestaat, of misschien heeft voorgesteld, is ze niet bezig om jou te helpen je doel te bereiken. Want doordat je naar de vissen gaat kijken, kun je niet met je huiswerk aan de slag. Ik vind het prima als jullie naar de vissen gaan kijken, maar pas *nadat* je huiswerk gedaan is.

C: (boos) Ja, dan zijn de winkels dicht.

T: Maar morgen zijn ze weer open. En kijk eens wat er op het bord staat: leren uitstellen van leuke dingen helpt om constanter tijd aan mijn huiswerk te besteden. Ik zal je moeder dit dadelijk ook duidelijk maken, want zij moet je hierbij helpen en niet tegenwerken.

C: (doet een boze uitval) O nee, dat doe je niet. Dan gaan we zeker niet naar Intratuin.

T: Ik snap goed dat je dat niet wilt, want het voorkomt een plezierig uitje voor jou. Maar ik heb dat doel niet op het bord geschreven; kijk maar, het is jouw handschrift. Zolang als jij hier zit en denkt dat het goed is voor jou om te leren om op een constantere manier met je huiswerk bezig te zijn, zal ik in de gaten houden hoe je dat kunt bereiken. Als jij zegt: 'dat is mijn doel niet meer, ik wil dat niet leren; ik wil niets met school en het zal me worst wezen waar ik uitkom', vind ik dat ook best. Dat klinkt misschien lullig, maar het is wel zo. Ja, dan hebben je ouders daar misschien moeite mee, maar dan kan ik kijken of ik hen kan helpen dat te accepteren. En, ja, natuurlijk denk ik, net als jij, dat je met meer scholing ook meer kansen hebt. Maar school is niet zaligmakend. Er zijn meer wegen die naar Rome leiden.

Als de moeder later komt, legt de therapeute uit wat er besproken is en illustreert dit aan de hand van hetgeen op het bord staat. Moeder snapt het en de weg is geplaveid om meer tijd te nemen voor het onderzoek naar adequate beloningen en de manier waarop ze ingevoerd worden.

In de therapie wordt weinig gewerkt met bestraffen. Bij jonge kinderen wordt er eerder voor gekozen om ongewenst gedrag te negeren dan te bestraffen. Wat wel uitvoerig besproken wordt in de therapie is de functie van zelfbestraffers, zoals negatieve zelfspraak/zelfveroordelingen, automutilatie of niet eten. Dergelijke zelfbestraffers zijn in principe onwenselijk, omdat ze een kind niet helpen om prettig te leven. Het motto in de RET/CGT is: als je iets niet goed doet of verzaakt, is dat jammer en probeer je het later nog eens. Je bent nooit slecht omdat je iets niet (goed) gedaan hebt. Dit is uiteraard ook op een therapiedoel of huiswerk voor de therapie van toepassing.

Het bestraffen van anderen wordt over het algemeen eveneens als niet functioneel gezien. Instanties delen straffen uit wanneer er wettelijke overtredingen gemaakt zijn. De sociale werkelijkheid trekt zich over het algemeen niet zoveel aan van wetten die individuen proberen te schrijven. Vaak denkt iemand dat de ander bestraft moet worden en dat het dan wel beter zal worden, maar dat gaat vaak niet op. Deze rationale wordt tijdens de sessies besproken. Voorbeelden hiervan staan in paragraaf 6.3 (voorbeeld Paolo) en in hoofdstuk 13.

Ouders die in een therapie moeten leren hun kinderen niet te veel in de watten te leggen, zoals bij Joep, kunnen het gevoel hebben dat ze hun kinderen bestraffen wanneer ze aan de slag gaan het kind te helpen zijn frustratiedrempels te verhogen. Ouders moeten in sommige gevallen leren hun kinderen op een functionele manier pijn te doen door hen bepaalde dingen te leren onthouden. Geen chips, geen computerspelletjes, de helft van het zakgeld totdat ... Om dit niet als straf te zien is het nodig dat ouders en kind er een juiste interpretatie op nahouden, namelijk dat dit bijdraagt aan (zelfgekozen) langetermijndoelen. Een interpretatie die daarbij helpt is bijvoorbeeld: ons kind gaat leren iets te verdienen en daar wordt hij sterk van.

10.8 Oefenen aan de hand van de therapeut

Met angstige kinderen of kinderen die nieuw gedrag willen uitproberen maar dat nog niet zo goed alleen durven, kan ervoor gekozen worden om samen een uitgebreid oefenplan op te stellen of om eventueel samen in het openbaar te oefenen. Stark e.a. (1991) adviseren bijvoorbeeld om met een depressief (lees: teruggetrokken en passief) kind een uitgebreid activiteitenschema te maken. De trainingprocedure begint ermee dat er allerlei leuke activiteiten op stapel gezet worden, zodat het kind een relatie leert leggen tussen actief zijn (gedrag) en het verbeteren van de stemming (gevoel). Vervolgens worden ook de school- en andere dagelijkse taken in het plan gevoegd. Er wordt een schema gemaakt waarbij de dag van uur tot uur vastligt. Ten slotte worden allerlei zaken besproken die de kans vergroten dat het plan ook gehaald kan worden. Het activiteitenplan wordt nauwkeurig op schrift gesteld, zodat het kind iets heeft om op terug te grijpen. De ouder kan als co-therapeut ingeschakeld worden om het plan ook daadwerkelijk vorm te geven. Bij jonge kinderen is dat sowieso het geval en bij pubers kunnen daar afspraken over gemaakt worden. Oefenen in het openbaar wordt bijvoorbeeld gebruikt om een kind ervaring te laten opdoen met het corrigeren van waarnemingen. Een therapeut kan een kind met ernstige waarnemingsfouten voorbereiden op een sessie in de speeltuin. Wanneer een kind denkt: 'ze doen altijd lelijk tegen me' en ' ik mag nooit met de andere kinderen meespelen', kan dat ter plekke uitgezocht worden. Van tevoren wordt een stappenplan doorgesproken, bijvoorbeeld: 'de eerste tien minuten doe je zoals je altijd doet en dan gaan we samen tellen hoe vaak het voorkomt dat een kind lelijk tegen je doet; daarna bespreken we dat en geef ik je ook een idee om met kinderen die er zijn iets samen te doen. We kunnen dan zien hoe dat loopt.'

Ook de hiervoor besproken schaamte- en risico-oefeningen kunnen eerst samen met de therapeut en later alleen worden geoefend. Immers, belletje trekken doet een kind ook liever samen dan alleen.

10.9 Huiswerk

10.9.1 *Inleiding*

Hoewel terecht benadrukt wordt dat generalisatie van therapie-effecten vooral door oefening moet komen (zie ook Ringrose, 1998), vinden we het soms moeilijk om kinderen vast te leggen op huiswerk. Onze ervaring is dat veel kinderen in deze maatschappij al veel 'moeten'. Er zijn allerlei kinderfeestjes waar ze van de partij moeten zijn, ze krijgen al jong opdrachtjes van school mee, er zijn allerlei (sport)clubs, naschoolse opvang; kortom een kind van nu heeft het drukker dan een kind van toen. Soms is er nauwelijks tijd voor de therapie! Het kan te hoog

gegrepen zijn om omvangrijk huiswerk op te geven of om te verwachten dat het kind in staat zal zijn gelegenheid te vinden de opdrachten uit te voeren.
Moet de therapeut het dan maar laten? Nee, maar de therapeut kan wel rekening houden met de omstandigheden en ook wat betreft opdrachten de doelen niet te hoog stellen. Tevens moet de therapeut ervoor zorgen dat huiswerk niet een extra strijdpunt voor ouders en kind gaat opleveren.
Bij kinderen en adolescenten gebruiken we het woord huiswerk niet vaak. Kinderen, vooral pubers, houden er niet van; het riekt te veel naar school en het is synoniem voor *dus* niet vrij. Er moet geen nodeloze tegenzin in de therapie worden gebracht. Daarom grijpen we vaak naar een alternatief, zoals: experiment, oefening, uitprobeersel, en 'wil je eens letten op'. In de dialogen hierna staan verschillende manieren van praten over huiswerk. De therapeute kan voor een meer vrijblijvende of voor een stelliger aanpak kiezen, afhankelijk van hetgeen zij wil bereiken en afhankelijk van de problematiek en aard van het kind.

We geven de volgende richtlijnen:
1 Bespreek het huiswerk aan het einde van de sessie samen met het kind.
2 Bespreek het eventueel met de ouder erbij wanneer het een jonger kind betreft of wanneer een bijdrage van de ouder gewenst is.
3 Check of het kind begrepen heeft waar het huiswerk voor bedoeld is en leg dit eventueel nog eens uit.
4 Vraag het kind hoe groot het de kans acht dat de opdracht gaat lukken.
5 Bespreek het huiswerk de volgende keer.

10.9.2 *Bespreken aan het einde van de sessie*

Bij jonge kinderen werken we vaak met een schrift waarin wordt opgeschreven wat we gedaan en bedacht hebben tijdens de zitting en ook welke opdracht er die week gedaan kan worden door het kind. Een schrift werkt handig omdat het kind het na kan lezen; als het thuis iets niet snapt kan het kind het nog eens navragen; en hij kan het aan de ouders laten lezen. Tevens biedt deze manier gelegenheid voor een goede herhaling van de essentiële elementen van de therapie. Herhaling is nu eenmaal een belangrijk leerprincipe. Zo wordt ook aan het einde van een sessie bij wijze van herhaling het geleerde aan een huiswerkopdracht gekoppeld.

Demba (8 jaar) krijgt aan het einde van iedere zitting een KWIK-taak mee (zie ook hoofdstuk 12). KWIK betekent Kijk Wat Ik Kan! Als deze taak goed is uitgevoerd krijgt Demba een beloning die vooraf met de ouders is afgesproken.

KWIK-taak derde keer:
- Oefen met jezelf ontspannen als je spanning voelt. Let goed op of het werkt.
- Schrijf iedere dag even op waar je bang voor was en hoe bang je was, waarbij 1 een klein beetje bang is, 2 een beetje bang, 3 echt bang en 4 hartstikke bang.

T: Lees maar eens mee Demba (leest eerste deel van KWIK-taak voor). Weet je nog hoe je moet ontspannen?

C: Ja. Lopen als een robot en daarna als een slappe pop.

T: Precies! Heel goed! Waarom is dat nou ook weer belangrijk?

C: Het is truc 1. Als je bang bent weet je dat omdat je je adem inhoudt en je hart gaat kloppen en zo.

T: En als je je adem inhoudt en je hart gaat sneller kloppen, dan?

C: Dan weet je dat je bang bent en moet je juist uitademen, net zoals voetballers als ze een spannende penalty moeten nemen in een beslissende wedstrijd.

T: Ik kan wel merken dat jij veel van voetballen weet. Oké, dat is duidelijk. Het tweede deel van de KWIK-taak is wel erg moeilijk en daarom vraag ik je of je dat samen met je moeder of vader wilt doen. Omdat we over twee weken gaan oefenen om juist wel te doen wat jij eng vindt is het belangrijk dat we een volgorde kunnen maken van iets wat een beetje eng is naar iets wat echt heel erg eng is. Om te weten waar we mee kunnen beginnen wil ik je vragen dit deze week eens goed bij te houden. Begrijp je het?

C: Ja. Mam, jij ook?

M: Ja, ik begrijp het ook.

Bij jonge kinderen kan de therapeute meer bepalend zijn bij het geven van huiswerk dan bij oudere kinderen. Bij adolescenten ligt de nadruk meer op iets wat ze zelf willen doen en wat in hun eigen belang is. Wanneer het voor pubers en adolescenten nog niet duidelijk is wat er te winnen valt bij therapie en zij maar weinig last ervaren, doen ze vaak weinig aan huiswerk. Ze komen bijvoorbeeld zelf niet met voorstellen en reageren gematigd tot onverschillig op een voorstel voor een experiment van de kant van de therapeut. Vanuit hun grootheidsdenken dat onderdeel is van deze ontwikkelingsfase nemen ze bijvoorbeeld wel het audiobandje dat in de zitting gemaakt is mee naar huis, maar de daarop volgende bijeenkomst vertellen ze dat ze dat niet hebben afgeluisterd omdat 'ze nog precies wisten waar het over ging'. Als een puber onduidelijk is of en wat hij wil met huiswerk, kan dit wel een thema zijn om goed te bespreken, maar het is niet iets om strijd over te leveren. De therapeut introduceert voorstellen dan 'low level', zoals: 'Ik stel dit voor, omdat ik wat meer informatie wil verzamelen over wat er nou precies aan de hand is, maar misschien vind jij dat wel niks en denk jij wat is dat nu weer voor een achterlijk voorstel. Denk er maar even over.'

De moeder van Tiemen (17 jaar, uit par. 3.2.2) is erg manipulatief en bestraffend ingesteld en probeert de therapeute steeds onder druk te zetten om Tiemen in een bepaalde richting tot actie te krijgen. Tiemen zelf verzint in de sessie wel opdrachten, maar komt ze tot op heden niet na.

T: We hebben verschillende zaken in deze bijeenkomst besproken die jou zouden kunnen helpen bij het oplossen van je problemen. Wat zou je deze week willen doen?

C: Dan ga ik in ieder geval die brief wegsturen voor een eigen kamer, want dat is toch maar een kwestie van een formulier invullen.

T: Goed idee. Hoe groot schat je de kans dat je dat doet?

C: Vrij groot, want daar hoef ik niet voor aan te geven wat ik zelf wil, niet als bij dat idee om naar een uitzendbureau te gaan; dat is veel moeilijker. Het is een kwestie van een brief op de bus doen.

T: Ik vind het nog steeds een goed idee, want ik denk net als jij dat het je goed zal doen om zelfstandig te wonen als je achttien bent. Maar ik ben er niet zeker van dat je die brief ook zult versturen. Het lijkt allemaal heel simpel, maar we zagen al bij eerdere acties die je wilde ondernemen dat het veel moeilijker blijkt dan je denkt. Je idee vind ik nog steeds oké. Ik wil er even bij stilstaan wat er gebeurt als je het niet uitvoert.

Aansluitend bespreekt de therapeute de kans op zelfveroordelingen als blijkt dat ook deze taak te hoog gegrepen is. Tiemens eerste aandachtspunt is op te houden zichzelf te veroordelen als dingen niet zo gaan zoals hij zou willen, en ook het (niet) uitvoeren van huiswerkopdrachten hoort daartoe. De therapeute had er ook voor kunnen kiezen samen met Tiemen plannen te bedenken die de kans zouden vergroten dat hij zijn huiswerk zou doen, maar soms (bijvoorbeeld wanneer er weinig op het spel staat, zoals hier) kunnen er goede redenen zijn om dat niet te doen en te zien wat er dan gebeurt. Tiemen gaat langzamerhand steeds meer zichzelf sturen, schat zijn eigen potentieel steeds beter in en slaagt beter in de uitvoering van de opdrachten die hij zichzelf geeft naarmate hij minder zelfveroordelend is.

10.9.3 *Bespreken in de volgende sessie*

Kinderen en jeugdigen gaan net als volwassenen op verschillende manieren om met hun huiswerk. Enkele varianten:
Het kind zegt 'ja' tegen een opdracht; bedoelt ook 'ja' en voert de opdracht uit.
Het kind zegt 'ja' en bedoelt ook 'ja', maar voert de opdracht niet uit.
Het kind zegt 'ja' en bedoelt 'nee'.
Het kind zegt 'nee' en doet 'nee'.
Het kind zegt 'nee' en doet 'ja'.
Het uitgangspunt van de therapeut bij het bespreken van het huiswerk in de volgende sessie is dat alles waar het kind mee komt informatie is. In de therapie gaat het zowel om het product (een verbetering als eindresultaat) als om het proces. Wanneer de nadruk komt te liggen op het eindresultaat kan dit soms een averechts effect hebben omdat het resultaat op zich dan een Moeten gaat worden. Wanneer de therapeut uitsluitend aandacht zou besteden aan het proces, kan het doel (klachtenreductie/verbetering van attitude) uit het oog verloren worden. Bij het bespreken van het huiswerk wordt rekening gehouden met deze twee kanten van de therapie.

We laten het nabespreken met verschillende typen kinderen de revue passeren.

Marlous (14 jaar) is een voorbeeld van een gemotiveerd kind dat altijd wel iets min of meer zinvols zal doen met de opdrachten en bij wie het woord opdracht ook geen weerzin oproept:

T: En, is het gelukt om rare dingen te zeggen? Want dat was je opdracht, toch?
C: Ja, dat is wel gelukt.
T: Wat heb je gedaan, vertel eens?
C: Dat zou ik niet meer weten.
T: Denk eens even goed na, waar was het dat je iets raars zei?
C: Goh, moeilijk hoor. Weet je, ik heb het niet met opzet gedaan, het ging gewoon vanzelf.

T: Vanzelf?

C: Ik heb niet zoiets gedaan als wat we de vorige keer hebben afgesproken, maar ik ben gewoon meer gaan zeggen.

T: (uitdagend) Maar als je meer gaat zeggen, gaat meedoen, dan ga je toch geen *rare* dingen zeggen zeker!

C: Misschien komt het omdat je er dan op voorbereid bent dat het raar kan zijn als je wat zegt, omdat we er de vorige keer over gesproken hebben, en dan vind je het misschien niet meer zo raar.

T: Dat is heel goed mogelijk wat je daar zegt.

De therapeute honoreert het eigen idee van het kind over het verloop van het huiswerk. De therapeute is niet te perfectionistisch in de uitvoering van de opdracht, zeker niet wanneer het een kind betreft dat last heeft van perfectionisme. Het maakt in dit geval niet zoveel uit of de opdracht precies is uitgevoerd zoals afgesproken.

Rafaël (18 jaar, met mogelijk een zich ontwikkelende schizoïde persoonlijkheidsstoornis) zegt ja en bedoelt ook ja, maar voert de opdracht niet uit:

T: Je zou eens met je moeder praten over haar Aziatische achtergrond. Is dat nog gelukt?

C: Nee, dat ben ik helemaal vergeten, ik dacht er net pas aan, op weg hierheen.

T: Wil je het wel, want soms zeggen mensen dat ze het vergeten zijn terwijl ze het eigenlijk niet willen, of geen goed idee vonden maar dat niet durven zeggen.

C: Nee, ik wil het wel.

T: Weet je nog waarom we dat onderwerp gekozen hadden?

C: (denkt na) Nee, eigenlijk ook niet.

T: Dan lijkt het me best logisch dat je het vergeet, als je ook niet meer weet wat er voor jou de zin van zou zijn. Zullen we daar nu even bij stilstaan?

Een deel van het vorige gesprek wordt in herinnering geroepen. Rafaël ziet de zin weer en tekent in op herhaling van de oefening. De volgende keer:

T: En, Rafaël, is het ditmaal gelukt om met je moeder te praten?

C: Ik wilde het wel doen, maar er was geen gelegenheid. Nu ik werk zie ik haar niet tussen de middag en 's avonds gaat iedereen thuis zijn gang.

T: En is je moeder niet 's avonds een keer thuis geweest tegelijk met jou; zijn jullie veel uithuizig?

C: Nee, dat niet.

T: Hoe gaat dat dan 's avonds bij jullie?

C: Ik zit veel achter de computer en mijn moeder ruimt dan bijvoorbeeld op of kijkt televisie.

T: En wil je haar dan niet storen in een leuk programma?

C: Ik weet niet wat het is; het komt er gewoon niet van.

T: Terwijl je het wel wilt.

C: Ik wil het best. Ik heb op internet al wat dingen opgezocht over haar land.

T: Goh, wat goed, wat leuk dat je daarin geïnteresseerd bent. Wat ben je aan de weet gekomen?

C: (vertelt daar kort en moeizaam over)

T: Zou je haar eens willen laten zien wat jij hebt opgezocht op internet, misschien vindt ze dat wel leuk?

Rafaël is een trage denker en een trage starter. Zijn ja lijkt een oprecht ja. De therapeute houdt haar hypothese over angsten voor intiemer contact voor zich. Mogelijk is Rafaël iemand die deze hypothese niet aanspreekt, of die deze angsten niet voelt. Aan zijn wens wel iets te willen verkennen, wordt vastgehouden en op verschillende manieren wordt geprobeerd daar gehoor aan te geven.

Tiemen (zie hierboven) zegt net als Rafaël ja, maar doet nee.

C: Je had gelijk, ik heb de brief niet verstuurd. Ik realiseerde me dat je natuurlijk wel geld moet hebben om jezelf te kunnen onderhouden als je zelfstandig woont.

T: Als je zelfstandig woont, heb je recht op een uitkering als je niet werkt. Maar werken is ook een van je doelen, dus geen probleem, en tegen de tijd dat jij een woning krijgt aangeboden, ben je een jaar verder. Klinkt erg simpel, niet?

C: Ja, dat je er steeds zoveel bij gaat denken dat je het toch niet doet; dat vind ik toch gek.

T: Laten we maar een kijkje nemen in je gedachten, die maken dat een op het oog eenvoudige en zelfgekozen opdracht als een inschrijfformulier verzenden, niet lukt.

Net als bij Rafaël wordt het feit dat de cliënt niet in staat is gebleken het huiswerk te doen, erg serieus genomen en wordt er verder onderzoek op B-niveau gedaan om dit te verklaren en verder aan te pakken. Het doel wordt niet opgegeven. Het huiswerk blijft staan en obstakels worden verder bewerkt.
De kinderen die 'ja' zeggen en 'nee' bedoelen zijn in onze beleving in de minderheid. Dat kan ook komen omdat de therapeut tijdens de sessie ongemerkt al veel werk doet om te komen tot een passende opdracht. De therapeut is er bovendien alert op dat een kind zich gaandeweg steeds vertrouwder kan voelen en zich daardoor ongeremd kan uiten ten opzichte van de therapeut, waarmee ja/nee-verwarring ondervangen wordt.

Joke (16 jaar, uit par. 3.4 en 8.4) vertelt dat ze al jaren niets meer voelt. Ze durft het niet meer omdat ze bang is weer gekwetst te worden of pijn te gaan voelen. We spreken af dat zij iedere dag zal opschrijven of er een situatie is geweest waarin ze iets in de verte gevoeld heeft en wat dat voor gevoel was. De volgende zitting blijkt dat Joke wel 'ja' gezegd heeft tegen de opdracht, maar 'nee' gedaan heeft. We onderzoeken of de opdracht wel haalbaar was voor Joke.

T: Het is niet gelukt om iets op te schrijven. Enig idee waarom?

C: Nou, ik weet het niet.

T: Vond je de opdracht wel zinvol?

C: Op zich wel.

T: Maar?

C: Ik geloof niet dat ik er al aan toe ben.

T: Dat is belangrijke informatie. Kun je vertellen waarom niet?

C: Ik vind het eng.

Wat er precies eng is wordt verder onderzocht en er wordt tevens een ABC-analyse gemaakt:

A: Ik heb mijn opdracht niet gemaakt.
C: schaamte/angst
B: Ik had het moeten doen. Wat zal ze nu wel niet van me denken. Ze zal wel teleurgesteld zijn. Misschien is ze zelfs wel boos. Als ik zo doorga wil ze vast niets meer met me te maken hebben.

→ A2: angst voelen
C2: mezelf terug trekken, niets meer voelen
B2: Wat ben ik een *loser*. Ze mag niet weten dat ik me hier kwetsbaar/angstig over voel, anders kan ze me er ook nog op pakken.

Juist bij pubers is het belangrijk alert te zijn op mogelijke autoriteitskwesties, waardoor jongeren hun eigen mening niet goed durven zeggen. Zij zeggen dan ja tegen een opdracht ook al staan ze er niet achter. Soms is het nodig dit expliciet bespreekbaar te maken. Soms is het voldoende om de jongeren te laten ervaren dat zij zelf sturing mogen geven en de richting en timing van volgende stappen mogen en kunnen bepalen, zoals bij Joke.

Daarnaast is er een groep jongeren die 'ja' zegt en 'nee' doet vanuit een ageren tegen hulpverleners of volwassenen. Dit zijn vaak kinderen met gedragsproblemen, die gekenmerkt worden door externaliseren, zoals Mees.

Mees (16 jaar, uit par. 9.6.2 en 10.2) heeft voortdurend ruzie met zijn zus en dreigt uit huis geplaatst te worden. Hij is tegen hulpverlening, maar moet van zijn voogd. Na een aantal gesprekken bespreken we samen dat Mees gaat proberen weg te lopen als zijn zus hem uitdaagt en in zijn hoofd alles mag denken wat mooi en lelijk is. De rationale van zijn nieuwe houding is dat hij zich niet langer laat manipuleren door zijn zus, omdat zij precies weet op welke knopjes te drukken om hem razend te krijgen. De volgende zitting blijkt Mees niet geoefend te hebben.

T: Is het gelukt om weg te lopen, Mees?
C: Nee.
T: Hè, wat jammer. Wat ging er mis?
C: Als mijn zus loopt te fokken moet ik haar gewoon laten zien wie de baas is. Weg lopen is toch geen goed idee.
T: En hoe heb je haar laten zien wie de baas is?
C: Gewoon slaan.
T: Met als risico dat jij het huis uit moet?
C: Ja, nou en. We zien wel wat er gebeurt.
T: Wat is er veranderd tussen nu en vorige week dat je zo onverschillig bent geworden?
C: Niets.
T: Mees, daar geloof ik niets van. Je ziet deze gesprekken niet zitten en loopt er niet bepaald warm voor, maar we hadden een goed plan en jij stond er vorige week volgens mij wel echt achter, toch?
C: Ja, toen wel.
T: Wat is er deze week gebeurd, waardoor je van gedachten veranderd bent?
C: (klein stemmetje) Mijn moeder heeft de politie gebeld om me weg te halen toen we aan het vechten waren en nu moet ik waarschijnlijk toch weg.

In bovenstaand voorbeeld is duidelijk dat 'ja' zeggen niet betekent dat het ook gedaan wordt. Zeker bij externaliserende jongeren is er vaak veel aan de hand, waardoor zij van crisis naar crisis gaan. Zij komen dan niet toe aan oefenen van nieuw gedrag.

De kinderen die 'nee' zeggen en 'nee' doen, vormen een uitdagende groep. De vraag is namelijk of hun nee wel een nee is en of ze ondanks hun nee niet ook wat leren. De functie van het nee zeggen tegen experimenten is niet moeilijk te bedenken. Ze willen dat je je niet met hun zaken bemoeit en veronderstellen dat je wel zult ophouden met het voorstellen van huiswerk of veranderingen in hun gedragspatroon als ze maar lang genoeg weerbarstig blijven. Toch kan de therapeut ervoor kiezen om voorstellen te blijven doen. Op de eerste plaats omdat het maar de vraag is of het kind niks leert van die voorstellen. Ook al wordt elke opdracht als zinloos verworpen, dat wil nog niet zeggen dat er bij het kind niet iets losgemaakt wordt door het voorstel. Soms heeft het kind nog nooit aan zo'n mogelijkheid gedacht en als het veel last heeft van grootheidsdenken zal het dat niet zeggen. Het zal de suggestie mogelijk wel overnemen, maar niet aangeven dat het dat gedaan heeft. Het gevolg is dat de therapie wel effect heeft, maar dat het onduidelijk is waar de verbeteringen in gevoel of gedrag aan toe te schrijven zijn. In feite hebben we dan te maken met een kind dat 'nee' zegt, maar 'ja' doet, en waarbij er veel onduidelijk blijft.

Er is in onze ogen ten slotte een echt kleine groep jongeren die gewoon niet gemotiveerd is en 'ja' zegt, maar 'nee' doet, omdat ze het nut van therapie niet inzien. De conclusie is dan: stoppen met de therapie.

Wim (14 jaar) vindt zichzelf enerzijds een geweldige jongen, die anders is dan anderen. Hij heeft zijn haar punk en een piercing bij zijn wenkbrauw. Hij vindt dat hij er niet alleen gaaf uitziet, maar ook dat hij gewoon niet zo saai is als zijn klas- en leeftijdgenoten. Hij shockeert anderen met zijn uitspraken en houdt ze daarmee op afstand. Anderzijds voelt hij zich wel vaak somber en heeft hij geen echte vrienden. Hij is hiervoor aangemeld door zijn moeder. Wim is het daar niet echt mee eens. Maar hij komt omdat het moet. In een zitting wordt onderzocht wat er zo erg is aan saai of gewoon zijn en waar speciaal zijn nou nog meer mee samenhangt behalve met uiterlijk. Dit vindt Wim nog wel interessant. Hij beseft eigenlijk ook wel dat hij zelf anderen op afstand houdt door zijn gedrag, maar wil dit niet veranderen. Huiswerkopdrachten, zoals 'onderzoek eens wat er gebeurt als je een dag probeert een beetje saai te doen en niet te shockeren', laat hij mislukken. Na drie gesprekken wordt dit met Wim besproken.

T: Volgens mij vind je jezelf gewoon een toffe jongen en vind je dat het probleem bij anderen ligt, die gewoon niet zo ruim van geest zijn als jij.

C: Klopt!

T: De consequentie dat je door je opstelling ook erg alleen staat, vind je geloof ik wel jammer, maar ook weer niet echt een probleem?

C: Klopt!

T: Daarom denk ik dat therapie op dit moment niet zinvol kan zijn. Je hebt heel goed meegedacht in de therapiegesprekken, maar daarbuiten wil je niets onderzoeken, veranderen of experimenteren. Dan lijkt het me beter om het hierbij gewoon af te sluiten.

C: Ik vond wel dat je het leuk deed hoor. Het ligt niet aan jou, maar ik vind het zo wel best.

T: Je kunt dit zelf alvast aan je ouders door geven. Ik vind het wel prettig om het ook telefonisch af te sluiten met je moeder en zal haar deze week nog even bellen. Is dat oké?

C: Prima.

T: Mocht jij er over een tijdje anders over denken dan kun je me altijd bellen.

C: Oké.

10.10 Tot slot

Er kan in de RET en CGT met een deel van het interventiepotentieel gewerkt worden, wanneer de situatie, tijd of de problematiek van het kind dat vraagt. Bij voorkeur worden echter zowel cognitieve als gevoels- en gedragsinterventies in de therapie aangeboden. De van oorsprong meer cognitief georiënteerde therapeuten zullen het belang van de cognities en het uitdagingsproces benadrukken; de van oorsprong meer gedragsgeoriënteerde therapeuten zullen eerder het oefenen en doen centraal stellen. Maar RET/CGT-therapeuten zijn het er wel over eens dat doen, voelen en denken drie kanten van dezelfde medaille zijn en daarom ook in interventies als zodanig te gebruiken. Het huiswerk kan bestaan uit gevoels-, gedrags- of cognitieve interventies en wordt altijd gegeven in samenhang met de situatie die in de sessie besproken is en de (sub)doelen van het kind.
Wat wel en niet veranderd kan worden binnen een bepaalde tijd en binnen de bestaande context, zal vooral door proberen en doen duidelijk worden.

Deel 4

Systeem, protocol, casus

11 Systeemgerichte aanpak

11.1 Inleiding

Het hier volgende citaat uit Woulff (1983, p. 370) geeft goed weer hoe in de *rational-emotive family therapy* (REFT) systeemgericht werken wordt opgevat:

> The Rational-Emotive Family Therapist believes that these organizational relationship problems are primarily created and maintained by individual family members' irrational assumptions about themselves and each other. Thus, although the REFT therapist may have structural reorganization as the objective goal for the family with the symptomatic child, the means by which this goal is achieved is the altering of irrational assumptions.

Huber en Baruth (1989) merken op dat de eenheid van het gezinssysteem het duidelijkst zichtbaar wordt door een stap terug te doen en naar het geheel te kijken – vergelijk het op je in laten werken van een schilderij op enige afstand. Maar tegelijkertijd is het noodzakelijk om ieders individuele bijdrage helder te krijgen – vergelijk het bestuderen van details van een schilderij: waar hangt het, hoe is het licht, welke verf is gebruikt, hoe is die erop gezet enzovoort. In paragraaf 11.2.1 wordt dit met behulp van de 'driehoeksverhoudingen' inzichtelijk gemaakt.

McLean en Taylor (1994) geven de volgende principes van *cognitive-behavioral family therapy* (CBFT):

1 Vanaf het begin van de therapie wordt duidelijk gemaakt dat ieder individu verantwoordelijk is voor zijn eigen daden. De therapeut focust op het feitelijke gedrag van de individuele leden.
2 Gezinsleden worden aangespoord elkaars gedrag en emotionele reacties te beïnvloeden, door eerst hun eigen gedrag en gedachten te veranderen.
3 Er wordt op concreet niveau gecommuniceerd. Men wordt aangemoedigd om gevoelens en gedachten duidelijk en specifiek mee te delen.
4 Er kan onderhandeld worden over gedragsveranderingen van diverse leden, waarbij wederkerigheid centraal staat. Dit onderhandelen kan in zogenoemde contracten worden vastgelegd.
5 Problemen worden geherdefinieerd in termen van doelen: 'waar wil ieder naar toe werken?'.
6 Negatieve interacties worden omgebogen in positieve: klachten moeten omgebogen worden in verzoeken; sarcasme, schreeuwen en dergelijke zijn verboden; er moeten onderling complimenten worden gemaakt en positieve uitlatingen worden gedaan.
7 Het bespreken van voorvallen uit het verleden vindt pas plaats nadat er in het hier-en-nu vorderingen zijn geboekt.
8 Probleemoplossingswijzen en veranderingen van disfunctionele cognities zijn belangrijke interventiemethoden.

Er wordt van uitgegaan dat een gezin geschreven en ongeschreven regels kent, waar men zich maar ten dele bewust van is (Huber & Baruth, 1989). In de beginfase van een REFT-behandeling wil de therapeut verhelderen hoe deze regels, automatische gedachten en overtuigingen van de diverse gezinsleden over zichzelf en elkaar het dagelijks handelen bepalen. Wat doet men juist wel, wat juist niet en vanuit welke gedachte of overtuiging wordt een ieders gedrag gestuurd? Hoe belemmeren deze gedachten en overtuigingen eventuele veranderingen die het gezin wenst op emotioneel en op gedragsniveau?

Voorbeeld Demba.

Demba (8 jaar; zie ook hoofdstuk 12) heeft diverse angstklachten. De ouders vinden dat Demba van zijn klachten af moet omdat hij zich anders niet tot een zelfstandig individu kan ontwikkelen. Daarnaast hebben zij enorm met Demba te doen en vinden zij het onverdraaglijk om te zien hoe verdrietig hij kan zijn om zijn eigen angsten (irrationele gedachten). Vanaf zijn geboorte is Demba een zorgenkind omdat hij zo moeilijk te sturen was (opvatting over het kind). Zijn ouders zijn bezorgd dat zij Demba niet een goede basis hebben meegegeven (eigen ideeën over goed ouderschap). De ouders verwachten dat Demba wel in staat zal zijn om te profiteren van therapie. Hij heeft veel sterke kanten; hij is slim, heeft humor en doorzettingsvermogen (verwachtingen). Zij zijn zich ervan bewust dat zij erg zijn meegegaan met de angsten van Demba en beseffen dat zij door mee te gaan in zijn dwingende bezweringsrituelen de angst bestendigd hebben, maar geven aan geen alternatieve opties te weten. Zij willen zelf ook graag nadenken over hoe zijzelf een andere houding kunnen gaan aannemen (verwachtingen van zichzelf) (zie de dialoog met de ouders in par. 11.6).

Voorbeeld Frits.

Frits (7 jaar) is sinds zijn geboorte een prikkelbaar kind, duidelijk een temperamentskwestie. Frits' vader is ook driftig en heeft van zijn temperament veel last gehad in zijn leven. Vader leert Frits dat driftig zijn niet goed is en straft Frits voor zijn driftbuien. De emotionele ontwikkeling van Frits, die zichzelf daardoor is gaan zien als een slecht kind, komt onder druk te staan en zijn drift is aanleiding voor negatieve interacties met zijn ouders.

Frits' vader heeft het idee dat hij faalt omdat zijn aanpak niet helpt om Frits' driftbuien te verminderen. Het effect op de overige gezinsleden moet onderzocht worden.

Frits en zijn vader leren de drift te zien als een lastig te hanteren emotie, waar het kind en de ouders coaching bij nodig hebben. Drift is niet slecht, en een driftig kind is geen slecht kind. Frits kan getraind worden zijn drift beter in de hand te houden en de ouders kunnen leren te handelen vanuit het hier-en-nu in plaats van uit een correctief transgenerationeel script (Byng-Hall, 1995).

Als RET/CGT-therapeuten gaan wij ervan uit dat bij iedere behandeling van kinderen en adolescenten gekeken moet worden welke rol ouders, broers en zussen, 'peergroup', school en dergelijke spelen bij het ontstaan en in stand houden van de problemen waarmee het kind wordt aangemeld. Op basis daarvan maken we een inschatting wie er bij de behandeling moet worden betrokken (zie ook par. 1.6.3) en hoe dit te realiseren (Kendall, 1991; Howard & Kendall, 1992; Kazdin

e.a., 1987; Kazdin, Siegel & Bass, 1992; Bernard & Joyce 1984, 1991). Dit kan gaandeweg de therapie veranderen; er kunnen mensen bij gehaald worden of een aanvankelijk betrokkene kan (tijdelijk) afvallen.
Wordt er vanuit de mediatietherapie (Bosch & Seys, 1998) vooral gefocust op het gedrag van ouders, in de onderhavige aanpak staan naast het gedrag ook de cognities van ouders centraal. In Nederland is daar nog weinig over gepubliceerd. In het toonaangevende werk *Gedragsveranderingen in gezinnen* (Lange, 2000) wordt slechts één paragraaf besteed aan cognitieve herstructurering. In *Vaardigheden voor ouders* van Van Londen e.a. (1998), is een hoofdstuk opgenomen over 'gezond denken'. In het oudertrainingsprogramma *Hoe kleiner hoe fijner* (Ten Brink, 1998) voor ouders van peuters en kleuters met gedragsproblemen wordt expliciet gevraagd naar opvoedingsideeën van ouders, ideeën die ten grondslag liggen aan het wel of juist niet hanteren van bepaalde regels in de opvoeding.

11.2 Diagnostiek

11.2.1 *Driehoeksverhoudingen*

Zoals al uit eerdere hoofdstukken in dit boek is gebleken, focust de therapeut vanaf de intakefase op de samenhang in de driehoek van gevoel, gedrag en gedachten. Dit geldt niet alleen voor de diagnostiek en behandeling van het individuele kind maar ook voor de diagnostiek en behandeling van de individuele ouder. Daarnaast hebben de individuele GGG-driehoeken (zie de figuur) invloed op elkaar. De opvatting van de ene ouder kan een gevoel bij de andere ouder in gang zetten; gevoelens die een kind laat zien, kunnen verschillende reacties bij verschillende gezinsleden in gang zetten. Bij de diagnostiek van gezinssystemen gaat het erom zowel te achterhalen wat de individuele gedragingen, gevoelens en cognities zijn, als om te traceren hoe deze individuele zaken zich tot elkaar verhouden en elkaar beïnvloeden.

Voorbeeld Antie.

Antie (15 jaar) wordt aangemeld omdat ze voor haar ouders ongrijpbaar is. Ze spijbelt, is veel buiten de deur en blijft ook nachten weg. Een moeder van een vriendin vangt Antie vaak op. Thuis houdt Antie zich niet aan de gezinsafspraken.

Verklaringen voor het lezen van het schema:

D = aangemelde Dochter
V = Vader
M = Moeder
Z = Zusje
L = Moeder van een vriendin waar D vaak tegen de wil van de ouders 'logeert'

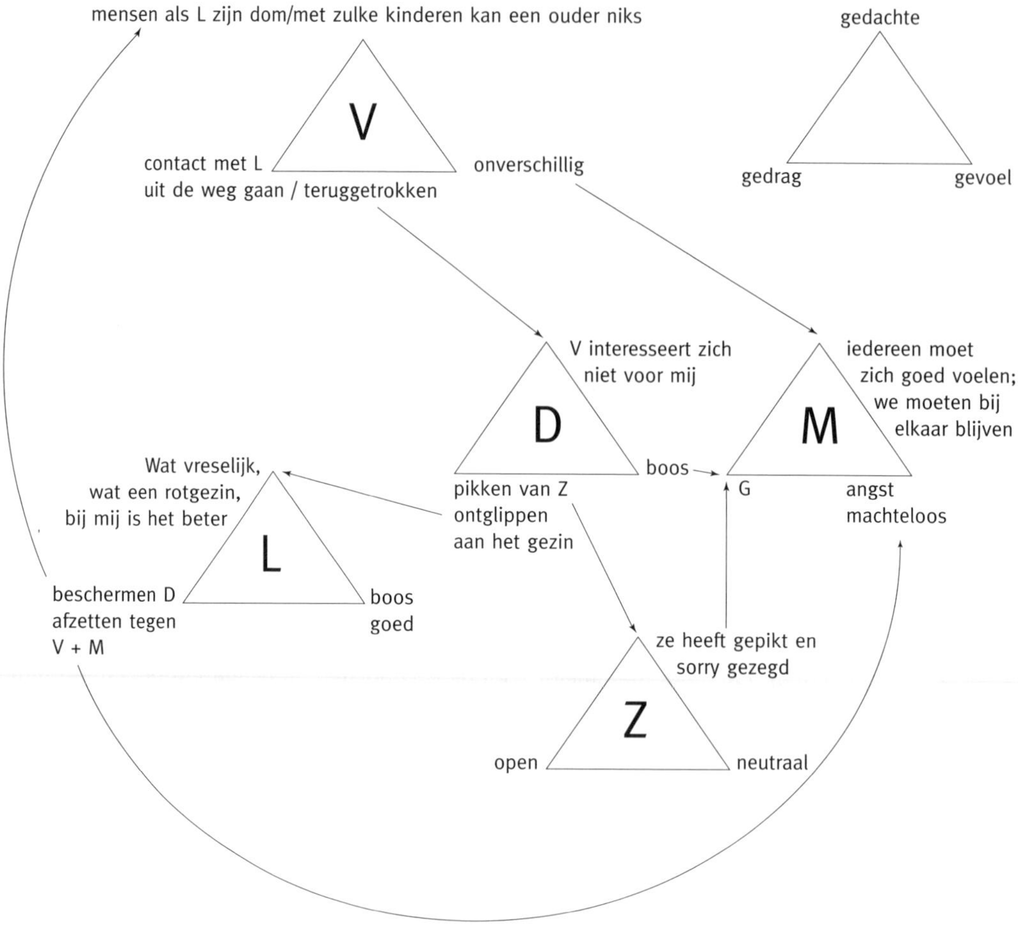

De driehoeken zijn steeds als volgt weergegeven:

G = Gedrag van de moeder:
tegenover D: sterk appèl om zich aan te passen, veel investeren op incongruente wijze;
tegenover V: proberen hem erbij te betrekken;
tegenover Z: aanmoedigen om fout gedrag van D niet te accepteren;
tegenover L: ambivalente houding (afkeuring van haar gedrag maar blij dat D niet op straat zwerft).

Het schema moet gezien worden als een deelbeschrijving van de problematiek. De pijlen die getekend staan duiden niet op een chronologische volgorde of oorzakelijke verbanden. Het is dus even goed mogelijk dat D eerst onaangepast gedrag vertoonde en V na verloop van tijd onverschillig is gaan reageren als andersom. Om het schema overzichtelijk te houden zijn niet alle verbanden tussen de verschillende driehoeken volledig weergegeven.

In dit hoofdstuk concentreren we ons om pragmatische redenen hoofdzakelijk op de cognitieve kant van de ouderproblematiek. De gevoels- en gedragsaspecten van de problematiek worden en passant meegenomen. Niet omdat die van minder belang zouden zijn, maar omdat de gevoelens die aan de orde zijn niet afwijken van andere gevoelens die volwassenen hebben, omdat gedrag steeds voortvloeit uit de mediërende gevoelens. We gaan ervan uit dat in dit boek en elders (Jacobs, 1998) voldoende beschreven is om de driehoeken te kunnen invullen op basis van de cognitieve beschrijvingen in dit hoofdstuk.

11.2.2 *Uitvragen van cognities*

In deze paragraaf laten we enkele voorbeelden zien van de manier waarop oudercognities in de beginfase in beeld gebracht kunnen worden. We onderscheiden:

1 cognities van ouders ten opzichte van het kind en diens probleem;
2 cognities ten opzichte van zichzelf in de ouderrol.

Ad 1 Bij jonge kinderen tot 12 jaar is er vrijwel altijd een diagnostisch gesprek waarin de ouders bevraagd worden over de ontwikkeling van het kind. In sommige instellingen wordt dit ook aan de hand van een vragenlijst gedaan. Het uitvragen van een ontwikkelingsanamnese kan op een cognitieve manier gebeuren.
De openingsvraag 'Wat is volgens u het probleem?' verheldert vaak al veel over de betekenisgeving van ouders ten opzichte van het kind.

Voorbeeld Angela (10 jaar; zie ook par. 3.2.4).

T: (tegen de moeder) Wat is volgens u het probleem?
M: (zucht diep) Angela is voor alles bang. Bang in het donker. Daarom moet het licht ook aan blijven 's avonds. Ze krijgt al maanden slaapmedicatie van de dokter, maar het helpt niets. Zij controleert tien keer haar schooltas of alles er wel in zit en vraagt wel honderd keer om geruststelling over van alles en nog wat aan mij.
T: Geruststelling waarover?
M: Of de buitendeur wel dicht is zodat er geen vreemde mensen in huis kunnen komen, of ze niet nog een keer naar de wc zal gaan omdat ze anders misschien in haar bed plast. Nou gewoon, de zotste dingen. Ze heeft namelijk nog nooit in haar bed geplast. Ik begrijp haar gewoon niet, ik kan het niet volgen. En iedere vraag stelt ze wel tien keer hoor.
T: Wat denkt u dan als ze begint met vragen stellen?
M: (Zuchtend) Daar gaan we weer. Het hele circus begint van voren af aan.
T: En blijkbaar helpt het helemaal niet dat u haar nog antwoord geeft.
M: Nee, dat kun je wel zeggen.
T: Waarom doet u het dan nog?
M: Ja, da's een goeie. Ik heb toch medelijden met haar. Ze doet het ook niet voor haar lol. En je wilt haar er toch niet alleen mee laten zitten. Het is verder echt een heel lieve meid hoor.
T: (tegen de vader) En u, wat doet u zo 's avonds als uw dochter naar bed gaat?
V: Zorgen dat ik niet in de buurt ben. Ze wil dan bijvoorbeeld ook steeds haar vensterbank ordenen op een vaste manier en als ik tegen haar zeg 'Angela, ik zet het één

keer zo neer samen met jou en dan is het klaar', nou, dat werkt dan even. Dan doet ze het niet meer. Maar dan komt er wel iets anders voor in de plaats. Ik weet het niet meer hoor.

T: Wat is volgens u de oorzaak van het probleem?

V: Daar zijn we het wel over eens, want het is begonnen toen ze op haar vierde een keelamandeloperatie heeft ondergaan. Sindsdien is ze claimend en angstig. Ze heeft sindsdien eigenlijk altijd meer van ons gevraagd dan de andere kinderen. Het is door zoiets simpels eigenlijk toch een zorgenkindje geworden.

De cognities van de moeder zijn hier: mijn dochter is een fijn kind; als ik haar niet geruststel, laat ik haar in de steek.
De cognities van de vader zijn: ik ben niet in staat het gedrag van mijn dochter blijvend te beïnvloeden, dus ik kan beter uit haar buurt blijven; ze is een zorgenkindje.

Een tweede voorbeeld, aansluitend bij het voorbeeld van Antie uit het voorgaande schema.

T: Mijnheer, waar zit het 'm nu in, denkt u, dat ze zo ongrijpbaar is? Wat is er volgens u met haar aan de hand?

V: Ik denk dat ze een psychiatrische stoornis heeft. Ik zou haar graag eens door een psychiater laten onderzoeken.

T: En hoe zou ze daaraan gekomen zijn?

V: Haar grootmoeder was ook getikt. Ik heb mijn vrouw indertijd moeten beschermen tegen haar moeder, anders was ze eraan onderdoor gegaan.

T: Mevrouw, wat is uw idee over uw dochter? Waarom heeft ze dit gedrag?

M: Ik heb me suf gepiekerd wat wij niet goed hebben gedaan, maar daar ligt het gewoon niet aan. Toch wil ik er ook niet van uitgaan dat ze echt verloren is. Ze was zo'n getalenteerd kind toen ze klein was, zo creatief, zo fantasierijk, en dat vergooit ze nu, dat vind ik zo erg.

De cognities van deze ouders over hun kind spreken voor zich.
Het is niet altijd zo dat ouders dergelijke ideeën onmiddellijk uiten. Soms duurt het enkele gesprekken voordat de basisgedachten van de ouder over het kind eruit komen. Ouders durven soms nog niet onmiddellijk hun diepste gevoelens en gedachten over hun kind aan de therapeut mee te delen. Gevoelens van schaamte over hun eigen gedachten ('zoiets mag je toch van je eigen kind niet zeggen of denken') of angst ('wat zal de therapeut wel niet denken dat ik zoiets vind') kunnen daarbij een rol spelen.
Door middel van het geven van voorbeelden van andere ouders of met behulp van zelfonthulling kunnen ouders uitgenodigd worden hun somberste gedachten over hun kind de vrije loop te laten. Voorwaarde is dat de therapeut niet schrikt en het niet gek of fout vindt wat de ouders denken.

Nog een voorbeeld.

T: U lijkt zich aardig machteloos te voelen om hem te beïnvloeden.
M: Je weet niet meer wat je moet doen en je denkt: komt het nog wel goed?
V: Straks wordt het zo'n type dat op het geld van zijn ouders teert en verder niks hoeft te presteren in de maatschappij.
T: Hoe komt u aan dat idee? Zijn er mensen in de familie die dat gedrag vertonen? Denkt u dat het 'in zijn genen' zit?
V: Nee, niet in de familie, maar wel bij een zoon van kennissen van ons.
T: Vertelt u daar eens wat over.
V: (vertelt)
T: En wat vindt u van zo'n jongen? Hoe noemt u die, een ...
V: Labbekak!
T: Mooi woord. En nu bent u bang dat uw zoon ook zo'n labbekak zal worden?
V: Ja, hij gedraagt zich nu in ieder geval wel zo.
M: Daar ben ik niet zo bang voor. Hij komt echt wel ergens terecht en aan het werk, later.
T: Waar bent u dan bang voor? Hoe denkt u in uw somberste gedachten dat het met hem afloopt?
M: Dat het een beetje gaat net als bij mij, dat hij nu al van school moet wisselen en dan straks iets niet afmaakt en ja, eigenlijk dat hij er niet uithaalt wat er in hem zit.
T: En hoe loopt het dan met hem af?
M: Dat hij zich ongelukkig blijft voelen, want dat is nu ook zo.

Ad 2 De cognities die ouders over zichzelf hebben in hun doen en laten als ouder zijn van groot belang bij de diagnostiek en bij het maken van een inschatting van de openheid voor interventies. Immers, als een ouder denkt: 'ik heb niks fout gedaan; met de andere kinderen zijn er geen problemen, dus aan mij kan het niet liggen' kan het moeilijker zijn om die ouder te motiveren een aandeel te leveren in de therapie dan wanneer een ouder denkt 'ik ben geen slechte ouder, dat weet ik wel, maar heb ik soms toch een aandeel in het probleem van mijn kind?'.
Ook bij ouders kan er sprake zijn van tweede-niveauproblematiek. Dan moet in de behandeling eerst aandacht besteed worden aan de 'buitenste schil' om vervolgens aan de meer basale gevoelens en gedragingen van de ouder toe te komen. Immers, de ouder die ervan overtuigd is gefaald te hebben als opvoeder en daardoor erg gedeprimeerd is geraakt, is mogelijk minder goed in staat om gedrag van zichzelf en het kind objectief waar te nemen.
Een tweede-niveau-opbouw kan er als volgt uitzien:

kind	moeder
A: ik moet een spreekbeurt houden C: onzekerheid → hulp vragen aan moeder	
	A: hij vraagt mijn hulp C: kwaadheid en twijfel → niet weten wat te doen B: hij moet het zelf kunnen; waarom begint de school daar al zo jong mee?
A: mijn moeder is kwaad op me ← C: vertwijfeling B: moet ik dit al zelf kunnen, ben ik soms te dom?	
	→ A2: ik ben kwaad en weet niet wat ik moet doen, helpen of niet C2: kwaad en depri B2: ik moet niet onnodig kwaad op hem worden; ik moet weten wat ik moet doen; ik ben een oen

De boosheid van het tweede niveau, moeders boosheid op zichzelf dat ze niet bij machte is om zo'n probleem op te lossen en dat ze niet onnodig kwaad op hem mag worden en een slechte moeder is als ze dat toch doet, moeten zeker aandacht krijgen en misschien zelfs eerst bewerkt worden, voordat interventies op opvoedkundig gebied (wat kun je verwachten van een negenjarige) kans van slagen hebben. Moeders boosheid op zichzelf kan haar probleemoplossend vermogen blokkeren en een probleemoplossende benadering kan daardoor falen. Dit kan tot verdere insufficiëntiegevoelens bij moeder leiden.

Ernaar vragen hoe ouders zelf vinden dat zij met de problemen omgaan, levert doorgaans informatie op over problematiek op zowel niveau één als niveau twee. Er zijn grofweg drie combinaties:

- ouders die vinden dat ze falen of tekortschieten, terwijl dat uit hun gedrag niet af te leiden valt;
- ouders die vinden dat ze competent zijn, terwijl de therapeut daar een andere visie op heeft;
- ouders die ambivalent zijn over hun aandeel in de problematiek van het kind.

Voorbeeld Karl.

Karl (5 jaar) heeft veel angstklachten. In het contact met de ouders valt op dat zij een afwerende, wat wantrouwende houding hebben tegenover de therapeute. Zo willen ze bijvoorbeeld niet dat de therapeute navraag doet op school, want ze zijn bang dat Karl dan meteen het stempel probleemkind krijgt.

T: Vindt u dat anderen zo snel oordelen?

M: Zeker.

T: Heeft u dat in de hulpverlening ook al eerder meegemaakt?
M: Zeker. Er is een periode geweest dat we problemen hadden met onze oudste. We kregen toen wel stellig het idee dat alles aan ons lag, dat wij het niet goed deden.
T: Bent u daar nu ook weer bang voor dat u iemand treft die u verantwoordelijk houdt voor de problemen van Karl?
M: Zeker.
V: Ja, je gaat toch aan jezelf twijfelen, zo van 'doen wij iets niet goed dat we nu met twee van de drie bij de RIAGG komen'. Als de mensen dat zouden weten zullen ze wel denken...
T: Wat zullen ze denken?
V: Nou, dat wij geen goede ouders zijn natuurlijk.

Bij deze ouders lijkt de deur op een kier te staan en kan deze cognitieve informatie van nut zijn bij het motivatieproces.

Uit de voorbeelden die ad 1 gegeven werden, zijn de cognities van de ouders van Antie over zichzelf gemakkelijk te ontdekken: zij achten zichzelf competent, terwijl de therapeute het daar niet direct met hen over eens is.
Bij de ouders van Angela zou als volgt doorgevraagd kunnen worden naar hun cognities over zichzelf:

T: Bent u dan een slechte moeder als u haar vragen niet zou beantwoorden?
M: Dat weet ik niet, misschien niet; dat hangt ervan af of het iets oplevert; ik bedoel of Angela dan minder bang wordt.
T: Dus als ik u ideeën aan de hand doe en u stelt zich anders op, en het werkt, dan bent u geen slechte moeder, en als het niet werkt dan bent u wel een slechte moeder ... dat is interessant.
M: (moet lachen) Ja, wat hang je veel op aan je kind hè!
T: En meneer, wat vindt u van uzelf, dat u liever bij uw dochter uit de buurt blijft als u niet in staat bent haar te beïnvloeden?
V: Slap eigenlijk wel, je laat je kind toch in de steek.
T: Dus ik zit hier met een bijna slechte moeder en een slappeling van een vader?
(alledrie moeten lachen)

Wat wil de therapeut behalve bovengenoemde zaken tijdens het diagnostische proces aan de weet komen?
- Hebben de ouders zicht op mogelijke aanleidingen?
- Zijn ze in staat om de perspectieven van de verschillende gezinsleden in te nemen?
- Hoe is hun aandachtsconcentratie? (Soms is door moeheid of zorgen op ander gebied zoals schulden of huisvesting de aandacht of waarneming verstoord.)
- Hebben de ouders alleen aandacht voor extreem gedrag?
- Wat zijn instandhoudende factoren?
- Wat is de communicatiestijl van de ouders?
- Welke boodschappen over het probleem worden er expliciet of impliciet doorgegeven en aan wie?
- Wat is het probleemoplossende vermogen van de ouders?
- Hoe zijn interpersoonlijke vaardigheden zoals kunnen luisteren, kunnen onderhandelen en dergelijke ontwikkeld?

- Hoe wordt er met emoties omgegaan?
- Wat is het ontwikkelingsniveau van de ouders? (Zowel wanneer ouders een hoger ontwikkeld cognitief niveau hebben dan de kinderen als omgekeerd kan dat problemen geven.)
- Wat zijn de klinische indrukken van de cohesie binnen het gezin (overbetrokken of juist 'los zand') en over de aanpassingsmogelijkheden van het gezin? (Is het een erg rigide systeem of juist erg chaotisch?)

11.2.3 *Opvoedingsstijlen en -cognities*

Bernard en Joyce (1984) onderscheiden drie typen problematische opvoedingsstijlen:
- strenge opvoedingsaanpak;
- permissieve aanpak;
- inconsistente aanpak.

De *strenge opvoedingsaanpak* kenmerkt zich door een verwijtende en niet liefdevolle houding van de ouders ten opzichte van het kind. Hierbij passende irrationele gedachten zijn:
- kinderen horen het niet oneens te zijn met hun ouders;
- complimenten verpesten kinderen;
- kinderen moeten het altijd goed doen en zich netjes gedragen;
- directe, zware straf en kwaad worden zijn effectieve opvoedingsmethoden.

Deze instelling van ouders leidt vaak tot angstige, gespannen, schuldbeladen en depressieve kinderen.
Een kenmerkende uitspraak van een moeder: 'ze moet gewoon naar me luisteren, punt uit'.

De *permissieve aanpak* kenmerkt zich door te veel goed vinden van wat het kind doet. Dit gaat soms samen met een liefdevolle houding, soms met een neiging tot onverschilligheid. De volgende irrationele gedachten zijn typerend:
- je moet een kind niet frustreren;
- kinderen moeten zich vrij kunnen bewegen;
- een kind weet zelf het beste wat goed voor hem is;
- het kind moet een positief beeld houden van zijn ouders/mijn kind mag later niet negatief zijn over zijn jeugd.

Deze overtuigingen met bijpassend gedrag kunnen bijdragen aan een egocentrische, eisende, snel gefrustreerde houding bij kinderen. Een verstoord zelfbeeld (zowel te veel als te weinig eigenwaarde) kan daarmee gepaard gaan.
Een voorbeeld van een kenmerkende uitspraak van een vader: 'als ze niet naar school wil, kan ik haar niet dwingen'.

De *inconsistente aanpak* kenmerkt zich door een onduidelijkheid in stellingname en wisselend gedrag van de opvoeders, die kindgedrag deels negeren, er deels met heftige emoties op reageren. Typische irrationele gedachten:
- je doet zoals je je voelt op een bepaald moment;
- dit is een fase; het gaat over; ik kan er niks aan doen;
- ik ben zwak en hoe kan ik nu weten wat goed is voor mij en mijn kind.

Deze houding roept vaak onzekerheid, angst en waakzaamheid op bij kinderen. Het kind moet zijn eigen structuur scheppen, waarvoor het niet is toegerust en waarbij het geen steun ondervindt. Dit kan gevoelens van insufficiëntie teweeg brengen.
Kenmerkende uitspraak van een ouder: 'Dan ben ik het opeens zo beu dat ik vreselijk kwaad word en dan moeten ze allemaal opruimen, maar dan denk ik halverwege, ach het zijn nog maar kinderen en dan doe ik het toch weer zelf'.

Uiteraard zijn er meerdere opvoedingsstijlen en attitudes denkbaar en vanuit verschillende theoretische invalshoeken kunnen die worden aangevuld. We denken dan bijvoorbeeld aan de systeemtherapie en de gehechtheidstheorie met de aandacht voor intergenerationele overdracht (bijv. Van IJzendoorn, 1994; Byng-Hall, 1995).

Voorbeelden van irrationele ideeën die we in de praktijk nogal eens bij ouders aantreffen en die samen kunnen hangen met een disfunctionele opvoedingsstijl:

- mijn kind is mijn alles;
- als mijn kind iets overkomt, kom ik dat nooit te boven;
- hij/zij maakt mij kwaad (kind wordt verantwoordelijk gesteld voor het gevoel van de ouder);
- het is mijn schuld dat mijn kind zo doet, zich zo voelt (zichzelf oververantwoordelijk voelen en de eigen bijdrage van het kind onderschatten);
- hij moet wat voor ons over hebben; als ik aardig voor hem doe, moet hij dat ook voor mij zijn;
- hij moet ons respectvol behandelen;
- hij moet ... worden (vul maar in: een sociaal wezen, iets belangrijks in de maatschappij, enz.);
- het mag niet fout aflopen met mijn kind;
- ik moet zorgen dat het goed gaat, anders ben ik niks waard;
- hij doet altijd..., zij doet nou nooit eens... (vul maar in: moeilijk, onverschillig, resp. gezellig, normaal, enz.)
- opvoeden zou niet zo moeilijk moeten zijn;
- de kwaliteit van ons opvoederschap mag niet in twijfel worden getrokken;
- je moet als ouders één front vormen/op één lijn zitten;
- mijn kinderen mogen mij niet in mijn vrijheid beperken;
- ik moet alles over hebben voor mijn kinderen;
- mijn kinderen mogen niet meemaken wat ik heb meegemaakt;
- mijn kinderen moeten in mijn voetsporen treden.

11.3 Motiveren voor behandeling

11.3.1 *Oudertyperingen*

Bernard en Joyce (1984) waarschuwen voor het te snel inzoomen op het aandeel van de ouders in de problematiek van het aangemelde kind. Ouders, zo stellen zij, hebben helemaal niet het idee dat van hen ook iets verwacht wordt en moeten daaraan wennen. De opbouw van de relatie met de ouders verdient daarom aandacht.

Uitgangspunt van de hulpverlener in het werken met ouders is dat ouders over het algemeen handelen vanuit hun idee van liefde voor hun kind en van daar uit goed proberen te doen. Bernard en Joyce (1991) geven een aantal oudertypen weer waarbij de relatieopbouw speciale aandacht verdient in verband met de (gebrekkige) motivatie voor participatie:

Ouders met de instelling 'lap mijn kind even op'

Deze ouders geven als het ware (maar vaak ook letterlijk) hun kind af bij de deur. Dit kan te maken hebben met lage frustratietolerantie bij de ouders ('opvoeden moet niet zo moeilijk zijn; ik heb mijn best gedaan, nu zoekt een ander het maar uit') of met gevoelens van schuld of schaamte, die zij niet als zodanig onderkennen of waarmee zij niet zomaar voor de dag durven komen.

De moeder van Mees (par. 4.5) wilde niets te maken hebben met de hulpverlening aan haar zoon. Ze wilde niet komen voor een oudergesprek en wenste geen contact met de behandelaar. Na veel moeite lukte het deze toch om met de moeder een gesprek te hebben. De belangrijkste reden voor de moeder om niet betrokken te willen worden bij de behandeling bleek haar overtuiging dat alles Mees' eigen schuld was. Op een niet beschuldigende manier stelde de therapeute deze opvatting centraal in het gesprek en werd gezocht naar meerdere (zoon-ontschuldigende) factoren die een rol zouden kunnen spelen. Gaandeweg gaf moeder aan zich erg schuldig te voelen tegenover haar zoon en zichzelf als een mislukte moeder te beschouwen. En welke mislukkeling wil graag met haar (of zijn) mislukkingen voor de dag komen?

Een dergelijke houding wordt ook nogal eens aangetroffen bij ouders die zich totaal machteloos voelen omdat hun kind sterk afwijkend gedrag vertoont als gevolg van een organische afwijking of aandoeningen als ADHD, autisme of het syndroom van Gilles de la Tourette.
Het is duidelijk dat in het kader van motivatie eerst aandacht besteed moet worden aan de gevoelens en cognities van de ouders over zichzelf en het kind alvorens een beroep gedaan kan worden op een actievere opstelling van de ouders (gedragsverandering).

Ouders met een non-verbale, negatieve houding tegenover hun kind

Ouders kunnen een non-verbale emotionele communicatie hebben die sterk negatief imponeert, zonder dat zij dat zelf onderkennen. De *woorden* die de ouder gebruikt voor het disfunctionele gedrag van het kind zijn niet afwijzend, maar de *uitstraling* wel. Er is dan sprake van een schijn-rationele attitude. De moeder van Joke (par. 10.9.3) is erg teleurgesteld in het leven. Zij straalt uit dat Joke door haar bestaan en haar problemen haar eigen situatie alleen nog maar verergert. Ze had ten minste een gelukkig kind moeten hebben.
De moeder van Antie (par. 11.3.1) zegt: 'het is zo zonde dat ze haar talenten vergooit; het was zo'n inventief kind toen ze klein was, ze bruiste van talent'. Haar onderkin staat strak naar achter getrokken en hardheid kenmerkt het timbre van haar stem. De afwijzing zit in het niet uitgesproken gedeelte: 'en mijn dochter had

zo moeten blijven en dat is niet zo en daarom is ze een slechte dochter': iets wat moeder wel uitstraalt, maar niet mag voelen of denken van zichzelf en daardoor een obstakel vormt voor adequate participatie in de therapie.
De non-verbale aspecten kunnen benoemd worden of er kunnen video-opnamen van de therapiebijeenkomsten gemaakt worden, die de ouders vervolgens bekijken op *match* en *mismatch* tussen non-verbaal en verbaal gedrag.
Bij sterk afwerende ouders is het niet verstandig dit vroegtijdig voor te stellen, vanwege het risico op afhaken. Ouders kunnen elkaar helpen in het observeren van elkaars gedrag.

Ouders die praktische adviezen willen

Ouders die praktische adviezen willen kunnen hierin bekrachtigd worden. Het is toch prijzenswaardig dat ouders bereid zijn om zich open te stellen voor ideeën van een professional wanneer ze merken dat ze de zaak thuis niet zo onder controle hebben als ze zouden willen. De therapeut houdt daarbij in het achterhoofd dat de ouders mogelijkerwijs de emotionele kant van het opvoedingsprobleem over het hoofd zien.
Soms kan de therapeut in één zitting beide aspecten aan de orde stellen, maar soms is het in het kader van motivatie aangewezen om het emotionele aspect in eerste instantie niet aan de orde te stellen. De therapeut kan dan, wanneer de ouders het praktische advies hebben uitgeprobeerd, ingaan op de vraag welke praktische en emotionele kwesties de uitvoering belemmerden.

Met de ouders van Nadia (4 jaar) wordt uitgebreid aandacht besteed aan het bedritueel en wordt met zorg het naar bed gaan geherstructureerd wat betreft het gedrag van de ouders. Het kind wordt daarover ingelicht voordat het plan ingaat. Nadat de ouders zich volgens afspraak een week aan het plan hebben gehouden, is het probleem opgelost. Emotionele kanten aan het probleem komen verder niet aan de orde.

Een voorbeeld waarbij zowel de praktische als emotionele kant van het probleem aangekaart werden, staat in paragraaf 11.4.2.

Ouders met een relatieprobleem

Ouders kunnen een kind aanmelden omdat er met hem geen garen te spinnen zou zijn, terwijl er in werkelijkheid sprake is van een relatieprobleem van de ouders, waar het kind klem in zit.

Remco's ouders zijn gescheiden toen hij 5 jaar was. De ouders zijn met grote ruzie uit elkaar gegaan en er is altijd strijd geweest. Remco is de laatste jaren behoorlijk aan het ontsporen en heeft grote problemen op allerlei vlakken. De ouders hebben sinds de scheiding uitsluitend via de kinderen met elkaar gecommuniceerd. Als moeder genoeg heeft van Remco (lees: haar verantwoordelijkheden ten opzichte van Remco niet meer aankan), moet Remco twee maanden naar zijn vader. Als Remco het weer goed doet bij vader, wordt hij van de ene op de andere dag teruggestuurd naar moeder. Met andere woorden: de ouders schuiven ook met hun verantwoordelijkheid als ouders en wentelen die af op Remco die alles in de soep laat lopen.

Indien er sprake is of lijkt te zijn van een relatieprobleem tussen de ouders, doet de therapeut er goed aan dit voor het voetlicht te brengen. Dit kan door ouders individueel aan te spreken, wanneer een gezamenlijk gesprek niet mogelijk is. Niet de relatieproblematiek op zichzelf hoeft centraal gesteld te worden, maar de gevolgen voor het kind (zoals het geschuif met Remco). Uitgangspunt voor het gesprek kan zijn de vraag of er alternatieven voor het geschuif denkbaar zijn, omdat dat geen structurele resultaten heeft opgeleverd.

Ouders die zelf emotionele problemen hebben

Ouders die zelf emotionele problemen hebben, kunnen deze overdragen op hun kind. Een agorafobische moeder die al jaren haar huis niet uitkwam, kreeg een zoon die nagenoeg dezelfde klachten ontwikkelde. De gezinsmythe was dat hij er niets aan kon doen omdat hij dit geërfd had van moeder. Deze gezinsmythe moet ter discussie gesteld worden, wil de behandeling kans van slagen hebben.
Een andere moeder ging, na een scheiding, met haar jongste dochter in een nieuw huis wonen. Al snel liep de moeder tegen een nieuwe man aan. Zij fleurde op. Tegenover haar dochter voelde zij zich echter schuldig omdat ze erg opging in haar nieuwe relatie. Uit schuldgevoel werd ze erg toegeeflijk tegenover haar dochter, die zich steeds dwingender ging opstellen.

Wat kan de therapeut doen om de weg te plaveien om de ouders erbij te betrekken? De technieken uit de gezinstherapie (Lange, 1994) zijn uiteraard een bruikbaar, zo niet noodzakelijk hulpmiddel. Daarnaast is vanuit de REFT en de CBFT een aantal specifieke motiveringstechnieken aan te geven. Daarover handelt de volgende paragraaf.

11.3.2 Motivatie aanspreken

Het lukt niet altijd om ouders of andere belangrijke personen betrokken te krijgen of te houden bij de therapie. Voor de vader van Antie stond het vast dat ze een psychiatrische stoornis had en hij was niet bereid te investeren in de behandeling. Er zijn ook ouders die juist afgeremd moeten worden in hun gewilligheid om bij de therapie betrokken te zijn, maar zij zijn in de minderheid. Hierna volgt een aantal strategieën.

Ontwikkelingspsychologische educatie

Stilstaan bij de levensfase waarin het kind verkeert en de oudervaardigheden die daarbij horen, doen ouders niet vanzelfsprekend. 'Hij is twee en hij zegt nee', is bij ouders verworden tot een slogan, zonder dat ze de achterliggende noodzaak van autonomieontwikkeling van het kind erbij betrekken. Het uitleggen van ontwikkelingstaken van een kind en de daaraan complementaire vaardigheden van de ouder kan 'goodwill' bij de ouder kweken. Immers, er wordt gesproken in algemeenheden en fasen, waardoor de ouder tot een groep ouders en het kind tot een groep kinderen gaat behoren. Dat maakt het gevoel in de 'spotlights' te staan minder.
In *Hoe kleiner, hoe fijner* (Ten Brink, 1998) worden de problemen die ouders

ervaren in een ontwikkelingskader geplaatst. Het is handig om aan onderzoeksmateriaal te refereren, om de ouders aan te geven dat het niet zomaar een individueel idee van de therapeut is, maar dat het gaat om wetenschappelijk onderbouwd materiaal. In de overdracht van informatie helpt het daarbij om een en ander te visualiseren met curven en grafieken, zoals bijgaande figuur[1]:

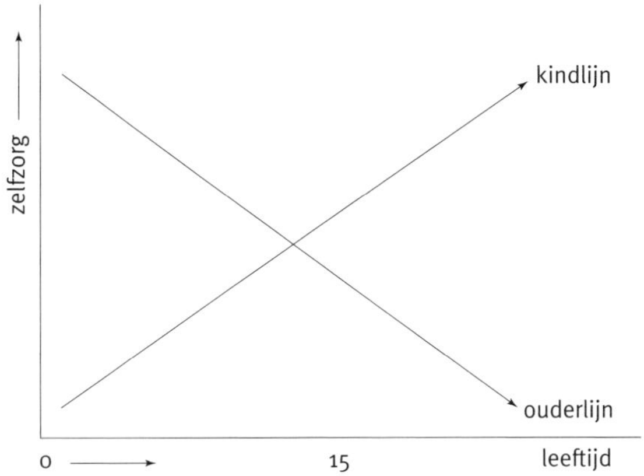

T: Ik laat ouders graag dit plaatje zien. Dat geeft goed weer wat er gebeurt in de ontwikkeling van een kind en wat dat voor ouders betekent. Als een kind geboren wordt (0 jaar) heeft het maximale zorg van ouders nodig, want zijn vermogen tot zelfzorg is bijna 0. Behalve huilen om te bereiken dat er voor hem gezorgd wordt, kan het niks voor zichzelf doen. Hoe groter het kind wordt hoe meer het zelf kan en hoe minder de verzorging van ouders nodig is en hoe meer er andere vaardigheden van ouders gevraagd worden (somt hiervan wat op). Tijdens de puberteit (grofweg rond 15 jaar) is er een kruispunt waarin de kinderen de verantwoordelijkheid over zichzelf moeten gaan overnemen en het van groot belang is dat ouders hen hierin kunnen vertrouwen. Kinderen lopen in die tijd bijna altijd voor op ouders en willen meer vrijheid dan ouders hun willen geven. Dit geeft strijd. Onderliggend thema is vaak dat ouders bang zijn om niet alleen de grip op hun kind, maar ook hun kind zelf te verliezen als ze het echt loslaten. Wat denkt u van zo'n plaatje, spreekt het u aan?

Tijd geven

Als we van Bernard en Joyce aannemen dat ouders voornamelijk uit liefde handelen en het beste willen voor hun kind, en niet voorbereid zijn op een eigen rol in de behandeling, moeten we ze dus ook tijd geven om zich voor te bereiden. Dat kan door hen vragenlijsten over het gedrag van het kind te laten invullen, met leesmateriaal of een denkopdracht.

1 Deze figuur is in omloop gebracht onder gezinstherapeuten. Wij zijn er helaas niet in geslaagd de oorsprong ervan te achterhalen. Mocht iemand daar informatie over hebben, dan vernemen wij dat graag.

Uit diagnostisch onderzoek bij Kevin blijkt dat er zowel sprake is van een rekenstoornis als van faalangst bij Kevin. Er wordt naast een individuele therapie voor hem ook ouderbegeleiding geadviseerd. Als Kevins moeder hem brengt voor een eerste afspraak wordt nagevraagd hoe de ouders over ouderbegeleiding denken. Wanneer blijkt dat de ouders daar nog niet over hebben nagedacht, wordt de moeder gevraagd daar met haar man over van gedachten te wisselen ter voorbereiding op de afspraak met de therapeut.

Niet veroordelend preciseren van wat er aan de hand is

Is er sprake is van specifieke kindfactoren, zoals ADHD, dan is het belangrijk om tegenover de ouders zo precies mogelijk aan te geven wat zij van het kind kunnen verwachten. Gevoelens van schaamte en schuld ('het ligt allemaal aan mij') nemen daardoor af en de motivatie om mee te werken neemt toe: 'hij doet het expres' verandert bijvoorbeeld in 'hij heeft een handicap en hij heeft mijn hulp hard nodig'.

Samantha is emotioneel verwaarloosd en mogelijk seksueel misbruikt in haar vroege kindertijd. Na een periode in een kindertehuis komt zij op negenjarige leeftijd in een christelijk pleeggezin. Op veertienjarige leeftijd wordt Samantha aangemeld wegens gebrekkige zelfzorg en beperkte sociale vermogens. Het blijkt al spoedig dat de pleegouders en hun eigen kinderen, Mark (B1, 11 jaar) en Frank (B2, 14 jaar), het idee hebben dat liefde alle kwetsuren ongedaan kan maken.

T: Ik hoop niet dat jullie het oneerbiedig vinden, maar ik ga jullie een merkwaardig vergelijk voorhouden. Ik doe dat omdat ik jullie heel precies wil aangeven wat jullie kunnen verwachten en omdat ik begrijp dat jullie Samantha in jullie gezin willen houden. Dat kan wel eens een flinke opgave voor jullie worden. Ik geef twee voorbeelden. Mark , als ik zeg 'jij moet een kangoeroe worden', wat doe je dan?

B1: (lacht onwennig) Een beetje lachen, net als nu eigenlijk, want dat slaat nergens op.

T: Juist. En jij Frank, ken jij iemand in je omgeving met een lichamelijke handicap?

B2: Mijn neefje heeft een hazenlip, bedoelt u zoiets?

T: Ja, dank je wel. Als jij tegen je neefje zou zeggen, joh praat niet zo door je neus, wat gebeurt er dan?

B2: Nou niks, want je kan het toch aan hem horen ook al is het niet heel erg bij hem.

T: Precies. Snappen jullie de vergelijking al?

B1: Samantha kan niet anders.

Stilstaan bij de gevolgen en effecten van elkaars handelen

Wanneer de ouders op een informerende en accepterende manier gewezen worden op de consequenties van hun gedrag, draagt dit vaak bij aan een verandering in de ideeën die ouders hebben over het ontstaan, voortbestaan en oplossen van de problemen. In het oudertrainingsprogramma van Barkley (1998) voor ouders van kinderen met gedragsproblemen wordt ouders aan de hand van situatie-gedrag-gevolg-schema's en een interactieschema uitgelegd hoe het tien keer waarschuwen alvorens in te grijpen, belonend werkt. Het kind heeft immers door kunnen gaan met wat hij prettig vond (tv kijken), het heeft er iets vervelends (tafel dekken) mee kunnen uitstellen, en het heeft er veel (negatieve) aandacht mee gekregen, die het misschien anders niet had gehad. Het gedrag van het kind wordt daarmee zo logisch voor de ouders dat ze inzien dat het kind, als zij hun gedrag niet veranderen, op deze manier door zal gaan. Bij de eisende en klagende oudertypen wordt hiermee vaak de eerste wind uit de zeilen genomen.

Globaal richting aangeven

Hoewel het in de RET/CGT gebruikelijk is om zo specifiek mogelijk te werken kan er soms uit motivatieoogpunt beter eerst globaal richting gegeven worden. Wanneer specifieke doelen te snel worden geformuleerd kan dit sommige gezinsleden onnodig afschrikken. Wanneer zij globaal wel meegaan met wat de therapeut voorstelt, kan dit soms een eerste stap zijn op weg naar een meer structurele oplossing van de gezinsproblematiek.

Sanne (5 jaar) is vanaf haar derde levensmaand veel ziek geweest. Ze spuugt veel, heeft slokdarmproblemen en heeft onverklaarbare pijnen in haar ledematen. De ouders zijn alle ziekenhuizen af geweest om erachter te komen wat er met Sanne aan de hand is. Er is echter geen duidelijke diagnose uit gekomen. De ouders wijzen het advies van de kinderarts om te gaan praten met een hulpverleenster af. Na enige tijd zien zij zich echter genoodzaakt het advies toch maar op te volgen. Het is snel duidelijk dat de ouders voornemens zijn de therapeute in te schakelen bij hun medische vervolgplannen. De therapeute toont veel erkenning voor de zware tijden die de ouders gehad hebben met hun dochter en met hun zoektocht naar een diagnose en een oplossing. Tevens stelt zij de vraag 'en wat als er geen diagnose en geen oplossing komt?' De ouders kijken geschokt. Ze hebben geen rekening gehouden met deze mogelijkheid. Toch geven zij in het tweede gesprek aan dat ze zich in tweede instantie opgelucht hebben gevoeld door deze vraag omdat daarmee ook de drang om te blijven vechten kwam te vervallen. De ouders willen bekijken wat het voor hen praktisch en emotioneel betekent wanneer er inderdaad geen oplossing komt.

11.4 Behandeling

Voornaamste kenmerken van de behandeling zijn:

1 dat de samenhang in de gezinsproblemen bewaakt wordt, bijvoorbeeld door het stellen van doelen waarin eenieder zich kan vinden;

2 dat de gemeenschappelijke en individuele irrationele opvattingen aangekaart en uitgedaagd worden;

3 dat punt 2 niet op zichzelf staat maar de bedoeling heeft gedrags- en gevoelsveranderingen te bewerkstelligen.

Deze punten zullen hierna in drie paragrafen uitgewerkt worden.

11.4.1 Doelen stellen

In het gezin van Doeke wordt besproken wat ieders rollen zijn. Moeder is de bemiddelaar, vader is de grensrechter, Doeke is de radio, zonder uitknop, en het zorgenkind, en zus Else vlucht steeds meer weg uit het gezin. Het algehele kader voor het gezin is: een duidelijke en rechtstreekse communicatie bewerkstelligen met daarbij meer evenwicht, meer gelijkwaardigheid tussen de gezinsleden.

Moeder wil beter grenzen leren trekken en zich minder verantwoordelijk voelen voor iedereen. Vader wil een inhoudelijk en emotioneel beter contact met zijn dochters en wil niet alleen optreden als de situatie uit de hand loopt. Doeke wil dat er naar haar geluisterd wordt en dat de gezinsleden haar niet zo laten ratelen; ook wil ze zelfstandiger worden en minder afhankelijk van met name moeder zijn. Else wil rust en niet steeds alle spanning opvangen en zou eerlijker willen zijn ten opzichte van alle gezinsleden. Iedereen moet hier voor zichzelf een passende opdracht bij bedenken om nieuw gedrag uit te proberen. Moeder stuurt de meisjes als ze een conflict met iemand in het gezin hebben terug naar degene om wie het gaat en zal de frustraties niet meer aanhoren. Vader gaat meer vertellen over wat hij zoal meemaakt en daarbij meer uiten wat hij denkt en voelt. Doeke gaat minder ratelen en stilstaan bij wat ze nou eigenlijk echt wil vertellen. Else zal meer aanwezig zijn en dan zeggen wat zij van iets vindt, zowel in positieve als in negatieve zin.

Wanneer het stellen van gedragsdoelen de familieleden gemakkelijk afgaat, is het vaak niet nodig om direct in te gaan op de cognities die zij hebben. Cognitieve interventies vinden plaats wanneer het stellen van doelen moeizaam gaat of een gezinslid bij dit proces irrationele opvattingen over zichzelf of anderen uit, die het formuleren en bereiken van een doel in de weg zitten. Cognitieve interventies vinden ook plaats wanneer er meer informatie is over het resultaat van de opdracht, bijvoorbeeld: waarom lukte het wel of niet, wat vinden de overige gezinsleden van hoe de anderen het gedaan hebben, hoe kijkt men tegen elkaars inspanningen aan, enzovoort.

Wanneer ouders iets vragen van een kind of therapeut wat niet nagekomen kan worden, is het belangrijk voor de behandeling dit te expliciteren. Sommige ouders hebben te hoge verwachtingen van de therapie of willen de therapeut(e) het werk laten doen dat ze zelf niet willen of kunnen.

M: Joey doet zo lelijk tegen zijn stiefvader. Dat heeft hij niet verdiend. Hij zorgt goed voor hem, is helemaal niet echt streng en probeert echt contact met Joey te krijgen. En nu komt mijn vader met Kerstmis bij ons logeren en ik zou zo graag willen dat het dan een beetje gezellig is; dat Joey zich gedraagt en dat er niet een of andere knallende ruzie ontstaat.

T: (grappend) En nu mag ik voor de feestdagen zeker zorgen dat Joey uw man vriendelijk gaat bejegenen? Eens kijken, hoeveel weken hebben we nog?

M: (lacht) Het hoeft geen koek en ei te zijn, maar hij kan zich toch wel op zijn minst respectvol gedragen tegenover zijn stiefvader!

T: Kennelijk is het u tot dusverre niet gelukt dat te bewerkstelligen en u weet dat kinderen erg lang kunnen vasthouden aan iets wat ze zich hebben voorgenomen te doen of te laten. Ik deel uw wens en kan het als u dat wilt inbrengen in de bijeenkomst met Joey, want het ligt helemaal in de lijn van de onderwerpen die we de revue laten passeren. Maar dat wil nog niet zeggen dat Joey bereid is om uw wens zonder meer tot zijn doel te maken. Dat is wellicht een deel van het totale probleem.

11.4.2 *Gemeenschappelijke en individuele irrationele opvattingen aankaarten en uitdagen*

Op velerlei manieren kunnen de gemeenschappelijke en individuele irrationele opvattingen aan de orde gesteld en uitgedaagd worden. Het onderscheid tussen praktische en emotionele problemen zoals besproken in paragraaf 4.7.1 is bij gezinsproblemen altijd aan de orde. Als het onderscheid goed te maken is, kan de therapeut twee vliegen in een klap slaan, zoals in onderstaand voorbeeld. Daarnaast zijn alle gebruikelijke methoden binnen de RET en CGT zoals zelfonthulling, humor, psycho-educatie, aanleren van het ABC-schema, zelfcontroletechnieken en de probleemoplossingsmethode toe te passen.
Er kan voor gekozen worden om bepaalde irrationele opvattingen 'en famille' te bespreken (zoals bij Samantha in par. 11.3.2) of om delen individueel of met alleen de ouders uit te werken.

Twee vliegen in een klap: via een praktische oplossing naar een emotionele

T: Een van de problemen waarvoor je een oplossing zou willen is dus dat van het slapen van Carola (3½). Als ik alles wat je verteld hebt op een rijtje zet, dan gaat het ongeveer zo. Elke keer als Carola weer haar bed uitkomt 's avonds terwijl je eindelijk, vaak voor het eerst die dag, even zit, probeer je er geen aandacht aan te besteden. Maar als zij dan gaat staan jengelen boven aan de trap dan word je steeds bozer en storm je de trap op. Je neemt haar vaak hardhandig mee naar haar bed, schreeuwt tegen haar dat je het helemaal zat bent en smijt de deur dicht. Eenmaal weer beneden hoor je haar heel hard huilen. Je voelt je dan schuldig en rot en gaat naar boven om haar te troosten. We kunnen dat in een schema uiteenrafelen, waardoor we beter kunnen snappen waarom zij steeds doet zoals ze doet, en we kunnen kijken welke praktische oplossingen er te bedenken zijn voor het probleem.

Aan de hand van vergelijkbare schema's als in paragraaf 11.2 wordt precies gekeken welk gedrag in welke situatie door welke gevolgen in stand wordt gehouden. De moeder snapt al snel dat ze door eerst te negeren en dan toch met negatieve aandacht te reageren het gedrag van Carola in stand houdt. Het troosten op een later tijdstip, het prettige gevolg waar Carola met haar aanvankelijke gedrag om vroeg, versterkt het gedrag nog meer. De praktische oplossing van het probleem zou zijn dat moeder het gewenste gedrag, het in bed blijven, gaat belonen door van tevoren af te spreken dat zij, als Carola in haar bed blijft, na tien minuutjes nog even een knuffel komt brengen, en dat in de beginfase misschien nog wel een keer of wat zal (moeten) herhalen, eventueel met steeds langere tussenpauzes. Als Carola tussendoor toch haar bed uitkomt zou de moeder haar de eerste keer kalm maar resoluut terug kunnen brengen naar bed zonder knuffel en de afspraak herhalen, en daarna het uit bed komen moeten negeren.

T: Als we zo naar deze praktische oplossing kijken, wat denk je dan?

M: Ja, dan lijkt het een goed plan, maar het probleem is dat ik op dat moment al vaak helemaal op ben en echt vind dat het nou tijd is voor mezelf. De hele dag ben ik met haar in de weer, van 's morgens vroeg tot 's avonds laat. Ik breng het dan echt niet meer op om nog eens rustig na te denken over wat nou het beste zou zijn. Vaak weet ik dat heus wel maar ik word dan zo boos op haar dat ik helemaal niet meer kan nadenken over wat ik zou moeten doen. Niet alleen in deze situatie maar ook als ze weer loopt te zeuren om snoep, terwijl ze echt niets te kort komt, hoor, of als ik niet eens even rustig op de wc kan zitten. Daar kan ik ook zo razend om worden.

T: Je zegt, leuk plan, maar ja, doe het maar eens als je woedend bent!

M: Nou, inderdaad, leuk plan, maar ik krijg dat niet voor elkaar hoor, 's avonds om acht uur!

T: Dat kan ik me helemaal voorstellen. Als ik me zo boos zou voelen zou mij dat waarschijnlijk ook niet lukken. Alleen als het mij zou lukken om me niet woedend te voelen maar hooguit geïrriteerd, dan zou de kans van slagen al veel groter worden. Zou dat voor jou ook zo zijn?

M: Ja, dat denk ik wel, als ik niet zo boos zou worden dan zou ik misschien wel die kalmte over me hebben die denk ik nodig is om geen aandacht te besteden aan dat gedrag dat ik niet meer zou willen hebben.

T: En als het je nou zou lukken, zou je dan meer tevreden over jezelf kunnen zijn? Want je voelt je vaak heel rot, heb je verteld, elke keer als het weer uit de hand is gelopen tussen jullie tweeën.

M: Dat klopt, ja, nou misschien.

T: Dus als we jouw probleem met het slapen willen oplossen dan moeten we dus niet alleen kijken naar de praktische kant van de oplossing, maar ook naar de emotionele kant. Zullen we daar nu eens verder naar kijken?

In alle gevallen waarin een praktische oplossing van een emotionele wordt onderscheiden, dient de therapeut eerst te bereiken dat ze het eens zijn over de disfunctionaliteit van het huidige gedrag, alvorens verdere cognitieve interventies toe te passen. De moeder van Carola moet eerst kunnen toegeven dat het niet helpt wat zij doet (functionele of pragmatische disputatie) alvorens de cognities die verantwoordelijk zijn voor de woede effectief ter discussie gesteld kunnen worden. Deze cognities liggen vermoedelijk op de lijn van 'Rechten en Plichten', zoals 'ik heb als moeder toch ook wel eens recht op rust' of 'kinderen moeten gewoon gaan slapen als ze moeten slapen'.

Doorbreken van een gezinsmythe

In paragraaf 11.3.2 introduceerden we de gezinsmythe van het pleeggezin van Samantha, namelijk: 'als wij maar voldoende liefde schenken, wordt Samantha een normaal kind'. Hier komt het vervolg van de dialoog.

T: Het lijkt dus alsof jullie heel lang met zijn allen gedacht hebben 'ze wordt net zoals wij, als wij het maar goed aanpakken'. Dus we moeten eigenlijk een paar vragen stellen. Hebben jullie het dan soms niet goed aangepakt? En, wat zou het voor jullie gezin betekenen als Samantha inderdaad als persoon toch erg blijft afwijken van wat jullie graag gewild hadden? Eerst maar het eerste. Wie van de ouders wil daarop antwoorden?

M: Ik denk niet dat we het erg verkeerd gedaan hebben. We hebben gedeeltelijk gedaan zoals met onze eigen jongens, en gedeeltelijk anders, maar dat is logisch natuurlijk. Ik denk dat we veel geduld hebben gehad en ja, de gewone conflictjes net als in ieder ander gezin.

T: En vader?

V: Het klopt wel wat mijn vrouw zegt, maar ze is ook beter in dat geduld dan ik. Ik heb denk ik wel ergere fouten gemaakt.

T: (met een lach prikkelend) Daar wil ik natuurlijk alles van weten, van de Boeman in u, maar daar kom ik straks op terug. Als we in eerste instantie ervan uitgaan dat u het niet slechter gedaan hebt dan andere pleegouders of ouders, dan wil ik mijn tweede vraag nog eens herhalen. Wat betekent het voor jullie, ieder afzonderlijk, en wat betekent het voor jullie gezin als Samantha nooit 'een van jullie' zal zijn, zoals Tarzan nooit een van de gorilla's is geworden? Mark, zeg eens?

B1: Misschien dat je dan minder je best voor haar gaat doen.

T: Hmm, en Frank?

B2: Ik weet het niet, ik laat haar toch al vaak links liggen, dus het maakt niet zoveel uit. Het is alleen voor later niet zo leuk, of met verjaardagen of zo, of net als pas met Oud en Nieuw dat je dan niet zo het 'met elkaar gevoel' hebt. Maar dat had je nu eigenlijk ook al niet. Je hebt met haar toch altijd het gevoel dat er iets niet klopt.

T: Daar kunnen we ook nog verder naar kijken, wat je met zo'n gevoel wel en niet kunt en hoe je toch het 'met elkaar gevoel' kunt behouden, zonder dat Samantha een van jullie is. Daar kom ik ook later op terug. Moeder?

M: Ik moet daar wel enorm veel voor loslaten. Het voelt alsof ik een kind opgeef. (kijkt haar man aan voor hulp)

V: (pakt haar hand) Ik weet het niet. Ik denk dat het goed is om er nog eens verder over na te denken en er nog eens wat langer bij stil te staan.

T: Dat lijkt me een goed idee, het is ook heel wat, wat ik u nu voorhoud. Hebben jullie die prachtige Walt Disney-film van Tarzan gezien? Hij is volgens mij ook op video. Kijk die maar eens, dat helpt bij het erover nadenken en het is ook nog leuk om ernaar te kijken.

'Mijn kind moet goed terechtkomen'

Wij ervaren deze irrationele gedachte vaak als een moeilijke om bij ouders ter discussie te stellen. Deze opvatting heeft zo'n groot draagvlak in onze maatschappij, dat we in de praktijk zien dat therapeuten zelf vaak geloven dat het niet verkeerd mag aflopen met kinderen. Daardoor raken zij het eens met de ouders waardoor ze de ouder niet goed meer kunnen helpen bij het uitdagen van deze opvatting. Dit is wel begrijpelijk, omdat de gezonde motivatie van de therapeut, namelijk hulp bieden en inspanningen verrichten om te zorgen dat een probleem wordt opgelost, erg dicht in de buurt komt van het irrationele gedeelte dat het 'goed Moet komen'. Het gevaar echter van het delen van deze irrationele opvatting met de ouders, is dat de therapeut te veel de ouderkant als invalshoek voor de behandeling kiest en daarmee mogelijk het kind (net als de ouders) gaat overvragen. Dit kan zowel op het intellectuele vlak liggen als op het sociaal-emotionele: ouders die vinden: 'de test wijst HAVO uit, dus dan moet hij ook HAVO halen', maar ook: 'hij is egoïstisch ingesteld en in deze tijd is sociaal flexibel zijn juist zo'n belangrijke capaciteit om het te maken in je latere leven'.

V: Alle cursussen waar mensen in het bedrijfsleven naar toegestuurd worden, hebben allemaal te maken met emotionele intelligentie, dus als hij zo doorgaat, stompt hij helemaal af.

T: We hebben net al besproken hoeveel vrienden hij heeft en wat hij daarmee doet, dus wat betreft de feiten valt het wel mee met dat afstompen. Maar kennelijk is dat voor u niet voldoende bewijs dat het zo'n vaart niet zal lopen met zijn maatschappelijk falen.

M: Dat zeg ik ook steeds.

T: Stelt u zich nu voor dat hij inderdaad sociaal of emotioneel gehandicapt blijkt te zijn, hoe loopt het dan met hem af?

V: Dan krijgt hij gewoon geen goede baan. Dan redt hij het niet.

T: Ik ben werkelijk verbaasd over uw visie op de samenleving. Ik weet niet in welke omgeving u zich bevindt, daar mag u me dadelijk meer over vertellen, maar een niet onaanzienlijk deel van onze praktijk bestaat uit mensen die hoog opgeleid zijn en betere banen hebben dan u en ik bij elkaar en die ik bepaald niet sociaal-emotioneel hoog ontwikkeld zou willen noemen, of om het populair te zeggen emotioneel intelligent. Dus dat hoeft een goede baan niet in de weg te zitten. Maar waar bent u dan bang voor? Dat hij geen relatie zal hebben met een vaste partner?

V: Ook. Waar hij tot nu toe mee thuiskomt is allemaal niks. Dat vormt geen uitdaging later voor een man.

T: (plagend) Hij heeft tot nu toe toch ook de een na de ander, dus mogelijk heeft hij hetzelfde ontdekt als u, alleen zegt hij dat nog niet.

V: Ja maar het zou zoveel gemakkelijker zijn als hij zich wat socialer opstelt, daar heb je zoveel meer aan in het leven!

T: Dat ben ik onmiddellijk met u eens. Maar misschien is dat wel iets wat jongeren ook moeten léren in plaats van dat ze dat klakkeloos aannemen van hun ouders. U zult in ieder geval moeten leren dat het gedrag dat uw zoon nu laat zien nog niet hoeft te betekenen dat het fout met hem afloopt. U lijkt zelf wel erg sterk vast te houden aan een bepaald beeld dat u voor hem voor ogen heeft. U vrouw ziet het geloof ik wat anders. Ik wil u het volgende vragen. Praat van de week samen als ouders, dus zonder kinderen, over hoe achtereenvolgens het meest ongunstige scenario, het meest gunstige en het meest realistische eruit zouden zien. U moet het samen wel eens zijn over deze scenario's, dus het script moet door u beiden ondertekend kunnen worden. Is dat wat?

Soms is het niet nodig dat het scenario dat de therapeut in gedachten heeft ook genoemd wordt, maar soms kan het geruststellend of verhelderend werken wanneer de therapeut op basis van klinische ervaring het meest realistische scenario schetst.
Indien er sprake is van een ontwikkelingsstoornis of een zich ontwikkelende persoonlijkheidsstoornis kan het aangewezen zijn ouders hier rekening mee te laten houden. Ouders kunnen door de therapeut geïnformeerd worden over een mogelijk ongunstig scenario waarmee ze als ouders te maken kunnen krijgen.

De ouders in de volgende casus hebben het idee dat hun dochter klachten veinst. Het gezin is van Italiaanse afkomst en is nooit goed geworteld geraakt in de Nederlandse samenleving. Een deel van het gesprek met alleen de ouders volgt hier.

T: Laat ik duidelijk zijn, uw dochter stelt zich niet aan. Haar klachten zijn ernstig en het kan zijn dat ik binnenkort een opname zal voorstellen als de situatie verergert.

M: Maar hoe moet dat dan, we hebben binnenkort een bruiloft in Italië.

T: Het zou zeer onverstandig zijn haar nu mee te nemen. De kans dat ze psychotisch raakt, is duidelijk aanwezig en dan zit u daar met de brokken.

V: Maar in Italië zijn privé-klinieken, daar kunnen ze haar vast goed helpen.

T: Ik durf u niet te zeggen of de behandeling daar beter zal zijn dan hier. Maar uw reactie wijst erop dat u het met mij eens bent dat haar klachten ernstig zijn, dat er goede diagnostiek moet komen en dat we niet zomaar over één nacht ijs moeten gaan, klopt dat, bent u dat met mij eens?

V: Ik weet het niet wat ik moet denken.

T: Ik ga samen met de huisarts onderzoeken waar uw dochter het beste geplaatst kan worden, want de plaatsing is mogelijk van langere duur. Ik weet dat dit allemaal niet is wat u wil horen, maar ik wil eerlijk tegenover u zijn. U moet tussentijds wel bedenken wat u doet met de reis naar Italië; haar meenemen ontraad ik in ieder geval met klem.

11.4.3 *Gedrags- en gevoelsveranderingen bewerkstelligen*

Als het duidelijk is welk gedrag van de ouders in verband staat met de klachten van het kind, wordt het voor de ouders duidelijk dat er van hen ook wat verwacht wordt op het vlak van gedragsveranderingen. Dat geldt soms ook voor het gedrag van broertjes of zusjes. Ferry (par. 8.2) moet leren dat hij zijn zusje niet mag slaan en de ouders moeten er zorg voor gaan dragen dat dit niet meer gebeurt, door grenzen te leren stellen aan het gedrag van Ferry. In dergelijke situaties stuiten we vaak op het aanvechten van de lage frustratietolerantie van de ouders, die vaak in samenhang met ego-angst optreedt: 'ik moet mijn kind niet te veel in de weg leggen en als ik dat wel doe ben ik geen goede ouder'.
Ouders moeten soms leren hun kinderen te frustreren en dat is zelden een plezierige aangelegenheid. Zeker niet wanneer er veel op het spel staat. Uiteraard gaat het er niet om het kind in het wilde weg te frustreren, maar is de verhouding met de klacht van het kind belangrijk en de mate waarin er sprake is van manipulatief gedrag van het kind (zie par. 4.7.2).

Yanka (16 jaar) vertoont aanklampend gedrag ten opzichte van haar moeder, weet niet wat ze wil na de middelbare school en gaat huilen wanneer haar vader of broer haar plagen. Ze heeft een vriendje gekozen dat seksueel meer wil dan zij en ze geeft daar altijd aan toe. Moeder maakt zich zorgen over de suïcidaliteit van haar dochter.

M: Ze zei van de week tegen me dat ze een hele serie pillen heeft en dat ze niet weet of dat wel voldoende zal zijn. Ze voelde zich zo naar en toen heb ik haar lekker bij me in bed gestopt en ben er later zelf bij gaan liggen.

T: We hebben eerder besproken dat Yanka u soms aan het lijntje houdt en dat u moet leren haar meer zelfstandig haar eigen zaken te laten oplossen. Wat zou u ervan vinden als u, hoe rottig zij zich ook voelt, haar niet extra gaat 'pamperen', dus bijvoorbeeld niet in bed neemt, maar hooguit een keer extra op haar kamerdeur klopt, vraagt of u haar nog thee zal brengen en dan weer verdwijnt?

M: Ja, vreselijk lijkt me dat. Het is toch niet fout om zo zorgzaam te zijn.

T: Het is zelfs fantastisch dat jullie lekker lichamelijk met elkaar kunnen zijn, want in sommige gezinnen ligt er een taboe op lichamelijkheid. In Yanka's situatie lijkt het me dat dit gedrag van u misschien wel even lekker is voor haar, maar geen echte oplossing is gebleken voor haar probleem. Maar waarom denk u dat het zo moeilijk zou zijn voor u om haar met minder zorg te omringen? U werkt ook in de hulpverlening en binnen uw werk weet u vast hoe u uw cliënten moet begrenzen, die zullen zich dan zeker ook gefrustreerd voelen.

M: Ja, maar als ze het dan toch doet?

T: U bedoelt zelfmoord plegen?

M: Ik weet wel, dat kun je nooit vóór zijn, maar toch ...

T: We hebben over haar mate van suïcidaliteit gesproken en ik heb u geïnformeerd over onze aanpak. Stel dat ze het toch doet, wat zou u dan denken?

M: Dat kom ik nooit te boven.

T: Het is inderdaad heel moeilijk voor ouders om dat mee te maken. Het is bepaald geen kleinigheid. Er zijn eigenlijk geen goede woorden voor om uit te drukken wat dat voor een gezin betekent. Dat klopt. Maar ik wil wel even stilstaan bij uw idee dat u dat nooit te boven zou komen. Hoe komt u daarbij?

M: Het lijkt me vreselijk.

T: Dat zou het ook zijn, maar hoezo, nooit te boven komen? Kent u gezinnen die zoiets hebben meegemaakt?

M: Nee, maar je hoort of leest er wel eens wat over.

T: Als u nu eens even stilstaat bij hoe het met de allerernstigste verliezen gaat: hoe ziet het leven er na een jaar, na vijf jaar en na tien jaar uit?

M: Ik weet het, je leert toch om te gaan met zo'n verdriet. Of je wil of niet.

T: Precies. En nu kan het idee dat u dit niet te boven komt onder de oppervlakte een rol spelen in de manier waarop u zich opstelt tegenover uw dochter. Wat denkt u: gaat het lukken om haar niet in bed te nemen en alleen maar een zoen of een kop thee te brengen als ze alleen op haar kamer is en zich rot voelt?

M: Dat zal echt heel moeilijk zijn.

T: Dat geeft niks, u kunt leren om dingen te doen die uw dochter frustreren en kunt daarmee een goed voorbeeld zijn voor hoe zij ook kan leren om soms dingen te doen waarmee ze anderen frustreert, maar waarmee ze wel beter opkomt voor zichzelf bijvoorbeeld.

Webster-Stratton (1998) omschrijft in haar 'advanced' oudertrainingsprogramma hoe ouders zelfcontroletechnieken en probleemoplossingsmethoden geleerd kunnen worden. Ze adviseert ouders niet te proberen het conflict op te lossen op het moment dat het ontstaat, omdat het in het vuur van de strijd vaak niet lukt om de probleemoplossingsstappen toe te passen. Beter is het om een neutrale tijd en plek af te spreken met een vaste agenda om het onderwerp te bespreken. Als tweede stap moet het probleem omschreven en gedefinieerd worden, aan de hand van vragen als: wat is het probleem, wie is/zijn erbij betrokken, welk aspect vind je vervelend, hoe vaak gebeurt het, waardoor gebeurt het, wat gebeurde er de laatste keer, waarom denk jij dat dat gebeurde en welke reden gaven anderen ervoor, hoe voel je je als het probleem ontstaat, wat zeg je en doe je dan, hoe voel je je daarna en waarom reageer je op die manier? Ten derde moeten de ouders formuleren wat zij als doel zien van het gesprek en wat ze daarbij verwachten (met als criteria: wordt het probleem erdoor opgelost en is het haalbaar?). Bij de vierde stap gaan de ouders brainstormen over mogelijke oplossingen, waarna de vijfde stap volgt, namelijk het opstellen van een plan. Alle oplossingen worden gewogen met als criteria realiteit en praktische haalbaarheid en de beste en slechtste gevolgen op

korte en langere termijn. Vervolgens leren de ouders hun kind dezelfde manier om problemen op te lossen.
De zelfcontroletechnieken worden gebruikt wanneer ouders door de heftigheid van de emoties zichzelf blokkeren bij het uitvoeren van de probleemoplossingsmethode. Ouders leren hun 'upsetting thoughts' te identificeren en tegen te houden door tegen zichzelf te zeggen: 'ik stop nu met dit te denken'. Er wordt een 'zorgenmaak'- of 'boosmaak'-halfuurtje ingesteld waarin ze een lijst met alle 'van streek makende gedachten' kunnen noteren. Negatieve zelfspraak wordt in principe gekwalificeerd als niet handig voor het bereiken van het doel. En als laatste leren ouders de situatie te objectiveren en binnen normale proporties te zien door te bedenken dat in alle gezinnen conflicten zijn, enzovoort.

Een voorbeeld van het bespreken van een zelfcontroletechniek.

Mevrouw K. is een alleenstaande moeder van een tweeling van 16 jaar. Een van de twee wil niet naar school. Moeder is ten einde raad. Zij heeft het idee te falen als moeder en denkt dat iedereen zal denken dat zij het als alleenstaande moeder niet aankan. Haar onzekerheid leidt in het contact met dochter Wendy tot heftige escalaties, waarbij de moeder haar dochter zelfs een enkele keer slaat en schopt uit pure kwaadheid en onmacht.

T: Het lijkt me erg naar voor u en Wendy dat de zaken zo uit de hand lopen. Wat belangrijk lijkt, is om eerst stil te staan bij wat u kunt doen om uw eigen gevoelens in bedwang te houden.

C: Ja, ze haalt het bloed onder mijn nagels vandaan en kijkt me dan aan met zo'n kop van 'mij maak je niets'.

T: Dat gevoel hebt u ook juist hè, dat u haar niets kunt maken.

C: Ja, ik voel me machteloos en zij weet dat.

T: Gaat u zich minder machteloos voelen als u haar slaat?

C: Nee helemaal niet. Ik ga me dan eigenlijk nog machtelozer voelen, en een mislukte ouder.

T: Dus slaan versterkt uw negatieve gedachtes en gevoelens over uzelf en over uw dochter?

C: Ja!

T: Nou, als dat zo is, wordt het des te belangrijker om er samen over na te denken wat u in zo'n situatie anders kunt doen. Hoe houdt u zich in andere situaties in?

C: Door tot 10 te tellen of te denken 'Ik gun ze niet de lol om mij zo kwaad te zien', maar dat werkt bij mijn dochter niet meer.

T: Dat betekent dat u wel degelijk beseft dat u op zo'n moment van opperste woede iets tegen uzelf kunt zeggen of aan iets anders kunt denken waardoor u niet door het lint gaat. Dat is precies wat u nu in zo'n situatie met uw dochter ook moet gaan doen. Belangrijk daarbij is te bedenken wat u tegen uzelf kunt zeggen.

C: Wat u net zei, dat slaan niets helpt, kan wel helpen de volgende keer om het niet zo ver te laten komen, misschien.

T: Heel goed, dat is alvast een begin. Die blik van uw dochter labelt u als uitdagend en op die uitdaging gaat u letterlijk in. Wat kunnen we daarover verzinnen?

C: Die blik betrek ik op mezelf, maar eigenlijk zal zij zich wel net zo machteloos voelen, want anders doet ze niet zo. ... In feite is het een erg gevoelig kind. Ik moet misschien ook denken dat mijn dochter een groot probleem heeft, maar dat het door onze machtsstrijd alleen maar erger is geworden en ik vanaf vandaag wijzer moet zijn en er niet in moet trappen.

T: Dat zou geweldig zijn. Maar is dat ook haalbaar?

C: Ja, dat denk ik wel.

T: Oké, dus als er weer een flinke woordenwisseling is tussen u en uw dochter, dan telt u eerst tot 10 – eigenlijk is terugtellen van 10 naar 1 beter – en denkt u 'slaan heeft geen zin; door een machtsstrijd of gevecht gaat mijn dochter niet naar school. Ik kan nu beter weglopen of haar naar haar kamer sturen en als we beiden afgekoeld zijn verder praten'. Zet u dit op papier of luistert u dit bandje nog eens terug?

Theoretisch en praktisch gezien is het een kip-ei-kwestie of er eerst aan de gedachtekant of aan de gedragskant gewerkt moet worden. Doorgaans adviseren we allebei. Daar ouders veel moeten handelen omdat de opvoedingssituatie dat nu eenmaal vraagt, ligt het voor de hand om snel gedragsalternatieven aan te bieden. Er zijn echter geen regels over op te stellen wanneer men nu eerst een gedragsalternatief aanbiedt en dan meer cognitief gaat werken of andersom. In bovenstaande casus bood de therapeute eerst een combinatie van gedrags- en cognitieve interventies.

Aansluitend kan bijvoorbeeld verder ingegaan worden op de emoties en cognities:

T: Misschien staat u ook anders in de conflicten met uw dochter omdat u zich kwetsbaar voelt als alleenstaande moeder?

C: Ja, dat speelt beslist mee. Ik wilde het zo graag goed doen. En mijn man zei dat ik de meisjes toch niet kon bieden wat ze nodig hebben.

T: Misschien lopen bij u de gevoelens wel juist zo erg op omdat er dus veel van afhangt, namelijk het welslagen van u als ouder.

C: Ja, zo heb ik het nog nooit gezien, maar het is feitelijk wel zo. Ik heb steeds het gevoel dat Wendy mij persoonlijk een loer draait als ze weer niet naar school gaat.

T: Dat lijkt me erg belangrijk. Als u uw hele hebben en houden als moeder minder aan haar zou ophangen, zou u ook anders in het conflict met uw dochter kunnen staan.

C: Tja, ik voel dat dit een belangrijk stukje is.

T: Stelt u zich eens voor dat hun vader dit te weten komt en hij lacht in zijn vuistje: 'ha, ha zie je wel, ik wist altijd al dat ze er niks van kon. Jij, slechterik, jij moet ervoor zorgen dat het goed gaat met Wendy!' Heeft hij dan gelijk? Of beter gezegd: hoe kunnen we ervoor zorgen dat u hem geen gelijk meer geeft?

Waters (1980) heeft diverse folders gemaakt voor ouders, die verzameld zijn in een klein boekwerkje. Ze geeft uitleg over het verschil tussen emotionele en praktische problemen en over het ABC van emoties. Verschillende issues zoals woede, overbezorgdheid en te weinig eisen stellen, komen aan de orde.

11.5 Wanneer zie je wie?

In de vele voorbeelden die we in dit hoofdstuk hebben beschreven en aan de hand van indicaties in hoofdstuk 1 en hoofdstuk 4 zal inmiddels een beeld zijn ontstaan van wanneer ouders wel of niet bij de behandeling betrokken worden. We maken daar in deze paragraaf nog enkele aanvullende opmerkingen over.

Ouders en/of andere gezinsleden worden bij de behandeling betrokken wanneer:

- er sprake is van een onduidelijke of onjuiste hiërarchische structuur in het gezin;
- de ouders onder- of overbezorgd zijn over het probleem van het kind;
- de opvoedingsstijl bijdraagt aan het instandhouden van de problematiek van het kind, zoals een inconsistente, permissieve, restrictieve of bestraffende houding van de ouder(s);
- het probleem van het kind duidelijk samenhangt met transgenerationele problematiek;
- er sprake is van manipulatief gedrag van het kind ten opzichte van de ouder(s);
- er sprake is van een labiel kind of een kind met defecten.

Met het kind alleen werken:

Werken met het kind betekent niet dat er nooit een oudergesprek is waarin ouders worden bijgepraat of waarin een aspect van een probleem met ouders wordt uitgewerkt. Echter, de invalshoek voor de therapie ligt buiten de gezinsrelaties. In sommige gevallen worden ouders ook inderdaad niet gezien en kan de jongere zelf de ouders informeren wat er in de therapie gebeurt, of is het zelfs relevant om dit na te laten.

- Als de problemen zich vooral voordoen in relatie tot de 'peergroup' kan de therapeut het met het kind alleen af. Veel jongeren voelen zich ongemakkelijk tussen leeftijdgenootjes. Soms is er thuis niets aan de hand, maar durft het kind bijvoorbeeld op school niets te zeggen of vindt het gewoon geen aansluiting.
- Als een kind een ouder of andere dierbare verloren heeft en de rouw centraal staat wordt er vaak voor gekozen om te beginnen met alleen met het kind te werken.

Els (13 jaar) heeft haar moeder verloren aan kanker. Mede door haar het boekje te laten lezen Jou langzaam loslaten (zie bijlage 4) durft zij haar gevoelens en gedachten te uiten. Na ongeveer tien gesprekken vertelt zij dat ze met haar vader een gesprek wil aangaan om hem te vertellen wat zij heeft doorgemaakt tijdens het ziekteproces en de dood van moeder. De therapeute vraagt of Els dit samen met haar wil doen of zelf. Els denkt het wel zelf te kunnen. De volgende bijeenkomst blijkt het voor Els een heel goed gesprek te zijn geweest met haar vader en kan de therapie afgerond worden.

- Wanneer er sprake is van non-manipulatief gedrag worden ouders doorgaans niet of niet intensief betrokken (zie par. 4.7.2).
- Wanneer een kind opgroeit in een gezinssituatie waarbij sprake is van emotionele verwaarlozing of misbruik, kan er soms voor gekozen worden om uitsluitend met het kind te werken, zoals in het volgende voorbeeld.

Marco (15 jaar) vertelt regelmatig door zijn vader in elkaar geslagen te worden: 'ze moeten hem van me af trekken, anders vermoordt hij me nog een keer'. Marco zit gevangen in loyaliteiten, want het is wel zijn vader en vuile was hoor je niet buiten te hangen. Marco wil leren hoe hij bij zijn vader uit de buurt kan blijven en hoe hij zich vooral kan richten op zijn eigen leven en eigen toekomst. Marco geeft aan niet uit huis geplaatst te willen worden en in een paar sessies blijkt dat Marco op deze manier werkelijk invloed kan uitoefenen op de escalaties en het slaan wordt inderdaad drastisch minder.

11.6 Gesprek met de ouders van Demba

Hier volgt een enigszins ingekorte versie van het tweede oudergesprek met de ouders van Demba (8 jaar). Demba is de aangemelde cliënt met angstklachten (par. 11.1). Met Demba wordt de *Coping Cat* gedaan (zie o.a. par. 12.2.4).

T: We gaan vandaag met elkaar voorbereiden dat Demba volgende week begint te oefenen met allerlei dingen waar hij bang voor is. Om dat te laten lukken is het extra belangrijk dat we op een rijtje zetten wat jullie gewoonlijk doen en denken als Demba bang wordt. Het zal erg zwaar voor jullie allemaal worden om niet toch in het oude vertrouwde patroon te vervallen en Demba bijvoorbeeld weer te gaan troosten of geruststellen. Dat is heel begrijpelijk, maar we moeten wel zien te voorkomen dat dat gebeurt.

M: Nou zeker, want ik denk bij Demba altijd 'het moet niet misgaan, juist bij Demba niet'.

T: Kijk, dat is nou zo'n mooie gedachte waar we direct eens bij stil kunnen staan. Waarom moet het bij Demba juist niet misgaan?

M: Omdat hij dan in paniek raakt.

T: En wat is daar erg aan?

M: Nou, dat wil je toch niet voor je kind. Dat vind ik afschuwelijk. Dat vind ik zielig voor hem en ik wil niet dat mijn kind zich rot voelt.

T: Dat is dan een tweede belangrijke gedachte (schrijft hem op): 'ik vind het zielig voor Demba als hij in paniek raakt en ik wil niet dat mijn kind zich rot voelt'. En dus heb jij al acht jaar lang er alles aan gedaan dat hij niet in paniek raakt en er geen vervelende dingen gebeuren, maar het gebeurt toch.

M: Ja, dat is waar. Je kan niet alles voorkomen als moeder. Maar het is toch logisch dat je dat wel probeert?

T: Op zich wel. Natuurlijk probeer je voor je kinderen de situatie zo te maken dat het het fijnste is voor ze. Maar mede daardoor heeft Demba niet kunnen leren om te gaan met paniek en blijft hij vooral op jou leunen als er iets gebeurt wat moeilijk of angstig is in plaats van er met enig zelfvertrouwen zelf een oplossing voor te vinden. En je hebt zelf aangegeven dat je zou willen dat hij zelfstandiger wordt, toch?

M: Ja, dat is zo.

T: Als Demba gaat oefenen zal hij angst en paniek voelen, dat weet je. Is dat nou echt zielig?

V: Welnee, daar wordt hij hard van. Hij moet het toch leren? Juist door er doorheen te gaan kan hij het leren.

M: Ja, dat is wel waar, maar zo hard als jij kan zijn, dat kan ik niet hoor.

V: Neem nou die situatie op de mineralenbeurs vorige week. Demba wilde de hele tijd mijn hand vasthouden omdat hij als de dood was dat hij me kwijt zou raken. Dat vond ik niet goed. Ik zei 'we zijn met zijn zessen', want zijn broer, vriendjes met hun vader en opa waren er ook bij, 'dus je vindt altijd wel iemand'. En natuurlijk raakte hij me kwijt. Na vijf minuten vond hij me weer, totaal overstuur. Maar toen zei ik: 'kijk, je hebt ons toch direct weer gevonden'. En toen was het ook zo over en heb ik hem afgeleid met iets wat ik toen zag. Ik merk dat ik me door het eerste gesprek wel ben gaan realiseren dat we Demba altijd erg beschermd hebben. Dat moeten we gewoon niet meer doen. Hij leert toch door vallen en opstaan, net als wij en iedereen. Ja toch?

M: Ja, dat is ook wel zo. Ik heb daar gewoon meer moeite mee.

T: Dat geeft ook niets. Maar begrijp je dat Ben (de vader) aan Demba de boodschap meegeeft: 'ik heb vertrouwen in jou; als je me kwijtraakt ben jij in staat mij te vinden en vertrouw daarin maar op jezelf!'

M: Dat is zeker waar. Ik denk dat ik toch eerder iets uitstraal van 'kom maar bij mij, dan help ik je wel.'

T: Precies, jij wilt heel veel overnemen omdat je denkt 'het is zielig als hij verdriet heeft of bang is'. De komende oefenperiode moet Demba juist zijn angst en paniek voelen, anders kan hij niet oefenen met alles wat hij hier geleerd heeft.

M: Ja, ik snap het. (zucht)

T: Het klinkt alsof je het als moeder allemaal ook erg goed wilt doen. Klopt dat?

M: Ja zeker. Ik wil graag een goede moeder zijn en mijn kinderen veel aandacht geven. Je hebt tenslotte voor ze gekozen en dat brengt toch heel wat met zich mee.

T: Wat bedoel je als je zegt 'een goede moeder'? Wat doet een goede moeder volgens jou?

M: Nou, er zijn als het nodig is. Ik denk ook altijd 'ik moet er zijn als er iets rots gebeurt om de kinderen te kunnen troosten'. En ik wil dat ze gelukkig worden en wil daar alles voor doen.

T: Daar zeg je heel belangrijke dingen: 'Ik wil dat ze gelukkig worden en wil daar alles aan doen'. Is dat voor jou hetzelfde als proberen alle moeilijke dingen van ze weg te houden?

M: Ja, eigenlijk wel.

V: Daar ben ik heel anders in hoor. Ik vind eerlijkheid in het leven erg belangrijk. Daar kom je gewoon het verste mee. En eerlijk is Demba. Dat zijn we allemaal bij ons thuis. En ik vind dat je een kind moet leren omgaan met moeilijke dingen. Je kunt niet alles van ze weghouden. Zo zit het leven niet in elkaar. Als een kind maar weet hoe hij erop moet reageren. Meer kun je niet doen volgens mij.

T: (vraagt aan de moeder) Wat vind je ervan, van wat Ben zegt?

M: Ja, eigenlijk ben ik het wel met hem eens.

T: Wat betekent dat voor je eerdere uitspraak: 'ik moet er zijn als er iets rots gebeurt'?

M: Die zal ik toch wat moeten veranderen denk ik. Hij zal inderdaad zelf moeten leren omgaan met moeilijke dingen.

T: Vergeet niet dat je hem acht jaar lang heel erg veel hebt geleerd. Daarbij weet hij dat hij altijd op jullie kan terug vallen. Dat is toch een fantastische oefensituatie voor een kind? Maar jij moet eraan toe zijn.

M: Dat ben ik wel hoor. Ik vind het heel moeilijk, maar ik zie wel wat je bedoelt. Ik heb er gewoon moeite mee hem los te laten.

T: Maakt het nog uit dat hij de jongste is denk je?

M: Ja, dat denk ik wel. Ik vind het toch ook wel erg wennen dat ze je steeds minder nodig hebben.

T: Dat is begrijpelijk. Je zit ook in een overgangsfase met je kinderen. Ze kunnen veel zelf bedenken en doen. Dat vraagt weer heel andere vaardigheden van je als ouder. Misschien helpt het je om eens te bedenken wat echt zielig is voor kinderen? Want er zijn gradaties in zielig, denk ik.

M: Ja, er zijn die kinderen bijvoorbeeld in een vluchtelingenkamp. Die hebben gewoon niets en weten niet wat de dag van morgen brengt. Ze hebben te weinig te eten, weinig kleren, geen speelgoed. Of die Palestijnse kinderen, die iedere dag geconfronteerd worden met geweld. Ja, ik snap wat je bedoelt. Wat ik zielig vind voor Demba is eigenlijk iets wat gewoon bij het leven hoort.

T: Ja, dat denk ik wel.
Nou zei je net tegen Ben dat je hem hard vindt. Wat bedoel je daarmee?

M: Ben heeft gauw iets van niet zeuren, hupsakee. Dat vind ik soms het andere uiterste.

T: Wat vind jij daarvan Ben?

V: Ik denk gewoon 'kom Demba, ik moest mezelf ook redden toen ik zo oud was als jij en dat moet jij ook leren, dus niet zeiken!'

T: Wat bedoel je met 'ik moest me ook redden?'

V: (huilend) Ik heb mijn vader verloren toen ik acht jaar was en toen was er ook niemand voor mij. Ik moest me maar redden. En toen heb ik geleerd dat iedereen zichzelf moet redden. Zo denk ik ook 'iedereen bekijkt het maar'. Natuurlijk niet tegenover mijn kinderen hoor. Ik ben stapelgek op ze. Ik geniet ervan dat ze bij me komen liggen, dat we knuffelen en samen dingen doen. Ik haal toch iets in wat ik zelf nooit gehad heb.

T: En werd dat 'niet zeiken' tegen jou gezegd?

V: Ja! (stilte)

T: Volgens mij doe je het heel goed met je kinderen. Ik denk alleen dat het stukje 'dus niet zeiken' als Demba erg angstig of kwetsbaar is afbreuk doet aan wat je juist probeert over te brengen.

V: Je hebt gelijk. Dat is mijn eigen frustratie, die ik op hem afreageer. Dat is niet eerlijk.

T: Je eigen ervaringen spelen door in hoe je je opstelt in het leven en hoe je je opstelt als ouder. Dat geeft ook niets. Het is mooi als je een stukje van je houding nu kunt plaatsen in de context van vroeger en daardoor een klein beetje anders tegenover je zoon kunt gaan reageren, doordat je er anders over kunt denken.
Daarbij denk ik dat jullie samen in uitersten zijn gaan reageren, waarbij je elkaar ook in een positie laat komen die moeilijk te doorbreken is. Marianne (de moeder) is overbezorgd geworden en jij, Ben, hebt een erg nuchtere, wat bagatelliserende opstelling gekregen. Misschien kunnen jullie wat nader tot elkaar komen.

M: Ja, ik denk dat ik inderdaad nog bezorgder ben gaan reageren omdat Ben gewoon minder geduld heeft. Hij is een heel lieve vader hoor, maar dat 'niet zeiken' zegt hij nogal eens.

T: Het is bijna tijd. Zullen we nog eens op een rijtje zetten hoe te denken en te doen als Demba gaat oefenen?

12 Protocollair werken

12.1 Inleiding

> Werken in de jeugdzorg volgens richtlijnen en protocollen is een onvermijdelijke ontwikkeling die in de nabije toekomst steeds meer maatgevend zal zijn. ... Niemand twijfelt nog aan de noodzaak van systematisering noch aan het toepassen van effectief gebleken behandelmethoden. Protocollen leveren aan deze ontwikkeling een belangrijke bijdrage. Niettemin zijn zij in de jeugdzorg een controversieel onderwerp.

Aldus Prins en Pameijer (2000a). Van deze auteurs is recent (2000b) een boek verschenen waarin algemene richtlijnen en negen protocollen besproken worden (ADHD, agressie, autisme, angst, depressie, eetstoornissen, gezinsproblemen, psychotrauma en seksueel misbruik). Er wordt steeds meer gepubliceerd over protocollaire behandelingen bij volwassenen (bijv. Keijsers e.a., 1997, 1999), die naar onze mening bewerkt zouden kunnen worden voor toepassing bij jeugdigen. Op een congres, kort geleden, over dit onderwerp schetste De Haan de bezwaren en voordelen van protocollen, in het kader van de discussie of een protocol nu een vooruitgang of regelzucht is (zie ook Dronkers, 2000). We ervaren deze controverse als inspirerend, maar gaan deze hier niet herhalen. Doel van dit hoofdstuk is om enkele protocollaire behandelingen voor het voetlicht te brengen die vanuit een cognitief-gedragstherapeutisch denkkader zijn opgesteld.
De keuze voor een beschrijving van juist deze protocollen hangt samen met de eigen ervaringen van de auteurs.
In een behandelprotocol staan per therapiefase of per zitting doelen opgesteld. Om deze te bereiken worden strategieën of technieken beschreven. Een protocol zou rigide en routinematig worden als het niet kan worden toegesneden op elk kind of elk gezin (Kendall, Hayes & Nauta, 1998). De volgorde van de verschillende onderdelen kan bijvoorbeeld aangepast worden, maar ook zijn er vaak meerdere oefeningen en strategieën mogelijk om een subdoel te bereiken. Vanzelfsprekend is het belangrijk om het therapeutische model waarbinnen een protocol is ontwikkeld goed te begrijpen. Pas dan zal de therapeut zich vrij voelen te spelen met een draaiboek. Daarnaast is het opbouwen van een goede werkrelatie (zie hoofdstuk 3) ook binnen een protocollaire behandeling een uitdaging.

12.2 Coping Cat, een protocol voor de behandeling van angstige kinderen

12.2.1 *Inleiding*

De *Coping Cat* is een behandelprotocol van Kendall (1992a, 1994; Kendall, Kane e.a., 1992) voor kinderen met uiteenlopende angstklachten in de leeftijd van 8 tot 12 jaar. Het programma bestaat uit zestien sessies en is verdeeld in twee delen: een educatief/cognitief deel (8 sessies) en een oefendeel (8 sessies).
Er zijn drie gesprekken met ouders (Howard & Kendall, 1992, 1996). Er is een voorbereidend gesprek met ouders waarin voorlichting gegeven wordt over de behandeling en waarin de verwachtingen van de ouders besproken worden. Er is een gesprek na de derde sessie, bedoeld als tussentijdse evaluatie en een eindevaluatie na het volledig trainingsprogramma. Dit Amerikaanse werkboek is aan de universiteit van Gent vertaald en bewerkt: *De Dappere Kat* (Braet, 1997) en vrijwel gelijktijdig aan de universiteit van Groningen (Nauta, 1998). In de Nederlandse vertaling van Braet en haar collega's is het draaiboek teruggebracht tot twaalf zittingen, waarbij slechts de eerste vier zittingen educatief en cognitief zijn en in de vijfde zitting al *exposure*-oefeningen worden gedaan.

12.2.2 *Uitgangspunten*

- De uitgangspunten van dit protocol komen overeen met die van de cognitieve gedragstherapie in het algemeen.
- De behandeling van angstklachten bij kinderen verschilt inhoudelijk weinig van die voor volwassenen.
- Het is van belang onderscheid te maken tussen angst naar aanleiding van een reële situatie zoals een ziekte, operatie, scheiding of verlies, en angst zonder reële basis.
- Angst is een gewone emotie, die iedereen heeft en waarmee je kunt leren omgaan. Het wordt pas een stoornis als het heel lang duurt en leidt tot ingeperkend gedrag, verslechterde stemming en het niet meer kunnen halen van bepaalde doelen.
- Angstgedachten hebben vaak zowel een rationele als irrationele component. Bijvoorbeeld een kind dat bang is om naar school te gaan kan denken 'Ik durf niet naar school te gaan, want de kinderen zullen vast opmerkingen tegen me maken omdat ik er al een paar keer niet was'. De kans dat dit gebeurt is groot en reëel. Echter, de aanvullende gedachte 'en dat zou vreselijk zijn, want dan weet ik niets meer te zeggen en dan sta ik voor paal!' is irrationeel en veroorzaakt de angst.
- Uitspraken als 'het is vreselijk…' of 'ik kan er niet tegen als…' zijn typerend voor mensen (en dus ook voor kinderen) met angstklachten.
- Ouders kunnen de angst van hun kinderen ongewild in stand houden en daarom is het noodzakelijk om hen bij de behandeling te betrekken.

12.2.3 *Inhoud*

Hieronder staat per sessie wat er gedaan wordt volgens de *Coping Cat* (Kendall, 1990):

Sessie 1	Voorstellen van de therapeut, het kind en het werkboek
Sessie 2	Gevoelens herkennen
Sessie 3	De reactie van het lichaam
Sessie 4	Ontspannen
Sessie 5	Gedachten
Sessie 6	Houdingen en gedragingen
Sessie 7	Feedback en beloning
Sessie 8	BANG-plan
Sessie 9-16	Oefenen

Kinderen krijgen in deze protocollaire behandeling eerst psycho-educatie over fysieke en emotionele componenten van angst. Samen met de kat die geleerd heeft hoe hij moet omgaan met angstige gevoelens in stressvolle situaties, werkt het kind via een BANG-plan eraan om zijn Bange gedachten en Akelige gevoelens om te vormen naar helpende gedachten en daarbij meer Nuttige houdingen en gedragingen te bedenken. Nadien moet het kind het resultaat (het Gevolg) evalueren en zichzelf hiervoor gepast belonen. Het kind leert aanvankelijk omgaan met spanning in weinig stressvolle situaties, om geleidelijk over te gaan tot steeds stressvollere situaties. Eerst gebeurt dit imaginair, later in rollenspellen en dan 'in vivo' (graduele exposure). In de sessies leren kinderen ook dat er mogelijk verschillende verklaringen zijn voor een gebeurtenis en dat ze best verschillende oplossingen kunnen bedenken voor een probleem ('problem-solving'). Om een goede overdracht van de therapiesituatie naar de thuissituatie te verkrijgen, wordt bij elke sessie een opdracht meegegeven naar huis, de KWIK-taak (= Kijk Wat Ik Kan).

12.2.4 *Een casus*

Demba (8 jaar) is voor heel veel dingen bang. Hij is bang om alleen op de bovenste verdieping van het huis te zijn, hij is bang in het donker, hij is bang voor wolven, hij is bang om in het water te zwemmen achter hun huis omdat er misschien wel enge monsters wonen, enzovoort. Na een intakegesprek met Demba en een gesprek met zijn ouders besluiten we de Coping Cat aan te bieden.
Hieronder beschrijven we een deel uit de sessies over gevoelens en zelfspraak.
In de eerste twee sessies wordt op speelse wijze uitleg gegeven over gevoelens. Het verschil tussen spanning en ontspanning wordt duidelijk gemaakt door eerst als een robot door de kamer te lopen en vervolgens als een slappe pop om te vallen.
Er wordt een woordenboek van gevoelens gemaakt. Bij de woorden worden plaatjes gezocht uit een stapel tijdschriften en Demba plakt die erbij, of hij maakt tekeningen.
Daarbij gaan de therapeute en Demba allebei gevoelens uitbeelden, die de ander moet

raden. Een variant is het voorlezen van een aantal situaties waarbij Demba moet zeggen hoe hij denkt dat de personen in het verhaal zich voelen.

Opvallend is dat Demba veel kan vertellen bij en over gevoelens:

T: Hoe weet je nou dat iemand bang is?

C: Hij durft nergens naartoe. Hij kijkt bang om zich heen of hij iets ziet of houdt juist zijn handen voor zijn ogen. Hij klappert met zijn tanden en niet omdat het koud is (haha) en doet zo...

T: Je bedoelt, hij duikt in elkaar?

C: Jap!

Demba benoemt in dit voorbeeld zelf al de lichamelijke sensaties die met angst samengaan. Aan het benoemen van lichamelijke sensaties wordt aandacht besteed met behulp van beeldende taal zoals: 'het gevoel dat er een olifant op je maag staat' of 'het gevoel in je buik als je in zo'n eng ding zit op de kermis, wat zo over de kop gaat'.

Demba leert op deze manier het graduele verschil tussen spanning en angst en leert zijn lichamelijke signalen als een thermometer af te lezen.

Om het kind bewust te maken van zijn automatische gedachten en verwachtingen ('self-talk') worden kleine strips weergegeven waarbij het kind de tekst in de ballonnetjes mag invullen. Uit het *Coping Cat*-protocol gebruiken we het volgende voorbeeld:

Wat denk je bijvoorbeeld van deze situatie?

Een schoolmeester vertelt in de klas dat ze morgen naar een ijsbaan gaan met de klas als uitje. Chris heeft schaatsles gehad en kan het hartstikke goed. Jaap heeft maar één keer geschaatst en is vaak gevallen en had pijn in zijn enkels.

Denk jij dat ze hetzelfde zouden denken als de meester hun vertelt van het schaatsuitje?

In reactie op dit voorbeeld vertelt Demba direct enthousiast dat hij zelf heel goed kan schaatsen, dus voor Chris vullen we Demba in en hij denkt: 'Yes, wat gaaf! Ik kan het heel goed dus ik ga meteen op de grote baan en zal ze eens laten zien wat ik kan.'
Zijn vriendje Graham kan er niets van en dus vervangen we de naam Jaap door Graham. Demba vindt het moeilijk om aan te geven wat Graham denkt, maar uiteindelijk zegt hij: 'Gatverdarrie. Als ze me maar niet gaan uitlachen want ik ga natuurlijk weer vallen en ik kan er niets van.'

T: En wat denk je dat Graham voelt als hij denkt 'shit ik ga vallen'?
C: Niet leuk natuurlijk. Hij zal wel een beetje bang worden denk ik.
T: En wat zal hij dan doen?
C: Misschien zo'n looprek halen omdat hij het toch wil leren, of gewoon naar de kant gaan.
T: Graham denkt dus iets heel anders over het uitje dan jij en dat maakt ook dat jullie je dan anders voelen. Zie je dat?
C: Ik geloof het wel.
T: Als Graham bang is om uitgelachen te worden als hij valt, zal hij het niet leuk vinden. Maar als Graham het niet zo veel kan schelen of anderen lachen of niet, zal hij misschien ook niet zo bang zijn?
C: Maar misschien nog wel bang om te vallen.
T: Ja, dat kan, maar als hij zou denken: 'vallen is vervelend, maar vallen op het ijs doet iedereen die het wil leren', hoe zou hij zich dan voelen?
C: Niet zo bang, dat weet ik wel. Als ik bijvoorbeeld denk 'oh wat eng het donker, want er kijken er allerlei ogen naar mij!' word ik extra bang en als ik dan denk 'er kunnen helemaal geen ogen naar me kijken, want ze kunnen niet eens binnenkomen', dan word ik minder bang.
T: Geweldig Demba! Je hebt het echt goed door. Dat eerste wat je denkt is een A-voorbeeld van Akelige gedachten en dat tweede wat je denkt is een voorbeeld van een Nuttige gedachte uit ons BANG-spel.

Zo worden allerlei facetten van de angst besproken en gaat Demba na enige tijd oefenen met het opzoeken van enge situaties om te oefenen met de ontspanningstechniek, het opsporen van Akelige gedachten en het uitproberen van Nuttige houdingen en gedachten.

12.3 Protocol voor depressieve jongeren: de depressiegroep

12.3.1 *Inleiding*

De hier beschreven cursus *Omgaan met depressie* is een cognitief-gedragstherapeutisch programma, ontwikkeld door Lewinsohn e.a. (1984), voor Nederland vertaald en bewerkt door Stikkelbroek en Cuijpers (1998) en opnieuw bewerkt door Muller (2000). Het is een protocollaire behandeling van 15 bijeenkomsten van 2 uur, begeleid door 2 therapeuten, voor een groep van ongeveer 6 deelnemers van 14 tot 18 jaar. Naast het groepsprogramma voor de jongeren is er een oudergroep die 3 bijeenkomsten heeft, waarbij de nadruk ligt op psycho-educatie. Tevens is er ruimte om uit te wisselen hoe het voor ouders is om een depressieve puber in huis te hebben. Dit kan dienen als opstapje naar *hun* mogelijke aandeel in de instandhouding van de problemen van hun kroost. Eventueel kan dat later in gezinsgesprekken of afzonderlijke oudergesprekken uitgewerkt worden.

12.3.2 *Uitgangspunten*

- Uitgangspunt is onder andere de sociaal-lerentheorie over het ontstaan van depressies van Lewinsohn e.a. (1984) waarin een verband wordt verondersteld tussen depressie en het gebrek aan positieve interacties van een persoon met zijn omgeving. Diverse levensgebeurtenissen kunnen ervoor zorgen dat iemand minder positieve interacties heeft met zijn omgeving, waardoor een negatieve spiraal kan ontstaan van negatieve gedachten, terugtrekgedrag en nog minder positieve interacties met de omgeving en een steeds somber wordende stemming. Cognitieve theorie richt zich op het leren herkennen en aanpakken van specifieke depressieve denkpatronen over zichzelf, anderen en de wereld, opdat de cliënt sneller tot sociale acties overgaat.
- Adolescenten uiten hun depressiviteit soms ook door prikkelbaarheid en boosheidsproblemen. Om te voorkomen dat dit leidt tot problemen in sociale relaties is het van belang ook aandacht te besteden aan conflicthantering, opkomen voor jezelf en andere sociale vaardigheden.
- Jongeren reageren minder goed op antidepressiva dan volwassenen, waardoor psychotherapie juist geïndiceerd is. Bij deelname aan de depressiegroep wordt zo mogelijk toegewerkt naar stoppen met medicatie.
- Adolescenten lijken perioden te ervaren van intense depressie afgewisseld door perioden van verbeterd functioneren. De kans is groot dat adolescenten tijdens een betere periode stoppen met de behandeling. Een kortdurende en klachtgerichte behandeling met follow-up is dan ook te verkiezen boven langdurige therapie.
- Een groep biedt mogelijkheden om direct sociale vaardigheden en positieve interacties te oefenen en heeft daarom een meerwaarde boven individuele therapie.

12.3.3 *Inhoud*

Het protocol bestaat uit diverse cognitieve, psycho-educatieve, en gedragstherapeutische onderdelen gekoppeld aan het G-schema:
zelfobservatie en -registratie door middel van dagboekregistraties, het weer ondernemen van plezierige activiteiten (iets waar je goed in bent of wat je plezier geeft), kunnen ontspannen, constructief, positief leren denken, sociale vaardigheden, zoals oogcontact maken, lichaamstaal, zeggen wat je wilt of juist niet wilt, maar ook conflicthantering.

Draaiboek depressiegroep voor jongeren van 15 tot 18 jaar	
Sessie 1	Somberheid en depressie; wat is het verschil? Contact maken. Uitleg van de 3 G's: gevoel, gedachten, gedrag.
Sessie 2	Je stemming meten en veranderen. Een gesprek beginnen. Plezierige activiteiten.
Sessie 3	Relaxen.
Sessie 4	Heeft wat je doet iets te maken met wat je voelt?
Sessie 5	Denken en je stemming: automatische gedachten.
Sessie 6	De kracht van positief denken. Leren complimenten te ontvangen en te geven.
Sessie 7	Denkfouten.
Sessie 8	Anders leren denken: gedachten uitdagen.
Sessie 9	Omgaan met anderen 1: opkomen voor jezelf, assertiviteit.
Sessie 10	Omgaan met anderen 2: actief luisteren en zelfonthulling.
Sessie 11	Omgaan met conflicten.
Sessie 12	Problemen oplossen 1.
Sessie 13	Problemen oplossen 2.
Sessie 14	De toekomst: je levensplan, angsten voor de toekomst en het bij-terugval-hoe-te-handelen-plan.
Sessie 15	Afscheid.

12.3.4 *Een zitting*

De deelnemers krijgen bij aanvang van de groep een werkboek, waarin de theorie wordt uitgelegd en oefeningen staan die gedeeltelijk samen in de groep worden gemaakt en soms ook thuis, individueel.

Iedere zitting begint met een ronde waarin alle deelnemers iets kunnen vertellen over de afgelopen week. Impliciet wordt geoefend met in het middelpunt staan, leren iets te vertellen over jezelf, leren luisteren en reageren op de ander. Steeds wordt geprobeerd om datgene wat in de groep gebeurt, te gebruiken om sociaal gedrag te oefenen en het verband met gedachten en gevoelens aan te geven. Dit is dan ook de meerwaarde van een groep boven het individueel toepassen van het protocol.

Daarna wordt de klussenlijst (het huiswerk) besproken en de rest van de tijd wordt gewerkt aan een thema.

De kennismaking wordt op speelse en cognitieve wijze vormgegeven. Na het namenrondje maken de deelnemers meteen een tekening van hoe zij zichzelf zien en hoe zij denken dat anderen hen zien. De tekening wordt door allen afzonderlijk, gelijktijdig gemaakt en daarna in de groep besproken. Bij de bespreking blijkt dat groepslid 1 zichzelf lang vindt en dus lelijk en stom en niet in staat om een vriend te krijgen, en zij denkt dat anderen ook alleen haar lengte zien. Groepslid 2 denkt dat anderen haar te dik vinden en haar daarom stom vinden en kan geen zelfbeeld tekenen. Groepslid 3 denkt

dat anderen haar vooral te dun vinden omdat ze daar ook mee gepest wordt en ze beschrijft zichzelf vooral als onzeker. Groepslid 4 denkt dat anderen haar niet mogen omdat ze een donkere huidskleur heeft en heeft het gevoel dat ze altijd anders is en de mindere. Binnen een half uur na de start van de groep is al bespreekbaar dat dun, dik, kort of blank zijn geen garantie is voor geluk. De gedachte 'ik ben vast de enige met dit probleem' is direct verworpen. De vertekening in de waarneming wordt bij een aantal groepsleden direct getoetst omdat het lange meisje door anderen duidelijk als erg mooi wordt gezien en zij zichtbaar verbaasd zijn hoe zij nou problemen kan hebben en zo kan denken over zichzelf. Het lange meisje krijgt als reactie van een groepslid: 'ga eens staan, ik ben geloof ik langer dan jij!' Dit blijkt ook zo te zijn.
Door een zelfbeschrijving te vragen worden de automatische gedachten zichtbaar. Tevens wordt materiaal verzameld dat in de uitleg over de wisselwerking tussen gevoel, gedrag en gedachten besproken kan worden: als je denkt dat je dik bent en denkt dat je pas echt gelukkig kunt worden als je dun bent en niets meer onderneemt met vrienden uit onzekerheid over jezelf ga je je steeds somberder voelen.
Door deze manier van kennismaken wordt er direct aan de slag gegaan met de klacht. Er wordt uitgegaan van de kracht van de deelnemers. De start is níet gericht op 'we moeten hier allemaal vrienden worden en vertel me eens wat je doet, hoe je woont, welke opleiding je doet, van welke muziek je houdt'. Zo wordt het gemeenschappelijke benadrukt en de (maatschappelijke) verschillen (bijv. in opleiding: VBO naast VWO) worden omzeild.

In zitting 5 wordt begonnen met het uitleggen van de relatie tussen denken en voelen (de B-C-connectie) en het opsporen van automatische gedachten. Voor deze bijeenkomst bekijken de deelnemers de informatie in het werkboek die hieronder is weergegeven. Tijdens de bijeenkomst wordt dit verder toegelicht.

Zitting 5

Denken en je stemming

Als je in een sombere bui bent dan kijk je ook op een sombere manier naar jezelf.
Je denkt bijvoorbeeld 'ik kan niets' of 'ik ben een nul'. Ook kun je op een negatieve manier tegen de wereld aankijken. Je denkt dan: 'het leven heeft toch eigenlijk geen zin'. Verder kun je in zo'n sombere bui een negatieve kijk op je toekomst hebben. Je denkt bijvoorbeeld: 'ik word nooit gelukkig', of 'ik krijg nooit een vriend'. Door deze negatieve gedachten ga jij je somber en depressief voelen.
Veel depressieve jongeren hebben het idee dat de negatieve gedachten die ze hebben juist zijn en dat het 'terecht' is dat zij zich daardoor depressief voelen. Zij hebben het idee dat de sombere gedachten veroorzaakt worden door de beroerde situatie waarin zij verkeren en de ellendige dingen die hun overkomen.
Door deze 'denkfouten' zien zij de werkelijkheid negatiever dan die is. Het sombere gevoel wordt niet veroorzaakt door de ellendige situatie en gebeurtenissen, maar door de gedachten en de denkfouten.

Het is goed mogelijk om denkfouten op te sporen. Ook is het mogelijk om denkfouten te corrigeren, zodat je weer positiever tegen jezelf en de toekomst aan gaat kijken. Dat is niet gemakkelijk, maar uiteindelijk lukt het bij de meeste depressieve mensen.

Automatische gedachten
De gedachten die jij over jezelf en de gebeurtenissen die je hebt meegemaakt hebt, ontstaan zo snel dat het lijkt alsof ze 'automatisch' in je hoofd opkomen. Doordat dit zo snel verloopt is het ook erg moeilijk om ze te herkennen, of ze nu positief of negatief zijn. Het lijkt alsof een gebeurtenis direct een gevoel veroorzaakt.

GEBEURTENIS	GEVOELENS
Niemand zei in de pauze wat tegen mij	eenzaam somber

Toch kan een gebeurtenis nooit direct een gevoel veroorzaken. Het gevoel wordt veroorzaakt door de gedachten die jij erbij hebt.

GEBEURTENIS	GEDACHTEN	GEVOELENS
In deze pauze zei alweer niemand iets tegen mij	Niemand vindt mij belangrijk Ik ben niets waard Ik sta er alleen voor Ik ben ook te…(dik, lang, ...)	eenzaam somber

Dat het eigenlijk de gedachten en niet de gebeurtenis zelf is die de ellendige gevoelens veroorzaakt, wordt ook duidelijk als we naar de reactie van de andere mensen op dezelfde gebeurtenissen kijken. Iemand anders zou bijvoorbeeld kunnen denken:

Het was weer een hele drukte in de pauze. Ze hadden allemaal zoveel te vertellen dat ik geen moeite heb gedaan om ertussen te komen. Morgen vertel ik wel van dat feest.

Weer iemand anders zal denken:

Ze zijn zo druk met zichzelf bezig dat ze niet eens gemerkt hebben dat ze niks tegen mij zeiden. Maar ik weet dat ze mij graag mogen ook al ben ik wat stiller.

Dat het de gedachten zijn en niet de gebeurtenis zelf die je somber of boos of ellendig doet voelen is belangrijk. Immers, je gedachten kun je zelf onder controle houden, zoals we verderop zullen zien. Maar daarvoor moet je eerst ontdekken welke automatische gedachten je precies hebt.
We gaan nu na welke positieve en negatieve gedachten jij hebt.

In de groep krijgt iedereen vervolgens de tijd om onderstaande lijst in te vullen.

Voorbeelden van veel voorkomende negatieve gedachten

Ga na welke gedachten jij wel eens vaker hebt.

_____ Er is geen liefde in de wereld
_____ Niemand houdt van mij
_____ Uiteindelijk zal ik alleen achter blijven
_____ Mensen vinden vriendschap niet meer belangrijk
_____ Wat maakt het uit
_____ Dat was stom van mij
_____ Iedereen die me aardig vindt kent me niet zoals ik echt ben
_____ Het leven heeft geen zin
_____ Ik ben lelijk
_____ Ik kan mijn gevoelens niet uiten
_____ Wat ik echt wil zal ik nooit vinden
_____ Ik ben niet in staat om van iemand te houden
_____ Ik ben waardeloos
_____ Het is allemaal mijn schuld
_____ Waarom gebeuren er zoveel vervelende dingen met mij?
_____ Ik kan niets bedenken dat leuk is.
_____ Ik heb niet genoeg in mijn mars om succesvol te zijn.
_____ Ik zal nooit over deze depressie heen komen
_____ Alles is zo'n grote zooi, niets helpt.
_____ Ik heb niet genoeg wilskracht
_____ Waarom zou ik de moeite nemen om op te staan 's ochtends?
_____ Ik wou dat ik dood was.
_____ Ik vraag mij af of ze over mij praten
_____ Dingen worden alleen maar erger en erger
_____ Het maakt niet uit hoe hard ik ook probeer de mensen zijn toch nooit tevreden
_____ Het leven is niet eerlijk
_____ Ik zal nooit echte goede vrienden maken
_____ Er is iets mis met mij
_____ Ik ben egoïstisch
_____ Mijn geheugen is slecht
_____ Ik ben niet zo goed als …
_____ Ik ben gauw gekwetst
_____ ……………………………………………………………………………
_____ …………………………………………………………………………..
_____ totaal

Voorbeelden van veel voorkomende positieve gedachten

Ga na welke gedachten jij wel eens vaker hebt.
_____ Het leven is interessant
_____ Ik voel me geweldig
_____ Ik heb hier veel plezier in
_____ Ik heb een goed gevoel over de toekomst
_____ Ik denk dat ik er goed in ben
_____ Ik heb mezelf goed onder controle
_____ Ik heb genoeg tijd om alles wat ik wil te bereiken in dit leven
_____ Ik vind mensen leuk
_____ Ik heb een goed gevoel voor humor
_____ Er zijn dingen waar ik erg goed in ben
_____ Ik heb nogal eens geluk
_____ Ik verdien dat er goede dingen gebeuren
_____ Ik heb enkele goede vrienden
_____ Ik kan nieuwe vaardigheden leren om controle over mijn stemmingen te krijgen
_____ Voor ieder probleem dat zich voordoet vind ik wel een oplossing
_____ Andere mensen zijn graag bij mij
_____ Ik kan goed luisteren
_____ Ik ben goed zoals ik ben
_____ Ook al gaat niet alles zoals ik wil, ik sla me er wel doorheen
_____ In sommige dingen (sport, kunst, lezen, enz.) ben ik goed
_____ Het gaat goed met mij
_____ Zelfs al het een regenachtige dag is kan ik mezelf bezig houden
_____ Ik krijg vaak complimenten omdat ik dingen goed doe
_____ ....
_____ ....
_____ totaal

Nadat iedereen de lijst heeft ingevuld wordt de totaalscore met elkaar besproken. Vrijwel altijd is het confronterend voor de deelnemers, omdat zij zich niet bewust zijn van de veelheid aan negatieve gedachten en van de beperktheid van hun positieve gedachten. Het maakt in tien minuten glashelder hoe ze zichzelf bestoken met negativiteit, terwijl ze in de groep zitten om van hun depressie af te komen. In vorige zittingen is hier telkens al iets over gezegd, maar in deze zitting staat het centraal. Ze ontdekken hun eigen aandeel bij het instandhouden van de depressie en omdat ze bijna allemaal hetzelfde patroon hebben kunnen ze elkaar steunen.
Het huiswerk bestaat uit het invullen van een oefening waarin verschillende fictieve situaties worden genoemd (je krijgt een compliment, je staat in de disco en je vriendin praat al een tijdje met iemand anders) en waarbij gevraagd wordt naar hun automatische gedachten en ook naar alternatieve gedachten. Tevens wordt de deelnemers gevraagd zelf een aantal G-schema's te maken van situaties die ze die week zelf meemaakten, om zicht te krijgen op kenmerkende gedachtepatronen. In de drie sessies hierna wordt aandacht besteed aan hoe de jongeren hun gedachten en gedrag kunnen beïnvloeden.

12.4 Protocol voor jongeren met boosheidsproblematiek: de 'Anger Control'-groep

12.4.1 *Inleiding*

In deze paragraaf beschrijven we een protocol voor groepsbehandeling bij jongeren (bij voorkeur zowel jongens als meisjes in dezelfde groep) van 13 tot 18 jaar met boosheidsproblematiek. Feindler en Ecton (1986) stelden een protocol op voor een groepsbehandeling voor agressieve jongeren (vanaf 15 jaar): *Adolescent Anger Control*. In Nederland is dit draaiboek vertaald en bewerkt door Colijn en Muller (2000). Er zijn 14 zittingen van anderhalf uur. In een klinische setting vinden de eerste 10 zittingen 2 keer per week plaats, de laatste 4 zittingen 1 keer per week. In een ambulante setting zijn de bijeenkomsten wekelijks en kan er gekozen worden voor een verkorte versie van het draaiboek. Het protocol kan ook individueel (in aangepaste vorm) worden gegeven. Ouders kunnen zowel bij de intake als bij de behandeling betrokken worden. In een ambulante setting kan gekozen worden voor een parallelle oudergroep. In een klinische setting kan ook samenwerking met de gezinstherapeuten gevraagd worden om zo per gezin het thema 'omgaan met boosheid' verder uit te werken. Het protocol van Feindler en Ecton richt zich hoofdzakelijk op externaliserende, agressieve jongeren. Colijn en Muller hebben dit uitgebreid voor jongeren met verschillende uitingsvormen van boosheidsproblematiek: boosheid die afgereageerd wordt met agressief gedrag; boosheid die naar binnen gericht wordt (depressie; automutilatie); en boosheid die onder controle blijft, terwijl intussen spanning opgebouwd wordt die plotse uitbarstingen veroorzaakt (Muller & Colijn, 1999).

12.4.2 *Uitgangspunten*

- De rationale voor de training is dat boosheid een moeilijke emotie is om mee om te gaan en dat mensen vaak maar één manier van boosheidregulatie kennen. Mensen kunnen een uitgebreider repertoire van omgaan met boosheid aanleren.
- Het bij elkaar in een groep plaatsen van jongeren die hun boosheid niet kunnen uiten bij jongeren die hun boosheid wel of te veel kunnen uiten kan erg constructief zijn: zij kunnen van elkaar leren en er zullen door de verschillen tussen de deelnemers veel verschillende perspectieven automatisch worden ingebracht.
- Jongeren met boosheidsproblemen kunnen in gedrag sterk verschillen. Het onderliggende zelfbeeld is vrijwel altijd hetzelfde.
- Uit onderzoek, beschreven door Lochman, White en Wayland (1991), blijkt dat agressieve kinderen verschillen van niet-agressieve kinderen in de manier waarop zij de wereld waarnemen, anderen inschatten en zichzelf beoordelen. Zij zijn waakzamer, ervaren zichzelf als incompetent, zijn verbaal minder vaardig, onderschatten hun eigen agressieve houding en overschatten die van anderen. Zij koppelen *arousal* bijna onmiddellijk aan boosheid in plaats van aan een andere emotie. Hierdoor wordt hun gedragsrepertoire sterk ingeperkt. Zij blijken beperkter in het zich kunnen verplaatsen in de ander, in het nadenken over alternatieve oplossingen of gevolgen van een gekozen oplossing. De behandeling moet zich dan ook op al deze facetten richten.

- Voor het waarborgen van generaliserende effecten is het noodzakelijk om de omgeving van de jongere bij de behandeling te betrekken.

12.4.3 Inhoud

Het protocol geeft een combinatie van cognitieve en gedragstherapeutische technieken. Hieronder een korte beschrijving van de sessies.

Korte beschrijving van de onderwerpen in de sessies van de Anger Control Training

Sessie 1	Rationale van de groep, kennismaking, de eerste G: 'situaties waar je bloedlink van kan worden', in- en ontspanningsmethoden
Sessie 2	Exposure-oefening 'het scheldrondje', intro van het boosheidsformulier
Sessie 3	Uitleg G-schema, rollenspel (met video)
Sessie 4	Vervolg van de eerste G: 'De aanstekers!', progressieve ontspanning
Sessie 5	Rechten van jongeren, demonstratieband over drie manieren van je gedragen: assertief, subassertief en agressief, de G van gedrag
Sessie 6	Demonstratieband assertieve technieken: a. de kapotte grammofoonplaat, b. invoelende assertiviteit, c. escalerende assertiviteit, d. 'misten', uitspelen van voorbeelden uit de boosheidsformulieren in rollenspel
Sessie 7	De G van gedachten: 'geheugensteuntjes' en tonen van demonstratieband
Sessie 8	De G van gedachten: zelfinstructie
Sessie 9	De G van gedachten: 'vooruitdenkmethode' en de G van gevolgen
Sessie 10	Herhaling en rollenspel
Sessie 11	De G van gedachten: zelfevaluatie
Sessie 12	De G van gevolgen: probleemoplossingsmethode
Sessie 13	Bananenschillen voor allen, plan voor de toekomst en discussie over grenzen van agressief en subassertief gedrag
Sessie 14	Herhaling en afscheid

Er zijn verschillende discussiemomenten over waarden en normen opgenomen. Er is veel tijd voor rollenspellen (eventueel met video-opnamen), voor het bespreken van registratieformulieren en er is aandacht voor seksespecifieke en culturele aspecten van omgaan met boosheid. Het bekrachtigingssysteem is in de Nederlandse bewerking vooral gericht op sociale bekrachtiging. Aan het einde van iedere zitting wordt de evaluatieflap met elkaar en ieders inspraak ingevuld. Hierop staan de namen van zowel de deelnemers als de groepsleiders aan de bovenkant en items als 'huiswerk gemaakt?', 'opgelet?', 'anderen geholpen?' aan de zijkant.

Een ++, +, ±, – of een 0 (= afwezig) kan worden gegeven. Hiermee wordt geoefend om complimenten te geven en te ontvangen. De deelnemers beoordelen zichzelf vaak negatief en kunnen niets bedenken bij wat ze misschien wel goed gedaan hebben. Anderen komen dan met verrassende uitspraken over wat constructief of goed was. Ook het geven van negatieve feedback is iets wat met deze bekrachtigers geleerd kan worden.

12.4.4 *Beschrijving*

Door verschillende jongeren in een groep bijeen te zetten en gebruik te maken van zowel overeenkomsten (in dit geval allemaal problemen met boosheid), als verschillen (oppotters, passief-agressieve, explosieve jongeren) kan actief geoefend worden in het zich verplaatsen in de ander. Alternatieve manieren van denken worden zonder nadruk aangeboden, en irrationele ideeën zoals 'niets zeggen is slap' of 'agressief zijn maakt alles kapot' worden al doende (impliciet) gewijzigd.

In de derde sessie wordt de 'Stille Willie' van de groep, die nooit zijn boosheid uit, gevraagd om in een rollenspel te laten zien hoe hij totaal niet reageert op verbaal agressief gedrag. De overige groepsleden bestuderen zijn gedrag en mogen hem nadien allerlei vragen stellen, zoals wat Willie er precies voor doet om *niet* te reageren. Stille Willie wordt zo een expert op dit gebied en leert van alles over zijn eigen houding als hij daarover ondervraagd wordt, en anderen (bijv. de explosieven) leren van hem om iets te doen wat ze zelf nog niet kunnen. Het idee dat 'niets zeggen slap is' wordt op deze manier ontzenuwd.

De jongere die nooit eens schreeuwt, maar dat wel eens zou willen, kan van een agressieve jongere de kneepjes leren van hoe ook eens uit te spatten. De agressieve jongere wordt zodoende expert in iets waar hij meestal alleen negatieve reacties op krijgt.

Het rollenspel wordt opgenomen op videoband zodat het kan worden nabesproken: klopt hoe de jongere het rollenspel beleeft bij hoe het in de werkelijkheid liep? Zelfbeoordelingen en beoordelingen van de ander op basis van beleving en waarneming kunnen zodoende worden vergeleken.

Er wordt geregeld gediscussieerd over onderwerpen die te maken kunnen hebben met de boosheidsproblematiek waarvoor de jongeren in de groep zitten. In zitting 5 wordt bijvoorbeeld ook aandacht besteed aan de rechten van jongeren.

Vaststellen van de rechten van jongeren

In discussievorm worden de rechten van jongeren met betrekking tot regels/wetten en autoriteitsfiguren in het gezin, op school en in de groep aangekaart. Gezamenlijk wordt een lijst opgesteld van dingen waarvan de jongeren vinden dat ze er recht op hebben. Voorbeelden:

- ik heb recht op privacy
- ik heb het recht om gehoord te worden
- ik heb het recht op een eigen mening
- ik heb recht op mijn eigen bezit
- ik heb het recht op fouten maken

Discussie wordt bevorderd door ook de rechten van anderen vast te stellen, zowel van leeftijdgenoten als van volwassenen. Nadruk wordt gelegd op het uitgangspunt: behandel anderen net zoals jij zelf behandeld zou willen worden (perspectief leren nemen).
Rechten worden gekoppeld aan subassertiviteit (met je rechten laten sollen), assertiviteit (staan voor je rechten en tegelijkertijd de rechten van anderen respecteren) en agressiviteit (je eigen recht opeisen zonder met de rechten van anderen rekening te houden).
Tot slot wordt het begrip rechten gekoppeld aan het thema 'groepsdruk' en kunnen hierover ervaringen worden uitgewisseld.

In sessie 12 wordt de probleemoplossingsmethode (zie par. 2.5) gebruikt.

De G van gevolgen: oefenen met problemen oplossen
Aan de hand van de volgende vijf vragen kun je met afstand leren nadenken over een probleem. Hier worden de vijf vragen uitgewerkt, waarbij duidelijk wordt hoe de individuele en de groepsinbreng benut wordt.

1 Wat is het probleem?
Probeer zo uitgebreid mogelijk alle aspecten van het probleem te overzien en samen te vatten tot een algemeen probleem.

C: Ik word ervan beschuldigd dat ik thuis geld heb gestolen, wat niet waar is en daarvan ga ik uit mijn dak! Ik kan mijn vader wel aanvliegen als hij er weer over begint.
T: Oké, is dan het probleem dat je het erg moeilijk vindt om op een niet-agressieve manier te reageren op een onterechte beschuldiging?
C: Ja.

2 Wat kan ik doen?
Probeer alle mogelijke reacties op de probleemsituatie op een rijtje te zetten door te brainstormen en nog niet te kijken of te beoordelen of het wel of niet haalbaar of wenselijk is.

In de groep wordt iedereen aangemoedigd een of meer mogelijke oplossingen voor het probleem aan te dragen. Zo ontstaat de volgende lijst:
a Niet wachten tot vader erover begint, maar er zelf over beginnen.
b Zeggen, met stemverheffing, dat hij ongelijk heeft en dat je er boos van wordt dat hij je niet gelooft.
c Verwarring zaaien en cynisch zeggen: 'Ja pa, natuurlijk steel ik geld van je. Ik doe toch nooit iets goed bij jou?'.
d Niet reageren en je ontspanningsoefening doen.[1]

1 Deze lijst was in werkelijkheid langer.

3 Wat zijn de mogelijke gevolgen van de genoemde oplossingen?
Hier is het van belang om positieve en negatieve, maar ook korte en lange termijn, en innerlijke en uiterlijke gevolgen op een rijtje te zetten.

Ook bij dit gedeelte hoeft niet slechts degene die het probleem heeft ingebracht te denken, maar mogen alle deelnemers hun gedachten over de aangedragen oplossingen ventileren. Dat levert het volgende op.

Ad a
Je neemt verantwoordelijkheid en dat voelt wel goed.
Je hoeft je niet te zitten opfokken over de gedachte 'straks komt hij er weer mee en dan…'.
Je staat in je recht en dat laat je zien ook.
Je laat je vader in je kaarten kijken door te zeggen dat je het erg vindt dat hij je vals beschuldigt.
Grote kans dat het toch nog op ruzie uit gaat lopen, als hij niet naar me wil luisteren.
De rotsfeer thuis hoeft niet langer te duren.
Misschien kunnen we erover praten en kan alles opgelost worden.

Ad b
Je zegt je mening en dat voelt goed.
Je uit je boosheid een stukje door wel met stemverheffing te praten.
Je geeft antwoord en laat het er niet bij zitten.
Je uit je gevoel door te zeggen dat je ervan baalt dat hij je niet gelooft.
Je wacht af tot hij komt, waardoor je wel met spanning en boosheid rond blijft lopen en het conflict niet is opgelost.
Je houdt je trots door niet te laten zien hoe erg je het vindt.

Ad c
Je neemt afstand van de beschuldiging en maakt je niet meer boos, maar maakt er een grap van.
Het is prima dat je niet uit je dak gaat.
Op de lange termijn blijf je waarschijnlijk toch met boosheid zitten.
Je zaait twijfel, maar zegt niet hoe het echt zit, waardoor je met je rechten solt.
Je laat je vader zien dat hij je niet kan raken en dat geeft een machtig gevoel.
Op lange termijn is de relatie met je vader misschien niet meer te herstellen.
Je gezinsleden krijgen misschien een nog grotere hekel aan je omdat je zo arrogant doet.
Door je geïsoleerde positie in het gezin ga je je misschien steeds meer een buitenbeentje voelen en kom je steeds meer alleen te staan.

Ad d
Je beheerst je agressieve gevoelens en dat is oké.
Je zegt niet dat de beschuldiging onterecht is en laat dus met je rechten sollen.
De relatie met je vader zal verder verslechteren.
Je positie in het gezin zal nog slechter worden.
Je blijft met je boosheid zitten.

4 Wat zal ik doen?
Maak een rangorde van de mogelijke oplossingen naar de wenselijkheid of ernst van de gevolgen. De oplossing die de positieve gevolgen optimaal benut, de negatieve gevolgen minimaliseert en het probleem oplost, wordt als eerste uitgevoerd.

Essentieel op dit moment is dat de jongere zelf deze balans opmaakt. Hij mag wikken en wegen nadat hij alles gehoord en mee ingebracht heeft, maar hij moet hier zelf een keus gaan maken. De jongen in dit voorbeeld koos voor optie b. Zijn trots speelde hem parten. Oplossing a vond hij een 'watjesoplossing' en omdat hij meende dat de trainers a de beste oplossing vonden, zou hij die zeker niet kiezen.

5 Hoe is het gegaan?
De doelmatigheid en werkzaamheid van de gekozen oplossing worden geëvalueerd. Zou de jongere de volgende keer weer voor deze oplossing kiezen? Kan de jongere tevreden zijn over zichzelf? Hoe beoordeelt hij zichzelf naar aanleiding van deze situatie?

C: Het was wel oké. Zoals ik al verwachtte begon mijn vader er dezelfde dag weer over, dus ik ben niet met spanning blijven rondlopen. Omdat wij het zo hadden uitgekauwd hier wist ik wel precies wat ik wilde zeggen en dat ging ook wel goed. Ik heb eigenlijk niet eens hoeven schreeuwen of snauwen of zo. Vervelend is dat we niet weten hoe dat geld is verdwenen. Misschien is mijn moeder het gewoon verloren. Nou ja, ik ben er in ieder geval van af...
T: Hoe vind je nou achteraf dat je het hebt aangepakt?
C: Nou gewoon. Niet slecht.
T: Wat vinden anderen ervan?
C1: Heel erg goed. Hij heeft zijn trots gehouden, is niet uit zijn dak gegaan en is goed voor zichzelf opgekomen. Beter kan volgens mij niet.
T: Hoor je dat? Ben je het ermee eens?
C: Ja, eigenlijk wel.

Bij de beoordelingsvraag kan het weer erg belangrijk zijn om de overige groepsleden erbij te betrekken. Zeker wanneer het oordeel van de deelnemer over zijn eigen gedrag of dat van anderen niet klopt met de werkelijkheid, kan het relevant zijn dat andere groepsleden daar langer bij stil staan.

12.5 Protocol voor een groepsbehandeling van kinderen met ADHD

12.5.1 *Inleiding*

Al een aantal jaren betreft een groot percentage van de aanmeldingen in de jeugdzorg kinderen met ADHD. Mede daarom is met deze groep al geruime tijd ervaring opgedaan met protocollaire behandelingsprogramma's. Kinderen met ADHD kenmerken zich door het onmiddellijk uitvoeren van impulsen, door het niet kunnen onderdrukken van afleiders en het niet kunnen stoppen met eenmaal in gang gezet gedrag. Dit belemmert en vertraagt of verstoort de ontwikkeling van cognitieve vaardigheden zoals zelfspraak, nadenken over gevolgen van het eigen gedrag of het zich kunnen verplaatsen in de ander.

Een groot deel van de behandeling richt zich op het aanbrengen van veranderingen in de directe omgeving van het kind door ouders en leerkrachten, waarbij het voorspelbaar maken en uitvergroten van consequenties van gedrag belangrijke pijlers zijn. In de kindergroep ligt het accent van de behandeling op eerst denken en dan doen, vandaar de naam 'Stop-Denk-Doe-groep' of 'Stop-en-Denk-groep'. Een voorbeeld van een groepsbehandelingsprogramma voor kinderen met ADHD is het programma van Eenhoorn (1998), *Samen met Joep Loep speuren naar sporen*. Dit en andere stop-denk-doe-programma's vinden hun oorsprong bij Meichenbaum (1988), Camp en Bash (1981) en Kendall (1992b). Deze kindergroepsbehandelingen maken veelal deel uit van een multimodale behandeling en worden gegeven in combinatie met oudertrainingen, leerkrachtbegeleiding en medicatie (Prins e.a., 1999).

12.5.2 *Uitgangspunten*

Uitgangspunt voor het Stop-Denk-Doe-protocol is allereerst de gedragstherapeutische theorie over het aan- en afleren van gedrag. Daarnaast worden cognitieve vaardigheden zoals vooruit leren denken en probleemoplossingsvaardigheden aangeleerd. Derde pijler van de behandeling is het aanleren van sociale vaardigheden.
ADHD is een stoornis die op zichzelf niet verholpen kan worden en gedeeltelijk een biologische basis heeft. Wel is het mogelijk een kind te helpen om te gaan met de stoornis.
Kinderen met ADHD blijven afhankelijk van aansturing en structurering door anderen (ouders, leerkrachten); ook een uitgebreid programma verhelpt dat niet.
Aangezien bekend is van ADHD-kinderen dat zij slecht leren van ervaringen, zullen de bedachte gedragsalternatieven intensief getraind moeten worden en voortdurend herhaald, wil het kind in de toekomst in staat zijn deze handiger oplossingen zelfstandig toe te gaan passen in probleemsituaties.

12.5.3 *Inhoud*

Aan de groep nemen vier of vijf kinderen deel, van 8 tot 12 jaar. De groep wordt geleid door twee therapeuten. De training bestaat uit tien zittingen van een uur maar het programma biedt de mogelijkheid om de training uit te breiden om aan bepaalde vaardigheden extra aandacht te besteden.
De zittingen verlopen via een vaste opbouw, het programma staat op een flapover. Bijkletsen, luisteren, huiswerk bespreken, ontspanningsoefeningen en doe- en spelopdrachten wisselen elkaar af. De kamer is met zo weinig mogelijk prikkels ingericht.

In het genoemde programma van Eenhoorn zijn elementen vanuit verschillende cognitief-gedragstherapeutische methoden en technieken (zelfinstructietraining, zelfcontroletraining, interpersoonlijke probleemoplossingstherapie en attributiehertraining) samengevoegd en toegespitst op de voor ADHD-kinderen zo specifieke problemen. Eenhoorn noemt de stappen in het programma: STOP, DENK, KIES, DOE EN KEUR, en deze worden in de vorm van een versje aangeleerd, en ondersteund door visueel materiaal. In alle opdrachten en oefeningen staat niet zozeer het beter functioneren bij schoolse taken centraal als wel het functioneren in allerlei dagelijkse sociale situaties, waarbij de relatie tussen denken, voelen en doen voortdurend belicht wordt.

Opbouw van het Stop-Denk-Doe-programma

Sessie 1	Kennismaking en regels
Sessie 2	Vaardigheden kijken en luisteren
Sessie 3	Vaardigheden kijken, luisteren, rustig worden, introduceren denkstappen
Sessie 4	Oefenen van vaardigheden, psycho-educatie ADHD
Sessie 5	Oefenen van vaardigheden en denkstappen, praten over pesten, gepest worden en samenwerken
Sessie 6	Oefenen van vaardigheden en denkstappen in sociale situaties, praten over ADHD in de toekomst, oorzaak en gevolg van gedrag
Sessie 7	Oefenen van vaardigheden en denkstappen, wat kan nog beter
Sessie 8	Oefenen van vaardigheden en denkstappen, praten over uithuisplaatsing
Sessie 9	Oefenen van vaardigheden en denkstappen, wat kan helpen als je ADHD hebt
Sessie 10	Alle vaardigheden nogmaals doorlopen en met een quiz toetsen wat de kinderen aan kennis hebben opgedaan

Bijzonder aan de groep is dat er twee therapeuten voor vijf kinderen zijn. Dit is echter noodzakelijk omdat er tegelijkertijd veel structuur moet worden aangebracht en voldoende flexibiliteit mogelijk moet zijn. Om de inhoud te doen slagen, is het noodzakelijk dat de therapeuten de kinderen mét hun handicap accepteren. Dat gaat een therapeut gemakkelijker af wanneer die er niet in zijn eentje voorstaat bij het sturen van het onvoorspelbare gedrag van vijf ADHD kinderen. Er moet enerzijds een flinke vaart in het programma zitten om de aandacht van de kinderen vast te houden; anderzijds moet de therapeut een voorbeeld zijn van rust en overzichtelijkheid. De therapeuten moeten voldoende overwicht hebben, bijvoorbeeld om een eind te maken aan een conflict dat tussen twee kinderen is ontstaan, en dat in de groep bespreekbaar en oplosbaar te maken. De therapeuten negeren ongewenst gedrag zoals niet opletten, opstaan, overal doorheen praten, en benoemen voortdurend gewenst gedrag. Bij alle doe- en spelsituaties wordt van tevoren stil gestaan bij de regels en afspraken die nodig zijn om de situatie goed te laten verlopen. Deze regels worden met de kinderen samen opgesteld en in een set van zelfinstructies omgezet.

Wanneer een kind onvoldoende geholpen is met de protocollaire groepsbehandeling, kan het aansluitend een uitgebreidere individuele training krijgen. Het gaat daarbij vooral om het herhalen van bepaalde principes en het inoefenen van bepaalde vaardigheden. Van Manen, Ten Brink en Verdun (2000) ontwierpen zo'n uitbreiding met vijf zittingen voor verschillende leeftijdsgroepen (8-12, 13-15 en 15-18 jaar).

12.5.4 Een casus

Bij Jasper (9 jaar) is de diagnose ADHD gesteld toen hij zes werd. Inmiddels hebben de ouders deelgenomen aan de oudertraining (van Barkley, 1998) en heeft Jasper medicatie (Ritalin). Ook volgt hij vanaf groep vier het speciaal onderwijs, waar hij beter tot leren komt in een kleine klas. Al gaat het in veel opzichten beter met Jasper, toch verlopen vooral de sociale contacten zowel thuis als op school nog niet best. Kinderen nemen weinig initiatieven om met Jasper te spelen en zelf zoekt hij vaak op een onhandige, impulsieve manier aansluiting (volgens de leerkracht). Zijn moeder vertelt dat hij thuis ook met zijn broer veel ruzie heeft. Ze krijgen ruzie over de regels en Jasper kan slecht op zijn beurt wachten. Ook kan hij slecht tegen zijn verlies. Jasper interpreteert gedrag van anderen vaak negatief: iets wordt altijd expres en met opzet gedaan, en altijd specifiek tegen hem gericht. Jasper heeft vaak leuke ideeën, maar kan het slecht accepteren dat andere kinderen een eigen inbreng willen hebben in de situatie. Hij overziet vaak niet wat zijn eigen gedrag teweegbrengt bij anderen. Hij kent maar één oplossing als sociale interacties niet verlopen zoals hij wil, namelijk er op los slaan. Jasper zelf zou wel minder ruzie willen hebben met andere kinderen. Hij is vaak verdrietig als het buiten of op school weer mis is gegaan. Ook vindt hij het wel lastig dat hij altijd meteen zo ontzettend boos wordt. Het lijkt hem wel wat om mee te doen met de groep.

In de groep profiteert Jasper snel van de duidelijke regels die worden opgesteld en de oplossingen die geboden worden om bijvoorbeeld de wachttijd te overbruggen in de wachtkamer. In de kring leert hij eerst zijn hand op te steken, waardoor de impuls om meteen te antwoorden wordt afgeremd. Jasper wil graag leuk gevonden worden, maar kiest daarvoor een onhandige methode, bijvoorbeeld door te boeren en winden te laten tijdens de oefeningen. Besproken wordt wat wel en wat niet handige momenten zijn om grapjes te maken in de groep en wat de gevolgen op korte en langere termijn zijn. Er wordt een plan opgesteld. Jasper kan extra punten halen als hij zijn eigen gedrag bijstuurt met behulp van een set duidelijke instructies, zoals 'grapjes maken is op dit moment niet handig', 'als ik niet boer kan ik beter meedoen met de oefeningen' en 'als de anderen het kunnen dan kan ik het vast ook'.

In de wat vrijere momenten ontstaan gemakkelijk conflicten tussen Jasper en andere kinderen. De aanpak is drieledig: er wordt gefocust vooraf, tijdens en na een conflict. Met Jasper wordt besproken wat hij tegen zichzelf kan doen wanneer (fictieve situatie) een ander kind straks gaat zeggen dat hij iets verkeerd doet (via de probleemoplossingsmethode, zie par. 2.5). Wanneer het moment daar is en Jasper daadwerkelijk door een ander kind wordt aangesproken op een fout, wordt er gefocust op Jasper, die de denkstappen (wat is nu het probleem, wat is een goede oplossing) meteen hardop toepast. Werkt dit onvoldoende, dan worden de kinderen even uit elkaar gehaald en krijgen ze de opdracht zichzelf rustig te maken. Daar kunnen ze punten mee verdienen. Daarna wordt uitgebreider besproken wat er precies gebeurde, wat de één dacht, voelde en deed, en wat de ander dacht, voelde en deed. De perceptie (bijv.: hij wilde niet met mij spelen), de interpretatie van de situatie (bijv.: hij wil dat niet omdat hij me stom vindt), en de evaluatie (bijv.: ik ben ook stom en dat is vreselijk) worden getoetst en indien nodig weerlegd, bijvoorbeeld: hij wilde niet met je spelen omdat hij geen zin had in het spel dat jij aandroeg. Op deze manier wordt het kind gestimuleerd eerst te denken en dan pas te doen.

Na verloop van tijd krijgt Jasper zijn eigen woede steeds beter onder controle in de groep, waardoor hij sociaal gezien aantrekkelijker wordt. Hij zegt vaker tegen zichzelf, als het toch even niet lukt, dat dit niet het eind van de wereld is en dat ze morgen misschien wel weer met hem willen spelen. Hij denkt samen met zijn moeder na over oplossingen voor als hij thuis ruzie heeft met zijn broer, en op school wordt hij net als thuis beloond voor elke situatie die hij goed heeft opgelost (hulp vragen, weglopen, grapje terug maken). Het lukt hem in gestructureerde situaties zoals een spelletje om de denkstappen zelfstandig toe te passen. In situaties die minder voorspelbaar zijn kan Jasper ook na verloop van tijd slechts moeizaam zijn gedrag bijsturen en heeft hij de hulp van ouder en leerkracht daar nog bij nodig.

13 Weergave van een schoolmotivatieprobleem

Joep (13 jaar, eerste klas MAVO) uit paragraaf 10.7 heeft veel onvoldoendes gehaald en wil toch wel graag over. Als doel is er gesteld dat hij constant wil leren werken. Voorafgaand aan de dialoog hierna is er gesproken over belonen (het is aan te raden de dialoog uit par. 10.7 nogmaals te lezen alvorens hier verder te gaan). De therapeute heeft aangegeven dat ze aan het einde van de sessie een en ander met moeder zal bespreken. Joep is boos op de therapeute die zijn moeder wil coachen om anders met belonen om te gaan. Hier volgt de derde sessie. De cijfers tussen haakjes verwijzen naar interventies die later worden uitgelegd.

T: Zeg Joep, wat gebeurt er als je moeder het straks met me eens is en jou niet meeneemt naar Intratuin? Dan blijft er dus tijd over, en dan zou je tijd hebben om huiswerk te maken als je dat wilt. Maar mijn vraag is: ga je dat dan ook doen?

C: Nee natuurlijk niet!

T: Want?

C: Dan ben ik kwaad.

T: Omdat je je zin niet krijgt.

C: Ja.

T: Dan ben ik benieuwd wat je hiervan denkt. Vanmorgen had mijn dochtertje met een pen op de muur getekend en ik was kwaad. Maar ik moest wel gewoon naar mijn werk uiteraard. Ik ben ook gewoon naar mijn werk gegaan. Wat vind je daarvan?

C: (kijkt de therapeute aan met een blik van onbegrip vermengd met vijandigheid; zijn non-verbale boodschap luidt 'jij bent gek met wat je zegt en denk maar niet dat ik van plan ben dit te gaan begrijpen'.)

T: Ik was kwaad en deed toch gewoon mijn werk, dat kan dus. En als ik het kan, kun jij het ook (1). Maar jij kiest daar niet voor (2). Jij denkt: 'ik ben kwaad omdat ik mijn zin niet krijg en dus ...'

C: Moet zij gestraft worden.

T: Zij, je moeder?

C: (met misprijzende blik die zegt: 'achterlijk mens, begrijp me dan toch') Ja.

T: Wat interessant dat je dat denkt: 'als ik lekker kwaad blijf en niet aan mijn huiswerk ga, straf ik mijn moeder'. Straf je ook je vader, of alleen je moeder?

C: Alleen mijn moeder.

T: Waarom alleen je moeder?

C: Zij is het toch van wie ik mijn zin dan niet krijg!

T: O ja, oké, denk je zo. En hoezo straf je je moeder dan?

C: Huh?

T: Ik snap niet zo goed hoe die straf aan je moeder in elkaar zit? (3) Als je haar bonbons afpakt die ze lekker vindt of je strooit zand in haar bed of zo, dat zou ik meer als straf zien, maar ik snap niet hoe zij gestraft wordt als jij kwaad bent en daarom je huiswerk niet maakt. Dat moet je me uitleggen.

C: (opeens toegankelijker) Ik straf natuurlijk ook mezelf.

T: O ja, hoezo dan? (4)

C: (boos) Nou, ik zit hier toch, zij niet!
T: Ja, dat is waar. Maar ik vraag je ouders ook om te komen en mee te werken om het probleem aan te pakken.
Ik vind het wel heel goed dat je dat zo kunt verwoorden, dat je denkt haar te straffen als jij je huiswerk niet doet. Stel je voor dat ik zou zeggen: Joep, ook al ben je nu kwaad, je krijgt tienduizend gulden van me als je toch aan je huiswerk gaat ...
C: Als ik een miljoen win, ga ik helemaal niet meer naar school!
T: En huiswerk voor tienduizend gulden?
C: (schoorvoetend) Dat zou ik wel doen.
T: Dat zou ik ook denken. In ieder geval zegt het dat jij, net als ik, best in staat zou zijn om te werken als je kwaad bent over iets; tenminste als je dat zou willen. Maar dat wil je vanavond niet. Vanavond denk je: als ik met mijn moeder niet mee mag naar Intratuin, ga ik als straf geen huiswerk maken.
C: Ja.
T: Voelt je moeder zich altijd gestraft als jij boos bent op haar?
C: Dat weet ik niet.
T: En voelt ze zich altijd gestraft als jij je huiswerk niet maakt? (5)
C: Dat moet je haar vragen.
T: Dat is geen slecht idee om eens aan haar te vragen of dat zo is, want misschien maakt dat voor jou wel wat uit. Laten we eens kijken wat dat voor jou eigenlijk uitmaakt. Stel je voor dat je moeder zich inderdaad gestraft voelt, wat heb jij daar dan aan?
C: Dan krijg ik de volgende keer wel mijn zin.
T: Hoezo?
C: Als ze boven komt kijken en ze ziet dat ik niks doe, dan hebben we het erover en dan zeg ik bijvoorbeeld als we morgen wel gaan, maak ik morgen mijn huiswerk wel.
T: En dan gaat het ook zo.
C: Niet altijd, maar vaak wel.
T: Maar stel je voor dat je moeder zich niet gestraft voelt.
C: Dan wil ik nog steeds mijn zin hebben.
T: Maar dan zal ze niet toegeven en de volgende dag gaan als je dan nog geen huiswerk gemaakt hebt.
C: Nee, dus dan heeft het geen zin.
T: Wat doe je dan?
C: Dat weet ik niet (en boos erachteraan) maar in ieder geval niet mijn huiswerk maken!
T: Daar moeten we dan misschien de volgende keer maar eens naar kijken. Het is duidelijk dat je moeder soms de beloning al geeft voordat jij huiswerk hebt gemaakt en dat is niet handig van haar. Dat moet ze afleren. (6)

In deze dialoog is de therapeute erop uit om twee ideeën bij Joep aan de kaak te stellen. Het ene idee is 'als ik kwaad ben kan ik mijn huiswerk niet maken' en het andere is 'ik straf mijn moeder door mijn huiswerk niet te maken'.
In deze dialoog wordt een aantal technieken tegelijkertijd gebruikt:
1 'als ik het kan kun jij het ook': het kind wordt op zijn kracht aangesproken;
2 'jij kiest daar niet voor': het kind wordt op zijn eigen verantwoordelijkheid aangesproken;
3 'geen huiswerk = straf voor moeder': de logica van deze bewering wordt bevraagd;

4 ‘hoezo straf je jezelf’: een rationele/logische bewering bestendigen;
5 ‘geen huiswerk = straf voor moeder’: zoeken naar het empirisch bewijs;
6 ‘dat moet moeder afleren’: ouders medeverantwoordelijk maken.

Tevens wordt in de dialoog duidelijk dat de therapeute er niet op uit is dat het kind al tijdens het gesprek zijn ideeën zal veranderen. De therapeute gaat er, integendeel, van uit dat Joep niet van plan is om iets te veranderen. Hij zal dat pas doen als hij er echt van overtuigd is dat dat ook nuttig voor hem zal zijn. Veel pubers zullen niet ter plekke, maar later thuis of zonder dat ze het weten hun irrationele ideeën loslaten. Bovendien wordt duidelijk dat het welslagen van de problematiek in de situatie van Joep mede afhankelijk is van de inspanningen van zijn ouders.

T: Goed, Joep, ik wil nu weer even gewoon verder met wat voor dingen je zoal kunt invoeren om je doel, ‘constanter werken’, te bereiken. Laten we eens samen brainstormen. Wat kun je zoal doen; wat kan jou helpen?

C: Het gewoon doen, natuurlijk.

T: Ja, dat is een goeie. Je kunt het natuurlijk gewoon doen. Wat nog meer?

C: Naar huiswerkklas.

T: Ja, precies. Ik heb begrepen dat je ouders graag willen dat dat gebeurt.

C: Ik sta al ingeschreven.

T: Maar er is nog geen plek, begreep ik.

C: Nee, gelukkig niet.

T: Wat kan er nog meer?

C: Ik weet het niet.

T: Zal ik wat noemen? Want het gaat er nu niet om dat we met een idee komen, maar juist om een heleboel dingen te noemen en daarna te kijken wat we zoal vinden van die ideeën: wat zijn er de voor- en nadelen van? Samen met een vriendje aan huiswerk gaan; is dat er een?

C: Ja; ik zou willen dat ik het net zo kon als Stijn.

T: Oké, daar komen we zo op terug. Een ander idee is om met je moeder iets af te spreken over het tijdstip en de duur van het huiswerk maken. Dat zij je helpt om het zo te doen als jij wilt. En bijvoorbeeld ook af te spreken of je tussentijds wel of niet gecontroleerd wil worden.

C: (begint meteen te zuchten) Pfft, dat doet ze nou ook!

T: Wat doet ze nou ook?

C: Controleren! Dan zit ik net een kwartier boven en dan komt ze met een of andere smoes de kamer binnen om te zien of ik niet zit te spelen. Daar word ik wel zo woest van.

T: Daar kunnen we het straks ook nog verder over hebben. Maar zoals jij het vertelt, heb jij niet je moeder gevraagd iets met jou af te spreken, maar doet zij gewoon wat zij denkt dat goed is.

C: Huh?

T: Heb jij je moeder gevraagd: ‘goh mam, wil jij na een kwartiertje eens binnenkomen om te kijken of ik niet per ongeluk iets anders zit te doen dan huiswerk maken?’

C: Nee.

T: Dat bedoel ik. Als jij het zelf wilt, dan zul je niet woest worden als zij dat doet, want dan weet jij dat het is om je doel te bereiken. En nu weet je dat nog niet. Voelt het alleen maar vervelend; kleinerend misschien?

C: Ja precies.
T: Hebben we nog meer ideeën?
C: Dat van dat belonen, waar we de vorige keer over hebben gesproken.
T: Ja, klopt. Dat zijn er vijf. Laten we ze even op het bord zetten en kijken wat jij ervan vindt. Er zijn misschien nog meer mogelijkheden, maar voor vandaag doen we het even hiermee en dan kunnen we de volgende keer de lijst weer uitbreiden.

(De verschillende methoden worden langsgelopen; samen met Stijn werken wil Joep wel uitproberen.)

In dit gedeelte begint de therapeute met een probleemoplossingsmethode. Over sommige oplossingen die genoemd worden valt zoveel te zeggen dat daar best meer bijeenkomsten voor uitgetrokken mogen worden. Niet één oplossing is de beste. Er hoeft ook niet gewacht te worden totdat alle aspecten van de vijf voorstellen besproken zijn. Alvast een begin maken met een van de opties verhoogt het activiteitenniveau en daarmee de kans op succes en/of meer informatie.

Als Joep de volgende sessie komt blijkt hij constanter aan zijn huiswerk te hebben gewerkt én goede cijfers te hebben gehaald.

T: Hoe is het gegaan van de week met je doel dat je constanter wilt leren werken?
C: Goed, want ik heb goede cijfers gehaald.
T: Ho, dat kan niet, je antwoord is niet goed.
C: (geïrriteerd) Hoezo niet?
T: Ik zeg het ook niet goed, geloof ik. Ik bedoel het anders. Allereerst vind ik het natuurlijk fijn voor jou dat je een goed cijfer hebt (er volgt wat uitwisseling over de vakken en de cijfers).
Kijk, waarom ik een beetje in de war raak en niet meteen een gat in de lucht spring is het volgende. (schrijft op het bord) Jouw doel is: constanter leren werken. We hebben niet als doel opgeschreven 'hoge cijfers halen'. Dat hebben we juist niet gedaan, weet je nog. Misschien hebben we een verkeerd doel gesteld, dat kan, dan moeten we daar weer even naar kijken.
C: Ik wil toch overgaan!
T: Ja, zo hebben we er wel over gesproken, maar we hebben dat overgaan in stukken gehakt. Ik schrijf het nog eens op.

Overgaan
↓ ↑
Voldoendes halen
↓ ↑
Constanter werken

Weet je nog? Wat moet je doen om over te gaan.
C: Betere cijfers halen.
T: En wat moet je daarvoor doen?
C: Constanter werken.
T: (grapt) Of veel geluk hebben. We zagen vorige keer dat jij wel dingen van het geluk laat afhangen of van hoe je pet staat. Ook niet fout, maar in ieder geval heeft je dat nog te weinig voldoendes opgeleverd. Weet je het weer? We hadden eerst de pijltjes naar beneden gezet en daarna de pijltjes naar boven.

Weet je nog waarom we niet gekozen hadden om als doel te stellen: betere cijfers halen?

C: Omdat je daarvoor toch eerst harder moet werken.

T: Precies, en dan ..

C: Weet je nooit zeker of je ook een goed cijfer haalt als je harder gewerkt hebt.

T: Ja precies, nou zijn we er weer. We hebben vastgesteld dat de kans groter is dat je betere cijfers haalt en overgaat als je constanter werkt, maar het kan ook zijn dat je echt je best hebt gedaan en het toch niet lukt. Dan is dat balen natuurlijk, maar dan kun je het gewoon niet beter. Punt uit. Nu weet je niet wat je wel en niet echt kunt en dat is ook vervelend.
Dus laten we eerst eens kijken naar die lijn die we vorige keer ook hadden getekend.

De constanter-werken-lijn

....

1 2/3 5 10

Eerst zat je op 2/3 en waar zit je nu?

C: Op 5 of misschien wel op 6.

(De gedragsitems die hiervoor gezorgd hebben worden geïnventariseerd. Joep heeft bijvoorbeeld inderdaad samen met Stijn huiswerk gemaakt.)

T: Nou, dat is dan mooi van die 5/6, want dan zou je nu al je doel bereikt hebben. Maar ik ben nog niet tevreden.

C: (kijkt geërgerd)

T: Ik zal je uitleggen waarom. Je hebt nu goede cijfers gehaald, maar ik wil dat je ook een slecht cijfer terugkrijgt.

C: Waar slaat dat nou weer op!

T: Omdat ik wil weten wat er bij jou gebeurt als je, terwijl je op het niveau van 5 of 6 hebt gewerkt, toch een onvoldoende haalt.

C: Dat is al gebeurd.

T: Vertel?

C: Ik had een slecht cijfer voor Duits.

T: En heb je dat geleerd de afgelopen week, waarin je constanter gewerkt hebt, of is het langer geleden?

C: Nee, dat is al wat langer geleden en dat kregen we nu pas terug. Meestal krijgen we dingen meteen terug.

T: Ja, dan snap ik het. Dat heb je nog geleerd in de periode dat je op niveau 2/3 werkte. Dat maakt de kans op een onvoldoende veel groter. Kijk, wat ik nu nog niet weet is of het geen toeval is dat je nu constanter gewerkt hebt en betere cijfers haalt. Je kunt een paar nieuwe spelers in een basketbalteam hebben en de eerste de beste wedstrijd daarna winnen. Wil dat zeggen dat die spelers er de oorzaak van waren dat die wedstrijd gewonnen werd?

C: Nou ja, ze hebben die dan toch niet voor niks gevraagd.

T: Nee, dat klopt. Ze denken dat die spelers goed zijn en die jongens die gaan natuurlijk met een geweldige motivatie van start. Want die denken ook dat ze goed zijn. Dat is een goed begin. Maar kun je dan met zekerheid stellen dat het die nieuwe spelers zijn die ervoor gezorgd hebben dat de wedstrijd gewonnen werd en dat ze echt zo goed zijn als gedacht wordt?

C: Nee, dat niet. Het kan beginnersgeluk zijn.

T: Ja, beginnersgeluk, of toeval of, ja van alles eigenlijk.

C: Ja maar je hoopt toch dat dat zo blijft.

T: Natuurlijk hoop je dat, maar die spelers zullen toch hard moeten trainen en dat voortdurend moeten doen, wil de trainer zeggen: 'ja, jullie zijn jullie geld waard'. Zo gaat het toch? En die spelen voor de televisie en zo, dus je gaat wel af als je het verbruit, en misschien helpt ze dat ook wel om constant te trainen. En ze vinden het gewoon leuk natuurlijk. Dat is met schoolwerk vaak niet zo. Dat is nogal eens niet leuk en dat maakt het moeilijker om je in te spannen en ook te blijven inspannen. Stel je voor dat jij de hele dag met je hobby bezig mocht zijn op school.

C: Dan wist ik het wel. Dan stond er een boekenkast vol over vissen!

T: En was het dan moeilijk om op een constantere manier met huiswerk bezig te zijn?

C: Nee, dat is het liefste wat ik doe. Dan zou ik wel hoge cijfers halen!

T: Dat denk ik ook. Maar helaas moet er op school van alles, omdat de minister heeft bepaald dat we meer moeten leren dan alleen maar over vissen of over andere dingen die we leuk vinden. Oké, waar was ik ook weer. O ja, dat ik wil zien dat je op 5/6 gewerkt hebt maar dan toch een onvoldoende haalt.

C: Ja, dag!

T: Het lijkt mij namelijk een goed idee als die basketballer niet moedeloos wordt als hij een keer een wedstrijd verliest terwijl hij toch goed getraind had. Ik begreep vorige keer van jou dat jij moedeloos kunt worden als je voldoende gewerkt hebt en toch een onvoldoende hebt gehaald.

C: (voelt zich een beetje betrapt) Ja dat is ook logisch.

T: Jazeker, maar om echt iets te bereiken, moet je leren jezelf niet uit het lood te laten slaan bij tegenvallers. Dat doe je nu wel en we kunnen beginnen te kijken hoe je dat doet. Als jij van de week weer 5/6 werkt en je krijgt een onvoldoende, dan kan ik samen met jou kijken of je moedeloos wordt en hoe we daarmee om zullen gaan. (7)

C: Ik ga nu gewoon doorwerken hoor!

T: Dat zou heel mooi zijn, want dan zijn we snel klaar.
Ik wil trouwens ook aan de weet komen hoe het kan dat jij, als je er wel voor gewerkt hebt, toch een onvoldoende haalt. Ik wil weten waar dat aan ligt. Want: hoe ga jij daarmee om? Wil jij weten waar dat aan ligt?

C: Hoezo?

T: Bespreek je ooit een onvoldoende na met een leerkracht? (8)

C: (verontwaardigd) Nee!

T: Waarom niet?

C: Dat heeft natuurlijk geen zin. Als je toch al weet dat je niet genoeg gewerkt hebt, ligt het gewoon dááraan.

T: Ja dat klopt, dat is voor de afgelopen periode niet zinvol geweest. Zou het voor de aankomende periode zinvol kunnen zijn?

C: (haalt zijn schouders op)

T: Denk er maar eens over. Ik zal je uitleggen wat de zin ervan kan zijn. Als ik voldoende gewerkt heb aan een stuk en het wordt afgekeurd, dan baal ik daarvan, maar wil ik ook weten wat er dan niet goed was. Want ik ga ervan uit dat ik van mijn fouten kan leren. Maar daarvoor moet ik wel eerst een fout onder ogen durven zien. Hoe gaan mensen meestal om met fouten? (9)

T: (concludeert na een uitgebreidere verkenning van deze vraag) Als ik je goed begrijp komen we tot drie manieren: 'zand erover en doorgaan', 'fouten breed uitmeten' en 'afhaken'. En jij hebt vaak het laatste gedaan, mogelijk omdat je nog geen betere manier gevonden had. We zijn nu op zoek naar manieren die goed werken. Want wat denk je, dat je van je fouten kunt leren?

C: Dat denk ik wel.

T: Maar kennelijk is het niet vanzelfsprekend op jullie school om een leraar te vragen een stuk na te bespreken. Gaan andere leerlingen nooit naar de leraar toe om hun onvoldoende te bespreken?

C: Alleen als de leraar het verkeerd heeft berekend en het eigenlijk een voldoende moet zijn.

T: En de leraar bespreekt de fouten ook niet zelf na?

C: Nee, we krijgen het zo terug en dan moet je het zelf bekijken.

T: Wil jij de leraar bij een onvoldoende daar eens om vragen?

C: Weet ik niet.

T: Wat zou er gebeuren als je dat zou doen? Zou de leraar dat weigeren?

C: Nee, dat denk ik niet.

T: Als je wilt kan ik de leraar vragen om daar anders mee om te gaan. Denk daar maar eens over.

De therapeute kiest er in dit stadium nog niet voor om het ABC-model als zodanig aan Joep uit te leggen. Ze schat in dat hij daar nog niet helemaal voor open staat omdat hij voor zichzelf toch hard blijft volhouden dat het allemaal wel niet zo moeilijk zal zijn, als hij nou maar even 'gewoon zijn huiswerk maakt'. Dat kan kloppen, en de therapeute geeft hem het voordeel van de twijfel. Op punt 7 geeft ze aan dat ook emoties een rol kunnen spelen, waardoor je soms wel wílt werken, maar het niet doet. In een latere sessie, als Joep inderdaad moedeloos blijkt te zijn omdat het niet zo gestroomlijnd gaat als hij zou willen, wordt er ingegaan op zijn cognities: 'ik kan het toch niet', 'mijn zus kan alles en ik ben gewoon de domste thuis', 'ik heb al zoveel geprobeerd, het lukt toch nooit', 'ik krijg later nooit een goeie baan als ik zo doorga'. Allemaal cognities die een fundamentele bijdrage leveren aan zijn ego-angst en lage frustratietolerantie. Deze cognities worden verondersteld mede oorzaak te zijn van Joeps problemen. Het tijdstip waarop deze cognities openlijk besproken en bewerkt worden, hangt af van een aantal ontwikkelingen tijdens de behandeling.

Bij 8 doet de therapeute impliciet een voorstel voor gedragsverandering. Omdat semi-gemotiveerde jongeren zoals Joep niet zo graag ja zeggen tegen gedragsverandering of voorstellen tot inspanningen van hun kant, wordt een voorstel vaker in eerste instantie impliciet geopperd, om er later eventueel expliciet op terug te komen.

Bij 9 verruimt de therapeute de invalshoek van de sessie met het thema 'fouten maken', omdat ze vermoedt dat dit ook een rol speelt in zijn probleem.

Opvallend voor deze sessie is dat er veel tegelijk gebeurt: er wordt veel gezaaid, zij het zonder de verwachting dat er snel geoogst zal worden.

Bijlage 1 Marcels Machtige Monster[1]

Marcel Martens had een Machtig Monster. Marcels Monster was er altijd als hij het nodig had. Als Marcel zijn zin niet kreeg of iets kreeg wat hij niet hebben wilde, als Marcels vriendjes niet met hem wilden spelen of niet de spelletjes wilden spelen die hij leuk vond, als zijn vader zei dat hij iets moest doen of juist zei dat hij iets niet mocht doen... dan kwam Marcels Machtige Monster te voorschijn. Marcel kon zijn Monster te voorschijn halen door te DENKEN!

Wat denk je dat Marcel dacht? Door welke gedachten kwam zijn Monster te voorschijn?
Veel van Marcels gedachten zagen er zo uit: 'Het is vreselijk dat ik mijn zin niet krijg!', 'Ik kan het niet uitstaan als het niet zo gaat zoals ik wil!', 'De anderen zouden moeten doen wat ik wil!', 'Mijn vriendjes zijn afschuwelijk als ze niet met me willen spelen! Ze verdienen straf!'.
Marcels Monster was echt angstaanjagend om te zien. Het had een gemene vuurrode kop met grote scherpe tanden. Het schreeuwde en brulde. Het stampte met zijn poten en schopte met zijn voeten. Iedereen die Marcels Machtige Monster zag, was er bang voor.

Hoe denk je dat Marcel zich voelde als zijn Monster te voorschijn kwam?
Hij voelde zich boos!

Weet je waar Marcels Monsterlijke boosheid vandaan kwam?
Hij werd boos door wat hij DACHT!

Hoe denk je dat Marcels vader en moeder zijn Machtige Monster vonden? Denk je dat ze het leuk vonden? En hoe vonden Marcels vriendjes zijn Monster, en zijn meesters en juffen? Wat dachten zíj?
Marcels ouders waren boos op het Monster omdat het zoveel lawaai maakte en zo stout was. Ze dachten bij zichzelf: 'Marcel moet zichzelf beter onder controle houden', en ze gaven Marcel elke keer straf als hij zijn Monster te voorschijn haalde. Marcels vriendjes waren bang voor het Monster. Ze renden hard weg als het te voorschijn kwam. De meesters en juffen van Marcel waren verdrietig en over hun toeren als Marcels Machtige Monster op school verscheen. 'Wat is het toch jammer dat Marcel zijn Monster er steeds bij haalt', dachten ze. 'Hij zou een veel aardiger jongetje zijn zonder dat Monster.' En ook dachten ze vaak: 'Wat is het moeilijk om les te geven als dat Monster in de klas zit.' Ze lieten Marcel daarom elke keer nablijven als hij zijn Monster te voorschijn had gehaald.

---

1 Een van de verhalen uit Waters (1980), vertaald door Esther ten Brink.

Hoe denk je dat Marcel zijn Machtige Monster vond als zijn ouders hem straften, zijn vriendjes wegrenden en hij van zijn meesters en juffen na moest blijven?
Marcel kreeg genoeg van zijn Monster. 'Ik schiet helemaal niets op met jou, Monster', zei hij. 'Je zorgt er helemaal niet voor dat ik mijn zin krijg en je bent helemaal niet zo machtig als ik dacht.' 'Dat is niet mijn fout', zei het Monster. 'Het zijn je eigen toverwoorden. Elke keer als je tegen jezelf de toverwoorden zegt 'het is vreselijk', 'ik kan het niet uitstaan!', of 'je bent een afschuwelijk persoon!'... dan kom ik te voorschijn. Dat is de regel.'
'Ooohhh', zei Marcel, 'Je bedoelt dat als ik de toverwoorden niet zou zeggen jij ook niet verschijnt?' 'Nou bijna', zei het Monster, 'maar zo simpel is het niet helemaal. Je moet niet alleen je woorden veranderen maar ook je gedachten, en dat zul je eerst goed moeten oefenen.' 'Waarom vertel je me dit eigenlijk?', vroeg Marcel achterdochtig. 'Omdat ik zo moe word van steeds weer te voorschijn komen. Jij zegt de toverwoorden de hele tijd. Ik word er bekaf van! Ik zou best eens lekker op vakantie willen en dan ergens op een strand gaan luieren.' 'Oh', zei Marcel, 'nou, ik zal eens gaan oefenen met dat anders gaan denken en dan merk ik wel of het werkt.'
Dus elke keer als dingen niet zo gingen als Marcel het wilde, deed hij ontzettend zijn best de toverwoorden te veranderen.

Hoe denk je dat Marcel de toverwoorden veranderde en de gedachten die erbij hoorden?
Hij veranderde 'het is vreselijk!' in 'het is echt jammer'. Hij veranderde 'ik kan het niet uitstaan!' in 'ik vind het niet leuk, maar ik kan er wel tegen'. 'Ik moet mijn zin hebben!' veranderde hij in 'ik zou het fijner vinden als ik mijn zin wél kreeg, maar het moet niet per se'. Hij veranderde 'mijn vriendjes zijn afschuwelijk als ze niet doen wat ik wil en moeten daarvoor straf hebben!' in 'ik vind hoe ze doen niet altijd leuk, maar ja, het zijn gewoon kinderen die net als iedereen wel eens stom doen, en ik kan nog wel vriendjes met ze zijn'.
En zo kwam Marcels Machtige Monster minder en minder vaak te voorschijn.

Wat denk je dat de vader en moeder van Marcel vonden van de verandering in Marcels gedrag? En zijn vriendjes? En de meesters en juffen?
Marcels vader en moeder werden haast nooit meer boos op hem en ze hoefden hem haast niet meer te straffen. En zijn vriendjes waren niet meer bang voor hem en speelden steeds vaker met hem. En ook de meesters en juffen waren heel tevreden en hij hoefde niet meer na te blijven.
'Nu ik me niet meer zo vaak boos voel, loopt het vaker zoals ik wil', zei Marcel. 'Ik ben zo blij dat ik geleerd heb hoe ik ervoor kan zorgen dat het Monster niet meer te voorschijn komt!'. En Marcel ging door met het oefenen anders te denken. Het Monster kwam steeds minder vaak en áls het kwam was het lang niet meer zo machtig als het geweest was.

Heb jij ook zo'n machtig Monster?

Bijlage 2 Ludwig leert glimmen[1]

Ludwig van Lichtenstein zat in een seringenstruik te kniezen. Hij zag zelfs de scharlaken rode en gouden zonsondergang niet. En hij rook de zalige geur van de bloesem van de seringen ook niet.
'Wat afschuwelijk', steunde Ludwig bij zichzelf. 'Wat volslagen afschuwelijk om een glimworm te zijn die niet kan glimmen. Ik kan net zo goed een vlieg of een mug zijn. Een glimworm die niet kan glimmen is een totale mislukking. Ik ben een schande voor mijn familie.'
Ludwig zat mismoedig te kijken naar de andere glimwormen die zwak glommen terwijl de zon onderging en het ging schemeren. Hij was een mooi exemplaar, in vele opzichten. Hij had sierlijke voelsprieten, wonderschone vleugels en een lange, spits toelopende staart. Ludwigs enige gebrek was dat hij niet kon gloeien en glimmen zoals de anderen in zijn familie en dat was het ergste gebrek dat een glimworm kan hebben.
'De anderen moeten iets weten wat ik niet weet', dacht Ludwig, 'want zij glimmen en flikkeren zonder moeite terwijl ik hijg en puf zonder zelfs maar een schijnseltje. Ik vraag me af wat of wie hen doet glimmen.'
Ludwig besloot dat hij niet langer wilde kniezen en dat hij er genoeg van had een onverlichte glimworm te zijn. Daarom verliet hij de tak in de seringenstruik en vloog op onderzoek uit om te kijken hoe hij kon leren glimmen.
Zijn eerste halte was een kamperfoeliestruik waar Linda en Laura Glimworm helder glommen tussen de geurige bloesem. Ludwig was een beetje verlegen om aan hen iets te vragen maar hij bedacht dat hij niets te verliezen had en alles te winnen, als hij kon leren glimmen.
'Hallo', zoemde Ludwig, 'vind je het erg als ik je een persoonlijke vraag stel?' 'Nou,' giechelden Laura en Linda lichtjes blozend 'dat hangt ervan af. Wat is de vraag?' 'Wat doet jullie glimmen?' 'Wat bedoel je?', antwoordden Linda en Laura. 'Hoe beginnen jullie te gloeien? Wat maakt dat jullie glimmen?', vroeg Ludwig. 'Oh, dat', verzuchtten Linda en Laura opgelucht, 'wij zijn er niet zeker van, maar we denken dat de kamperfoelie het doet. Steeds wanneer we in de buurt van deze heerlijk geurende bloesem komen gloeien we op. Dus we denken dat de bloesem ons doet glimmen.'
Dat hielp Ludwig helemaal niet want hij had al een tijdje met Linda en Laura gesproken, vlak bij de kamperfoelie, en zijn staart was nog steeds donker. Ludwig bedankte Linda en Laura en vloog verder.
Zijn volgende halte was een tomatenstruik waarin Louis Lichtpuntje luierde. 'Louis, ik heb je een zeer belangrijke vraag te stellen', zei Ludwig. 'Garrrp', gloeide Louis, 'garrp, garrp.' 'Wat? Ik kan je niet verstaan', antwoordde Ludwig. 'Garrp', zei Louis, 'ik kan niet duidelijk praten met een volle mond', zei hij, zorgvuldig zijn mond afvegend met een tomatenblad. 'Heerlijk', glom Louis die nogal een lekkerbek was. 'Louis, ik heb een ernstige vraag. Dus aandacht alsjeblieft en

1 Een van de verhalen uit Waters (1980), vertaald door de heer en mevrouw Muller.

neem geen volgende hap voordat je hebt geantwoord.' 'Vertel', slikte Louis. 'Wat brengt je aan het glimmen?' vroeg Ludwig. 'Dat is gemakkelijk,' antwoordde Louis, 'tomaten maken dat ik glim. Het gloeit waanzinnig iedere keer als ik tomaten en andere verrukkelijke heerlijkheden eet', zei Louis, nog een hap van een tomaat nemend. 'Het is te proberen', zei Ludwig terwijl hij zijn tanden zette in een vlakbij hem hangend tomaatje. Geen gloeisel. Hij nam een grotere hap. Nog geen schittering. Hij nam een kolossale hap en verslikte zich, maar gloeien, ho maar. 'Ik denk dat ook tomaten mij niet laten gloeien', jammerde Ludwig teleurgesteld toen hij wegvloog om Govert Glimgraag op te zoeken.

Govert woonde in een frambozenstruik en flikkerde gedurende het lied van een nachtegaal, die een serenade bracht vanaf een nabijgelegen tak. 'Govert, ik heb een belangrijke vraag aan je', zei Ludwig. 'Sssssttt', siste Govert. 'Dit is mijn favoriete deel van het lied', terwijl zijn staart prachtig gloeiend licht gaf. 'Nu dan,' zei Govert, terwijl zijn glimmen minder werd bij de wegstervende tonen van het lied van de nachtegaal, 'wat is er zo belangrijk waarvoor ik zelfs mijn concert moet onderbreken?' 'Hoe laat je jezelf glimmen?' vroeg Ludwig aarzelend. 'Ik laat mezelf niet glimmen, dat doet de nachtegaal. Steeds als ze zingt, gloei ik, en dat blijft zo tot ze stopt met zingen. Zij heeft zo'n fluwelen stem, ik volg haar overal. Hoor… nou stil zijn, ze begint weer te zingen.' Ludwig wachtte terwijl de nachtegaal een ander lied zong, in de hoop dat haar gezang hem ook deed glimmen. Maar hoe de nachtegaal ook zong, aan het einde van het lied glom Ludwig niet.

Weer vloog hij weg en dit keer vloog hij direct naar Lucia Lampie die schitterde in een lepelboom. Lucia was een van de wijste gloeiwormen en beroemd om haar langdurig gloeien. 'Lucia, ik heb je een belangrijke vraag te stellen. Hoe laat je jezelf glimmen?' vroeg Ludwig voor de vierde keer. 'Oh, er zijn veel verschillende manieren om te gloeien', antwoordde Lucia peinzend. 'Ik ken al een heleboel manieren die niet werken,' zei Ludwig, 'dus stel geen kamperfoelie, tomaten of nachtegalen voor want die werken bij mij niet.' 'Natuurlijk werken die bij jou niet', antwoordde Lucia. 'Niettemin zijn er veel verschillende manieren om te glimmen. Maar er is slechts één ding dat jou doet glimmen en dat ben jijzelf.' 'Ik begrijp het niet,' kreunde Ludwig, 'ik heb alles geprobeerd en ik kan niet glimmen, wat ik ook doe!' 'Geen wonder!' antwoordde Lucia. 'Het werkt niet als je depressief bent, kwaad of angstig, en jij klinkt alsof je alledrie bent. Het eerste wat je moet doen is kalmeren.' 'Hoe doe ik dat?', jammerde Ludwig. 'Door aan iets rustgevends te denken', antwoordde Lucia. 'Begrijp je, gevoelens komen van gedachten en als je aan iets rustgevends denkt, zul je je kalmer gaan voelen.' Ludwig stelde zich voor dat hij in een groot veld vol met klaver was, op een zonnige namiddag. Hij begon te merken dat hij zich rustiger voelde en hoe meer hij dacht aan het klaverveld hoe rustiger hij zich voelde. 'Dat is beter', zei Lucia, die het verschil opmerkte. 'Nu ben je klaar om te leren gloeien. Denk aan iets dat je fijn vindt of dat je plezier doet.' Ludwig dacht aan een volle maan op een heldere warme avond. Hij stelde zich voor het tjirpen van de krekels te horen en voelde een zacht windje zijn vleugels rimpelen. Hij hunkerde met plezier. Hij voelde zich voor het eerst in tijden gelukkig. 'Kijk eens naar jezelf', zei Lucia, en Ludwig draaide langzaam zijn hoofd om en gluurde over zijn schouder. Hij gloeide! Hij glom voor de allereerste keer! 'Wauw! Hoe deed ik dat?', vroeg Ludwig. 'Door blijde gedachten te hebben', antwoordde Lucia. 'Ieder keer als je aan iets plezierigs denkt, voel je je blij en ga je glimmen. Om te gloeien moet je blij denken.' 'Maar wat moet ik doen als het uitgaat en ik niet meer kan glimmen?' vroeg Ludwig terwijl zijn gloeien zwakker werd. 'Het ligt aan jou of je blijft gloeien en glimmen', antwoordde Lucia. 'Steeds als je negatieve gedachten hebt zoals bij je bezoek aan Linda, Laura en de anderen, zul je niet glimmen. Steeds wanneer je blije en positieve gedachten hebt ga je gloeien en blijf je glimmen. Je laat jezelf glimmen en alleen jij hebt de kracht om steeds weer te gloeien.' 'Ik denk dat ik het begrijp', zei Ludwig. 'Het was niet de kamperfoelie die Linda en Laura deed gloeien, of de tomaat die Louis liet glimmen, of de nachtegaal die Govert verlichtte. Zij lieten zichzelf glimmen omdat zij van dat alles hielden en ik kan mijzelf laten glimmen door aan dingen te denken waar ik van houd', stelde Ludwig vast. 'Dat is het precies!', viel Lucia bij. 'Waarom probeer je het niet meteen uit?' 'Rozen', zei Ludwig 'gele rozen.' Schittering. 'Zonsondergangen', zei Ludwig. Flikker, flikker. 'Maanlicht en goudsbloemen', ging Ludwig verder. Knipper, knipper, knipper. 'Ik denk dat ik het heb! Zo lang als ik blijde gedachten heb, blijf ik gloeien en niemand anders dan ik kan het uitzetten. Ik heb alle kracht die ik nodig heb om te glimmen helemaal in mijn hoofd!' zei Ludwig, plezierig opgewekt glimmend in het maanlicht.

Ludwig werd beroemd onder de glimwormen om zijn schitterend glimmen doordat hij steeds weer gelukkige gedachten had.

Bijlage 3 Fasha, Dasha en Sasha Eekhoorn[1]

Fasha, Dasha en Sasha Eekhoorn woonden in het Grote Bos. Zij woonden in een huisje in een knusse oude boom. Iedere herfst, als hun staarten borsteliger werden en hun pelzen dikker, dribbelden zij door het Grote Bos om noten te verzamelen om op te eten tijdens de lange winter. Omdat zij in hun huisje niet genoeg ruimte hadden om alle noten op te slaan, verstopten zij de meeste noten in een boomstronk aan de andere kant van de wei. De stronk leek verwilderd en dood en dus was het een veilige plaats om er hun notenvoorraad op te slaan.
Op een ijskoude morgen werden Fasha, Dasha en Sasha hongerig wakker, net toen er een waterig zonnetje hun boom binnenscheen. Zij rekten zich uit, geeuwden en holden uit hun warme nest naar buiten. 'Ik heb zo'n honger dat ik wel een hele notenboom zou kunnen opeten', zei Fasha terwijl hij met zijn lippen smakte. 'Ik heb zo'n honger dat ik wel een heel paard zou kunnen opeten', zei Dasha, op en neer dansend. 'Doe niet zo gek! Eekhoorns eten geen paarden. Wij zijn vegetariërs', zei Sasha. 'En we zullen niets eten als we hier blijven rondhangen en alleen maar nadenken over wat we zullen gaan eten', vervolgde Sasha, 'laten we gaan!' En even later liepen Fasha, Dasha en Sasha over de besneeuwde wei in de richting van de boom waar ze hun notenvoorraad hadden opgeslagen. Toen ze ongeveer halverwege de wei waren, waar de sneeuw al aan het smelten was, konden ze ineens niet meer verder. Zoiets hadden zij nog nooit gezien, zo enorm, zo vreselijk, zo bedreigend. De weg was versperd door de grootste muur van sneeuw die zij ooit hadden gezien. De enorme sneeuwmuur leek tot in de hemel te reiken. Hij had geen begin en geen einde. Hij had geen bovenkant en geen onderkant. Het ergste van alles was dat Fasha, Dasha en Sasha nu niet meer bij hun noten konden komen. En die hadden ze nog wel zo netjes opgeslagen in een boom. Maar die boom was nu aan de andere kant van de muur. Hoe denk je dat ze reageerden?

Wat denk je dat ze deden?
Ik zal je een tip geven! Zij hadden er alledrie een ander gevoel bij en ze deden ook wat anders.
Fasha werd kwaad. Hij dacht: 'Ik kan er niet tegen dat die muur er is. Hij hoort hier niet te zijn; hij is er nooit geweest. Ik kan er niet tegen als ik niet krijg wat ik wil. Ik moet mijn noten hebben! Ik heb recht op mijn noten. Wie die muur daar heeft neergezet moet worden gestraft. Wat moet er van deze wei worden? Het is gewoon niet goed dat die muur er staat.' Terwijl Fasha dit bij zichzelf dacht, rende hij in kringetjes rond tot hij duizelig werd. Daarna trapte hij met zijn voor- en achterpoten tegen de muur en sloeg er met zijn hoofd tegen. Hij kreeg er behoorlijk hoofdpijn van.
Dasha werd depressief. Hij dacht: 'Het is vreselijk, het is afgrijselijk, het is verschrikkelijk dat die muur er is. Het is het ergste wat mij kan overkomen. Ik zal nooit bij mijn noten komen. Ik zal waarschijnlijk nooit meer eten. Deze muur zal

1 Een van de verhalen uit Waters (1980), vertaald door de heer en mevrouw Muller.

altijd blijven bestaan en ik zal mijn noten nooit krijgen. Oh, ik zal doodgaan van de honger en het is allemaal mijn fout. Wat ben ik toch een stomme eekhoorn om mijn noten aan de andere kant van de wei te verstoppen. Ik had moeten weten dat zoiets als dit zou kunnen gebeuren.' Dasha was zo negatief over zichzelf dat hij voor de muur in de sneeuw ging liggen, huilend en snikkend: 'Ik deug ook nergens voor! Ik ben echt een minkukel!'
Sasha reageerde alert. Hij dacht: 'Hmmmmmm, een muur, wat vreemd! Ik wou dat hij er niet was, want ik heb honger en zou graag wat noten eten. Maar hij is er en hij gaat vast niet weg omdat ik het nou toevallig niet leuk vind. Het is wel vette pech en erg ongemakkelijk dat die muur er staat en ik zo niet bij de noten kan komen. Maar door mijzelf van streek te maken gaat de muur niet weg en er zijn ergere dingen, denk ik dan maar.' Dus koos Sasha ervoor te proberen te accepteren dat de muur er was, in plaats van te eisen dat hij er niet zou moeten zijn, zoals Fasha deed, of er een ramp van maken, zoals Dasha had gedaan. Het gevolg was dat Sasha geen hoofdpijn had zoals Fasha door met zijn hoofd tegen de muur te slaan. En ook geen bevriezingsverschijnselen zoals Dasha, van het huilen in de sneeuw. Hij kon juist nog goed nadenken over wat ze moesten doen.

Hoeveel verschillende manieren kun jij bedenken?
Sasha bedacht wel twaalf oplossingen:
1 Wachten tot de sneeuw gesmolten is.
2 Een gat graven onder de muur.
3 Een gat graven door de muur.
4 Over de muur klimmen.
5 Proberen om de muur heen te gaan.
6 Ergens anders noten zoeken.
7 Naar huis gaan en kijken of er wat resten van noten zijn.
8 Naar Spanje verhuizen.
9 Een vuur stoken en de muur verbranden.
10 Beginnen met sneeuw te eten.
11 Weer naar bed gaan en kijken of dit allemaal een droom is.
12 Andere eekhoorns vragen om samen door de muur heen te graven.

Toen zei Sasha tegen Fasha en Dasha: 'Jullie maken alles nog veel erger door te doen zoals jullie doen! Zie je niet dat door boos of depressief te worden jullie geen van beiden meer een oplossing kunnen bedenken voor het probleem. Houd op, eekhoorns, en help me graven!'
Dus sloeg Fasha niet meer met zijn hoofd tegen de muur en Dasha huilde niet langer en samen begonnen zij door de muur te graven. Tijdens het graven floten zij het 'eekhoorn-werkers-lied' en begonnen het bijna leuk te vinden wat zij aan het doen waren. Fasha vergat zijn boosheid, Dasha vergat zijn depressie en Sasha bleef opletten of alles wel goed ging. Het duurde niet lang voordat zij aan de andere kant van de muur waren en zij rolden pardoes in de boom waar hun noten in lagen.
'Ik denk dat we vandaag niet van honger zullen omkomen', zei Dasha. 'Ja maar, vergeet niet wat we van dit verhaal hebben geleerd!', zei Sasha. 'Want eekhoorns die kwaad of depressief worden bij tegenslag kunnen niet meer goed opletten en vinden dan hun noten niet. Dus als je wilt eten, blijf dan kalm, denk na en sta stevig op je poten!'

Bijlage 4 Literatuursuggesties en websites voor kinderen en jeugdigen

Dood

van grootouders:
D. Bruna, *Lieve oma Pluis*. Mercis Publishing, 1998 (leeftijd 2-5 jaar).
B. Cole, *Doodleuk*. Davidsfonds, 1996 (leeftijd 3-6 jaar).
F. Hübner & K. Hocker, *De allerbeste oma van de wereld*. De vier windstreken, 1997 (leeftijd 4+).

van ouders:
I. van Dongen, *Dag papa in de hemel*. Kwadrant, 1999 (leeftijd 3-6 jaar).
Y. van Emmerik, *En opeens is alles anders*. Lannoo, 1997 (leeftijd 9+).
I. van Eussen, *Ik krijg tranen in mijn ogen als ik aan je denk*. De bonte bever, 1999 (leeftijd 4+).

van broer of zus:
A. Lindgren & I. Wikland, *De gebroeders Leeuwenhart*. Ploegsma, 1999 (leeftijd 9+).
B. Masini & K. Deroo, *Schaduwbroer*. Lannoo, 1999 (leeftijd 9+).

van een vriend(in):
A. Chaimbers, *Je moet dansen op mijn graf*. Querido, 1998 (leeftijd 14+).
K. Mazetti, *Het is uit tussen God en mij*. J.H. Gottmer/H.J.W.Becht, 1999 (leeftijd 12+). Thema: een zelfgekozen dood.
R. Thonen & A. Schaap, *In het gras en over het ijs*. Uitgeversmaatschappij Holland, 1997 (leeftijd 6+).
M. Velthuijs, *Kikker en het vogeltje*. Leopold/Elzenga, 1991 (leeftijd 3-6 jaar).

van een huisdier:
J. Viorst & E. Blegard, *Dat is heel wat voor een kat, vind je niet?* J.H. Gottmer/H.J.W. Becht, 1999 (leeftijd 3-6 jaar).

Scheiding

C. Boendermaker & J. Roekamp, *Ik heb twee beren*. Kimio Uitgeverij, 1995 (leeftijd 2-5 jaar).
B. Cole, *Twee van alles*. Lemniscaat, 1998 (leeftijd 3-6 jaar).
C. Voigt, *Van kwaad tot erger*. Lemniscaat, 1998 (leeftijd 12+).

Verhuizing

I. Dros & H. Geelen, *Dit is het huis bij de kromme boom*. Querido, 1998 (leeftijd 3-6 jaar).
V. den Hollander & D. Stam, *Een huis vol dozen*. Van Holkema & Warendorf, 1998 (leeftijd 4+).

Homoseksualiteit

meiden:
E. Burgersdijk & A. Klusman, *Meidenboek: voor en door meiden die op meiden vallen*. Schorer Boeken, 1999 (leeftijd 14+).

Ziekte

F. Peneder, *Het dagboek van Floortje Peneder*. Nijgh &Van Ditmar, 1994 (leeftijd 14+). Thema: meisje krijgt kanker en overlijdt hieraan.

Psychiatrische opname

M. Meester, *Uit balans. Twee jaar in een psychiatrische inrichting*. De Geus, 1994 (leeftijd 14+).

Als een ouder een psychiatrische stoornis heeft:
R. Berghout, *Een gewoon gelukkig gezin: Jeugdherinneringen aan een manisch depressieve moeder*. Babylon/De Geus, 1994 (leeftijd 16+).
G. Bohman, *Fia en de toverknoop*. Christofoor, 1996 (leeftijd 12-16 jaar).
C. Cornielje, *Een toetje van knikkers*. Baarn, La Rivière, 1998 (leeftijd 8-12 jaar).
R. Mestrine, *Oom Niek en de nieuwe kerstboom*. Mo Art & Design, 1998 (leeftijd 8-12 jaar).
S. Mileau, *Anne*. Van Holkema & Warendorf, 1996 (leeftijd 8-12 jaar).
L. Rood, *De papa-tijd*. Zwijssen, 1996 (leeftijd 8-12 jaar).

Als een kind een psychiatrische stoornis heeft

psychose:
S. Anstadt, *Al mijn vrienden zijn gek; de dagen van een schizofrene jongen*. BZZTôH, 1984 (leeftijd 16+).
T. Gladdiness, *Teddywolk*. Van Holkema & Warendorf, 1996 (leeftijd 12-16 jaar).

Adoptie

D. Brodzinsky, *Geadopteerd: een leven lang op zoek naar jezelf*. Ambo, 1997 (leeftijd 16+).

Seksueel misbruik

meisjes:
T. Dubbelaar, *Een dag om te onthouden*. Ploegsma, 1997 (leeftijd 9+).
J. Glansbeek, *Weg uit de Peel*. Uitgeverij Piramide, 1994 (seksueel misbruik in de kerk) (leeftijd 9+).

jongens:
D. Billiet, *Een muur van lege blikken*. Uitgeverij Bakermat, 1997 (over pedofilie van vader) (leeftijd 9+).
M. Delfos, *Blijf van me af*. Harlekijn, 1996 (leeftijd 9+).
S. van Mol, *Dan kleurt het water rood*. Uitgeverij Clavis, 1994 (leeftijd 9+).

Lichamelijk misbruik

meisjes:
L. van Grootel, *Nina Regenboog*. Uitgeversmaatschappij Holland, 1998 (leeftijd 9+).
A. de Vries, *Blauwe plekken*. Lemniscaat, 1992 (leeftijd 9+).

jongens:
G. Dendooven, *De meester is een schat*. Uitgeverij Infodok, 1991 (leeftijd 9+).
V. Hazelhof, *Niks gehoord, niks gezien*. Querido, 1997.

Geestelijk en lichamelijk misbruik

meisjes en jongens:
M. van den Berg, *Ik wil je mijn geheim vertellen*. Kok Voorhoeve, 1997 (leeftijd 9+).
H. Dorrestijn, *Brandnetels en andere verhalen*. Bert Bakker, 1995 (leeftijd 9+).
J. Glansbeek, *Tante Pech en de pechvogeltjes*. Uitgeverij Piramide, 1994 (leeftijd 9+).

Meiden, algemeen

R. Clarijs, T. Dowit & M. Valkenstijn (red.), *Eindelijk zelfstandig?! Meiden spreken zich uit over hun toekomst*. Acco, 1991 (leeftijd 13+).

Websites

Algemeen

www.kindertelefoon.nl
Een site waar je telefoonnummers kunt opvragen van kindertelefoons in de regio. Tevens geeft de site veel links naar andere kinderwebsites zoals:
Stichting Jeugdinformatie Nederland
Pestenpagina van de Stichting Jeugdinformatie Nederland (voor ouders)
Stichting Belangen Nederlandse Dove Jongeren e.a.

Anorexia en boulimia

www.sabn.nl
Stichting AN en BN (leeftijd 16+)

De dood

www.uitvaart.nl/regenboog
Een website speciaal voor kinderen vanaf 10 jaar.

Homoseksualiteit

www.homojongeren.net
Een info-website voor homojongeren.

www.expreszo.nl
Een tijdschrift voor homoseksuele, lesbische en biseksuele tieners.

www.gayteen.nl
Een chatbox voor homoseksuele tieners.

www.xs4all.nl/~nvihcoc/meiden.html
Een info-website met mogelijkheden tot chatten voor lesbische of biseksuele meiden.

Kindermishandeling

Via www.kindertelefoon.nl: naar link Kindermishandeling

Seksualiteit

Via www.rutgers.nl
De Rutgers Stichting (leeftijd 12+). Er is een deel voor kinderen vanaf 12 jaar waar boeken en folders aangevraagd kunnen worden en algemene informatie wordt gegeven.

Seksueel misbruik

geocities.com/wellesley/veranda/3364
Zelfhulp-site waar gepraat kan worden met lotgenoten en waar adressen staan voor hulp (leeftijd 14+).

Verslavingen

Via www.jellinek.nl: De Jellinek Kliniek (leeftijd 16+)

Ziekenhuisopname

www.sterrekind.nl
Een site voor kinderen die opgenomen zijn in een algemeen kinderziekenhuis (leeftijd 6+).

Literatuur

Ainsworth, M.D.S., Blehar, M.C., Waters, E., & Wall, S. (1978). *Patterns of attachment*. Hillsdale NJ: Lawrence Erlbaum.

American Psychiatric Association (APA) (1994). *Diagnostic and statistical manual of mental disorders. DSM-III-R* (third edition, revised) en *DSM-IV* (fourth edition). Washington DC: APA.

Arntz, A. (1991). Principes en technieken van de cognitieve therapie. *Directieve therapie, 11*(4), 252-268.

Awards for Distinguished Professional Contributions: 1985 (1986). *American Psychologist, 41*, 380-397.

Barkley, R.A. (1998). *Opstandige kinderen*. Lisse: Swets & Zeitlinger.

Bernard, M.E., & Joyce, M.R. (1984). *Rational-Emotive Therapy with children and adolescents. Theory, treatment strategies, preventative methods*. New York: John Wiley & Sons.

Bernard, M.E., & Joyce, M.R. (1991). RET with children and adolescents. In: M.E. Bernard, *Using Rational-Emotive Therapy effectively*. New York: Plenum Press.

Bernard, M.E., & Joyce, M.R. (1993). Rational-Emotive Therapy with children and adolescents. In: Th.R. Kratochwill & R.J. Morris (Eds.), *Handbook of psychotherapy with children and adolescents*. Boston: Allyn & Bacon.

Bosch, J.D., & Seys, D.M. (1998). Mediatietherapie en operante technieken bij ouders, leerkrachten en in de residentiële setting. In: P.J.M. Prins & J.D. Bosch, *Methoden en technieken van gedragstherapie bij kinderen en jeugdigen*. Houten/Diegem: Bohn Stafleu Van Loghum.

Bowlby, J. (1973). *Attachment and loss: Vol 2 seperation*. London/New York: Hogarth Press.

Braet, C., (1997). *De Dappere Kat: protocolbehandeling voor angstige kinderen.* Vertaling en bewerking van Ph.C. Kendall's *Coping Cat*. Interne publicatie Universiteit van Gent.

Braet, C., & Scholing, A. (1999). Cognitieve therapie bij kinderen en jeugdigen. In: S.M. Bögels & P. van Oppen (red.), *Cognitieve therapie. Theorie en Praktijk*. Houten/Diegem: Bohn Stafleu Van Loghum

Brink, E. ten (1998). *Hoe kleiner hoe fijner*. Doetinchem: Graviant.

Broeck, N. van (1993). *Behandeling van zieke kinderen*. Houten/Diegem: Bohn Stafleu Van Loghum.

Broeck, N. van, & Braet, C. (1998). Zelf-controletechnieken en cognitieve gedragstherapie. In: P.J.M. Prins & J.D. Bosch, *Methoden en technieken van gedragstherapie bij kinderen en jeugdigen*. Houten/Diegem: Bohn Stafleu Van Loghum.

Byng-Hall, J. (1995). *Rewriting family scripts. Improvisation and systems change*. New York: The Guilford Press.

Camp, B.W., & Bash, M.A. (1981). *Think aloud. Increasing social and cognitive skills. A problem-solving program for children*. Champaign, IL: Research Press.

Cassidy, J., & Shaver, Ph.R. (1999). *Handbook of attachment theory, research and clinical implications*. New York: The Guilford Press.

Cladder, A., & Waart, M.B.C. de (1997). Een cognitief gedragstherapeutisch programma. *Kind & Adolescent, 18*, 4, 200-217.

Cladder, J.M. (1999). *Oplossingsgerichte korte psychotherapie*. Lisse: Swets & Zeitlinger.

Cladder, J.M., Nijhoff-Huysse, M., & Mulder, G. (1998). *Gedragstherapie met kinderen en jeugdigen*. Lisse: Swets & Zeitlinger.

Colijn, S., & Muller, N. (2000) *Draaiboek en handleiding Anger Control Training voor pubers en adolescenten*. Interne publicatie PostAcademisch Onderwijs Leiden.

Diekstra, R.W.F., Knaus, W.J., & Ruys, T. (1982). *Rationeel-Emotieve Educatie. Een trainingsprogramma voor kinderen en volwassenen*. Lisse: Swets & Zeitlinger.

DiGiuseppe, R. (1989). Cognitive therapy with children. In: A. Freeman, K. Simon, L. Beutler & H. Arkowtz (Eds.), *Comprehensive handbook of cognitive therapy*. New York: Plenum Press.

Dronkers, F. (2000). Wat mag en wat moet. *De Psycholoog, 35*(11), 529-530.

Eenhoorn, A.E. (1998). *Samen met Joep Loep speuren naar sporen*. Doetinchem: Graviant.

Ellis, A., & Bernard, M.E. (1983). *Rational-Emotive approaches to the problems of childhood*. New York: Plenum Press.

Feindler, E.L., & Ecton, R.B. (1986). *Adolescent anger control*. New York: Pergamon Press.

Flannery-Schroeder, Henin, A., & Kendall, Ph.C. (1996). Cognitive-behavioral treatment of internalising disorders in Youth. *Behaviour Change, 13*(4), 207-221.

Friedberg, R.D. (1994). Storytelling and cognitive therapy with children. *Journal of Cognitive Psychotherapy: an International Quarterly, 8*(3), 209-217.

Gaag, R.J. van der & Mulder, G.A. (1994). Cognitieve psychotherapie bij kinderen met PDD-NOS in een residentiële setting. *Tijdschrift van de Vereniging voor Kinder- en Jeugdpsychotherapie, 21*(2), 64-77.

Haan, E. de (1998). Gedragstherapie bij adolescenten. In: P.J.M. Prins & J.D. Bosch, *Methoden en technieken van gedragstherapie bij kinderen en jeugdigen*. Houten/Diegem: Bohn Stafleu Van Loghum.

Haan, E. de (2000). Het diagnostisch onderzoek: van zoektocht naar de waarheid naar eerste stap in de behandeling, *Directieve Therapie, 20*(1), 22-30.

Hagaa, D.A.F., & Davison, G.C. (1991). Disappearing differences do not always reflect healthy integration: an analysis of cognitive therapy and rational-emotive therapy. *Journal of Psychotherapy Integration,1*(4), 287-303.

Hauck, P.A. (1983). Working with parents. In: A. Ellis & M. Bernard, *Rational-emotive approaches to the problems of childhood*. New York: Plenum Press.

Hoecke, E. van & Braet, C. (2000). Behandeling van een angstig meisje volgens het cognitief-gedragsmatige protocol 'Coping Cat'. *Gedragstherapie, 33*(1), 3-29.

Howard, B.L., & Kendall, Ph.C. (1992). *Family-based cognitive-behavioral interventions for anxious children: a therapy manual*. Philadelphia: Department of Psychology, Temple University.

Howard, B.L., & Kendall, Ph.C. (1996). Cognitive-behavioral family therapy for anxiety-disordered children: a multiple-baseline evaluation. *Cognitive Therapy and Research, 20*(5), 423-443.

Huber, Ch. H., & Baruth, L.G. (1989). *Rational-Emotive Family Therapy. A systems perspective*. New York: Springer.

IJzendoorn, M.H. van (1994). *Gehechtheid van ouders en kinderen: intergenerationele overdracht van gehechtheid in theorie, (klinisch) onderzoek en gevalsbeschrijvingen*. Houten/Zaventem: Bohn Stafleu Van Loghum.

Jacobs, G. (1998). *Rationeel-emotieve therapie. Een praktische gids voor hulpverleners*. Houten/Diegem: Bohn Stafleu Van Loghum.

Jouwe, J.J., Freriks, C., & Elzer, M.J. (1997). *Programma Alternatieve Denkstrategieën (PAD). Handboek voor ouders*. Utrecht: Seminarium voor Orthopedagogiek/Hogeschool Midden-Nederland. Vertaling van M. Greenberg (1987), *Paths Curriculum*. Seattle: University of Washington Press.

Kanfer, F.H. (1975). Self management methods. In: F.H. Kanfer & A. Goldstein (Eds.), *Helping people change*. New York: Pergamon Press.

Kazdin, A.E., Esveldt-Dawson, K., French, N.H., Unis, A.S. (1987). Problem-solving skills training and relationship therapy in the treatment of antisocial child behavior. *Journal of Consulting and Clinical Psychology, 55*(1), 76-85.

Kazdin, A.E., Siegel, C., Bass, D. (1992). Cognitive problem-solving skills training and parent management training in the treatment of antisocial behavior in children. *Journal of Consulting and Clinical Psychology, 60*(5), 733-747.

Keijsers, G.P.J., Minnen, A. van, & Hoogduin, C.A.L (1997). *Protocollaire behandelingen in de ambulante geestelijke gezondheidszorg 1*. Houten/Diegem: Bohn Stafleu van Loghum.

Keijsers, G.P.J., Minnen, A. van, & Hoogduin, C.A.L (1999). *Protocollaire behandelingen in de ambulante geestelijke gezondheidszorg 2*. Houten/Diegem: Bohn Stafleu van Loghum.

Kendall, Ph.C. (1991). *Child and adolescent therapy. Cognitive-behavioral procedures*. New York: The Guilford Press.

Kendall, Ph.C. (1992a). *Coping Cat Workbook*. Ardmore: Workbook Publishing.

Kendall, Ph.C. (1992b). *Stop and Think*. Philadelphia: PA Temple University, Department of Psychology. (Vertaling: Naudts e.a., 1997)

Kendall, Ph.C. (1994). *Coping Cat Notebook*. Ardmore: Workbook Publishing.

Kendall, Ph.C., Hayes, C., & Nauta, M. (1998). Breathing life into a manual: Flexibility and creativity with manual-based treatments. *Cognitive and behavioral practice 5*, p. 177-198.

Kendall, Ph.C., Kane, M., Howard, B., & Siqueland, L. (1992). *Cognitive-behavioral therapy for anxious children: Therapist manual*. Ardmore: Workbook Publishing.

Kendall, Ph.C., Panichelli-Mindel, S.M., & Gerow, M.A. (1995). Cognitive-behavioral therapies with children and adolescents. An integrative overview. In: H.P.J.G. van Bilsen, Ph.C Kendall & J.H. Slavenburg, *Behavioral approaches for children and adolescents. Challenges for the next century*. New York/London: Plenum Press.

Knaus, W.J. (1974). *Rational emotive education. A manual for elementary school teachers*. New York: The Institute for Rational Living.

Korrelboom, K. (2000). Versterking van het zelfbeeld bij patiënten met persoonlijkheidspathologie – 'hot cognitions' versus 'cold cognitions'. *Directieve Therapie, 20*(3), 282-301.

Lange, A. (2000). *Gedragsveranderingen in gezinnen.* Groningen: Wolters-Noordhoff.

Lange, M. de, & Klomp, M. (1997). *Agressieve jongeren. Cognitie, emotie & gedrag.* Utrecht: Uitgeverij SWP.

Lewinsohn, P.M., Antonucci, D.O., Breckenridge, J.S., & Teri, L. (1984). *The Coping with Depression Course.* Eugene: Castalia Publishing Company.

Lochman, J.E., White, K.J., & Wayland, K.K (1991). Cognitive-behavioral assessment and treatment with aggressive children. In: Ph.C. Kendall (Ed.), *Child and adolescent therapy: Cognitive-behavioral procedures.* New York: The Guilford Press.

Londen, A. van., Biloen-Beijen, A.H.M., Cladder, J.M., & Londen-Barentsen, M. van (1e druk 1979, 10e druk 1998). *Vaardigheden voor ouders: Werkboek met oefeningen om het zelfbeeld van uw kind te verbeteren en gedrag positief te beïnvloeden.* Amsterdam/Lisse: Swets & Zeitlinger.

Main, M., Kaplan, N., & Cassidy, J. (1985). Security in infancy, childhood and adulthood: a move to the level of representation. In: I. Bretherton & E. Waters (Eds.), Growing points of attachment theory and research. *Monographs of the Society for Research in Child Development, 50*(1-2), 66-104. Chicago: University of Chicago.

Manen, T.G. van (1998). *Een sociaal-cognitief interventieprogramma voor gedragsgestoorde kinderen.* Purmerend: RIAGG Zaanstreek/Waterland.

Manen, T.G. van, Prins, P.J.M., & Emmelkamp, P. (1999). Een sociaal-cognitief interventieprogramma voor gedragsgestoorde kinderen, een vooronderzoek. *Gedragstherapie, 32*, 33-56.

Manen, T. van, Brink, E. ten, & Verdun, L. (2000). *Ho stop, hoe lossen we het op: individuele stop en denk programma's van 5 keer voor verschillende leeftijden.* Interne publicatie RIAGG Zaanstreek/Waterland.

McLean, P., & Taylor, S. (1994). Family therapy for suicidal people. *Death Studies, 18,* 409-426.

Meichenbaum, D. (1981). *Cognitieve gedragsmodificatie, een integrale benadering.* Deventer: Van Loghum Slaterus.

Meichenbaum, D. (1988). Cognitive-behavioral modification with ADHD. In: L. Bloomingdale & J. Sergeant (Eds.), *Attention-deficit disorder: Criteria, cognition and intervention.* New York: Pergamon Press.

Meichenbaum, D., & Goodman, J. (1971). Training impulsive children to talk to themselves: A means of developing self-control. In: *Journal of Abnormal Psychology, 77,* 115-126.

Muller, N. (2000). *Protocolbehandeling 'Omgaan met depressie'.* Interne uitgave Rijngeestgroep, locatie Katwijk.

Muller, N., & Colijn, S. (1999). Leren omgaan met boosheid: Anger Control Training voor pubers en adolescenten. In: A. Oppus d' Escury-Koenings, A.P. van der Linden & T.J. Snaterse, *Van preventie tot straf. Naar meer sociale vaardigheden bij jongeren.* Lisse: Swets & Zeitlinger.

Naudts, K., Hendriksen, J., & Prins, P. (1997). *Stop en Denk Programma.* Rotterdam: Pedologisch Instituut.

Nauta, M. (1998). *De Dappere Kat: protocolbehandeling voor angstige kinderen.* Vertaling en bewerking van Ph.C. Kendall's *Coping Cat*. Interne publicatie Universiteit van Groningen.

Neenan, M., & Dryden, W. (2001). *Learning from errors in Rational Emotive Behaviour therapy*. London/Philadelphia: Whurr

Nelson, W.M., & Finch, A.J. (1996a). *Keeping your cool: the anger management workbook*. Ardmore: Workbook Publishing.

Nelson, W.M., & Finch, A.J. (1996b). *Cognitive-behavioral therapy for agressive children: therapist manual*. Ardmore: Workbook Publishing.

Nemiroff, M.A., & Annunziata, J. (1993). *Mijn eerste kinderboek over speltherapie*. Assen: Van Gorcum.

Prins, P.J.M. (1993). *Gedragstherapie bij kinderen en jeugdigen.* Houten/Diegem: Bohn Stafleu Van Loghum.

Prins, P.J.M., & Bosch, J.D. (1998). *Methoden en technieken van gedragstherapie bij kinderen en jeugdigen*. Houten/Diegem: Bohn Stafleu Van Loghum.

Prins, P.J.M., Brink, E. ten, Eenhoorn, A., & Lootens, H. (1999). *ADHD: een multimodale behandeling*. Houten/Diegem: Bohn Stafleu Van Loghum.

Prins, P.J.M., & Pameijer, N.K. (2000a). Protocollen en richtlijnen voor de jeugdzorg. *De Psycholoog, 35*(7/8), 347-349.

Prins, P.J.M., & Pameijer, N.K (red.) (2000b). *Protocollen en richtlijnen voor de jeugdzorg: richtlijnen voor diagnostiek, indicatiestelling en behandeling*. Lisse: Swets & Zeitlinger.

Reenders, R., & Spijker, W. (1996). *Spelend leren, leren spelen. Een draaiboek van de training in sociale cognities en sociale vaardigheden*. Assen: Van Gorcum.

Reinecke, M.A., Dattilio, F.M., & Freeman, A. (Eds.) (1996). *Cognitive therapy with children and adolescents*. New York: The Guilford Press.

Ringrose, H.J. (1998). Gedragstherapeutische groepstherapie en sociale-vaardigheidstraining bij kinderen. In: P.J.M. Prins & J.D. Bosch, *Methoden en technieken van gedragstherapie bij kinderen en jeugdigen*. Houten/Diegem: Bohn Stafleu Van Loghum.

Ringrose, H.J., & Nijenhuis, E.H. (1986/1996). *Bang zijn voor andere kinderen*. Groningen: Wolters-Noordhoff.

Shaffer, D.R. (1989). *Developmental psychology; childhood and adolescence* (2nd edition). California: Brooks/Cole.

Siegler, R.S. (1991). *Children's thinking*. New York: Prentice-Hall.

Spence, S.H. (1994). Practitioner review: cognitive therapy with children and adolescents: from theory to practice. *Journal of Child Psychology and Psychiatry, 35*(7), 1191-1228.

Spivack, G., & Shure, M.B. (1974). *Social adjustment of young children: A cognitive approach to solving real-life problems*. San Francisco: Jossey-Bass.

Stark, K.D. (1990). *Childhood depression: Schoolbased intervention*. New York: The Guilford Press.

Stark, K., & Kendall, Ph.C. (1996). *Treating depressed children: therapist manual for 'Taking Action'*. Ardmore: Workbook Publishing.

Stark, K., Kendall, Ph.C., McCarthy, M. e.a. (1996). *'Taking Action': a workbook for overcoming depression*. Ardmore: Workbook Publishing.

Stark, K.D., Rouse, L.W., & Livingston, R. (1991). Treatment of depression during childhood and adolescence: cognitive-behavioral procedures for the individual and family. In: Ph.C. Kendall, *Child & adolescent therapy. Cognitive-behavioral procedures*. New York; The Guilford Press.

Stikkelbroek, Y., & Cuijpers, P. (1998). *De cursus 'Omgaan met depressie' voor adolescenten; een handleiding voor begeleiders.* Interne uitgave jeugdkliniek De Kreek, Dordrecht.

Tanghe, A., Braet, C., & Decaluwé, V. (2000). Behandeling van obese jongeren met eetbuien. *Gedragstherapie, 33*(3), 161-183.

Vernon, A. (1989). *Thinking, Feeling, Behaving. A rational-emotive education curriculum for children and adolescents, grades 1-6; grades 7-17.* Champaign, IL: Research Press.

Vernon, A. (1999). *The Passport Program. A journey through emotional, social, cognitive and self-development*. Champaign, IL: Research Press.

Vlugt, H. van der, Pijnenburg, H.M., Wels, P.M.A., & Koning, A. (1995). Cognitive behavior modification of ADHD. A family system approach. In: H.P.J.G. van Bilsen, Ph.C. Kendall & J.H. Slavenburg, *Behavioral approaches for children and adolescents. Challenges for the next century*. New York/London: Plenum Press.

Waters, V. (1980). *Rational stories for children.* New York: Institute for RET.

Webster-Stratton, C., & Hancock, L. (1998). Training for parents of young children with conduct problems: Content, methods, and therapeutic processes. In: J.M. Briesmeister & C.E. Schaefer (Eds.), *Handbook of parent training: parents as co-therapists for children's behavior problems*. New York: Wiley.

Woulff, N. (1983). Involving the family in the treatment of the child. A model for Rational-emotive therapists. In: A. Ellis & M.E. Bernard, *Rational-emotive approaches to the problems of childhood.* New York: Plenum Press.

Wilde, J. (1996). *Treating anger anxiety and depression in children and adolescents.* Accelerated Development.

d'Zurilla, T., & Goldfried, M. (1971). Problem solving and behavior modification. *Journal of Abnormal Psychology, 78,* 107-126.

De auteurs

Drs. Gidia Jacobs, gezondheidszorgpsycholoog, is 'Associate Fellow' en supervisor van het Albert Ellis Institute in New York. Zij is werkzaam bij het Instituut voor Rationeel-Emotieve Training te Voorschoten.

Drs. Nicole Muller is als psychotherapeut en gedragstherapeut werkzaam bij de Rijngeest groep te Noordwijk.

Drs. Esther ten Brink is als psychotherapeut en gedragstherapeut werkzaam bij RIAGG Zaanstreek/Waterland.